„It‘s the searching, not the finding.“
(Keith Richards)

„Ich suche nicht, ich finde.“
(Pablo Picasso)

Theatrales Lernen als philosophische Praxis für Schule und Freizeit

Hans-Joachim Wiese • Michaela Günther • Bernd Ruping

Lingener Beiträge zur Theaterpädagogik
Band I

Schibri-Verlag Berlin • Milow • Strasburg

Die Publikation wurde gefördert aus Mitteln des Ministeriums für Bildung und Wissenschaft, Niedersachsen.

Milow 60, 17337 Uckerland
email: Schibri-Verlag@t-online.de
Homepage: www.schibri.de

Umschlag: www.mediafactory-lingen.de unter Verwendung des Bildes „Texturen 17“ von Karl Heinz Monecke

Printed in Germany

ISBN 3-937895-10-8

Lingener Beiträge zur Theaterpädagogik [LBT]

Herausgegeben von
Bernd Ruping, Marianne Streisand (Institut für Theaterpädagogik der Fachhochschule Osnabrück, Standort Lingen) und Gerd Koch (Alice-Salomon-Fachhochschule Berlin)

Die **Lingener Beiträge zur Theaterpädagogik [LBT]** veröffentlichen und diskutieren neueste Forschungsergebnisse der Theaterpädagogik als angewandte Wissenschaft und als pädagogisch-künstlerische Praxis.

Ausgehend von der Aktualität einer praktischen Problemstellung oder eines Forschungsinteresses thematisieren sie die Vielfalt von Ansätzen, Methoden, Techniken und Verfahrensweisen der Theaterpädagogik in Geschichte und Gegenwart, ihre theoretischen und historischen Hintergründe, ihre internationalen Vernetzungen und ihre Verbreitungen in jeweils spezifischen Konkretisierungen sowie deren soziale, kulturelle bzw. biographische Kontexte.

Die junge Disziplin Theaterpädagogik wird dabei als eine Grenzen überschreitende Wissenschaft und Praxis verstanden, die sich gegenwärtig in einem Prozess von experimenteller Selbstverständigung und tastender Begriffsbestimmung befindet. Zugleich hat sie in den letzten Jahrzehnten nicht nur im deutschsprachigen Raum einen beachtlichen Aufschwung erlebt und findet mit ihren Beiträgen aus Forschung, Lehre und künstlerisch-pädagogischer Praxis europaweit nachhaltig Gehör.

Konkret sichtbar wird dies in Deutschland u.a. an der wachsenden Zahl theaterpädagogischer Zentren, aus denen immer wieder praxisrelevante, innovative Impulse und damit nicht zuletzt eine Vielfalt der Stoffe hervorgehen, die die Gegenstandsbereiche der Theaterpädagogik gleichermaßen konkretisieren und erweitern. Eindrucksvoll bestätigt wird diese Tendenz in der Einrichtung verschiedener, z. T. kooperativ verankerter und international ausgerichteter Hochschulstudiengänge und Forschungsprojekte, die auf das gesamte Spektrum der Theaterpädagogik zielen – von der Lehrerausbildung und Sozialpädagogik über Kunst- und genrespezifische Varianten bis hin zur Unternehmenskultur.

Die Buchreihe **Lingener Beiträge zur Theaterpädagogik [LBT]** setzt sich zum Ziel, den jungen Berufsstand der Theaterpädagogin bzw. des Theaterpädagogen als eine eigenständige und heterogene Fachwissenschaft und -praxis weiter zu profilieren und so einen wichtigen Beitrag zur Identitätsfindung des Faches zu leisten.

Als Zielgruppe wird eine theaterpädagogisch, pädagogisch sowie theater- und kulturpolitisch interessierte Öffentlichkeit von Fachleuten und Amateuren anvisiert, die damit ein innovatives und zugleich kontinuierliches Forum erhält.

Inhaltsverzeichnis

Vorwort

Theatrales Lernen als philosophische Praxis

Eine einfache Übung: Die Gruppe steht im Kreis, einer, vom Spielleiter aufgefordert, löst sich und geht quer durch den Raum auf eine Mitspielerin zu und sagt:

„Gestern mochtest du mich."

Der Spielleiter legt Wert darauf, dass der Sprecher sich nichts vornimmt, wenn er losgeht:

„Geh nur, aber such dir vorher jemanden aus, dem du den Satz sagen willst." Und: „Trenn Gehen und Sprechen, das heißt: Sag den Satz erst, wenn Du bei jemanden angekommen bist."

Eine Situation soll so entstehen, die allein von der Bewegung des Gehens und vom Atem, der die Stimme hörbar macht, getragen wird. Die anderen stehen entspannt, aber wach. Bereit, den Satz anzunehmen, wenn er auf sie zukommt.

„Lasst euch überraschen vom Sitz eurer Stimme, vom Blick, der auf euch trifft, von dem, was eure Körper dann tun. Haltet den Moment ein paar Sekunden – dann die nächsten."

Es herrscht Konzentration. Situationen entstehen, und sie füllen den Raum.

„Was habt ihr gesehen?", fragt der Spielleiter schließlich.

Nähe und Distanz, Berührungen und Unberührtheit, Zuwendung und Abkehr, Kälte und Liebe, Berechnung und Naivität.

„Es ist alles darin, was in Beziehungen passiert", sagt eine Teilnehmerin.

„Was habt ihr empfunden?"

„Als wir so voreinander standen, war das wie Verliebt-Sein und Trennung gleichzeitig. Es war schwer, die Bilder wieder abzuschütteln." Oder:

„Als Klaus auf mich zukam, mit diesem Lächeln in der Mitte, und dann diesen Satz sagte, da war er mein Mathe-Lehrer, der mir eine Fünf gab und dabei tat, als hätte ich ihn beleidigt."

So einfach der zugrunde liegende Vorgang ist, so komplex ist offenbar das Ereignis, das sich ihm verdankt: Handeln trifft auf Betrachten, Bewegung auf Stillstellung, Denken auf Fühlen. Im Moment der Ruhe binden sich die Blicke an Haltungen und Haltungen an Erinnerungen, Stimmungen, Fragmenten aus Geschichten und Erfahrungen. Im Ausatmen des einen, das die Stimmbänder zum Schwingen bringt, liefert sich die Gewissheit seines Da-Seins unverstellt den Anderen aus: mal klar und gerichtet, dann wieder leise, stokkend. Wir spüren einander und sind unversehens auf der Spur – nach Sinn, nach Bedeutung, nach der Wahrheit dieses Moments.

Etwas zeigt sich.

Das, was sich zeigt, ist Ergebnis und Motiv zugleich: Es bezeichnet einen geschlossenen Prozess, ohne dass seine Erträge ein für allemal in Besitz genommen werden könnten. Immer bleibt ein undeutbarer Rest, als Gefühl, als Ahnung, als Einspruch gegen Vereinnahmung:

„Ich habe zwei Menschen gesehen, die miteinander einsam sind."

So bleibt, was es „eigentlich" ist, im Geschehen aufgehoben, und alle Ausdeutungen kennzeichnet gebrochene Repräsentanz. Das „Mehr als" des aus den verschiedenen Absichten und Begebenheiten herausgesprengten ästhetischen Moments ist der heimlicher Motor allen theatralen Lernens: An ihm laufen die Themen heiß, auf die die Gruppe sich einigt, an ihm brechen sich alle Erwägungen zu ihrer Nützlichkeit. Und auch Handwerk, Kunstfertigkeit und guter Wille werden sich an diesem „Mehr als" messen lassen müssen, auf dem ein jedes „Spielprinzip" sich gründet, ohne das eine Inszenierung zum Kunsthandwerk verkommt.

Methodisch hält das Brechen mit vermeintlich eindeutigen Verweisungskontexten die Neugier wach. Im Gang des Geschehens schult es die Achtsamkeit für das Verworfenen, Ausgelassene, die, nicht zuletzt, als schalkhafter Antrieb auch die Lust ausmacht, das Ganze noch einmal zu versuchen: anders jetzt, und gegen den Strich des Erarbeiteten.

Denn im theatralen Spiel greifen die Zeichensysteme der Beteiligten auf Szene und Bild, ohne je letzten Halt zu finden. In einer semantischen Drift geraten die Koordinaten durcheinander, mit deren Hilfe wir uns zu verorten gewohnt sind. Immer fehlt etwas zur Gewissheit. Doch das, was fehlt, schafft einen machtvollen Resonanzraum, der alle und alles einschließt: Was immer im Ereignis zum Vorschein kommt, ist von Bedeutung, ohne doch je eine bestimmte Bedeutung zu haben:

Theatrales Lernen als philosophische Praxis.

„Ich kann das nicht erklären", sagt eine Schülerin, die der letzten Szene zugeschaut hat, „aber es hat total gestimmt." Weiter will sie nicht reden, und doch stimmen andere ihr zu.

Der Spielleiter verzichtet auf die Keule der Interpretation. Er will die Polyvalenz der ästhetischen Befunde nicht gewaltsam in die Linearität sprachlicher Begriffsketten überführen. Ein letztes Wort zu haben, hieße, respektlos zu sein gegenüber den anderen Beteiligten und dem, was für sie der Fall ist. Theatrales Lernen ist also nicht misszuverstehen als neue Weise, bestimmte Inhalte vom Bildungsbestand der Lehrer oder Lehrpläne in die Köpfe der Schüler zu transportieren. Vielmehr berührt und verändert es die Rolle des Pädagogen von Grund auf.

Im theatralen Prozess kann er von den Gegenständen und Stoffen nicht mehr wissen als alle gemeinsam. Und doch sind das Wissen, die Erfahrung, die Wachsamkeit und Interventionen des Spielleiters unersetzlich: Er wiederholt, hält an, stellt aus, er respektiert, indem er zeigt, was er gesehen hat. Die Kunst seiner Beobachtung schärft die Wahrnehmung aller. Vermittels der Materialien, die er bereithält, wird er zum Mentor und Impulsgeber des Geschehen. Dessen Ausgang aber ist so offen wie seine Protagonisten konkret und ihre Motive erfahrungsbezogen: Hier und jetzt drängt etwas zu Ausdruck und Gestalt, zu Haltung und Geste. Sachbezogener aber kann kein Lernen sein als eines, das durch die Körper und Sinne der Lernenden hindurch geschieht.

Gelernt wird an Verhaltensweisen, an Haltungen und Handlungen von Menschen.

An dem, wie jemand sich in die Welt hält, wie er sich gibt und sie ihm antwortet, entfalten sich die Gegenstände, an denen zu lernen ist.

Alles vermeintlich Objektive bricht sich in diesem Bezug auf die Menschen, auf ihre Erfahrungen und Geschichten, ihre Wünsche und Gefühle, ihre Konditionen und Körpersäfte. Und in dieser Brechung erst entfaltet sich die Polyvalenz des Sinnfälligem, das den Begriff des Theatralen rechtfertigt.

Was darin betrachtend zur Anschauung gerät oder handelnd als Triebfeder oder Widerstand spürbar wird, macht den Stoff, aus dem sich Kenntnisse, Fertigkeiten und Fähigkeiten bilden können.

Modus des Lernens aber ist das Spiel, genauer: das Spielen.

Wider Vernunft und bessres Wissen setzt es auf Prozesse mit offenem Ausgang und verteidigt den Selbstlauf gegen die Abläufe der gewohnten Lehrprozeduren.

Wer oder was nicht ins Spiel gerät, bleibt dem theatralen Lernen äußerlich.

Und so stehen vor allem Gelingen die Spielfreude und die Selbstvergessenheit im Spiel.

Die „pädagogische Hoffnung“, die sich damit verbindet, ist eben diese: dass die Beteiligten, eine Probe lang den Verwertungsprozessen entratend, sich im Spiel wieder zufallen und einfallen als gesellige, erfahrungsoffene Wesen, die mehr sind als Behälter für geronnenes Wissen, mehr sind als Objekte von Lehrplänen, deren Ziele sich in aller Regel eher der Vorstellung eines abstrakten Bildungsweges als einem lebendigen Erkenntnisinteresse verdankt.

So ist theatrales Lernen stets Lernen in und an menschlichen Verhältnissen – in sie verstricktes Lernen und zugleich von ihnen emanzipierendes Lernen.

Sachlich ist es dabei insofern, als es sich grundsätzlich interessiert für die Beweggründe von Situationen und Sachverhalten:

Wer? Was? Warum? Wohin? sind Kernfragen jeder theatralen Gestaltung.

Es sind zugleich Fragen, die in den Oberflächenstrukturen der Vorgänge, der Gesten und Handlungen den gesellschaftlichen Kern suchen:

Wer oder was macht mich die Hand heben und nicht zu streicheln, sondern zu töten?

Wer oder was macht mich zusammenfallen und nimmt mir die Kraft, mich zu erheben? Und was wäre, wenn ich lächelte wie Desdemona oder schriee wie Antigone? Wen würde es kümmern?

Was würde es ändern?

Mit dem gesellschaftlichen Kern gerät unversehens ins Blickfeld, was fehlt, was nicht ist, aber sein könnte, sein müsste, damit die Verhältnisse zum Tanzen gebracht werden.

Im Spiel sind diese Momente so real wie jene. Denn als Realität der Bilder steht das Ausgesparte, Unabgegoltene, die andere Möglichkeit eindrucksvoll den Bildern der Realität gegenüber, die mit der Macht der Gewohnheit der Gewohnheit der Macht zuarbeiten.

An dieser Stelle wird theatrales Spiel zum Experiment in der Wirklichkeit.

Doch diese Wirklichkeit ist beharrlich, sie frisst sich fest in den Rollen und Ritualen der Menschen, auch denen, die auf theatrales Lernen stoßen oder gestoßen werden.

Und sie hat geübte Stellvertreter mit guten Argumenten. Denn nicht zuletzt gilt es, in eben jene Verhältnisse hineinzuwachsen, hinein zu erziehen, hinein zu erpressen, deren Stillstellung erst die theatralen Gestaltungsräume eröffnet: als gesellschaftliches Widerspiel der Gesellschaft.

Dieses Buch ist zum Gebrauch bestimmt. Es richtet sich an all diejenigen, die bereit sind, sich auf diesen Widerspruch einzulassen und keine Lösungen erwarten.

Es versammelt die Erfahrungen, die wir gemacht haben beim Versuch, dem Lernen und Gestalten mit Theater in der Wirklichkeit von Schule und Freizeit auf die Spur zu kommen.

Um nicht den „gewöhnlichen Übereilungen eines ungeduldigen Verstandes“ aufzusitzen, der „die Phänomene gern los sein möchte und an ihre Stelle deswegen Bilder, Begriffe, ja oft nur Worte einschiebt“ (Goethe), haben wir uns – neben den Experimenten mit Schülern, Lehrern und Studierenden – zugleich an die Re-Interpretationen zentraler Kategorien der Methodik und Didaktik sowie der ästhetischen Theorie gemacht. Diese theoretischen Anstrengungen verdanken sich ausschließlich der Not, in die die gewohnten Prozesse des schulischen Arbeitens gerieten, sobald sie auf Prozesses des theatralen Lernens trafen.

Für uns hieß und heißt das: Selbst da, wo Gedankengänge und Reflexionen sich ganz auf den ästhetisch-theoretischen oder lehr-/lernwissenschaftlichen Diskurs einlassen, verdanken sie sich Problemen der Praxis und sind allesamt praxisrelevant:

- Ermutigung zum Handeln, zum veränderten Handeln.
- Ermutigung, über eigene Einstellungen und Haltungen nachzudenken.
- Ermutigung, das Risiko eines Scheiterns einzugehen.

Wir legen also kein Handbuch vor im traditionellen Sinne, d.h. angefüllt mit „tips for teachers“. Vielmehr möchten wir Pädagogen und Theaterlehrer auf der Basis unserer theoretischen und praktischen Auseinandersetzungen Hinweise geben, sich ihrer eigenen Praxis neu zu nähern – vor dem Hintergrund der bereits entfalteten Konzepte und Paradigmen aus Ästhetik und Pädagogik.

Und vor den Widersprüchen, die übrigbleiben, und die, so Brecht, die Hoffnung sind.

Hans-Joachim Wiese • Michaela Günther • Bernd Ruping
Lingen im Mai 2005

Einleitung

Wie dieses Buch entstanden ist

Dieses Buch gründet auf den Ergebnissen eines zweijährigen Forschungsprojekts des Instituts für Theaterpädagogik der Fachhochschule Osnabrück, das unter dem Titel „Theaterpädagogik als Instrument des sozialen Lernens in schulischen Systemen" die Perspektiven theatralen Lernens innerhalb schulischer Lernprozesse untersuchte. Den Kern unseres Forschungsteams bildeten Hans-Joachim Wiese, der bereits als Lehrkraft im Bereich Musisch-Kulturelle Bildung mit der Innenansicht der Institution Schule vertraut war, und Michaela Günther, Absolventin unseres Instituts, die den schulischen Bedingungen theatraler Prozesse aus der Perspektive der Theaterpädagogin begegnete. Projektleiter war Prof. Dr. Bernd Ruping, Leiter des Instituts für Theaterpädagogik in Lingen.

Als Erfahrungsfeld diente die Integrierte Gesamtschule (GE) Lingen, an der wir ein breites Band theaterpädagogischer Angebote sowohl für Schüler als auch für Lehrer installieren konnten. Die Mitarbeit der Studierenden des Instituts im Rahmen ihrer Hospitationen und Praktika vervielfachte die Möglichkeiten, theatrale Unterrichtsprozesse zu initiieren und zu beobachten. Als Kooperationspartner unseres Instituts öffneten zahlreiche LehrerInnen der (GE) ihre Unterrichtsstunden für theaterpädagogische Einheiten Sie banden Studierende in ihren Unterricht ein und planten gemeinsam mit ihnen die Verknüpfung von Theater- und Regelunterricht und werteten die Ergebnisse aus.

Im Laufe des Projektes entstanden so evaluierbare Daten durch vielfältige Unterrichtspraktika der Studierenden, zwei theatrale Großprojekte des Fachbereiches Musisch-Kulturelle-Bildung der (GE) Lingen („Weihnachtsrevue", „Zauberflöte"), durch die zweijährige Durchführung einer Jungen- und einer Mädchen-Theaterarbeitsgemeinschaft im 5. bis 7. Jahrgang, durch den Unterricht im Wahlpflichtkurs „Darstellendes Spiel" der Jahrgangsstufe 7 und 8 sowie die Leitung einer LehrerInnen-Theatergruppe der GE Lingen, die die Produktion „WoandersFrüherSpäter" entwickelte und aufführte sowie Improvisationen zur Stückvorlage „König Ubu" von Alfred Jarry erarbeitete.

Um über diese Praxiserfahrung empirische Daten zu erheben, wurden themenzentrierte und narrative Interviews mit den Studierenden und den Lehrerinnen und Lehrern durchgeführt, die an den theatralen Lernprozessen beteiligt waren. Die SchülerInnen wurden durch Evaluationsgespräche und schriftliche Dokumentationen ihrer Unterrichtserfahrungen in die Auswertung einbezogen.

Grundsätzlich verstehen wir theatrale Prozesse als praktisch-handelnde Forschung und die Lernenden als Subjekte dieser Forschung. Wir gingen und gehen also davon aus, dass wir als Anleitende der Gruppenprozesse und Praxis-Begleiter der Studierenden keinen außenstehenden, unbeteiligten Drittstandpunkt bei der Beobachtung der Prozesse einnehmen können. Die Praxis-Auswertung fand deshalb fast ausschließlich kollektiv und unter Einbezug der Lernenden statt.

Die Verallgemeinerung der Ergebnisse hatte immer diskursiven Charakter und war sowohl im Team der wissenschaftlichen Mitarbeiter und Dozenten des Instituts, als auch in den Theorie-Seminaren der Studierenden sowie im theaterpädagogischen und interdisziplinären Fachdiskurs mit den Kolleginnen und Kollegen aus anderen Hochschulen verortet.

Unserer diskursiven, öffnenden Forschungspraxis entsprechend, konnten wir auch die Darstellung unserer Ergebnisse nur in einer offenen, diskursiven, zum Teil essayistischen Form bewerkstelligen. Diese Form erscheint uns zugleich als angemessener Ausdruck ihrer Inhalte, die sich – brüchig, widersprüchlich, unlogisch wie die theatral-ästhetische Komunikation selbst – ihrer Festsetzung in linearen Sprachmustern immer wieder entziehen.

Wie wir vom Ausgangspunkt abwichen

Die Fragestellung unseres Projekts richtete sich auf den Zusammenhang von theaterpädagogischer Didaktik/Methodik und sozialen Lernprozessen in schulischen Systemen. Unser Forschungsthema bedurfte also zunächst einer Auseinandersetzung mit dem Wesen der Lernprozesse, wie sie sich in der Schule ereignen – mit den dort geforderten und tatsächlichen Lernleistungen der SchülerInnen.

Wir gingen zu Beginn der Untersuchung von der Annahme aus, dass theaterpädagogischer Unterricht die sozialen Lernprozesse in schulischen Systemen als Voraussetzung für sachliches Lernen unterstützen, fördern oder selbst in Gang setzen könne. Diese Annahme setzt einen kausalen Zusammenhang zwischen sozialen und sachlichen Lernleistungen voraus, die auf der ‚Symbolischen Interaktionstheorie‘ von G.H. Mead[I] gründet. Mead stellte fest, dass erst auf der Grundlage einer angemessenen Identitätsbalance zwischen sozialer Rolle und Biografie eine problemlose Hinwendung der Individuen auf gemeinsame Arbeits- und Lernziele möglich ist.

Theatrale Lernprozesse, die die Schülerinnen und Schüler in eine konkret-spielerische Reflexion ihres Rollenverhaltens versetzen, wären demnach – so unsere Ausgangsthese – geeignet, soziale Lernprozesse zu beschleunigen und die ständig neu auszuhandelnde Identitätsbalance zu stabilisieren.

Unter dieser Prämisse untersuchten wir die Bildungsvorstellungen, die die sachlichen, sozialen und ästhetischen Lernvorgänge sowie deren (administrative) Planung prägen und stießen dabei immer wieder auf die Kategorie des ‚Subjekts‘, die hartnäckig einen jeden Diskurs über Bildungsprozesse, seien sie ästhetisch oder pädagogisch motiviert, überformt.

Im idealen Bildungsziel des „zu sich selbst befreiten“ Subjekts, das sowohl sozial als auch (selbst-)verantwortlich zu handeln vermag, fanden wir ein eher zweifelhaftes oder sogar kontraproduktives Motiv der Bildungsprozesse. Die Idealisierung verschweigt die strukturelle, marktwirtschaftlich verwurzelte Bedingtheit sozialer Lebenspraxis und damit aller angestrebten Bildungsvorgänge.

Auf der Grundlage der bisherigen theaterpädagogischen und lernpsychologischen Theoriebildung re-interpretierten wir für unsere Forschung den Subjektbegriff und korrigierten unsere Prämissen entsprechend.

Eine wichtige Quelle für ihre Neuformulierung war die von Klaus Holzkamp begründete ‚Kritische Psychologie‘. Holzkamps subjektwissenschaftliche Analyse der institutionellen und strukturellen Organisation von Lernvorgängen und den tatsächlichen Lernleistungen der SchülerInnen erschloss uns einen größeren und komplexeren Zusammenhang von sachlichen und sozialen Lernprozessen:

Nach Holzkamp bestimmen nicht *expansive*, sondern *restriktive* Lernvorgänge die schulischen Lernprozesse[II]. D.h. sie vollziehen sich nicht ‚natürlich‘ in der Auseinandersetzung mit konkreten sachlichen Handlungsproblematiken, sondern nur vermittelt in einem

I Vgl. Mead (1968): Geist, Identität und Gesellschaft. Frankfurt a.M., sowie Wellendorf (1979): Schulische Sozialisation und Identität – Zur Sozialpsychologie der Schule als Institution. Weinheim und Basel.

II Holzkamp (1991): Lehren als Lernbehinderung?. In: Holzkamp (1997): Schriften I. Normierung – Ausgrenzung – Widerstand. Hamburg. S. 196 ff.

Übungsfeld, das die Lösungsmöglichkeiten stark eingrenzen muss, um letztlich den Lernerfolg der Individuen messen und vor allem auch *vergleichen* zu können. Das Lernen in der Schule ist damit nicht auf eine größere Handlungsfreiheit der Lernenden gegenüber ihrer materiellen Wirklichkeit ausgerichtet. Es verlagert sich vielmehr auf den Erhalt von Handlungsmöglichkeiten innerhalb der Institution Schule, anders gesagt: Es wird nur soviel gelernt, wie nötig ist, um den Schulalltag unbeschadet zu bestehen. Ziel der Lernvorgänge ist der Erwerb möglichst positiver individueller Leistungsnachweise. Diese können wegen des Vergleichs-Systems in der Regel nur in Konkurrenz zu den MitschülerInnen erbracht werden. Ein Umstand, der neugierig macht auf die vermutlich reichlich ambivalente Verwirklichung der sozialen Lernziele, die für die SchülerInnen formuliert werden.

Entsprechend fraglich ist es, ob soziale Lernprozesse innerhalb der immanenten Konkurrenzverhältnisse des schulischen Systems ein Handeln hervorbringen können, das sich auf ein kollektives, in der Sache begründetes Interesse richtet, sich also auf eine außerhalb der Beziehungen liegende Problematik bezieht. Soziales Handeln, Empathie, Kooperation können in der restriktiven Lernsituation ebenfalls als Konkurrenzvorteile verstanden werden. Denn sie finden in der Regel nicht *an sich* statt, sondern sind in gleichem Maße instrumentalisiert und restriktiv wie die sachlichen Lernprozesse.

Holzkamp sieht in der komplexen Widersprüchlichkeit der Subjektkategorie die Ursache dafür, dass es ein steiles Gefälle zwischen geplanten und tatsächlichen Lernleistungen gibt. Ebenso schreibt er ihr den Umstand zu, dass trotz größter pädagogischer Anstrengungen bisher offenbar keine wirkungsmächtigen Strategien zur Verbesserung der Lernleistungen gefunden wurden. Deshalb nennt er seine Untersuchung von Lernwiderständen *subjektwissenschaftlich*.

Die Vorstellung vom Erziehungsergebnis „Subjekt“, dem mündigen Erwachsenen, der soziale Rolle und subjektive Identität vermitteln kann, bestimmt zwar die schulischen Bildungsvorstellungen. Die restriktiven Lernformen der Schule verhindern aber die tatsächliche Freisetzung von Denken und Handeln. Gleichzeitig vernebelt das Subjektideal diesen Umstand, indem es den Lernenden die Selbstverantwortung für Erfolg oder Versagen in ihrer Schullaufbahn vorhält. Letztlich liege es ja in ihrer Hand, was aus ihnen werde. Dass aber an den lernbehindernden Grundfesten der Institution nicht zu rütteln ist, erscheint dann weniger fragwürdig, denn „andere schaffen es ja auch!“

Uns stellte sich demzufolge die Frage, in welcher Weise Subjektivität sich in einem gemeinschaftlichen Arbeits-, Lebens- und Lern-Zusammenhang kommunizieren und verwirklichen lässt. Für uns rückte dabei – in Anlehnung an die kritische Psychologie – die Bedeutung des kollektiven Aspekts von Subjektivität in den Vordergrund. Holzkamp arbeitete heraus, dass in Lernvorgängen, die auf Problematiken der komplexen Lebenswelt bezogenen sind, soziales Handeln sich ganz selbstverständlich vollziehen müsse. Denn wenn sich abstrakte Lernproblematik in konkrete Handlungsproblematik wandelt, entstehe der Impuls und die Notwendigkeit zur Aktivierung und Integration der verschiedenen Kompetenzen. Die individuellen Voraussetzungen treffen sich ja im gemeinschaftlichen Anliegen. Für die Schule bedeutete dies: Wenn im Mathematik-Unterricht tatsächlich Mathematik stattfände und im Musik-Unterricht wirklich musiziert würde, teilten die Lehrenden als MeisterInnen ihres Faches ihre Begeisterung mit den Lernenden und wären aus den Handlungsvollzügen nicht ausgenommen ([>]partizipatives Lernen in Kap. III.4).[III]

Für unsere Untersuchung der theatralen Lernprozesse führten die subjektwissenschaftlichen Überlegungen Holzkamps zu einer Hinwendung auf die subjekt-entgrenzenden, kollektiv erfahrbaren Aspekte des Theaterspiels. Das Ereignis des ‚theatralen Moments' als Erfahrungspunkt höchster Spannungs-Intensität und Gegenwärtigkeit der Gruppe wurde für uns zum zentralen Fokus bei der Beobachtung theaterpädagogischer Prozesse. Hier scheint uns der spezifische Reichtum an Erfahrungs- und Erkenntnismöglichkeiten theatraler Lernprozesse aufgehoben zu sein, deren Charakteristika und Voraussetzungen wir uns in den folgenden Kapiteln nähern wollen.

Andere aktuelle Theorieansätze der Theaterpädagogik haben bereits die Erfahrungsmöglichkeiten des gegenwärtigen Wahrnehmen und Handelns im Theaterspiel ins Zentrum der ästhetischen Bildungsprozesse gerückt. Auch hoben sie bereits die Bedeutung des Fließ-Zustandes zwischen den Konstanten des theatralen Prozesses wie Darsteller, Rolle, Publikum, Bühne, Text, Körper, Sinnlichkeit hervor. Dennoch überwinden diese Ansätze u.E. nicht die Idealisierung des Subjekts als Kategorie der ästhetischen Bildungsprozesse, da sie trotz allem auf die Bedeutung individueller, ideosynkratischer Wirklichkeitsentwürfe als Voraussetzung theatraler Prozesse bestehen und auch deren Bildungsmöglichkeiten, wenn auch kritisch, an ihrem Potential für *individuelle* Entwicklung messen.

III A.a.O.: S. 207 f.

Unsere neuformulierte Prämisse, deren Entwicklung wir im ersten Kapitel darstellen werden, kennzeichnet theatrales Lernen als Synthese ästhetischer und sozialer Erfahrung. Unsere These lautet:

Theatrale Lernprozesse können einen ästhetischen Ausdruck der sozialen Interaktion hervorbringen und somit überindividuelle Erkenntnismöglichkeiten bieten, die für die Zeit des Theaterspiels die permanenten Konkurrenzverhältnisse außer Kraft setzen, denen die Subjekte als „freie, einzelne" ausgesetzt sind.

Wie das Buch gegliedert ist

Die subjektwissenschaftliche Analyse unseres Forschungsfelds und die Klärung der begrifflichen Voraussetzungen (*soziales Lernen, Subjekt, ästhetische Bildung*) setzte eine umfangreiche fachübergreifende Literaturrecherche voraus. Zugunsten einer besseren Lesbarkeit des Untersuchungskerns „theatrales Lernen", haben wir die komplexen geschichtsphilosophischen Grundlagen unserer Untersuchung in Form von Aufsätzen an das Ende dieses Buches gestellt. Dennoch empfehlen wir dem Leser, parallel auf diese Aufsätze zurückzugreifen, da dort nachzulesen ist, wie wir zu Begriffen wie ‚bürgerliches Subjekt', ‚Tauschbeziehung', ‚evolutiv-dynamische Zeitlichkeit' gelangt sind und wieso wir im Hauptteil des Buches nicht ohne sie auskommen. So lässt sich etwa der letzte Aufsatz über den Subjektbegriff der kritischen Psychologie auch als Einführung in das erste Kapitel lesen.

In diesem Kapitel klären wir zunächst grundsätzliche Begriffe des Lernens, mit deren Hilfe wir dann die Problematiken des jeweils sachlichen, sozialen, ästhetischen und schließlich theatralen Lernens diskutieren, wie sie sich zwischen geplanten und tatsächlichen Lernvollzügen ergeben. Wie oben erläutert, entwickeln wir in dieser Problemanalyse unsere zentrale These hinsichtlich der Beschaffenheit theatraler Lernprozesse.

Auf dieser Grundlage stellen wir im zweiten Kapitel die Didaktik und Methodik des theatralen Lernens dar. Dabei erscheint uns die konzeptionelle Ausdifferenzierung des ‚Theatralen Lernens' nur in Form einer Fokussierung auf zentrale Leitmotive möglich, die bei der Planung, Auswertung und Begründung theaterpädagogischer Prozesse helfen. Da die Offenheit für die Ereignishaftigkeit theatraler Momente eine wesentliche Bedingung ihres Gelingens darstellt, können wir gerade im Zusammenhang einer brauchbaren Weg-Ziel-Bestimmung kein lineares, in sich geschlossenes Konzept vorstellen. So ist in allen methodischen Vorschlägen die Ermutigung enthalten, die Sicherheit der Unterrichtsplanung zu verlassen, wenn der Prozess selbst unerwartete Wege eröffnet.

Das dritte Kapitel befasst sich mit den praktischen Möglichkeiten und auch Schwierigkeiten theatraler Lernprozesse im schulischen System, wie sie sich neben und gegenüber den Prozessen des Regellernens ergeben.

Das vierte und letzte Kapitel gibt schließlich die Möglichkeit, unsere subjektkritische Analyse schulischer Lernprozesse im Kontext der ihr zugrunde liegenden (geschichts-)philosophischen Überlegungen vertiefend nachzuvollziehen.

I. Kapitel

Sachliche, soziale, ästhetische und theatrale Lernprozesse

1 Begriffe des Lernens

Zur besseren Verständigung über die von uns beobachteten *Lernvorgänge* und ihre Problematiken wollen wir vorab kurz die Begrifflichkeiten im Kontext des Lernens erläutern, wie wir sie für unsere Untersuchung eingegrenzt, in verschiedene Kategorien unterteilt und im folgenden verwendet haben.

Lernen ist, allgemein formuliert, eine Verhaltensänderung von Individuen auf der Grundlage von Erfahrungen.

Wir unterscheiden dabei *intentionale* von *nicht-intentionalen* Lernvorgängen. Letztere entstehen durch Zufall oder biologische Reifung. In unserer Untersuchung beschäftigen wir uns ausschließlich mit intentionalen, zielgerichteten Lernprozessen. Dabei ist es wichtig, die Intentionen, die mit Lernprozessen verknüpft sind, zu lokalisieren, da sie nur im Idealfall bei allen Beteiligten identisch sind.

Alle Lernprozesse dienen dem Erhalt oder der Erweiterung der Handlungsfähigkeiten der lernenden Individuen. Auch diese Handlungsfähigkeiten sind zu sehen im Kontext der tatsächlichen Handlungsmöglichkeiten und der Freiheit, entsprechend dieser Möglichkeiten zu handeln.

Wir unterscheiden daher außerdem zwischen *expansiven* Lernvorgängen, die – ausgehend von einer Handlungsproblematik – deren Bewältigung ermöglichen und dadurch Handlungsfreiheit erzeugen, und *restriktiven* Lernvorgängen, bei denen eine bestehende Handlungsfreiheit gegen ihre Einschränkung durch äußere oder innere Faktoren verteidigt wird.

In allen Lernvorgängen werden in einem komplexen Zusammenspiel die grundlegenden kognitiven, affektiven und motorischen Fähigkeiten der Individuen mobilisiert und gegebenenfalls expansiv erweitert.

In Lernprozessen treten *affinitive Lernphasen* auf, in denen die Lernenden eine zu bewältigende Handlungsproblematik assoziativ und experimentell, denkend und handelnd umkreisen, sowie *definitive Lernphasen*, in denen die geeignet erscheinenden Lösungsmöglichkeiten zuvor von außen eingegrenzt und entschieden werden (z.B. Multiple-Choice-Verfahren).

Je nach Beschaffenheit der Handlungsproblematiken können wir differenzieren zwischen:

- *sachlichen Lernprozessen*: Das Individuum löst ein Problem im Umgang mit seiner gegenständlichen Umwelt;
- *sozialen Lernprozessen*: Das Individuum löst ein Problem im Umgang mit anderen Menschen seiner sozialen Umwelt;
- *ästhetischen Lernprozessen*: Das Individuum löst Probleme der sinnlichen Selbstvergewisserung im Umgang sowohl mit seiner gegenständlichen als auch seiner sozialen Umwelt, indem es Ausdrucksformen entwickelt, die als bewusst gestaltete, auf Wahrnehmung aus sind.
- *theatralen Lernprozessen*: Das Individuum löst Probleme der sinnlichen Selbstvergewisserung im Umgang mit seiner gegenständlichen und sozialen Umwelt, indem es szenisch-spielerisch interagiert und aus der Interaktion einen ästhetischen Ausdruck entwickelt. Unter theatralen Lernprozessen verstehen wir entsprechend ästhetische Lernprozesse, die sich sozial-interaktiv vollziehen.

2 Sachliche Lernprozesse

2.1 „Nicht für die Schule lernen wir..."

2.1.1 Vom Gebrauchswert zum Tauschwert

Das sachliche Lernen eines Menschen richtet sich auf die Lösung von Problemstellungen im Umgang mit den gegenständlichen Bedingungen seiner Lebenswelt. Wir können sachliche Lernprozesse somit in einen direkten Zusammenhang stellen mit dem Verständnis von Arbeit als den „spezifischen Stoffwechsel des Menschen mit der Natur" (Marx). Jede Aneignung von Natur durch den Menschen – seine Arbeit – schließt mindestens sachliche, meistens auch soziale, manchmal ästhetische Lernvorgänge ein. Umgekehrt kann man sich Lernvorgänge ohne den Dreiklang der Arbeit „Idee – Realisation – Reflexion" nicht vorstellen. Die Bewältigung von sachlichen Handlungsproblematiken ist integraler Bestandteil von Arbeitsvorgängen. Dieser Zusammenhang verweist auf den grundsätzlich expansiven Charakter des Lernens: In der Auseinandersetzung mit einer konkreten Problemstellung (etwa: Wie schlage ich das Ei auf, um das Gelbe vom Weißen sauber zu trennen?) erweitere ich durch Erfahrung meine Handlungsfreiheit (Probieren verschiedener Hilfsmittel wie Messer oder Schüsselrand, Ausnutzung der unterschiedlichen Konsistenzen von Eigelb und -weiß). Mein Ziel der Überwindung der Handlungsproblematik ist Produktion zur Befriedigung meiner Bedürfnisse (ich schlage das Ei auf, weil ich einen Kuchen backen will).

Expansive Lernprozesse sind demnach in Arbeitsvorgängen aufgehoben, die sich auf konkrete Handlungsproblematiken (den Gebrauchswert der Arbeit) beziehen.

Entsprechend ist der Freiraum für expansives Lernen beschränkt, wenn nicht sachliche Handlungsproblematiken im Mittelpunkt der Lernprozesse stehen, sondern von diesen abgerückt (abstrahiert) wird, indem ihre Äquivalentformen (Wertentsprechungen) als Maßstab für Lernleistungen hervorgehoben werden. Zum Beispiel pauken Schüler für die Lernerfolgskontrolle (abstraktes Ziel des Lernprozesses), erhalten dafür Zensuren (Äquivalent zur Leistung) und erfahren somit den Tauschwert ihrer Arbeits- und Lernleistung handfester als deren inhaltlichen Gebrauchswert.

2.1.2 Der gesellschaftliche Bedarf an einer professionalisierten Erziehung

Sehen wir uns diese Abstraktion sachlichen Lernens vor dem allgemeineren Hintergrund der historischen Entwicklung der Pädagogik an.

Ausgehend von o.g. Definitionen von Lernen und Arbeit wäre auch Erziehung nichts anderes als vorsorgende Arbeit an der Arbeits- und Reproduktionsfähigkeit der folgenden Generationen. Die in der Produktion tätigen Menschen integrieren nach Maßgabe der biologischen Reifung die jeweils nachfolgende Generation in ihre Arbeitstätigkeiten und schaffen dadurch eine generationenübergreifende Kontinuität in der menschlichen Form der Naturaneignung und gesellschaftlichen Reproduktion.

Erziehung wäre demnach ein selbstverständlicher, in sich selbst begründeter Vorgang: Wir sorgen dafür, dass es weitergeht, dass die anstehenden Aufgaben der Gesellschaft weiterhin erledigt werden. Warum begründete sich dennoch eine ganze Wissenschaft über diesen Prozess: die Pädagogik?

Zeitgleich zur pädagogischen Theoriebildung entwickelte sich die Trennung von konkreter und abstrakter Arbeit (bzw. von konkretem und abstraktem Reichtum) in den modernen Gesellschaften: Mit der Entwicklung zur warenproduzierenden Gesellschaft seit dem 18. Jahrhundert wurde die konkrete Arbeit von ihren spezifischen Produktionsmitteln getrennt. Den einen (der Mehrheit) gehörte jetzt nur noch ihre Arbeitskraft. Die anderen (die Minderheit) verfügten dagegen über die Arbeitsmittel und das Kapital, um Arbeitskraft einzukaufen und Produkte herstellen zu lassen, die wiederum ihren Reichtum vergrößerten. Der *Mehrwert*, der aus dem Besitz der Arbeitsmittel und der Arbeitskraft der Arbeiter entstand, machte den Gewinn der Produktionsinhaber aus.

Für die einzelnen Reproduktionsgemeinschaften (Familien), in denen die Ausbildung der Kinder zuvor Teil der Erziehung gewesen war, bedeutete das unter anderem den Verlust ihrer Möglichkeiten, die folgende Generation organisch in ihre eigenen Produktionsformen zu integrieren. Die Arbeit fand nun außerhalb der Familie statt. Durch die Abwesenheit der Eltern war die Beaufsichtigung und Ausbildung der Kinder in den Familien nicht mehr gewährleistet. Die Freisetzung käuflicher Arbeitskraft auf dem Arbeitsmarkt schuf sowohl das allgemeine Interesse an einer Verfeinerung ihrer Qualität durch die Ausbildung des Nachwuchses als auch an einem Schutz vor einer übereilten Ausbeutung in Form von Kinderarbeit.[1] Beide Anliegen wurden mit der Einrichtung von (Arbeits-, Land-, Volks-) Schulen als Bestandteil des staatlichen Erziehungssystems beantwortet. Es gab nun Bedarf an Pädagogik als Wissenschaft von der professionellen Erziehung des Nachwuchses.

„Dem unbestechlichen Kind fällt die ‚Eigentümlichkeit der Äquivalentform' auf: ‚Gebrauchswert wird zur Erscheinungsform seines Gegenteils, des Werts' (Marx, Kapital I, Wien 1932, S. 61). In seinem zwecklosen Tun schlägt es mit einer Finte sich auf die Seite des Gebrauchswerts gegen den Tauschwert. Gerade indem es die Sachen, mit denen es hantiert, ihrer vermittelten Nützlichkeit entäußert, sucht es im Umgang mit ihnen zu erretten, womit sie den Menschen gut und nicht dem Tauschverhältnis zu willen sind, das Menschen und Sachen gleichermaßen deformiert. Der kleine Rollwagen fährt nirgendwohin, und die winzigen Fässer darauf sind leer.“

(Theodor W. Adorno)

2.1.3 Kindheit als „Entwicklungsland“

Mit der Emanzipation der Heranwachsenden von den unmittelbaren Zwecken der Absicherung des familiären Kleinbetriebs wurde deren Lernfähigkeit freigelegt für ein übergeordnetes ökonomisches Interesse. Mit den von administrativer Seite unternommenen Planungen, wer wann was gelehrt bekommen sollte, entstand der „kolonisierende Blick auf Kindheit und Jugend“ (Holzkamp) als Potential der gesellschaftlichen Produktivkraftentwicklung[2], der auch im modischen Begriff „Humankapital“ anklingt.

Die „Kolonisierung der Kindheit“ begreift auf der Grundlage einer pseudo-mythischen, allgemeingültigen Ursprungslogik[3] die kindlichen und jugendlichen Zustände als eine Entwicklung (von woher?) hin zur Mündigkeit des Erwachsenen. Der heranwachsenden Ent-

1 Vgl. Hartmann, Klaus L. (Hrsg.) u.a. (1974): Schule und Staat im 18 und 19. Jahrhundert. Frankfurt a.M.

2 Vgl. Holzkamp, Klaus (1995a): Kolonisierung der Kindheit. Psychologische und psychoanalytische Entwicklungserklärungen. In: Derselbe (1997): Schriften I. Normierung / Ausgrenzung / Widerstand. Hamburg.

3 Vgl. Dux, Günter (1992): Die Spur der Macht im Verhältnis der Geschlechter. Über den Ursprung der Ungleichheit zwischen Mann und Frau. Frankfurt a.M.

wicklung von Kindern wird damit der Charakter einer vorgewussten Struktur zugeteilt, die es auf die Ansprüche der Erwachsenen hin zu optimieren gilt. Die damit gewonnene Distanz zwischen Kindheit und Erwachsenen ist von vornherein rational-instrumentell: Kindheit wird im Ursprung der Pädagogik zum Aneignungsobjekt einer vernunftbetonten Erziehungswissenschaft der Zivilisation.

„Unseren Kampf um Verantwortlichkeit kämpfen wir mit einem Maskierten. Die Maske des Erwachsenen heißt ‚Erfahrung'. Sie ist ausdruckslos, undurchdringlich, die immer gleiche. Alles hat der Erwachsene schon erlebt: Jugend, Ideale, Hoffnungen, das Weib. Es war alles Illusion."

(Benjamin, Walter)

Analog zur „Wildheit der Eingeborenen" in kolonisierten Ländern wird die Kindheit ontogenetisch, d.h. in der Entwicklung jedes Individuums, dem Prozess der Zivilisation stets aufs Neue unterworfen.[4] Die abstrakte Vereinnahmung der Kindheit und des kindlichen Lernvermögens ist Bestandteil der Zivilisationsprozesse gewesen, der die Genese und Entwicklung der bürgerlichen Gegenwartsgesellschaft seit der Aufklärung kennzeichnet. Als historischer Prozess ist er von Philippe Ariès[5] und Michel Foucault[6] ausführlich beschrieben worden.

➢ Dazu im vierten Kapitel: Die Aufsätze zu Philippe Ariès (IV.1) und Michel Foucault (IV.2).

2.1.4 Die Übernahme des Subjektideals als Lernmotivation

Mit der Befreiung und Abstraktion des Lernens von den praktischen Problemstellungen alltäglicher Arbeit und Reproduktion gewinnen Lernprozesse eine von konkreten Handlungsvollzügen unabhängige Problematik: Der konkrete Nutzen eines Lernvorganges muss in ein höheres Ideal übersetzt werden: In die Vorstellung von einem allseitig entfalteten und handlungsmächtigen Subjekt mit einer privaten und autonomen Verfügung über alle persönlich und rechtmäßig erworbenen Handlungsfähigkeiten und Handlungsmittel. Die Schule entlässt die Schüler mit einem Nachweis über den Erwerb ihrer Fähigkeiten in Form eines Zeugnisses, mit dem sie sich später im Wettkampf des Arbeitsmarktes – mehr oder weniger erfolgreich – durchzusetzen vermögen. Diese Verheißung wird zur Motivation für ein regelmäßig abgeprüftes Probehandeln, das die konkrete gegenwärtige Lebenswelt der Lernenden kaum oder nur marginal beeinflusst. Die individuellen Lebensentwürfe werden zusammen mit der Über-

4 Vgl. Richter, Dieter (1987): Das fremde Kind. Zur Entstehung der Kindheitsbilder des bürgerlichen Zeitalters. Frankfurt a.M.

5 Vgl.: Ariès, Philippe (1978): Geschichte der Kindheit. München.

6 Vgl. Foucault, Michel (1976): Überwachen und Strafen. Die Geburt des Gefängnisses. Frankfurt a.M.

nahme der Tauschwertabstraktion in dieses Subjektideal transformiert: „Ich bin was ich habe!".

Erdkunde-Unterricht in der vierten Klasse. Die Lehrerin breitet die großen Schulkarten auf dem Boden aus und lässt die Kinder mit Matchboxautos die Grenzen Europas abfahren. Die Kinder können sich auch lange Zeit nach dem Unterricht noch an das Gelernte erinnern: „Ich hatte einen BMW..."

Der Schulabgänger wird zum individuellen Warenbesitzer und Privatproduzenten. Erfolg oder Scheitern der Umsetzung des Subjektideals gilt als selbstverursacht. Die Behauptung des Subjektideals: „Für das Leben lernst du!" erfährt ihre Ent-Täuschung für diejenigen, deren Abschlusszeugnis nicht für ein Überleben auf dem Arbeitsmarkt genügt. Ihr Produkt will niemand kaufen.

➢ Weiterführend dazu: „Das Subjekt als Schlüsselkategorie..." (IV.3) und „Die Destruktion des Subjektbegriffes" (IV.4).

Auf der Ebene des sachlichen Lernens stellt sich die idealistisch distanzierte Umlenkung der Handlungsproblematik – die jetzt als solche gar nicht mehr im Erfahrungshaushalt der lernenden Individuen vorkommt – als eine vom konkreten Lebensvollzug isolierte Lernproblematik dar. Statt um den Gegenstand des Lernens geht es um den Nachweis der eigenen Fortentwicklung auf dem Wege zum mündigen Erwachsenen. Die Aussicht auf eine Handlungsmächtigkeit gegenüber den noch unbeherrschten Bedingungen der Lebenswelt ist nicht mehr Motivation und Anstoß des Lernens, sondern nur noch in die Leere versprochenes Indiz für einen Lernprozess, dessen abstraktes Ziel die evolutiv-voranschreitende Selbstverbesserung der Individuen ist.

Der Maßstab ihres Lernerfolges ist dementsprechend auch nicht die konkrete Lösung von Handlungsproblematiken, sondern der Vergleich mit den Lernerfolgen anderer Lernender. Damit unterliegen die Lernprozesse im Grunde der gleichen Tauschwertabstraktion wie die Warenproduktion, wo Arbeitsleistung in ihren Geldwert ohne Anspruch auf das hergestellte Produkt übersetzt wird. Auf Lernprozesse bezogen bedeutet das: Der mögliche Gebrauchswert einer Lernleistung wird von den Lernenden zu einem Tauschwert (Zensuren, soziale Anerkennung, Hierarchien-Bildung) abstrahiert, in dem sich alle Lernleistungen miteinander vergleichen und bewerten lassen. Die Lernleistungen der anderen werden damit zur Äquivalentform des eigenen Wertausdrucks. Statt Geld regnet es in der Schule Zensuren, die dann ja vielleicht im Elternhaus tatsächlich in die Geldform übersetzt werden.

Dadurch, dass Lernprozesse von konkreten Handlungsproblematiken abgeschnitten und durch ein Subjektideal ersetzt werden, welches den Lernindividuen je nach sozialen Aufstiegschancen einleuchtet oder auch nicht, fehlt ihnen das sinnlich-praktische Motiv.

Dieses ist in der Geschichte der Erziehung durch die Disziplin ersetzt worden. Im wesentlichen arbeitet die Disziplin mit der Einschränkung von Handlungsmöglichkeiten bei ausbleibenden Lernleistungen. Die Schüler lernen dabei vor allem, diesen Restriktionen auszuweichen, und gewinnen ein negatives Verhältnis zur Lernleistung selbst. Sie erbringen sie nur insofern, als sie durch Lernleistungen ihre konkreten Handlungsmöglichkeiten erhalten können.

„Weil die ganze offizielle Vergleicherei notwendig über die individuelle Anstrengung abgewickelt wird, bilden sich die Menschen ein, sie selbst seien der Grund für Erfolg und Misserfolg und in ihrer eigenen Leistung hätten sie das Mittel in der Hand, das Resultat der Konkurrenz in ihrem Sinne zu dirigieren. (...) So kommt die unselige Verwechselung von objektiven gesellschaftlichen Zwängen mit (fehlender) subjektiver Anstrengung in die Welt. Die Gesellschaft – so kann man es in jedem Sozialkundebuch nachlesen – ist eigentlich eine erquickliche Kombination von freier Eigeninitiative und bereitgestellten Bedingungen zu ihrer Entfaltung. In ihr kann jeder sein Glück machen, wenn er sich nur darum bemüht."

(Freerk Huisken)

Diese Form des restriktiven Lernens ist in der Pädagogik als Motivationsproblem oder Lernwiderstand allgemein bekannt und gehört zum gesicherten Erfahrungsbestand eines jeden Lehrers.

Wenn wir uns die oben skizzierte Konkurrenzsituation und die Problematik des restriktiven Lernens ansehen, die im historisch gewachsenen Erziehungsverständnis der Schule ihre Wurzeln haben, rückt der Wunsch nach einem Instrumentarium für das soziale Lernen als Voraussetzung für sachliche Lernprozesse in der Schule in ein etwas anderes Licht.

➢ Weiteres zum Problem des restriktiven Lernens im Aufsatz „Der Subjektbegriff der Kritischen Psychologie" (IV.8).

3 Soziale Lernprozesse

Wie die Reflexion sachlicher Lernprozesse ist auch die erziehungswissenschaftliche Problematisierung des sozialen Lernens nicht unbedingt einleuchtend, wenn man diese als Bewältigung gemeinschaftlicher Handlungsproblematiken versteht. Lernen und Arbeiten sind als organische Prozesse von vornherein gesellschaftlich-arbeitsteiliger Natur. Die Bewältigung von realen Handlungsproblematiken beinhaltet an sich soziale (im Sinne gemeinschaftlicher) Lernprozesse und Übereinkünfte, die in Form arbeitsteiliger Kooperation vollzogen werden. Daher können im konkreten Wesen der Arbeit und des damit verbundenen Lernens sachliche und soziale Lernvorgänge eigentlich nicht differenziert werden. Beispielsweise sind Schüler in einem tatsächlich ergebnisoffenen Schulprojekt, das sie in einem kollektiven Arbeitszusammenhang mit einem sachlichen Problem konfrontiert, auf gemeinschaftliche Arbeit angewiesen, um die sich stellenden Handlungsproblematiken zu lösen. Probleme sozialen Handelns entstehen dort, wo individuelle Tauschwerte miteinander verglichen und untergeordnet werden, sodass Konkurrenzbeziehungen die gemeinsame Ausrichtung auf das sachliche Ziel verdecken.

Außenseiter und Anführer schälen sich als typische Erscheinungsformen aus diesem Prozess der Hierarchisierung privater Tauschwerte heraus. Wo Menschen dagegen allein auf die Bewältigung sachlicher Handlungsproblematiken konzentriert sind, kommt es ganz selbstverständlich zur Solidarisierung. Soziale Lernprozesse sind dann von den sachlichen nicht zu trennen. Dass in schulischen Lernzielbestimmungen diese Trennung dennoch geschieht, kann ebenfalls anhand der Wesensveränderung der Arbeit bzw. des Lernens in ihrem Wandel zu einem abstrakten Tauschwert erklärt werden.

In der Geschichte „Kannitverstan“ von Johann Peter Hebel stößt der Held, ein badischer Handwerksbursche, bei der Besichtigung Amsterdams ständig auf konkreten Reichtum, den er aber nur abstrakt – als Eigentum – interpretieren kann. Auf seine Frage, wem das große Schiff, der reiche Palast und die schöne Dame gehören und schließlich wer dort im Trauerzug zu Grabe getragen werde, erhält er immer dieselbe Antwort von den holländischen Einheimischen: „Kannitverstan“. Selbst der Tod in Gestalt des Leichenzuges begegnet ihm in der Abstraktion als Eigentum dieses offenbar reichen Mannes „Kannitverstan“. Das für ihn unverständliche Wort „Kannitverstan“ wird so zu einer allgemeinen Bezeichnung für die unverstandene Sinnlichkeit der konkreten Dinge, denen er begegnet. Am Ende der Geschichte erst wird der Held konkret: Er sitzt in seiner Herberge und verzehrt mit hohem Genuss einen Limburger Käse – diesen kann er sich mit Gewissheit einverleiben.

3.1 Soziales Lernen als Zurechtkommen in der Tauschbeziehung

Auf der Grundlage der *entfalteten Warenproduktion*[7] im Kontext einer monopolisierenden Marktwirtschaft entstehen ausschließende Verhältnisse zwischen Waren-Besitzern und allen anderen Menschen, die diese Güter benötigen, weil sie von ihnen getrennt sind. Der Reichtum der Warenbesitzer besteht ja gerade in ihrer Verfügung über konkrete Arbeit in Form von gefragten Gebrauchswerten. Für den Produktionsinhaber stellen die Waren allerdings nur einen abstrakten Wert dar: als Möglichkeit zu weiterem Umsatz. Er will sie ja nicht benutzen, sondern gewinnbringend verkaufen.

Die *abstrakte Tauschwertbeziehung* (Geld für Ware), in die die Menschen miteinander treten müssen, um in den Genuss der Gebrauchswerte zu kommen, von denen sie sonst ausgeschlossen sind, taucht als Grundmuster auch in den Kommunikations-, Interaktions- und Sozialwissenschaften wieder auf, die ihrerseits soziales Lernen mit Sender-Empfänger- oder Stimulus-Response-Modellen auf der Grundlage von Tierversuchen erforschen:

> *„Soziale Fertigkeiten (‚social skills‘) sind Reaktionen oder Reaktionsmuster, die es einer Person ermöglichen, sich bei der Annäherung an andere oder in der Interaktion mit anderen erfolgreich zu verhalten. Darunter fällt, was in den gegebenen Situationen zu sagen oder zu tun ist (Inhalt), wie (Stil) und wann (‚timing‘) es zu sagen oder zu tun ist und wie si-*

7 In der entfalteten Warenproduktion hat sich im Unterschied zur einfachen Tauschgesellschaft der Tauschwert („Preis-Leistungs-Verhältnis“) als einzig gültiges Kriterium der Produktion flächendeckend durchgesetzt.

> *chergestellt werden kann, dass es bei anderen Personen die gewünschten Reaktionen auslöst (Konsequenzen).“* [8]

Im Kontext der Tauschwertbeziehungen werden soziale Leistungen zur Dienstleistungsware, alles andere wäre sozusagen Verschwendung privaten Vermögens. Unter diesen Vorzeichen wandeln sich die sozialen Beziehungen in *Instrumentalverhältnisse/-beziehungen* unter dem Einfluss der Tauschwertabstraktion.

> *„Unterm Apriori der Verkäuflichkeit hat das Lebendige als Lebendiges sich selber zum Ding gemacht, zur Equipierung. Das Ich nimmt den ganzen Menschen als seine Apparatur bewusst in den Dienst. Bei dieser Umorganisation gibt das Ich als Betriebsleiter so viel von sich an das Ich als Betriebsmittel ab, dass es ganz abstrakt, bloßer Bezugspunkt wird: Selbsterhaltung verliert ihr Selbst. Die Eigenschaften, von der echten Freundlichkeit bis zum hysterischen Wutanfall, werden bedienbar, bis sie schließlich ganz in ihrem situationsgerechten Einsatz aufgehen.“* [9]

Sicherlich bestimmen noch andere ebenso wichtige Aspekte, wie z.B. sinnlich-körperliche Sympathien, die Qualitäten der sozialen Beziehungen mit. Jedoch ist die instrumentelle Determiniertheit gerade im Kontext der Schüler/Schüler- bzw. Lehrer/Schülerbeziehungen als zentrale Voraussetzung des sozialen Lernfelds Schule offenkundig. Wenn wir davon ausgehen, dass die restriktiven Lernprozesse in der Schule gerade anhand der Abstraktion zugunsten der Vergleichbarkeit strukturiert sind, erhält die Problematik der Instrumentalverhältnisse für unsere Frage nach den Perspektiven des sozialen Lernens in der Schule einen besonderen Stellenwert. Auf welche Weise sollten intentionale soziale Lernprozesse konstruktiv auf schulische Beziehungsformen einwirken, wenn es sich hier gerade innerhalb der gesteuerten Lernvorgänge um abstrakte Instrumentalbeziehungen handelt? Das Ideal der Subjektbeziehung wird in diesem Zusammenhang zu einer fragwürdigen Leitkategorie sozialer Lernprozesse, die wir in einer Untersuchung theaterpädagogischer Alternativen kritisch betrachten müssen.

8 Zimbardo, Philip / Gerrig, Richard (7/1999): Psychologie. Berlin/ Heidelberg, S. 660.

9 Adorno, Theodor W.: Novissimum Organum. In: Derselbe (1979): Minima Moralia. Frankfurt a.M., S. 309.

3.2 Soziales Lernen als Auftrag der Schule

Für uns ergibt sich an dieser Stelle die Schlussfolgerung, dass das soziale Lernen in der Schule in erster Linie Instrumentalverhältnisse konstituiert und optimiert. Insofern haben soziale Lernprozesse dort ebenfalls einen eher restriktiven Charakter, da in der Regel sachliche Handlungsproblematiken fehlen, die tatsächlich gemeinschaftliches Arbeiten und Lernen außerhalb von Konkurrenz um Anerkennung und Leistung ermöglichen.

> *„Dass der Moralunterricht kein System hat – dass er sich eine unerfüllbare Aufgabe gesetzt hat –, ist der zweifache Ausdruck der gleichen, verfehlbaren Grundlage.*
> *So bleibt ihm denn nichts weiter übrig, als anstatt der moralischen eine seltsame Art von staatsbürgerlicher Erziehung zu betreiben, in der alles Notwendige noch einmal freiwillig und alles im Grunde Freiwillige notwendig sein soll. Man glaubt, die sittliche Motivierung durch rationalistische Beispiele ersetzen zu können, und sieht nicht, dass darin die Sittlichkeit schon wieder vorausgesetzt ist.“* [10]

An welchen Bruchstellen des schulischen (Beziehungs-)Systems und auf welche Weise entstehen die sozialen Problematiken, für die die Pädagogik nach Lösungen sucht?

Aus der instrumentellen Beschaffenheit der Beziehungen selbst entsteht zunächst kein unbedingter Leidensdruck. Solange der erwartete Gewinn aus der Tauschbeziehung erzielt wird, wird auch dem Subjektideal Rechnung getragen. Problematisch werden die Instrumentalbeziehungen erst in dem Moment, wo die Tauschwertabstraktion, d.h. der Ausschluss vom konkreten Arbeitsvermögen und der damit verbundenen gesellschaftlich arbeitsteiligen Absicherung und Vorsorge zu einer Bedrohung für die Individuen werden, wenn sie also unter der Angst vor Armut, Arbeitslosigkeit und fehlender sozialer Anerkennung leiden.

In der Schule entspricht dem die Frustration aus individuellem Leistungsversagen, die wir mit der Abkoppelung sachlichen Lernens von konkret nützlichen Arbeitsvorgängen und der damit verbundenen Ersetzung expansiver durch restriktive Lernprozesse im Zusammenhang sehen. Die Motivation für die eigenen Lernleistungen besteht in der Regel nicht in der Lösung einer konkreten Handlungs-

10 Benjamin, Walter: Der Moralunterricht. In: Derselbe (1973): Über Kinder, Jugend und Erziehung. Frankfurt a./M., S. 11.

problematik, sondern im Gewinn und Erhalt der realen Handlungsfreiheiten im Lebensraum Schule, z.B. der Vermeidung von zusätzlichen Förder- oder Nachhilfestunden, von Disziplinierungsmaßnahmen oder allzu unvorteilhaften Beziehungen zu Lehrkräften. Die schulischen Leistungen werden somit unter der Maßgabe erbracht, ob das eigene Angebot von Lernleistungen dem Schüler eine Erweiterung oder Erhaltung der eigenen Handlungsmöglichkeiten verspricht oder diese im Gegenteil bedroht. Bei einem ‚Leistungsversagen' besteht die eigentliche Frustration für den Schüler ja keineswegs darin, dass er einen konkreten Themeninhalt nun nicht beherrscht und so leider seine Handlungsfähigkeiten nicht erweitern konnte (was tatsächlich nicht einmal die mangelhafte Zensur beweist), sondern in der Abwertung seiner Leistung – d.h. ggf. seiner selbst – im Vergleich mit den anderen sowie in den negativen Folgen, die er möglicherweise hinsichtlich seiner sozialen Anerkennung, seiner Zukunftsperspektiven und freien Freizeitgestaltung zu erwarten hat.

3.3 Soziales Lernen als Kompensation von Lernwiderständen

Was die soziale Anerkennung betrifft, wirkt neben den institutionellen, „erwachsenen" Ordnungsstrukturen das soziale Wertesystem unter den Schülern selbst, das je nach Prägung entweder denselben oder entgegengesetzten Maßstäben für Verdienst oder Verlust von Anerkennung unterliegt. Das Prinzip ist aber das gleiche, wie wir später zeigen werden. Letztlich kommt es auf die Fähigkeit an, die Frustration des Ausbleibens des eigenen Gewinns aus der Instrumentalbeziehung zu kompensieren. Wenn diese Kompensation misslingt, tauchen Lernwiderstände als Hindernisse im schulischen System auf. Denn Lernwiderstände können unter Umständen das Klima der umgebenden Instrumentalbeziehungen und deren Funktionalität beeinträchtigen. An dieser Stelle erhält soziales Lernen in der Schule einen plausiblen pädagogischen Eigenwert – z.B. in Form von Kopfnoten für Arbeits- und Sozialverhalten.

Eine häufig zu beobachtende Kompensationsleistung von Jugendlichen ist die Selbst-Stilisierung und die Ästhetisierung ihrer Lernwiderstände. Die individuellen Ausdrucksformen, die das restriktive, die eigenen Handlungsfreiheiten aufrechterhaltende Lernen hervorbringt, haben ebenfalls den Charakter von ‚Waren' der Tauschwertbeziehungen unter den Schülern. Die Formen des restriktiven Lernens werden zu Subjektstilisierungen in den Zwischenräumen und halblegalen Zonen der Lerneinrichtungen umgemünzt.

Abgesehen davon, dass der Bildungsgedanke einer „Freisetzung des Individuums zu sich selbst“ als pädagogische Formulierung des Subjektideals der bürgerlichen Gesellschaft vielen Schülern zynisch erscheinen müsste, entwickelt dieser Begriff in den Köpfen der Menschen eine eigene Dynamik, die auf die ideelle Anerkennung ihrer Persönlichkeit zielt. Das subjektiv empfundene Ich strebt danach, sich zu kommunizieren, sich nach außen verständlich zu machen und angenommen zu werden. Um seine Chancen zu vergrößern, kleidet es sich in die Erscheinungsformen des Subjektideals, misst sich an seinen Kriterien für Erfolg und Versagen.

Individuen, die die Tauschbeziehungen nicht aufkündigen können, sich aber ständig an ihnen relativieren, bleibt auf der Suche nach einer ideellen Anerkennung ihrer Subjektivität häufig nichts anderes übrig, als sich kompensatorisch außerhalb der geregelten Tauschverhältnisse zu verwirklichen, in der Schule also außerhalb des geregelten Leistungs- und Zensuren-Marktes.

Die Institution Schule bekommt es dadurch mit Verhaltensformen zu tun, die ständig ihr Regularium verletzen, d.h. mit Lernwiderständen, die ihre besondere Qualität im Grad der Grenzüberschreitung finden. Wo Zensuren, die ein direkter Ausdruck der innewohnenden Widersprüche schulischen Lernens sind, als Motivation versagen, reagiert die Institution mit erzieherischen Maßnahmen, d.h. sie grenzt – je nach Toleranzschwelle – bestimmte Verhaltensformen aus.

Was als mehr oder weniger geduldete Kompensationsstrategie bleibt, sind die Ausdrucksformen des restriktiven Lernens – ihre Ästhetik – wie das zur Schau gestellte Desinteresse oder die durch nichts zu beeindruckende *Coolness*. Der restriktive Charakter der Institution Schule wird so integriert, die ideelle Anerkennung der eigenen Persönlichkeit dennoch erreicht. Mit solchen Stilisierungen wiederholen Kinder und Jugendliche in ihrer Öffentlichkeit die Tauschwertproduktion der Gesellschaft. Anstatt produktive, solidarische Beziehungen gegenüber den sachlichen Bedingungen ihrer Lebenswelt zu entwickeln, treten die unterschiedlichsten Geschmacksurteile und Selbststilisierungen in einen fröhlichen Wettkampf, der wiederum Gewinner und Versager erzeugt.

Das restriktive Lernen, ohne das die Institution Schule unter den gegebenen Verhältnissen offenbar nicht auskommen kann, wird in die Ästhetik einer Alltagstheatralität transformiert, welche die Restriktion keineswegs überschreitet, sondern im Gegenteil in gleicher Weise aufrecht erhält und wiederholt.

Eine an sachlichen Handlungsproblematiken sich bildende Subjektivität wäre demnach eingezwängt in die Restriktionen der notwendigen und permanenten Relativierung an den Tauschverhältnissen einerseits und der gleichzeitigen Orientierung auf ein zu verwirklichendes Subjektideal andererseits. Demgegenüber findet die Subjektivität gesamtgesellschaftlich betrachtet einen Spielraum in den entfremdungsarmen Szenarien der Kunst und des Geschmacks, sofern diese nicht selbst wieder für die Zwecke der Tauschwertrealisation in der Kulturindustrie und der Warenästhetik instrumentalisiert werden. Als wertfreie Auseinandersetzung mit den gestalterischen Möglichkeiten des Selbstausdrucks verbürgen ästhetische Lernprozesse ein Residuum für die Entfaltung einer halbwegs unverfälschten Subjektivität.

„Jedes Kunstwerk ist ein Vexierbild, nur derart, dass es beim Vexieren bleibt, bei der prästabilisierten Niederlage ihres Betrachters. Das Vexierbild wiederholt im Scherz, was die Kunstwerke im Ernst verüben.“

(Adorno, Theodor W.)

Die Haltung des bildenden Künstlers besteht in dem Wechsel von Nähe und Distanz zum eigenen Werk. Mal befindet er sich „in“ den Spuren seiner Arbeit, dann wieder tritt er zurück und gerät mit dem Blick auf das Ganze in Kontakt zum potentiellen Betrachter. Er verliert sich selbstvergessen und entgrenzt in dem Bild, um wieder herauszutreten um das Zueinander der Spuren zu beobachten. Diese oszillierende Haltung zwischen *poiesis* und *aeisthesis* vollzieht sich in Form einer paradoxen Ekstase.

Während in den Instrumentalverhältnissen nur noch der zum Tauschwert abstrahierte Reichtum des Subjekts vergegenständlicht ist, hebt die Kunst seine sinnliche und konkrete Erscheinung als höchst individuierten Ausdruck hervor: Ästhetische Erfahrung bleibt rätselhaft, verschlossen, unkommunizierbar.

So scheint die den sachlichen und sozialen Lernprozessen innewohnende Gewalt der Tauschwertabstraktion in ästhetischen Lernprozessen aufgehoben zu sein.

4 Ästhetische Lernprozesse

„Verborgnen Sinn enthält das Schöne! deute / Sein Lächeln dir! / denn so erscheint vor uns / Das Heilige, das Unvergängliche.“

(Hölderlin)

Ästhetische Lernvorgänge haben wir eingangs als solche Prozesse beschrieben, in denen der Lernende einen individuellen sinnlichen Selbstausdruck entwickelt. Dabei begegnet er künstlerisch handelnd oder wahrnehmend Aspekten seiner gegenständlichen und sozialen Umwelt.

Nun erhält jede Lösung von sachlichen oder sozialen Handlungsproblematiken in ihrer Vergegenständlichung eine sinnlich wahrnehmbare Gestalt. Sie ist in ihrer Materialität und ästhetischen Funktion wahrnehmbar. Stellen wir uns zum Beispiel unseren sachlichen Handlungsvorgang des Ei-Aufschlagens als Kurzfilm auf der Kinoleinwand vor: Die Kameraperspektive rahmt die Handbewegung beim Aufschlagen des Eis, das Geräusch seiner brechenden Schale, sein verzögertes Fallen und das Aufklatschen in der Schüssel, seine Farben und Formen in der jeweiligen Konsistenz wird als Bild und künstlerischer Ausdruck vorstellbar.

4.1 Die Ästhetik von Arbeitsvorgängen, Achtsamkeit

Der Zweck der eigentlichen Handlung ist in der Konzentration auf die sinnliche Erscheinungsform zunächst ohne Bedeutung. In konkreten Arbeits- und Lernprozessen aber folgt die Gestaltung sozialer Beziehungen und der Gebrauchswerte der Funktionalität für das angestrebte Ergebnis. In einem alltäglichen Arbeitsvorgang werden wir in der Regel die notwendigen Handgriffe so effektiv wie möglich durchführen, um das Ergebnis mit möglichst geringem Aufwand zu erreichen. Unsere Handlungen sind zielgerichtet und zweckgebunden. Die ästhetische Gestalt einer Handlung wird in alltäglichen Lebensprozessen dagegen kaum Beachtung finden – es sei denn, dass in einer Arbeit Genuss, Schönheit und Funktion zusammenfallen, ihre Form also auf den eigenen Sinn der Arbeit als Lebensäußerung zurückverweist und dadurch metaphysisch wird. Sie könnte einen eigenen Glanz und Zauber entfalten, ohne in Widerspruch zum funktionalen Ablauf zu treten. Man stelle sich vor, wir würden keine Tätigkeit im Alltag übereilen, sondern achtsam betreiben mit einer Wahrnehmung, die sich auf den Augenblick konzentriert – das Leben wäre sinnlich prall und voller Güte.

4.2 Namen und Begriffe der Dinge: die ästhetische Funktion

Die sprachliche Abbildung all dieser Lebensprozesse im individuellen und sozialen Bewusstsein der Menschen erzeugt darüber hinaus wiederum sinnstiftende Zeichensysteme, deren Qualität eine psychische Entlastung erzeugt. Die Begriffe, mit denen Gegenstände und Handlungen allgemeinverständlich bezeichnet – also abstrahiert – werden, helfen bei der funktionalen Lösung von Handlungsproblematiken. Im Kuchenrezept werden die notwendigen Handlungsabläufe beschrieben, die mich zum gewünschten Ergebnis führen,

„Im Anfang war nicht das Wort. Das Wort ist am Ende. Es ist die Leiche des Dinges. In den Wörtern verkrusten sich die Dinge, werden hart, liegen tot herum, totgeschlagen durch das Wort, das uns im Gehirn

sitzt und uns sichert gegen den Ansturm des Dinges. Im Anfang ist daher eine Stimme, die es vermag, die Krusten der Wörter zu durchschneiden.“

(Hans-Christian Herrmann, Brecht zitierend)

wenn ich die Bedeutung von Begriffen wie „Eischnee unterheben“ einer bestimmten Handlung zuordnen kann.

In der ästhetischen Funktion der Zeichen, im Klang der Bezeichnungen etwa, ist unterdessen eine metaphysische Wesenheit aufgehoben, die im bürgerlichen Bewusstsein durch den Zweckbegriff abgelöst wurde.[11] Die Ablösung der Zeichen von ihren Bedeutungen (ihre Funktionalität) ist eine Errungenschaft der Moderne. Ein vorindustrieller Bauer weiß vielleicht im Namen der Früchte seines Feldes noch um das Geheimnis ihres Namens.

> *„Ist nicht jeder Erdstrich Gesetz einer nie wiederkehrenden Begegnung von Gewächsen und Tieren und also jede Ortsbezeichnung eine Chiffre, hinter welcher Flora und Fauna ein erstes und letztes Mal aufeinandertreffen? Aber der Bauer hat ja den Schlüssel der Chiffreschrift. Er kennt die Namen. Dennoch ist es ihm nicht gegeben, über seinen Sitz etwas auszusagen. Sollten die Namen ihn wortkarg machen? Dann fällt die Fülle des Wortes nur dem zu, der das Wissen ohne die Namen hat, die Fülle des Schweigens aber dem, der nichts hat als sie?“* [12]

Walter Benjamins Bild spricht hier von dem Bauern, der keinen funktionalen Begriff von seiner Welt hat, aber den Namen (Chiffre) der Dinge kennt – er unterscheidet also nicht zwischen Zweck, Schönheit und Wahrheit der Dinge, da für ihn in ihrem Namen alles zusammenfällt. Der Bürger wäre das Gegenstück zu diesem Bauern, der die Fülle des Wortes beherrscht, mit seinem Begriff etwas ÜBER-ETWAS aussagen kann, aber dennoch aufgrund seines Verlusts an konkreter Erfahrung nicht die Wahrheit finden kann (vgl. Hegels „Herr-und-Knecht-Metapher“, beschrieben in Kapitel IV.4.1 in diesem Buch).

➢ Mehr zum bürgerlichen Bewusstsein der Moderne und zur Entstehung des postmodernen Denkens im Aufsatz „Die Destruktion des Subjektbegriffes in der künstlerischen Avantgarde“ (Kapitel IV.4).

Die Aufgabe, die eine bestimmte Lebensäußerung hat, wird im bürgerlichen Bewusstsein in ihrer Funktionalität „für etwas“ verstanden. Die Äußerung hat dann für sich selbst keine Gültigkeit. Im my-

11 Vgl. Luhmann, Niklas (1973): Zweckbegriff und Systemrationalität. Frankfurt a.M.

12 Benjamin, Walter: In der Sonne. In: Derselbe (1991): Gesammelte Schriften Bd. IV/1. Frankfurt a.M. S. 417.

thischen Denken dagegen ist die Äußerung ein Ausdruck einer höheren Macht und dadurch „aufgeladen“. Als Ausnahme vom Zweckbegriff bleibt die ästhetische Äußerung, die in keiner Funktion aufgeht.

In unserem Beispiel trägt das Ei mythologische Bedeutungen im Zusammenhang mit Fruchtbarkeit, Tod, Wiedergeburt. Der Betrachter unseres Kurzfilms wird sich vielleicht individuell konstruierend auf die Sinnsuche begeben (wofür steht das Ei und die Handlung unseres Films? was haben die Produzenten des Films damit gemeint?) – und verpasst dabei das Ei selbst.

4.3 Verlust des Metaphysischen im Autonomen der Kunst

Mit dem Verlust des Metaphysischen erhielt die ästhetische Funktion wohl erst ihre autonome Bestimmung, mit der allein sie dem im Alltag relativierten Subjektideal die Treue halten kann. Während die mythischen Bedeutungszusammenhänge auf einen überindividuellen, gesellschaftlichen Charakter der Lebensäußerungen verwiesen, ging es im Subjektbewusstsein der Moderne nun darum, gerade in der Kunst das höchst-individuierte Sein zu verwirklichen. In der Kunst und Kultur sind Freiräume der Selbstverwirklichung entstanden, in denen die begrenzte Umsetzungsmöglichkeit des Subjektideals kompensiert werden konnte. Die Freiräume sind die Kehrseite der Idealisierung der Tauschwertabstraktion zum sich selbst generierenden ‚Subjekt‘, die mit der Ablösung mythischer Daseinsbegründungen und -erklärungen einhergeht. Gleichzeitig sind die ästhetischen Freiräume aber zunehmend in einen Gegensatz zur instrumentellen Vernunft der entfalteten Warenproduktion geraten. Die äußerst widersprüchliche Entwicklung der Beziehungen zwischen ästhetischen und rationalen Formen der Weltaneignung wird in der Subjektkritik der künstlerischen Intelligenz seit Anfang des 20. Jahrhunderts deutlich.

➢ Siehe ebenfalls „Destruktion des Subjektbegriffs in der künstlerischen Avantgarde“ (IV.4).

4.4 Die Problematik ästhetischer Lernprozesse

Der Fokus ästhetischer Lernprozesse liegt im Ausdruck eigener Subjektivität wie sie sich in ihrem sachlichen und sozialen Zusammenhang für den Gestaltenden darstellt. Somit kehrt sich die Blickrichtung des ‚Subjekts' im künstlerischen Prozess sozusagen um: Anstatt sich mit äußeren Bedingungen und Anforderungen zu identifizieren, anstatt das von außen herangetragene Subjektideal in sich zu integrieren, nimmt der Lernende seine innere subjektive Verfasstheit wahr und entwickelt aus ihr eine künstlerische Form, die auch Widersprüchlichkeiten integrieren, synthetisieren und darstellen kann. Das Individuum vergegenwärtigt sich selbst in seiner sinnlichen Gestaltung.

Ästhetische Lernprozesse an sich sind daher weniger durch strukturell bedingte Entfremdung und Abstraktion bedroht als sachliche oder soziale, nämlich nur insofern der Tauschwert des Kunstwerks als konstituierender Faktor in den Gestaltungsprozess einbricht. Schultheater orientiert sich zum Beispiel häufig eher an den erfolgreichen Ausdrucksformen der öffentlichen Kulturindustrie, als dass sie von einer Ästhetik der Erfahrungsweisen der Lernenden selbst ausgehen.

Die spezifische Qualität des ästhetischen Prozesses, von den Abstraktionen der Lebenswelt wiederum zu abstrahieren, das Individuum also aus dem Entfremdungszusammenhang herauszuheben und ihm zu erlauben, die eigene Subjektivität in Distanz davon wahrzunehmen, hat eine kompensatorische Wirkung, auf die sich die pädagogischen Hoffnungen auf soziales Lernen durch künstlerisches Handeln häufig gründen.

In der Schule werden ästhetische Lernprozesse in speziellen Fächern wie Musik, Kunst oder Darstellendes Spiel in dem Bewusstsein angestrebt, dass rein funktionales, auf den Erwerb sachlicher oder sozialer Kompetenzen zielendes Lernen zwar geeignete Tauschsubjekte, aber nicht die Subjekt-Idealisierung herbeiführen können.

Ästhetische Lernprozesse als sinnliche Selbstvergewisserung in einer Lebenspraxis, die durch die rationale Gewalt der Tauschverhältnisse und ihrer instrumentellen Vernunft geprägt sind, können sich nur in der Negation der empirischen Erfahrung vollziehen. Die funktionale und instrumentale Bedingtheit der eigenen Existenz und des eigenen Handelns wird für die Zeit des künstlerischen Vorgangs ausgeblendet und die Relativierung des eigenen Seins am Subjektideal unterbrochen. Dadurch erst gewinnen ästhetische Lernprozesse die ihnen eigene Fähigkeit, empirische Erfahrungen zu überschreiten.

Gleichzeitig ist darin ihre fehlende soziale Diskursivität begründet. Die Resultate ästhetischer Lernvorgänge verweigern sich dem instrumentellen Dialog der Tauschsubjekte und greifen auf vorrationale Lern- und Arbeitsformen zurück.

Im Kern auf die Selbstverwirklichung eigener Subjektivität angelegt, finden sie ihr Methodenarsenal in vorindustriellen Arbeitsverfahren und der Rückbesinnung auf intermediäre, subjektentgrenzende Erfahrungsweisen von Wirklichkeit, wie sie in frühkindlichen Umweltbeziehungen zu beobachten sind.[13] Für Friedrich Schiller sind Naturgegenstände entsprechend das,

> *„was wir waren; sie sind, was wir wieder werden sollen. Wir waren Natur, wie sie, und unsere Kultur soll uns, auf dem Wege der Vernunft und der Freyheit, zur Natur zurückführen. Sie sind also zugleich Darstellung unserer verlorenen Kindheit, die uns ewig das theuerste bleibt; daher sie uns mit einer gewissen Wehmuth erfüllen. Zugleich sind sie Darstellungen unserer höchsten Vollendung im Ideale, daher sie uns in eine erhabene Rührung versetzen."*[14]

Ästhetische Prozesse lösen Schwellenerfahrungen aus: Sie sind, wie Adorno am Beispiel der Lyrik festgestellt hat, in einem Höchstmaß individuiert[15] und als Erlebnis der Entgrenzung zwischen Subjekt und Objekt kaum in logisch-rationale Operationen zu zerlegen.

Indem sich ästhetische Erfahrungen einem rationalen Diskurs verweigern, enthalten sie andererseits Momente von Kollektiv-Erfahrung, die emotional und sinnlich verwurzelt ist. In ihrem Bezug auf vorindustrielle, abstrakten Arbeitsteilungen entratenden Verfahren sowie auf frühkindliche, vor-begriffliche und sinnen-reiche Erlebnisse können sie als motivationale Grundlage sozialer Lernprozesse angesehen werden.

Damit scheint in der ästhetischen Erfahrung für die Menschen in der Gegenwartsgesellschaft das Versprechen einer Überschreitung restriktiver, entfremdeter sozialer Erfahrungen aufgehoben zu sein.

> *„Soll man die anfängliche Not seiner Kindheit oder seine Fähigkeit, eine ‚zweite' Natur zu erwerben, die ihn dank der Sprache befähigt, am Zusammenleben, am Bewusstsein und der Vernunft der Erwachsenen teilzunehmen, das Humane im Menschen nennen? Dass diese auf jener beruht und sie vor-*

13 Vgl. Winnicott, Donald W. (1997): Vom Spiel zur Kreativität. Stuttgart. Zum Begriff des Intermediären vgl.: Anm. 29, S. 53 in diesem Buch.

14 Schiller, Friedrich: Über naive und sentimentalische Dichtung. Zitiert nach: Habel, Reinhardt: Schiller und die Tradition des Herakles-Mythos. In: Fuhrmann, Manfred (Hrsg.) (1990): Terror und Spiel: Probleme der Mythenrezeption. München, S. 288.

15 Vgl. Adorno, Theodor W.: Rede zu Lyrik und Gesellschaft. In: Derselbe (1978): Noten zur Literatur I. Frankfurt a.M., S. 86 – 89.

> *aussetzt, das gesteht jeder zu. Die Frage ist nur, ob diese Dialektik, in welcher Eigenschaft auch immer, restlos aufgeht. Wenn das der Fall sein würde, wäre es für den Erwachsenen unerklärlich, dass er nicht nur unaufhörlich kämpfen muss, um seine Konformität mit den Institutionen sicherzustellen und diese sogar für ein besseres Zusammenleben einzurichten, sondern auch, dass die Macht, sie zu kritisieren, der Schmerz, sie zu ertragen und die Versuchung, sich ihnen zu entziehen, in einigen Aktivitäten fortdauern. Ich meine nicht die bloßen Einzelsymptome und -abweichungen, sondern das, was zumindest in unserer Zivilisation auch als institutionell gilt: die Literatur, die Künste und die Philosophie. Es handelt sich auch hier um Spuren einer Unbestimmtheit, einer Kindheit, die bis ins Erwachsenenalter fortdauert.“* [16]

Die Entgrenzungs- und Überschreitungsqualität ästhetischer Lernprozesse bezüglich der entfremdeten Lebenspraxis der Lernenden stößt im musisch-kulturellen Unterricht ebenfalls auf Lernwiderstände, da die durch restriktives Lernen frustrierten – und an es gewöhnten – Schülerinnen und Schüler die möglichen ästhetischen Erfahrungen nicht unmittelbar zur Bewältigung ihrer sozialen Handlungsproblematiken einsetzen können.

Ästhetische Lernprozesse können entlastend wirken, indem sie für eine Zeitlang die Tauschwertabstraktion des Regellernens unterbrechen, schaffen aber nur für wenige Schülerinnen und Schüler eine Entlastung, die sie über die Restriktionen ihres Schulalltags hinwegtrösten könnte.

Ihr individueller ästhetischer Lernprozess lässt sich nicht sozialisieren. Er ist in der Konkurrenz zur alltagstheatralen Ästhetisierung der Lernwiderstände in Form jugendlicher „Gegenkulturen“ hoffnungslos unterlegen. Das hängt u.a. auch damit zusammen, dass die kulturindustrielle Angleichung der Lernwiderstände eine erheblich höhere mediale Präsenz und Wucht in die symbolischen Interaktionsformen der Jugendkulturen einbringt.

Musisch-kultureller Unterricht, der sich – wie auch andere Fächer – der ästhetischen Ausdrucksformen der Lernwiderstände als Folge restriktiven Lernens bedient oder sich an sie anbiedert, hat sich mit ihnen abgefunden und schreibt sie fest.

Für ihn gilt das Gleiche, was Horkheimer und Adorno bereits für die kulturindustrielle Vereinnahmung der ernsten Kunst festgestellt

16 Lyotard, Jean-Francois (2001): Das Inhumane. Plaudereien über die Zeit. Wien, S. 13.

haben: „Schließlich hat in der Forderung nach Unterhaltung und Entspannung der Zweck das Reich der Zwecklosigkeit aufgezehrt.“ [17] Wo der musisch-kulturelle Unterricht die kulturindustriell durchgestaltete Ästhetisierung der Lernwiderstände unkritisch in sein Repertoire aufnimmt, entwertet er dabei nicht nur die Ausdrucksmöglichkeiten der Lernwiderstände, sondern kultiviert darüber hinaus den immanenten Widerspruch restriktiven Lernens.

> *„Es handelt sich bei der Ausgrenzung der Jugendmusik durch die Erwachsenen bzw. der Ausgrenzung der Erwachsenenmusik durch die Kinder/Jugendlichen keineswegs bloß um ein Problem bisher getrennter Lokalitäten, sondern eher um einen – wie immer vermittelten – ideologischen Ausdruck gesellschaftlicher Machtverhältnisse. Somit ist, wenn etwa Popmusik für den Unterricht nutzbar gemacht werden soll, (trotz aller Verdienste entsprechender Bemühungen) die Entfremdung zwischen der Musik der Jugend und der Musik der Erwachsenen nicht notwendigerweise schon aufgehoben, sondern möglicherweise nur „schulgerecht“ verpackt und mystifiziert. (...) So mag sich bei den Schülern der Eindruck durchsetzen, dass ‚ihre‘ Musik nicht in den Klassenraum gehöre, dass diese hier – herausgelöst aus ihrem genuinen Lebenszusammenhang – nicht wirklich erfahren, sondern lediglich ‚vorgeführt‘ werden kann, und sie mögen – vielleicht manchmal nicht zu Unrecht – annehmen, dass dabei die ‚Toleranz‘ der Erwachsenen und deren demonstriertes Verständnis lediglich eine neue, über Anbiederung transportierte Variante der alten Strategie wäre, der Jugend ihre Musik ‚wegzunehmen‘.“*[18]

Dies geht auf Kosten der individuellen ästhetischen Erfahrung und ihrer Transzendierungsmöglichkeiten und damit zum Schaden der einzig möglichen authentischen oder nicht-entfremdeten Erfahrung im Gewaltzusammenhang der Tauschwertabstraktion. Denn differenziert ausgebildete ästhetische Lernprozesse bieten die wohl einzige Möglichkeit einer individuierten Wirklichkeitserfahrung, indem sie die Ahnung einer nichtverdinglichten, gesellschaftlichen Subjektivität vermitteln, die hinter der entfremdeten Widersprüchlichkeit des Subjektideals liegt. [19]

17 Horkheimer, Max/ Adorno, Theodor W. (1971): Dialektik der Aufklärung. Frankfurt a.M., S. 142.

18 Holzkamp, Klaus: Musikalische Lebenspraxis und schulisches Musiklernen. In: Derselbe (1997): Schriften I. Hamburg/Berlin, S. 250.

19 Diese Subjektivität wäre im strengen Sinne keine mehr, da sie das jeweils Andere nicht als Objekt der Aneignung, sondern als Aufforderung zur Verantwortung oder Responsivität im Sinne Lévinas begreifen würde.

> *„Der Augenblick der Selbstvergessenheit, in dem das Subjekt in der Sprache untertaucht, ist nicht dessen Opfer ans Sein. Er ist keiner der Gewalt, auch nicht der Gewalt gegen das Subjekt, sondern einer von Versöhnung: erst dann redet die Sprache selber, wenn sie nicht länger als ein dem Subjekt Fremdes redet, sondern als dessen eigene Stimme. (...) Ein kollektiver Unterstrom grundiert alle individuelle Lyrik.“* [20]

Was Adorno für die Lyrik behauptet, gilt unseres Erachtens für alle ästhetischen Lernprozesse: In ihnen gestaltet sich die Sehnsucht nach unverstellter sozialer Kommunikation, ohne dass sie selbst in sozialen Zusammenhängen kommuniziert werden können. Die Lernenden bleiben mit ihrer ästhetischen Erfahrung auf sich gestellt.

4.5 Theatrales Lernen als kommunizierte ästhetische Erfahrung

So scheinen auf den ersten Blick soziale und ästhetische Lernprozesse unvermittelbar zu sein. Unter den Bedingungen restriktiven Lernens werden die Resultate sozialer Lernprozesse als individuelle Konkurrenzvorteile in ihr Gegenteil verkehrt, während die Ergebnisse ästhetischer Lernprozesse eine soziale Identität als Bedürfnis der Lernindividuen offenbaren, aber nicht sozialisieren können.

Der Nutzen ästhetischer Lernprozesse liegt daher nicht in ihrer glatten Einbindung in vorhandene Strategien des sozialen und sachlichen Lernens, sondern in der Überschreitung der restriktiven Gewalt, der diese unterliegen.

An diesem Punkt nähern wir uns den Wirkungsmöglichkeiten der theatralen Erfahrung. Dort, wo ästhetische Erfahrungen durch theatrale Lernprozesse vermittelt werden, können sie im Zusammenspiel der Gruppe als *Schwellenerlebnisse* von Subjekt-Entgrenzung zu einer kollektiven Evidenzerfahrung werden.

Die Widersprüche des ästhetischen und sozialen Lernens könnten sich unseres Erachtens unter bestimmten Bedingungen in *theatralen Lernprozessen* aufheben, da in ihnen die soziale und ästhetische Dimension des Lernens unauflöslich verbunden sind.

20 Adorno, Theodor W.: Rede über Lyrik und Gesellschaft. In: Derselbe (1978): Noten zur Literatur I. Frankfurt a.M., S. 86-89.

5 Das theatrale Lernen

Theatrales Lernen setzt – wie das ästhetische Lernen – die Ausblendung restriktiver Lern- und Arbeitszusammenhänge im zweckfreien, entfremdungsarmen künstlerischen Raum voraus.

Was in der ästhetischen Erfahrung allerdings nur als individuierte Umschreibung einer nichtentfremdeten sozialen Existenz der Menschen gelingt, wird in theatralen Lernprozessen zur sich kollektiv ereignenden Schwellenerfahrung.

Die Bewusstwerdung einer möglichen Überschreitung der Tauschwertabstraktion und der durch sie in Gang gesetzten Gewaltverhältnisse geschieht in Form sozialer Interaktion.

> *„Schülerinnen und Schüler und Lehrer stehen in verschiedenen Gruppen in verschiedenen Ecken und machen eine rhythmische Performance, werden lauter, leiser, schneller, langsamer, einstimmig, mehrstimmig, werden zu einer Einheit, um sich dann wieder voneinander zu lösen, kurz: ‚machen Musik'. Und das alles mit einem unheimlichen Spaß."*[21]

5.1 Theatrales Lernen ist nicht individuiert möglich

Die ästhetisch-theatralen Erfahrungen der Lernenden bilden sich erst dadurch, dass sie in einem gemeinsamen Lernprozess der Gruppe eine Resonanz finden – jeder individuelle Ausdruck spiegelt sich in der Sozietät des Ensembles und wäre ohne diese soziale Spiegelung gar nicht möglich.

Insofern entwickeln sich die ästhetischen Lernprozesse des theatralen Unterrichts stets in Gestalt sozialer Lernvorgänge. Umgekehrt können die sozialen Lernprozesse dort nur als ästhetische Produktion realisiert werden, da sie ohne den Schutz des von Zwecken und Funktionen befreiten ästhetischen Spielraumes gar nicht erst stattfänden, bzw. sofort in die Instrumentalbeziehungen des restriktiven sozialen Lernens zurückfallen würden.

Theatrale Lernprozesse bilden somit eine dialektische Synthese ästhetischer und sozialer Lernvorgänge:

In theatralen Lernprozessen können soziale Erfahrungen in eine ästhetische Form gebracht werden, die den instrumentellen Charakter der gesellschaftlichen Interaktion für die Dauer des theatralkünstlerischen Spiels aufhebt.

21 Frauke Bachmann, Praktikumsbericht WS 1999.

Der erste Lernprozess im theatralen Unterricht besteht immer darin, die in der Ästhetik der Alltagstheatralität geronnenen Formen des restriktiven Lernens zu verlernen und die verhärteten Symbolisierungen konkurrenzhafter Interaktionsformen als Lernwiderstände zu überwinden.

„Definition: Soziotop / Soziotopie: Ein Soziotop ist ein geselliger Ort, ein Ort, an dem sich Menschen vergesellschaften, d.h. zugleich verständigen und vergegenständlichen. Eine Soziotopie ist die Vorstellung davon. Als theatrale wächst ihr Realität zu."

(Bernd Ruping)

Dabei können die im ästhetischen Lernen nur individuiert zum Ausdruck kommenden authentischen Erfahrungen im theatralen Prozess kommuniziert und sozialisiert werden. Die anderen nehmen teil an dem ästhetisch-gestaltenden Prozess des einzelnen und sind dessen konstituierende Voraussetzung. In der theatralen Ästhetik der Lerngruppe wird diese zu einem sozialen Körper, in den die kollektiv-mythischen Splitter einer nichtentfremdeten Interaktion eingewoben sind.

„Agitur ergo sum – es wird dramatisch veranstaltet, und daher stammt unser Bewußtsein – ist entwicklungsgeschichtlich gemeint: Erlebnisse künstlich wieder heraufbeschwören oder Wunschträume magisch zur Verwirklichung locken ist eine urzeitliche Erfindung wohl alles Lebendigen auf Erden, das sich höher organisiert hat. In Wechselwirkung mit der dreidimensionalen äußeren Erfahrung entwickeln sich in dem inneren Raum zwischen Erdichten, Spiel und beglaubigenden Zuschauern Gestalten. Könnte das etwa zu der geheimnisvollen Wendung des Lebens gegen sich selber geführt haben, die wir Bewußtsein nennen?" [22]

5.2 „Kollektiv-mythologischer Wärmestrom"

5.2.1 Mythos und Ekstasis

Ein Theaterabend: „Gute Mädchen – Schlechte Mädchen". Eine Szenencollage. Drei Mädchen iranischer und kurdischer Herkunft thematisieren ihre persönlichen Erlebnisse und Erfahrungen mit der Suche nach dem eigenen Platz in der deutschen Kleinstadtkultur.
Nach einer Szene des Hin- und Hergerissenseins zwischen islamischer Wertvorstellung und deutscher Jugend-Kultur wikkeln zwei der Mädchen das dritte ganz in weiße Stoffbahnen ein und erzählen sodann das „Märchen vom eigensinnigen

22 Luserke, Martin (1974): Agitur Ergo sum? Versuch einer morphologischen Deutung des Urzusammenhangs von Theater und Bewußtsein (nach den Manuskripten hrsg. von Herbert Giffei, Hamburg) S. 15.

Kind" der Gebrüder Grimm, auf deutsch und auf persisch. Am Ende erklingt eine Spieluhr: „memories" aus dem Musical „Cats" – wohlbekannt, kitschig, und doch entsteht eine Stille im Zuschauerraum, die bei den anwesenden Jugendlichen beginnt und dann das gesamte Publikum ergreift.
„In diesem Moment", so die Regisseurin, selbst kosovoalbanisch-kroatischer Abstammung, bei der Auswertung ihrer Arbeit, „hatte sich die ganze Arbeit mit all ihrem Frust gelohnt: Für mich war es ein Moment der Integration. Alle spürten das. Mein Anspruch, in diesem Lande vorzukommen und die Mädchen vorkommen zu lassen, deckte sich mit dem künstlerischen, eine gute Inszenierung abzuliefern."[23]

Wir sind nun selbst im Zentrum des Problems angelangt, (über) ästhetische Erfahrung zu kommunizieren. Dem Bild Walter Benjamins folgend, haben wir die Namen der Dinge in der konkreten theatralen Praxis des Projekts erfahren und suchen nun nach ihrem Begriff. Wollen wir an dieser Stelle nicht einfach schweigen oder uns auf lyrische Statthalterschaften verlassen, kommen wir nicht um den philosophischen Ausdruck der Zusammenhänge herum. Deshalb nehmen wir uns die Freiheit, theatrales Lernen im anverwandten Lichte von *Mythos und Ektasis* zu betrachten.

5.2.2 Mythen als chiffrierte Erfahrung und Wissen

„Man fragt sich, was Mythus sei, was mythisch heiße. Es ist das Sprechen in Bildern, Anschaulichkeiten, Vorstellungen, in Gestalten und Ereignissen, die übersinnliche Bedeutung haben. Dieses Übersinnliche aber ist allein diesen Bildern selber gegenwärtig, nicht so, dass die Bilder interpretiert werden könnten durch Aufzeigen ihrer Bedeutung. Eine Übersetzung in bloße Gedanken läßt die eigentliche Bedeutung des Mythus verschwinden." [24]

Mythische Welt- und Menschenbilder haben die kognitive Funktion, Unverständliches verstehbar zu machen, um Handeln zu ermöglichen.

Das logische Denken kann selbst aus dem Mythischen hervorgehend gedacht werden.

23 Projekttagebuch. Datensammlung „Spielleitung" (zur Abschlussinszenierung von Valbone Kuci).

24 Jaspers, Karl / Bultmann, Rudolf (1954): Die Frage der Entmythologisierung. München, S. 89.

In unserem wissenschaftlichen, logozentrischen Weltverständnis ist die ordnende und tröstende Funktion des Mythos in eine besondere Nähe zur Kunst geraten, die in nachmythischen Zeiten seine wichtigsten Funktionen übernommen hat.

In solchen Mythen, die die Kunst nicht entbehren kann, geht es „um seine Vereinigung mit dem Logos, um seine Synthese von Vernunft und Phantasie, um ein Verfremden zur Wahrnehmung einer entfremdeten Wirklichkeit, um die konzentrierte Gestaltung des in Finsternis und Licht auf uns Zukommenden.“[25] Die in der Aufklärung vollzogene Entzauberung der Realität durch die Allmacht der Gedanken schafft eben auch eine Entsinnlichung der Wahrnehmung, denn „es soll kein Geheimnis geben, aber auch nicht den Wunsch einer Offenbarung.“[26]

> *Mit der Aufklärung werden „die mannigfachen Affinitäten zwischen Seiendem (...) von der einen Beziehung zwischen sinngebendem Subjekt und sinnlosem Gegenstand, zwischen rationaler Bedeutung und zufälligem Bedeutungsträger verdrängt. Auf der magischen Stufe galten Traum und Bild nicht als bloße Zeichen der Sache, sondern als mit dieser durch Ähnlichkeit oder durch Namen verbunden. Die Beziehung ist nicht die der Intention sondern der Verwandtschaft.“*[27]

In der Überwindung des mythischen Denkens entstand als gesetzgebende Instanz des Handelns das von allen natürlichen und körperlichen Spuren gereinigte Selbst, ein cartesianisches Res Cogitans (‚denkendes Wesen‘) und kantsches *Transzendentalsubjekt*, das sich durch Vernunft und Erkenntnis über die Dingwelt erhebt.

> *„Wer unmittelbar, ohne rationale Beziehung auf Selbsterhaltung dem Leben sich überlässt, fällt nach dem Urteil von Aufklärung wie Protestantismus ins Vorgeschichtliche zurück. Der Trieb als solcher sei mythisch wie der Aberglaube; dem Gott Dienen, den das Selbst nicht postuliert, irrsinnig wie die Trunksucht. Beiden hat der Fortschritt dasselbe Schicksal bereitet: Die Anbetung und dem Versinken ins unmittelbar sinnliche Sein; er hat die Selbstvergessenheit des Gedankens wie den der Lust mit Fluch belegt.“*[28]

25 Fischer, Ernst (1967): Von der Notwendigkeit der Kunst. Hamburg.

26 Horkheimer, Max / Adorno, Theodor W. (1971): Dialektik der Aufklärung. Frankfurt a.M., S. 8.

27 Dieselben: A.a.O., S. 13.

28 Dieselben: A.a.O., S. 30.

5.2.3 Kollektivität im Mythos

Dem mimetisch-intermediären[29] Subjekt-Objekt-Verhältnis entspricht im Sozialen die Anverwandlung des Anderen, die ihn einschließende Produktion von Gebrauchswerten und Wahrnehmungen. Die wärmende Kollektivität des sozialen Körpers war mythologisch im Ritual gesichert.

Die entritualisierte, aufgeklärte gesellschaftliche Reproduktion der Gegenwartsgesellschaft führt in die Isolation. Die Spiegelung des Ichs im sozialen Gegenüber lässt nur den Blick zurück auf das eigene Ich zu. In der entzauberten Welt hält der soziale Spiegel keine Antwort bereit – in ihm erscheint keine Hexe oder Königin, sondern nur das auf den eigenen Tauschwert reduzierte Ich.

Insofern haftet allen mimetischen sozialen Interaktionen noch etwas Mythologisches an.

Die Erarbeitung einer fremden Rolle, die Spiegelungsübungen und improvisierenden Impulsketten der theatralen Arbeit wirken nicht nur magisch und ritualisiert – sie sind es auch. Die Spieler agieren in ihren Ausdrucksformen und nicht in einem instrumentellen Sinne durch sie.

Der Teddybär

„Mit meinem Teddy, der nach mir roch, der mir das Kopfkissen ersetzte, der mich überall hin begleitete, war es mir – Einzelkind, überbehütet und vollkommen angstbesetzt – möglich, bei meiner Tante in Wuppertal zu übernachten, mehr noch: mit dem Teddy an der Brust die Spiegelschrank-Schubläden zu durchforsten. Die mimetische Anverwandlung an das Objekt kräftigte mich gleichsam fürs unwirtlich-fremde Außen und machte mich explorationstüchtig! Ähnlich mediatisiert gelang ich in den Kohlenkeller und wieder heraus."

(Bernd Ruping)

5.2.4 Ekstasis: Aus-Sich-Heraus

Man kann diese Vorgänge mit dem Begriff der ‚Ekstasis', der auf die magischen Rituale der Mythenpraxis verweist, erhellen:

> *„Das Wort „Ekstasis" spricht (...) im buchstäblichen Sinn das In-Erscheinung-Treten selbst oder das Aus-sich-heraus-stehen an, das sich von sich her ereignet und nicht in anderem gründet oder ihm zugewiesen werden kann: Transzendenz des Gegebenen, die der Nähe, der Gegenwart in seiner Gegenwärtigkeit entspringt. Ihre Bezeichnung gelingt sowenig, wie ihre Domestikation, weil sie nirgends auf die Strukturen der Intentionalität oder die Prozeduren der Macht reduzierbar wären, ohne noch darin als ihr Anderes hervorzutreten."* [30]

29 Der englische Kinderarzt und Psychoanalytiker Donald W. Winnicott hat Freiräume zwischen den funktionalen Räumen und Zeiten gesellschaftlicher Produktion und Reproduktion „Intermediärbereiche" genannt. Sie seien notwendig für die spielerische Erkundung der Welt im Kindesalter. Gleichzeitig bezeichnet er den Intermediärbereich als unverzichtbar für das Erleben und Handeln des Erwachsenen , da sie ihn vom Zustand des Funktionierens entbinden. Vgl. Donald W. Winnicott (1979): Vom Spiel zur Kreativität. Stuttgart.

30 Mersch, Dieter (2002): Was sich zeigt – Materialität, Präsenz, Ereignis. München, S. 73.

5.3 Der mythologisch-kollektive Erfahrungsraum des Theaterspiels

Das paradoxe Verfahren einer Selbstüberlistung, etwa in den Spontaneitäts- und Impulsübungen des Improvisationstheaters, erzeugt Offenbarungen: mythische Selbsterfahrungen im sozialen Raum.

Ermöglicht werden diese durch das Heraustreten des Bewusstseins aus dem Käfig der eigenen, sorgsam gehüteten Subjektivität. Es finden Verschmelzungen mit der Umwelt statt, die durchaus als Tranceerlebnisse verbucht werden können.

In den Impulsketten der theatralen Improvisationsarbeit bedeutet Ekstasis gleichzeitig die „Öffnung einer Aufmerksamkeit, die sich antwortend der Vorgängigkeit dessen zuwendet, was sich ereignet und als eine Art ‚Empfänglichkeit' beschrieben werden müsste, die nicht schon präformierten Strukturen der Sensibilität gehorcht."[31]

In diesem Sinne sind theatrale Lernprozesse mythologisch-kollektiv durchströmt. Ihr methodisches und didaktisches Konzept kann nicht im Vergleich mit anderen Fachdidaktiken unter rationalen Aspekten argumentieren. Jedes ihrer Argumente überschreitet den Konsens einer operativen, zweckrationalen Pädagogik. Ihre wichtigste, vielleicht konsensfähige Begründung ist der zunächst nur negative Hinweis darauf, dass jene – gemessen an ihren eigenen Zielsetzungen – seit ihrem Bestehen nicht funktioniert.

Musik

„Meine eigene Befindlichkeit tritt mir in der Musik in überhöhter, verallgemeinerter, verdichteter Form entgegen, ohne daß dabei die sinnlich-körperliche Unmittelbarkeit meiner Betroffenheit reduziert wäre. In jedem Fall aber gewinne ich über Musik eine neue Freiheit und Unabhängigkeit gegenüber den Anfechtungen und Wirrnissen des Naheliegenden. Indem ich durch meine Ergriffenheit von Musik, die mir keiner wegnehmen oder ausreden kann, mich selbst, meine Lebendigkeit, meine widerständige Präsenz in dieser Welt quasi in reiner und gesteigerter Form erfahre, bin ich – zumindest vorübergehend – weniger bestechlich und nicht so leicht einzuschüchtern."

(Klaus Holzkamp)

5.4 Das Paradox theatralen Lernens unter pädagogischen Aspekten

Theatrales Lernen ist unter pädagogischen Aspekten selbst paradox.

Während die Schulpädagogik den Schülern – segmentiert in Altersgruppen – Lernziele setzt, die Lernerfolge kontrolliert, und aus diesem Procedere ihre Disziplin und Machtstrukturen legitimiert, setzt die Theaterpädagogik an den Anfang ihrer Arbeit das autoritativ durchgesetzte Ritual der Erwärmungen und Übungen (also Disziplin) als Mittel der Subjektentgrenzung, der Eroberung von Spielräumen, in denen sich die Arbeitsziele der Lerngruppe entfalten können. Sie tut dies quer zu den Lehr- und Lerngewohnheiten der schulischen Institutionen, die an den vorgewussten Interessen der Schülerinnen und Schüler scheinbar freie Lernräume in Form von Projekt- und Freiarbeitszonen schaffen, nur um sie spätestens vor den Zeug-

31 Derselbe: A.a.O., S. 39.

niskonferenzen durch formale Abprüfungen von Lernleistungen wieder extrem einzuengen.

> *„Indem hier die Selbsttätigkeit der Lernsubjekte, deren selbstorganisiertes Lernen etc. nur mit dem (vielleicht stillen) Vorbehalt letztinstanzlicher Fremdkontrolle zugestanden ist, wird von administrativer Seite genau jenes ‚verdeckte Verhältnis' zwischen Lehrenden und Lernenden reproduziert, dessen Resultat nicht wirklich Ordnung, sondern gerade Widerständigkeit, Unlust, Sperrigkeit, Täuschungs- und Ausweichtendenz der Lernenden ist, also genau das organisierte Chaos, das man beseitigen zu können glaubte."* [32]

Mythisches Denken und Handeln vollziehen sich dagegen ‚ekstatisch' im definierten und begrenzten Raum. Der mythische Raum öffnet sich keineswegs den wie auch immer vermittelten Alltagsinteressen der Lernsubjekte. Im Gegensatz zu den nur halb ernst gemeinten porösen Strukturen des Reformlernens ist er hermetisch abgeriegelt – der theatrale Unterricht findet bei geschlossenen Türen im verhängten Raum statt. Außeneinflüsse sind unerwünscht. Die Freiheit des mythischen Raumes verdankt sich ihrer Begrenzung.

> *„Die Angst ist auf den unbesetzten Horizont der Möglichkeiten dessen, was herankommen mag, bezogen. (...) Der geschlossene Raum erlaubt, was der offene verwehrt: Die Herrschaft des Wunsches, der Magie, der Illusion, die Vorbereitung der Wirkung durch den Gedanken."* [33]

> *„Der Mythos kann (...) als großräumiges Darstellungsmodell prägnant und kritisch Wirklichkeit formulieren, sein zyklisches Denken kann ein produktiver Widerpart sein zu rationalistischen und geschichtsdogmatischen Setzungen, seine Bildhaftigkeit an verschüttete Erfahrungsweisen appellieren. (...) Künstlerisch wie menschlich markieren diese Anstrengung und darin die Akzentuierung des prä- und nonverbalen Elements der Theatererfahrung das Bewusstsein von einer beschädigten und zum Schweigen verurteilten Dimension des Erlebens sowie die authentische Suche nach einer von dieser Erfahrung nicht mehr ganz abgespaltenen Subjektivität."* [34]

32 Holzkamp, Klaus: Lehren als Lernbehinderung. In: Derselbe (1997): Schriften I. Hamburg/Berlin, S. 213.

33 Blumenberg, Hans (1996): Arbeit am Mythos. Frankfurt a.M., S. 12 u. 14.

34 Lehmann, Hans-Thies (1991): Theater und Mythos – Die Konstitution des Subjekts im Diskurs der antiken Tragödie. Stuttgart, S. 4.

„Im Theater ist nicht das Problem zu wissen, ob jemand lügt oder nicht. Das Problem ist, jemanden zu sehen, der gerade etwas tut (wenn dies auch gespielt ist). Sogar wenn der Protagonist lügt, ist die Handlung des Lügens immer wahr."

(Augusto Boal)

Die historisch-kritische Auseinandersetzung mit mythischen Erlebnisformen verweist die Theaterpädagogik auf ihre eigentümliche Qualität, die Verdinglichungszusammenhänge der anthropozentrischen und logozentrischen Welterfahrung der Moderne zu durchbrechen und ästhetische Erfahrungsmodi bereitzustellen, in denen die durch die Tauschwertabstraktion zerschlagenen sozialen Dimensionen des Lernens und Arbeitens wieder in Erscheinung treten können.

Die Arbeits- und Organisationsverfahren des theatralen Lernens sind auf der Grundlage ihrer Widerstandsposition paradox:

Sie ermöglichen die Freiheit des Spiels durch die extreme Eingrenzung des Spielraumes. Sie schaffen authentische Phantasiebewegungen und deren interaktive Realisation durch die ‚Lüge' oder Künstlichkeit von Rolle und Maske. Ihre innere Vernunft basiert auf vorrationalen, mythischen Einverständnissen, und ihre Subjektivität ist kollektiv entgrenzt.

5.5 Unsere These zur Praxis theatralen Lernens

Die zentrale These unserer Untersuchung „Theaterpädagogik als Instrument des sozialen Lernens" lautet also:

Theatrale Arbeitsweisen können im Rahmen ästhetischer Erfahrung eine Synthese von ästhetischen und sozialen Lernprozessen erzeugen. Sie machen dadurch den restriktiven Charakter, der in der Gegenwartsgesellschaft allen sachlichen und sozialen Lernvorgängen anhaftet, sichtbar und bespielbar. Zusammen mit dem Bewusstsein von der Fragwürdigkeit restriktiven Lernens können sie auch die damit verbundenen Lernwiderstände transzendieren.

Die restriktiven Formen des Lernens werden damit zwar nicht überwunden, dennoch gelangt die Vorstellung von expansiv-explorativem Lernen in das sinnliche Bewusstsein der Schüler und entlastet sie von der zwanghaften Reaktion, Lernwiderstände zu entwickeln und zu ästhetisieren.

Synthese ästhetischer und sozialer Erfahrungen im theatralen Lernen

Ästhetische Erfahrung	*Soziale Erfahrung*
• Künstlerische Schaffens- und Erfahrungsprozesse sind im höchsten Maße individuiert (Poiesis) • Konzentration auf Ausdruck und Form in ihrer selbstzweckhaften, für sich stehenden Bedeutungsstruktur (ästhetische Funktion) • unvermittelte, nicht-semiotische, sondern mimetische Wahrnehmung (Aisthesis) • hermetisch abgeriegelt gegenüber einer analytisch-aneignenden Sprache • Entgrenzung der Subjektivität, Schwellenerfahrung zwischen Subjekt und Objekt	• Wahrnehmungen und Bewusstseinsinhalte sind vergesellschaftet • Konzentration auf Verständigung, Konsens und Effektivität • Gesellschaftlich vermittelte Bedeutungsregelungen (soziale Codes) • Auf Tausch angelegte Selbstäußerungen und -darstellungen • Als klar umgrenzte (wenn auch flexible) Identität definierte Subjektivität
Aber: Die individuierte ästhetische Erfahrung ist durch einen kollektiv-mythologischen Wärmestrom unterspült, durch den die Möglichkeit einer unverstellten, nicht-entfremdeten sozialen Kommunikation transportiert wird.	***Aber:*** Die soziale Erfahrung ist auf private Aneignung im Sinne von Besitz ausgerichtet. Insofern geschieht darin eine Instrumentalisierung der sozialen Erfahrungen, die ihrem Begriff in den Rücken fällt.

Theatrale Erfahrung:

- Kollektiv-mythologischer Wärmestrom tritt in einer sozialisierten Form in Erscheinung
- Private Erfahrungen werden im theatralen Spiel als kollektiv-ästhetischer Prozess auf interaktive Weise sozialisiert.

Zweites Kapitel

Didaktik und Methodik des theatralen Lernens

1 Didaktische Entwürfe

1.1 Theatrale Lernformen

Theatrale Lernformen kommen in Schulen in unterschiedlicher Weise zum Tragen. Vielfach sind sie in die Didaktiken des sozialen Lernens oder spezielle Fachdidaktiken eingebunden. In diesen Fällen hat Theaterpädagogik keine eigene Fachdidaktik, sondern erweitert das Methodenrepertoire anderer Fächer und wäre demnach unter methodischen Aspekten zu reflektieren.

Allerdings können wir in Anbetracht unserer Untersuchungsergebnisse davon ausgehen, dass methodisch initiierte theatrale Lernprozesse z.B. im Deutsch-, Religions-, Musik-, Sport- und Gesellschaftskundeunterricht einen eigenen Inhalt einbringen, der in den theatralen Arbeitsweisen selbst begründet liegt.

Theatrales Lernen kann auch dort, wo es nur uneigenständig und instrumentell eingesetzt wird, Erfahrungen induzieren, die das jeweilige Unterrichtsziel überschreiten und deren Kern in der Vorahnung von expansiven Lernprozessen liegt.

Dies hängt wesentlich mit der spezifischen Dialektik von Form und Inhalt sozialisierter ästhetischer Lernprozesse zusammen, die sich dort vollziehen, wo „gesellschaftliche Antinomien zur Dialektik der Formen werden“[35], dort also, wo die widersprüchliche Einheit sozialer Erfahrungen sich in der theatralen Gestaltung wiederfindet.

Diesen didaktischen Kern schlüsseln wir im folgenden hinsichtlich des Theaterspiels als eigenständiges Fach weiter auf. In den fachfremden Einbringungen der Theaterpädagogik kann er selten entfaltet werden und bleibt dort ein – wenn auch hartnäckig eigensinniges – Sekundäres.

In unserem Evaluationsfeld der GE Lingen haben wir folgende Einsatzmöglichkeiten theaterpädagogischer Methodik in der Praxis beobachtet und ausgewertet:

35 Adorno, Theodor W. (1970): Ästhetische Theorie. Frankfurt a.M., S. 345.

- Theatrales Lernen als methodische Alternative oder Ergänzung des Regelunterrichts.
  So wurden z.B. in den Deutschunterricht zur Dramenlektüre „Andorra“ von Max Frisch Statusübungen und dramatische Miniaturen eingespielt.[36]
- Theatrales Lernen als Mittel der Steuerung von Gruppenprozessen.
  Im Sportunterricht wurde mit Akrobatikübungen Einfluss auf die gruppendynamische Struktur einer problematischen Lerngruppe genommen.[37]
- Theatrales Lernen als Mittel der Selbst- und Fremdwahrnehmung in schulischen Lerngruppen.
  Der Versuch, mit Lerngruppen des Regelunterrichts zu arbeiten, erforderte immer auch die Herstellung einer Spielbereitschaft durch Erwärmungen, Konzentrations- und Interaktionsübungen. Bei dieser Arbeit konnten fast immer Veränderungen der sozialen Haltung der SchülerInnen beobachtet werden.[38]
- Theatrales Lernen als Mittel der ästhetischen Produktion in fächerübergreifenden schulischen Projekten.
  Der theatrale Unterricht in größeren autonomen Zeitblöcken, wie sie Schülern und Spielleitern in Projektwochen zur Verfügung standen, zeigte die größten Erfolge hinsichtlich der Spielmotivation und Ensembledisziplin der Teilnehmer.[39] Dort, wo die theatralen Arbeitsgruppen fächerübergreifend zu einem größeren Gesamtprodukt zusammengeführt wurden, entstanden dagegen erhebliche Brüche, die wir auf die unterschiedlichen musisch-kulturellen, pädagogischen Konzepte und Haltungen der verschiedenen Lehrkräfte/Spielleiter zurückführen, die sich zu einer Kooperation entschlossen hatten.[40]
- Theatrales Lernen durch ästhetische Konfrontation und Interaktion.
  Einzelne Lerngruppen der GE Lingen schauen sich einmal im Jahr Regiearbeiten der Studierenden des zweiten Semesters an.

36 Vgl.: Praxisberichte von Britta Gundlach, Julia Vohl sowie Interview mit Irmgard Monecke (didaktische Leiterin der IGS Lingen).

37 Vgl.: Praxisbericht von Stefan Ey und Miriam Walter sowie Interview mit Bernd Lüssing.

38 Vgl.: Alle Praxisberichte und insbesondere die Entwicklung der Stammgruppe von Barbara Beckmann und Annette Grummel.

39 Vgl.: Praxisbericht von Cordelia Vaerst über eine Unterrichtseinheit, die sie während einer Projektwoche mit Schülerinnen und Schülern der IGS durchgeführt hat.

40 Vgl.: Praxisberichte von Monika Els und Julia Bergelt zum Projekt „Zauberflöte“. Ebenso die Auswertung des Projekts im dritten Kapitel dieses Buches.

Die Begegnung wird von den Studierenden didaktisch und methodisch vorbereitet. Es war jedes Mal überraschend zu beobachten, wie die zunächst eher konsumorientierten und gelangweilten Schüler in eine gespannte ästhetische Interaktion mit den für sie oft fremden Kunstprodukten gerieten.[41]

- Theatrales Lernen als auto-referentieller Erfahrungsprozess in eigenständigen und längerfristigen Lerngruppen.
  In den Wahlpflichtkursen und Arbeitsgemeinschaften „Darstellendes Spiel" konnten theatrale Lernprozesse langfristig beobachtet werden. In den Langzeitbeobachtungen wurde deutlich, dass der größte Teil dieser Lernanstrengungen in der Überwindung restriktiver Lernwiderstände besteht, die das freie, improvisierende Spiel blockieren und sich ständig im Schul- und Lebensalltag erneuern. Grundsätzlich wird in den Reaktionen der Teilnehmer deutlich, dass sie aus dem theatralen Unterricht ein gestärktes Bewusstsein beziehen und weniger zwanghaft mit dem restriktiven Lernalltag umgehen können. Ebenso deutlich wurde die Notwendigkeit einer geschützten Enklave für den theatralen Unterricht.[42]
- Theatrales Lernen als Explorationsfeld der Lehrenden
  In der von uns geleiteten Lehrer-Theatergruppe wurde deutlich, dass nicht nur Schülerinnen und Schüler, sondern wohl auch die meisten Lehrerinnen und Lehrer eine stark traditionsgebundene oder von professionellen oder ambitionierten Theatererfahrungen geprägte Vorstellung von Theaterpädagogik haben. Ihre Ideen sind zunächst eher textlastig, bedeutungsgeladen, produkt- und sinnorientiert. Es fällt ihnen anfangs schwer, intentionslos und experimentell zu arbeiten. Ihre Motivation ist noch nicht auf das freie Spiel, sondern auf die Anerkennung im Schau- und Unterhaltungswert ihrer Darbietungen gerichtet. Wir beobachteten auch, dass diese hier deutlich werdenden Interessen an einer geglückten Repräsentation auch die eigenen theatralen Unterrichtsversuche der Lehrer beeinflussten und insgesamt den Erwartungshaltungen der Institution Schule entsprachen.
  So wird deutlich, dass theatrale Lernprozesse nicht nur gegen die restriktiven Lernwiderstände der Schüler, sondern auch gegen die auf Repräsentation angelegte Tradition des Schultheaters und der

„Wäre eine theaterpädagogische Produktion, in der sich die Beteiligten aneinander vergegenständlichen, d.h. füreinander zum Produkt werden, so dass bzw. bis sich etwas zeigt, bis etwas evident wird, wäre ein solches miteinander Vorgehen der materialisierte Vor-Schein oder Nach-Hall einer Sozietät, die sich innerhalb der Produktionsverhältnisse, ihrer Konventionen und Rituale nicht herstellen läßt, also im-materiell bleibt – als Ideologie, als Wunsch, als Traum?
Schon lande ich wieder im Soziotop."

(Bernd Ruping im mail – Diskurs mit Hajo Wiese. Vgl. auch: S. 50)

41 Vgl.: Protokolle zu den Übungen im Praxisfeld der 2. Semester (theaterpädagogische Unterrichtseinheiten ausgehend von den Regieprojekten der Studierenden)

42 Vgl.: Interview mit Hans-Joachim Wiese (als Leiter der Wahlpflichtkurse „Darstellendes Spiel" und der Jungen-Theater-AG an der GE Lingen.)

sie begleitenden Erwartungen seitens Institution, Lehrer und Eltern durchgesetzt werden müssen.[43]

1.2 Das theatrale Lernen als eigenständiges Fach

1.2.1 Didaktik und Methodik sind identisch

In den eigenständigen Unterrichtsformen des theatralen Lernens – also im Unterschied zu seiner methodischen Einbindung in die Lernziele anderer Fächer – fallen Methodik und Didaktik zusammen. Ihre Trennung würde Unterrichtsformen und -inhalte in ein strategisch-instrumentelles Verhältnis setzen und so den Freiraum der sozialen ästhetischen Produktion der Lerngruppen von vornherein einengen statt ihn zu öffnen. Die konkreten Lernziele des theaterpädagogischen Unterrichts entstehen erst im Laufe seiner Praxis auf der Grundlage der wachsenden theatralen Selbsterfahrung der Lerngruppen und sind jeweils abhängig von deren gegenwärtigen Erfahrungsbestand. Theatrale Lernprozesse können sich also nur dann vollziehen, wenn die konkreten ästhetischen Ereignisse des Unterrichts seine weitere Struktur bestimmen.

Liegen also die Inhalte theatraler Lernprozesse in ihrer gestalteten Form, dann müssen in den Methoden des theatralen Lernens selbst Zwecksetzungen erkennbar sein, die ihre innewohnende Legitimation erzeugen.

> *Verfremdete Alltagshandlungen*
> *In einer Improvisationsübung betritt ein Spieler mit einem Schuh den Spielraum, verwendet ihn zweckgemäß und real – zieht ihn also an, betrachtet ihn an seinem Fuß und zieht ihn wieder aus. Ein zweiter Spieler beobachtet die Handlung genau, dann betritt er die Bühne und kopiert die Handlung so präzise wie möglich, allerdings ohne den realen Gegenstand. Danach wiederholt er die Bewegung, verfremdet sie aber dabei, indem er das ihm Wesentliche darin zu einer (tänzerischen) Geste vergrößert.*

Wie auch in anderen Bereichen der ästhetischen Bildung wird die immanente Zweckhaftigkeit der theatralen Arbeitsweisen daran deutlich, dass ihre Lernproblematiken bereits Lösungen von Handlungsproblematiken enthalten, also der instrumentelle Bezug zu au-

43 Vgl. Datensammlung „Lehrer-Theatergruppe“, Projekt-Tagebuch von Michaela Günther.

ßerhalb liegenden Zielen verkürzt ist oder Teile dieser Ziele bereits im Lernprozess eingelöst werden. Die Spieler in unserem Beispiel wissen, wie man einen Schuh verwendet. Die Lernproblematik verlangt nun eine andere Aufmerksamkeit beider Spieler auf die alltägliche Handlung. Der Spielleiter mag das Lernziel für sich in der Entwicklung von genauer Beobachtung und Nachahmung, von körperlichem und gestischem Bewusstsein in Verbindung mit dramatischer Fantasie definiert haben. Das alles ereignet sich aber bereits mehr oder weniger intensiv in der Präsenz der Auftritte selbst. Es handelt sich in diesem Sinne nicht um Probehandeln. Die „Aufgabe“ ist nur lösbar, wenn beide Spieler den Spielregeln konzentriert und ernsthaft folgen. Ästhetisches und theatrales Bewusstsein werden im Spielprozess *erfahren*; der Zweck der Handlung, nämlich ihre ästhetische Erscheinung herauszukehren, ist der Handlung selbst innewohnend. Damit ist der Prozess zugleich *Produktion*, also eine Gestaltung von kleinen Produkten.

Wenn wir Didaktik von Methodik nicht grundsätzlich trennen, können wir – eher axiomatisch, denn logisch-deduktiv – zentrale didaktische Grundgedanken formulieren, die vor aller methodischen Operationalisierung Gültigkeit beanspruchen. Diese didaktischen Überlegungen können folglich nicht als geschlossenes Konzept verstanden, sondern als eine Art Einführung in die Methodik theatralen Lernens gelesen werden.

➢ Weitere didaktische Konzepte und unsere kritische Auseinandersetzung damit finden sich in den Aufsätzen „Darstellung aktueller Theorieansätze zur theaterpädagogischen Praxis in der Bundesrepublik Deutschland“ (IV.6) und „Das Subjekt in der Theaterpädagogik“ (IV.7).

1.3 Nicht-Intentionalität meint: Spielräume erobern

Für theatrale Lernprozesse gilt das Gleiche, was Adorno zur Substantialität der Tragödie feststellte: „Gesellschaft erscheint in ihr desto authentischer, je weniger sie intendiert wird.“[44]

Die Nichtintentionalität der theatralen Lernprozesse ist die am schwierigsten zu bewerkstelligende Voraussetzung für die Freisetzung ungebundener Phantasiebewegungen der Teilnehmer. Zu gewinnen ist sie allein in der Durchbrechung der verinnerlichten restrik-

44 Adorno, Theodor W. (1970): Ästhetische Theorie. Frankfurt a.M., S. 345.

tiven Lernerfahrungen, deren Gesellschaftlichkeit aber stets das bespielbare Material des Ensembles bildet. Für den Spielleiter geht es dabei darum, die intentional gebundene Ästhetik der restriktiven Alltagstheatralität in Form von Impuls-Übungen und Improvisationen so lange zu durchbrechen, bis sich die Wahrnehmung und Aktivität der Lerngruppe auf die Wirklichkeit zwischen den Zeichen beziehen kann, bzw. auf die „Differenz in der Differenz als Unterschied zwischen Immaterialität und Materialität, Sinn und Erscheinung."[45] Dieser Vorgang ist vergleichbar dem Betrachten von Vexierbildern, bei denen die Aufmerksamkeit dauernd zwischen Figur und Hintergrund als jeweils gemeinte Form hin- und herspringt. Dieses Verfahren ist paradox und ereignet sich performativ. Es lässt sich nicht herbeireden, sondern muss sich ereignen.

Nicht-Intentionalität bedeutet in diesem Sinne, das Gesamtkonzept des theatralen Prozesses nicht auf das Ziel auszurichten, schauspieltechnische und soziale Kompetenzen zu vermitteln, sondern die Bereitschaft zu experimentellen Arbeitsweisen zu erweitern und so die Achtsamkeit für das zu entwickeln, was sich in den so sich darbietenden gefundenen Formen zeigt. Diese entziehen sich in der Regel der Vergleichbarkeit mit den traditionellen, ambitionierten Spielweisen und brauchen daher den Mut der Darsteller auf der Bühne.

1.4 Das Paradox der Spiel-Disziplin

Eine zentrale Prozesserfahrung ist allerdings, dass diese Pädagogik des achtsam-abwartenden Zulassens nur durch eine äußerste Disziplin der Lernenden erfolgreich sein kann. Die Freiheit des experimentierenden Spiels bedarf „kristallklarer Regeln" (Lidwine Janssen)[46], die der Spielleiter autoritativ und mit großer Konsequenz durchsetzen muss.

Solange die Ästhetisierung des restriktiven Lernens nicht durchbrochen werden kann, muss der Spielleiter die Motivation der Spieler durch seine Autorität ersetzen – und das kann dauern, er kämpft dabei gegen die gesamte Alltagstheatralität der Schule.

45 Mersch, Dieter (2002): Was sich zeigt – Materialität, Präsenz, Ereignis. München, S. 159.

46 Vgl. Lidwine Janssens: „Quinternio" in diesem Buch und Skript zum Weiterbildungsseminar „Kernstrukturmodell" am Institut für Theaterpädagogik der FH Osnabrück (2001).

> *„Eine Beobachtung aus der Mädchentheater-AG sind die regelmäßigen Anstrengungen der ersten Viertelstunde, besonders wenn die Gruppenzusammensetzung sich mal wieder verändert hat. Die Mädchen kommen aus ihrem Schultag, der ihre Bewegungsfreiheit mit kleinen Unterbrechungen sechs Stunden lang eingeschränkt hat, in die Aula zum Theaterspielen. Sie haben sich gegenüber Lehrern und Mitschülern tapfer geschlagen. Die kollektive Losung ist augenscheinlich: Jetzt ist „nur noch AG", jetzt gehört dieser riesige Raum uns, jetzt können wir toben und schreien und rempeln. – Am Anfang der Prozesse scheint es immer wieder nur völlig unkontrolliertes Aufgehen in ihrem Aktionismus zu geben oder diese geduckt wirkende Selbst-Disziplinierung, meistens unter einem lobheischenden ‚Ich-bin-eine-von-den-Guten'-Blick in Richtung Spielleiterin. Man darf bezweifeln, dass in diesen ersten Minuten irgendeine von ihnen wirklich etwas von ihrer Gegenwart bemerkt."* [47]

So umschreitet der Theaterpädagoge sein eigentliches Ziel als ein *negatives*, unbestimmtes, bis das kommunikative Vakuum (vgl. u., S. 73) zwischen den restriktiv besetzten Zeichen sich weitet und ein suspensiver Kern von ästhetischen Spielmomenten in der Gruppe erzeugt wird, der freilich selbst sein Spielmaterial in den Verstellungen der Wirklichkeit findet.

1.5 Methexis als „Ende der Verstellung"

In einer ‚Didaktik des theatralen Lernens' müsste auch der ästhetische Aspekt von Pädagogik impliziert sein, den Dieter Lenzen als *Methexis*, als „Teilhabe des Menschen an der Idee des Menschen"[48] bezeichnet hat.

Was weiter oben bereits als das Paradox der Differenz zwischen Sein und Erscheinung angesprochen wurde, konkretisiert sich für die an theatralen Lernprozessen Beteiligten als das Paradox von Rolle und Rollenträger. Erst im Schutz der Rolle vermag der Spieler die restriktiven Rollenzuweisungen seiner verinnerlichten Alltagstheatralität abstreifen und sich unverstellt äußern.

47 Günther, Michaela: Datensammlung „Mädchen-Theater-AG", Projekt-Tagebuch.
48 Lenzen, Dieter: Von der Erziehungswissenschaft zur Erziehungsästhetik. In: Derselbe (Hrsg.) (1990): Kunst und Pädagogik. Erziehungswissenschaft auf dem Weg zur Ästhetik? Darmstadt, S.185.

„Der Reiz des Zusammenspiels ist eine tiefe Identifikation mit dem Urmenschlichen. Das schafft Selbstwert, weil man sich in diesen Ritualen wiederfindet als soziales Wesen und entdeckt, dass man ja gar nicht alleine ist mit sich und seinem sozialen Kosmos.
Das wird aber erst deutlich, wenn man den sozialen Kosmos reduziert, also begrenzt.
Dann erst werden die existenziellen Erfahrungen deutlich und erlebbar. Da gibt es keine Verstellung mehr, das ist Leben pur. Da mündet der transformierte soziale Körper in einer reduzierten Ästhetisierung als Erfahrung im Erleben auf der Bühne. (...) Das ist keine Verstellung, das ist das menschliche soziale Verhalten reduziert auf einen ästhetischen Code, das ist ‚das Glück als Ende der Verstellung'." [49]

„Wenn der Unterdrückte in der Rolle des Künstlers Bilder seines eigenen Lebens gestaltet, dann gehört er gleichzeitig zwei verschiedenen Wirklichkeiten an. Dieses Phänomen, zugleich dem Bild der Realität und der Realität des Bildes anzugehören, nennen wir ‚Metaxis'. Beide Welten sind als vollkommen autonom zu betrachten."

(Augusto Boal)

Klaus Ottomeyer hat diesen Vorgang aus der Sicht des Psychodramas in einer Rede zum 100. Geburtstag von Jakob Levi Moreno, dem Begründer dieser Therapieform, reflektiert.[50] Die szenischen Arrangements des Psychodramas, die in vielen theaterpädagogischen Übungen und Konzepten (insbesondere vom „Theater der Unterdrückten" Augusto Boals) adaptiert worden sind, erzeugen einerseits die Ahnung des Glücks, „dass die Verstellung ein Ende hat"[51], andererseits die Melancholie, die Erfahrung eines Schmerzes, die darin begründet liegt, dass das „Verlorene – im Unterschied zum Prozess der Trauer – nicht genau erinnert werden kann."[52]

Dies macht eben die Problematik oder die Negativität der Didaktik theatraler Lernprozesse aus, dass sie zwar die Restriktionen der Alltagstheatralität spürbar werden lassen, aber nur in den Verrückungen der Kunst eine Gegenproduktion dazu aufbauen könnten. Was die Spieler schaffen, bleibt immer ein Kunstprodukt, ein Schein, der keinen wesentlichen Einfluss auf die Wirklichkeit hat, in der er auftritt.

Was sie in theatralen Lernprozessen erwerben, ist auch nicht die verbesserte, soziale Kompetenz als Durchsetzungsfähigkeit in ihrem Alltag, sondern ein Gespür um die restriktiven Zwänge, die solchen Fähigkeiten beschieden sind.

Theatrales Lernen macht also nicht langfristig und zwangsläufig ‚glücklich und erfolgreich', sondern erzeugt Widerstand und Eigen-

49 Cordelia Vaerst, Praxisbericht über eine Projektwoche in der GE Lingen, 2001.
50 Ottomeyer, Klaus (1989): Lebensdrama und Entfremdung. In: Forum Kritische Psychologie. Heft 29 / 1992. Hamburg, S.109 – 129.
51 Ebenda, S.122.
52 Ebenda, S.120.

sinn, der von den Zwängen des erfolgreichen Mitmachens insofern entlastet, als sich das Leben in diesen Prozessen selbst thematisiert - und das durchaus auch philosophisch-betrachtend.

Die Entlastung besteht dabei in der Erfahrung der Bespielbarkeit der eigenen Restriktionen und schafft – wenn oft auch auf eine eher melancholische Weise, die vom Fehlen praktikabler Optimierungskonzepten weiß – eine entspanntere Beziehung zu den Gewaltverhältnissen, denen die Spieler in ihrem Alltag ausgesetzt sind.

Sie gewinnen damit die Freiheit zur eigensinnigen Gestaltung in Distanz zu den Restriktionen – im Unterschied zu den verbissenen Subjektivierungsritualen der Drogen- und Gewaltkultur unserer Gesellschaft[53], die die Restriktionen in selbstschädigender Weise über den gesellschaftlichen Konsens hinweg weiterführen.

1.6 Theatralität des Unterrichts: Der Prozess als Produkt (und umgekehrt)

In der unten dargestellten, sehr handlungsorientierten Kernstruktur des theatralen Unterrichts von Lidwine Janssens hat jede Unterrichtsstunde den Charakter einer in sich geschlossenen künstlerischen Produktion. Der Unterrichtsverlauf ist einer Dramaturgie vergleichbar. Die meisten theaterpädagogischen Übungen enthalten eine ästhetische Qualität, die auf sie zurückverweist und ihren bloßen methodischen Charakter überschreitet. Insofern ist theatrales Lernen von vornherein prozessorientiert und findet seine Ziele quasi beiläufig – die Resultate stellen sich ein, ohne operativ-strategisch vordefiniert zu sein.

„Unzulänglich in sich selbst, als Theater, muss es sich anstrengen, auch noch seine Umwelt zu verändern.

Es kann hinfort seine Abbildungen der Welt nur noch zu gestalten hoffen, wenn es mithilft, die Welt selbst zu gestalten.“

(Bertolt Brecht)

In ihrer taktil-testenden Vorgehensweise finden theatrale Arbeitsweisen schon in ihrer Ausübung die Berührungspunkte zu dem, was sie anstreben: die Aufhebung der Verstellung entfremdeter Interaktion in kollektiven, ästhetischen Arbeitszusammenhängen. Entsprechend problematisch sind deshalb auch die Versuche von Spielleitern, den Zweck einer Übung zu erklären. Ihr Zweck ergibt sich, indem die Übung stattfindet – hier hat die Theaterpädagogik allerdings einen schweren Stand gegenüber den funktionalen Sinnbedürfnissen der

53 Vgl. Schiffer, Eckhard (1999b): Warum Hieronymus B. keine Hexe verbrannte – Gewaltbereitschaft bei Kindern und Jugendlichen erkennen – Gewalt vorbeugen. Weinheim und Basel. Und derselbe (1999a): Warum Huckleberry Finn nicht süchtig wurde – Anstiftung gegen Sucht und Selbstzerstörung bei Kindern und Jugendlichen. Weinheim und Basel.

Lernsubjekte: Die stereotypen Fragen: „Wozu soll das denn gut sein?“ und „Was haben wir denn davon?“ können nicht diskursiv geklärt werden wie etwa in anderen Fächern (wobei diese Fragen auch dort wohl eher Ausdruck von Lernwiderständen, denn von einem an den Sachgegenständen selbst entzündeten Erkenntnisinteresse sind).

1.6.1 Das Paradox der unplanbaren Unterrichtsplanung

Der Identität theatraler Methodik und Didaktik, ihrer fehlenden operativ-strategischen Orientierung, entspricht das Paradox der unplanbaren Unterrichtsplanung theatraler Lernprozesse.

Die Vorbereitung einer theaterpädagogischen Unterrichtsstunde erfolgt nach den Regeln des offenen Experiments: Das Ergebnis ist unvorhersehbar und ereignet sich erst dann, wenn der aufmerksam Lehrende jederzeit seine präformierte Intentionalität aufgeben kann. Dazu allerdings ist die Planung der Unterrichtsstruktur notwendig – aber nur, um jederzeit wieder über den Haufen geworfen werden zu können. Die Unterrichtsvorbereitung gibt dem Lehrenden lediglich die Sicherheit, das Lerngeschehen konzentriert beobachten zu können, und die Freiheit, die sich zeigenden ästhetischen Spuren in den Lernvorgängen wahrzunehmen und auf sich selbst zurückzuführen. Die Initiierung und Strukturierung theatraler Lernprozesse vollzieht somit in höchster Potenz das, was Wolfgang Klafki den „Entwurf-Charakter“ der Unterrichtsvorbereitung nennt.[54]

Als Vorschlag zur Strukturierung und Evaluation theatralen Unterrichts möchten wir das Kernstrukturmodell von Lidwine Janssens kurz vorstellen:

1.7 Lidwine Janssens: ‚Quinternio‘ – das Kernstrukturmodell[55]

Janssens stellt die Kernstruktur ihres „Quinternio“ in folgender Tabelle dar:

54 Vgl.: Klafki, Wolfgang (1958): Didaktische Analyse als Kern der Unterrichtsvorbereitung. In: Die Deutsche Schule. 1958, Heft 10, S. 450 – 471.

55 Janssens, Lidwine (1998): Drama is de kunst. Handboek voor dramadozenten. Amsterdam. Darin insbesondere: S. 35 – 42. Sowie: Dieselbe (1999): De kunst van het spelen. Handboek voor dramaonderwijs op de basisschool. Amsterdam. Darin insbesondere: S. 16 – 22. Die Übertragung der holländischen Fachbegriffe ins Deutsche besorgte Jörg Meyer im Dialog mit Lidwine Janssens.

		Sinnliche Wahr-nehmungs-kompetenz	Motorische Kompetenz	Sozial-emotionale Kompetenz	Kognitive Kompetenz	Kreative Kompetenz
Unterrichts-entwurf	*Teilgebiet:*	Dramatische Vorstellung (Fantasie)	Dramatisches Instrument (Körper)	Dramatisches Zusammen-spiel (Gruppe)	Dramatische Gestaltung (Szenische Idee)	Dramatische Einsicht (Szenisches Spiel, Präsenz)
Inspiration Einführung	**Sich etwas vorstellen**	X				
Spielfähigkeit Spielsituation	**Etwas gestalten**		X	X	X	
Reflexion Abschluss	**Etwas betrachten**					X
Voraus-setzungen:	*Lehrer-tätigkeit:*	Observieren (Lerngruppe)	Organisieren (U-Planung)	Interagieren (Anleiten)	Unterrichts-befähigt handeln	Künstlerisch handeln

Sie geht davon aus, dass jeder spielerische und/oder ästhetische Lebensprozess ein Fünfklang ist, bestehend aus:

- Aktivierung des Vorstellungsvermögens
- Übersetzung der Vorstellung in eine Lebensäußerung (Stimme, Haltung, Bewegung, Minenspiel)
- Interaktion auf der Grundlage von Lebensäußerungen (wechselseitig Impulse geben)
- Gestaltung spielerischer und/oder ästhetischer Prozesse
- Reflexion spielerischer und/oder ästhetischer Prozesse als Ausgangspunkt für den folgenden Quinternio

Dieser Fünfklang entspricht in etwa der (aristotelischen) Struktur eines dramatischen Geschehens auf der Bühne:

- Exposition (Entfaltung eines Bildes, einer Situation)
- Motorisches Moment (z.B. ein Problem, dass die Handlung vorantreibt, die Figuren motiviert)
- Entwicklung (ein Konflikt wird zugespitzt, eine Entscheidung vorbereitet)
- Krise (Höhepunkt: alles oder nichts)
- Abwicklung (Aufzeigen der Konsequenzen)

Ein organisch strukturierter Unterricht beinhaltet nach Lidwine Janssens immer alle fünf Spielmomente, aber mit unterschiedlicher Gewichtung. Er hat also selbst eine dramatische oder ästhetische Qualität.

Zugunsten dieser Qualität empfiehlt Lidwine Janssens die spielerische Gestaltung oder Vernetzung auch formaler Übungen und der Reflexionsphasen. Zum Beispiel kann eine Jabbertalk-Übung in eine Börsenszene münden oder die Reflexionsphase durch den Lehrer in der Rolle eines Kameramanns geleitet werden, der die Aufnahmen kritisch betrachtet: „Werden die Fernsehzuschauer diese Szene verstehen?".

Ein anderer wesentlicher Punkt des Konzeptes ist die Binnendifferenzierung der Gruppe: Schüler erhalten in ihrem Unterricht unterschiedliche Aufgaben, die an ihren besonderen Fähigkeiten und Interessen anknüpfen. Zum Beispiel können Hobbies die Rollenfigur bereichern; einige Schüler begleiten die Szenen lieber technisch, musikalisch, als Co-Regisseure oder Autoren, einige können Kleingruppen in den Übungen selbst anleiten. Als Orientierung für diese Herausforderungen sind präzise Beobachtungsaufgaben mit einem speziellen Wahrnehmungsfokus wichtig (z.B. Auffüllen beobachteter Figuren mit dazu erfundenen Bedeutungen).

Das Modell der „Kernkompentenzen" im Quinternio hilft einem Spielleiter, seine Unterrichtsplanung begrifflich zu strukturieren – sie erspart ihm allerdings nicht die Notwendigkeit, sich im Unterricht selbst voll und ganz auf die Spielprozesse einzulassen. Denn auch vor dem Hintergrund der Strukturierungshilfen von Lidwine Janssens gilt: Im Gegensinn zur Vorbereitung und Planung theatraler Lernprozesse, die notwendig sind und das Auftreten des Theaterpädagogen zunächst profilieren, muss dieser den Spielraum zugleich *absichtslos* betreten, d.h. er muss empfänglich bleiben für die *Ereignisse* des Spielgeschehens. Dabei bewegt er sich ständig zwischen verschiedenen *Dimensionen der Methodik theatralen Lernens.*

Unter *Dimensionen* verstehen wir hier abgrenzbare Erfassbarkeiten des theatralen Geschehens im Unterricht, denen definierbare Reflexionen, Unterrichtshandlungen und -entscheidungen zugeordnet werden können.

Die Dimensionen des theatralen Unterrichts werden im Folgenden definiert, erklärt und mit Arbeitsweisen konkretisiert.

2 Die Methodik theatralen Lernens

2.1 Die methodischen Dimensionen

Die folgenden Kernbegriffe *Experiment, Stillstand, Aleatorik, Mimesis, Kommunikatives Vakuum* und *Gegenwartsidentität*, mit denen wir die Erfahrungs- und Handlungsfelder des theatralen Unterrichts strukturieren und in ihren gedanklichen und historisch-anthropologischen Zusammenhängen darstellen wollen, bildeten sich im Verlauf unseres Projektes heran. Es waren zunächst Leitgedanken, die immer öfter in unseren Diskursen die Vielzahl disparater Erlebnis- und Erfahrungssegmente aus den konkreten Unterrichtssituationen zu verallgemeinern halfen, bis sie schließlich als geronnene Begrifflichkeiten vorlagen und so auch Eingang in das „Wörterbuch der Theaterpädagogik“[56] fanden. Im vorliegenden Buch kreisen sie gemeinsam eine Methodik theaterpädagogischen Handelns ein, das theatrale Schonräume eröffnen will und seine Ästhetik in den Momenten von Verbundenheit, Intensität, Spannung und Gegenwärtigkeit als kollektives Erlebnis sucht.

„Darstellung ist hier nicht Wiedergabe im Sinne der naturalistischen Theoretiker. Es handelt sich vielmehr vor allem darum, die Zustände erst einmal zu entdecken. (Man könnte ebensowohl sagen: sie zu verfremden.) Diese Entdekkung (Verfremdung) von Zuständen vollzieht sich mittels der Unterbrechung von Abläufen. Das primitivste Beispiel: eine Familienszene. Plötzlich tritt ein Fremder ein. Die Frau war gerade im Begriff, eine Bronze zu ergreifen, um sie nach der Tochter zu schleudern; der Vater im Begriff, das Fenster zu öffnen, um nach einem Schutzmann zu rufen. In diesem Augenblick erscheint in der Tür der Fremde. ‚Tableau‘ – wie man um 1900 zu sagen pflegte. Das heißt: Der Fremde wird mit dem Zustande konfrontiert: verstörte Mienen, offenes Fenster, verwüstetes Mobiliar. Es gibt aber einen Blick, vor dem auch gewohntere Szenen des bürgerlichen Lebens sich nicht soviel anders ausnehmen.“

(Walter Benjamin)

Der Begriff des *Experiments* beschreibt die Bedeutung offener und öffnender Prozessverläufe in der Theaterpädagogik. Unterrichtsplanung, Übungen und Anleitung sollen Sicherheit und Impulse geben für eine Bewegung der Gruppe und ihr helfen, den theatralen Erfahrungsraum überhaupt zu betreten. Im interaktiven theatralen Experiment geht der Blick und die Neugier von Theaterpädagogen und Gruppenteilnehmern aber auf das, „was sich zeigt“[57], d.h. was gerade nicht Gegenstand eines intentionalen Wollens ist, sondern im Prozess des spielerischen Miteinanders nach außen gespült wird und so der Wahrnehmung zufällt.

Stillstand ist methodisch konkreter: In *freeze-*, *slow-motion-* und *Standbild*-Verfahren kommen die Teilnehmer darstellend zur Wahrnehmung des gegenwärtigen Augenblicks. Sein Flüchtiges, Vergängliches wird dem Fluss des Geschehens entrissen und intensiver Betrachtung überantwortet. Die evolutive Dynamik der Lebensvorgänge wird durch dieses Innehalten unterbrochen. Diese **ekstatische** *Auflösung* ist ein Zustand oder Wahrnehmungsmodus, in dem die Alltagstheatralität verfremdet wahrgenommen, aber noch nicht reflektiert wird. Die „Ent-Fremdung“ wird sichtbar, weil ich mir selber „schuldlos“ begegne. Im erlebten Moment verwischen die Grenzen von Individuum und Umwelt. Der ‚nur‘ Wahrnehmende ***ent-subjektiviert***, *entgrenzt* sich durch diesen Prozess.

Die *Aleatorik* arbeitet mit Zufalls-Verfahren in künstlerischen Gestaltungsprozessen (z.B. Formen des Improvisationstheaters, Schreibspiele, die Collage von zufällig herausgepicktem Text- und Bildmaterial etc.). Im Sinne der Ergebnisoffenheit des theatralen Experiments bietet die aleatorische Qualität von Übungen und Spielen ei-

56 Koch, Gerd / Streisand, Marianne (2003): Wörterbuch der Theaterpädagogik. Berlin/ Milow.

57 Vgl. Mersch, Dieter (2002): Was sich zeigt – Materialität, Präsenz, Ereignis. München.

nerseits klare, zum Teil durchaus enge Spielregeln, andererseits eröffnen sie den Spielern gerade darin ein ungewöhnlich breites Spektrum ihrer – sonst oft vorgedachten – Ausdrucksmöglichkeiten. Was durch Zufalls-Spielregeln ausgeschlossen wird, ist die gewohnte, anerkannte, nach Originalität strebende, zensierte Form.

Der Begriff der *Mimesis* richtet sich in unserem Kontext auf das Wesen der theatralen Kommunikation in den Zwischenräumen zwischen den Spiel-Subjekten. Beispielsweise sind in der wechselseitigen Mimik von Mutter und Säugling Impuls und Nachahmung nicht unterscheidbar zuzuordnen. Mimetische Arbeitsformen in der Theaterpädagogik (wie alle Spiegel-Übungen oder interaktive Impulsketten der Improvisation) verweisen auf den subjektentgrenzenden Charakter theatraler Augenblicke, die sowohl die Spieler als auch das Publikum gemeinsam erleben können. In der Mimesis deutet sich eine prinzipielle Verwobenheit von Individuation (Selbstwerdung) und Sozialisation (Teilhabe an der Gemeinschaft) an.

Das *Kommunikative Vakuum* bezeichnet einen virtuellen Raum des Übergangs zwischen Alltagswelt und (ästhetischem) Spielraum. Mithilfe der Vereinbarung, dass man sich hier und ab jetzt in einem *Spiel*raum befindet, wird ein Großteil der kommunikativen Alltagsregelungen außer Kraft gesetzt. Bevor die neuen Spielregeln der theatralen Kommunikation sich im Prozess durchsetzen, entsteht ein Zwischenraum als eine Art Vakuum, indem die Aufmerksamkeit der Menschen umschlägt auf ein Anderes, zunächst Unbestimmbares, das als solches auch verunsichert. Es macht sich ein Gespür für die eigene Ein- und Zugerichtetheit in den konventionellen Alltagsformen bemerkbar, die hier im Spielraum mehr stören als taugen. Das kommunikative Vakuum im theatralen Prozess ist der *Rahmen*, in dem die Materialität der Körper und Zeichen (ihre ästhetische Funktion, die Gegenwärtigkeit der Ereignisse) sich abseits von ihren bewerteten Bedeutungen als einzig Bestimmtes in den Vordergrund spielen kann (Peter Brook spricht vom „leeren Raum", Augusto Boal vom „aesthetic space").

„Ich kann jeden leeren Raum nehmen und ihn eine nackte Bühne nennen. Ein Mann geht durch den Raum, während ihm ein anderer zusieht; das ist alles, was zur Theaterhandlung notwendig ist."

(Peter Brook)

Gegenwartsidentität hat für uns im Kontext aller zuvor beschriebenen Dimensionen Bedeutung als **Identitätsbegriff** der entgrenzten Subjektivität, die zum kollektiven Schlüsselmoment der theatralen Erfahrung werden kann. Gegenwartsidentisches Handeln und Wahrnehmen schließt in jedem Augenblick die Erfahrung der Gegenwart - die leibliche und zeitliche Anwesenheit des *Anderen* – mit in die Subjekterfahrung ein. Setzt man Gegenwartsidentität als Kernkompetenz theatralen (und sozialen) Lernens, rückt das Wesen der Kommunikationsprozesse zwischen den Subjekten in den Vordergrund: Wann und auf welche Weise teilen die Spieler eine ästhetische Erfahrung? *Theatrale Momente* wären dann jene Augenblicke, in denen die unkommunizierbare ästhetische Erfahrung sich als kollektiver Eindruck (und Ausdruck) von *Stimmigkeit* und *Intensität* sozialisiert.

Analog zur Dialektik der „planvollen Konzeptionslosigkeit" des theatralen Unterrichts sind diese methodischen Dimensionen nicht als Rezept oder letzte Instanz einer erfolgreichen theatralen Arbeit mit Schülern anzusehen, sondern eher als hoffentlich inspirierende Leitmotive, die in sehr unterschiedlichen Proportionen in die Unterrichtsplanung und -reflexion eingehen und dort wirksam werden können.

Nicht zuletzt können vor dem Hintergrund der anthropologisch-philosophischen Aufschlüsselung dieser Begriffe auch die konkreten künstlerischen und pädagogischen Arbeitsentscheidungen des Theaterpädagogen reflektiert werden.

➢ Zur subjektwissenschaftlichen Grundlegung aller formulierten Dimensionen siehe auch den Aufsatz „Der Subjektbegriff der Kritischen Psychologie" (IV.8).

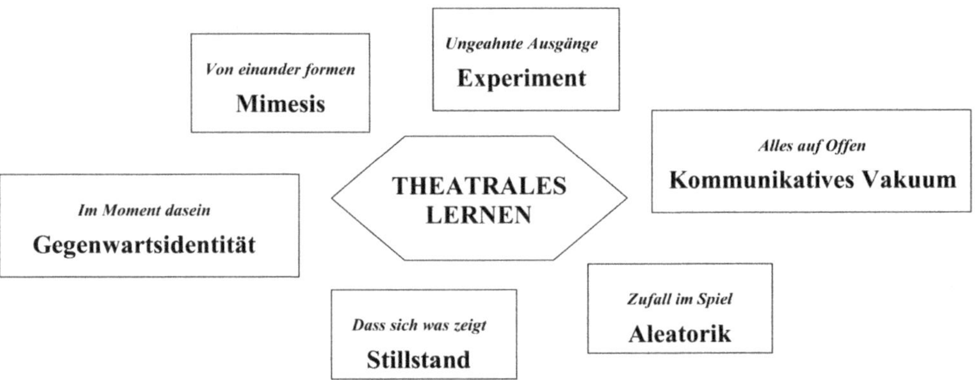

Alle Dimensionen der Methodik des theatralen Lernens visieren *die* Momente in theaterpädagogischen Prozessen an, in denen Menschen ihre festgelebten Haltungen und ritualisierten Alltagsformen verlassen können und frei zum (spielerisch-künstlerischen) Handeln werden. Kommunikatives Vakuum – Aleatorik – Mimesis – Gegenwartsidentität – Stillstand – Experiment: Begriffe, mit denen wir arbeiten, Sätze, denen wir zutrauen, einen Bezug herzustellen zu dem, was der Fall ist. Begriffe, Gegenbegriffe, Sätze und Gegensätze, die wir provozieren, die uns provozieren.
Auf einer Wandzeitung entsteht eine Anordnung. Was in Wirklichkeit vielfach übereinandergeschrieben ist, gerät in ein Nebeneinander. Im Nebeneinander werden die Widersprüche lesbar: gesprengte Linearität. Sie erweist sich als dienlich im Diskurs. Sie hilft der Erfahrung auf die Sprünge. Deshalb folgen jetzt zwei Wandzeitungen aus der Arbeit mit Studierenden im Lingener Institut.

„Die Widersprüche sind die Hoffnung." (Bert Brecht)

A Die Welt als Haben (Besitz): methodische Grundausrichtung	B Die Welt als Sein (Existenz): aleatorische Grundausrichtung
Das Gewohnte	Das Außergewöhnliche
Das Vertraute	Das Fremde, Andere
Das Geplante	Das Spontane
Das Vorhersehbare	Das Ein-, Zufallende
Der Normalfall	Der Unfall
Das Strategische	Das Taktile
Das Alltägliche	Das Sonn-, Festtägliche
Das Allgemeine	Das Besondere
Das Sichere	Das Krisenhafte
Das Man	Das Ich und Du
Der Weg	Der Umweg
Das Wandern	Das Stolpern
Das Ziel	Die Entdeckung

Ohne B keine Wahrnehmung und Gestaltung in A
A & B => die Welt als veränderbare, gestaltbare

„Wir bitten euch aber:
Was nicht fremd ist, findet befremdlich!
Was gewöhnlich ist, findet unerklärlich!
Was da üblich ist, das soll euch erstaunen.
Was die Regel ist, das erkennt als Missbrauch."

Bert Brecht (1976): Die Ausnahme und die Regel. In: GW 2. S. 822.

persona (f): Person, die: *(1) von etruskisch*: Maske, Rolle (2) *von lateinisch*: ***personare***: durch etwas oder jmd. hindurch klingen

Person:

Personalité & Personage

der ich geworden bin: (Individuation/Sozialisation)

der ich geworden sein könnte: (Verdrängtes/Verschüttetes)

Ich bin. Ich habe. Ich werde.

„Typisch Bernd." Wissen, Erfahrungen die Anderen, das Andere

Identität ← „Typisch Bernd.", Wissen, Erfahrungen

Gegenwartsidentität ← Wissen, Erfahrungen, die Anderen, das Andere

Identität: Persönlichkeit, Originalität; Pläne, Ziele, Konzepte

Gegenwartsidentität: Achtsamkeit, Geselligkeit; Zufälle, Unfälle, Begegnungen

↓

Kompetenzen:

linear-logische (auf sicheren Wegen gehen)

consensuell-intuitive (vagabundieren, tasten)

Modus der Beziehung:

Strukturen setzend, impulsgebend → Methodik/Didaktik (geschlossene Form)

Echos gestaltend, findend → Aleatorik (offene Form)

„Ich bin. Aber ich habe mich nicht. Darum werden wir erst." (Ernst Bloch)

2.2 Erste Dimension des theatralen Lernens: Das Experiment – ungeahnte Ausgänge

Der folgende Artikel zum **Experiment** als methodische Dimension theatralen Lernens versucht den – ursprünglich naturwissenschaftlichen – Begriff einzukreisen und für den Entwurf und die Reflexion theatraler Lernprozesse zu konkretisieren. In den begrifflichen Zusammenhängen deutet sich erneut unsere geschichtsphilosophisch begründete Reinterpretation des Subjekt-Begriffs an, auf die wir bereits im ersten Teil dieses Buches eingegangen sind. Wir nähern uns dem Begriff des Experiments zunächst von der theoretischen Seite und kommen im Anschluss zu Beschreibungen seiner praktischen Relevanz sowie Beispielen der Anwendung in den interaktiven Theaterformen des Playback- und Forum-Theaters.

2.2.1 Begriffsgeschichte

Der Begriff des Experiments wurde im 17. Jahrhundert aus dem lateinischen *Experimentum* = „Versuch“, „Probe“, „Erfahrung“ entlehnt. Er bezeichnet das aktive Eingreifen der empirischen Wissenschaften der Neuzeit in Naturvorgänge im Unterschied zu ihrer bloß passiven Beobachtung.

Man kann sagen, dass die Natur im Experiment willentlich aus der Reserve gelockt wird, um der hinter ihren Erscheinungen liegenden Wahrheit der Naturgesetze auf die Spur zu kommen.[58]

Während im „Logischen Positivismus“ (wahr ist nur, was sichtbar bewiesen wurde) oder dem „Kritischen Rationalismus“ (Karl Popper) des zwanzigsten Jahrhunderts die kritische Funktion des Experiments zur Überprüfung theoretischer Annahmen durch die hypothetisch-deduktive Methode (von der Hypothese zum Nachweis im Experiment) betont wird, sahen Wissenschaftler des siebzehnten (Francis Bacon, Isaac Newton) und des neunzehnten Jahrhunderts (John Stuart Mill) Experimente als wissens-generierende Mittel der Theorieproduktion (Induktivismus: von der Empirie/Erfahrungsbildung zur These). Ganz unabhängig vom erkenntnistheoretischen Streit um die Beweiskraft von deduktiven und induktiven Methoden können wir für das theatrale Experiment festhalten, dass es Bedingungen erzeugt, die normalerweise nicht von selbst eintreten würden.

58 Vgl.: Heidelberger, Michael (2001): Die Erweiterung der Wirklichkeit im Experiment. Veröffentlicht am 28.12.2001 unter: http://www.information-philosophie.de/philosophie/experimente.html

2.2.2 Wie das Theater von den Naturwissenschaften lernt

In jedem Experiment durchläuft eine Kette von Ursachen unser Selbst-Bewusstsein, deren erstes Glied – der Willensimpuls der experimentierenden Menschen – bekannt ist. Zu diesen Willensimpulsen gehört paradoxerweise auch das bewusste Außerkraftsetzen willentlicher Impulse im ästhetischen Prozess, der im gewissen Maße Selbstvergessenheit und das Aufgeben von Strategien voraussetzt.

Für die Durchführung der Experimente stehen dem Naturwissenschaftler wie auch dem Theaterpädagogen verschiedene Methoden zur Verfügung:

- die Erfahrungserweiterung,
- die Phänomenstrukturierung und
- die Imitation der Phänomene bzw. deren Transformation.

Bei der *Erfahrungserweiterung* geht es darum, Erscheinungen für unsere Erfahrung hervorzurufen, die ohne eine Experimentalanordnung nicht denkbar wären. Wie die Vakuumpumpe den luftleeren Raum in der Physik herstellt, schafft im theatralen Prozess das **kommunikative Vakuum** den ästhetischen, „leeren Raum" (Peter Brook) als Voraussetzung eines dem Alltag enthobenen Spielraumes, in dem die kommunikativen Regeln und sozialen Codes tendenziell aufgelöst und durch Spieler und Spielregeln neu definiert werden.[59]

Die *Phänomenstrukturierung* versucht, den sinnlichen Zugang zu den Wirklichkeitserscheinungen zu verbessern. Dem Fernrohr oder Mikroskop entspricht in theatralen Prozessen die Konzentration der Beteiligten auf den Körper, die Erhöhung der Sensibilität für den Raum und für das Verhalten der Mitspieler. Dazu gehören auch Techniken wie die des Einfrierens (Freeze), der Zeitlupe (Slow-motion) oder des Spielens in einzelnen kurzen Handlungsabschnitten zwischen Wende- und Haltepunkten (Takes).

In der Physik wird durch die *Transformation* eine Beziehung zwischen zwei Phänomenen hergestellt: Zum Beispiel werden beim Thermometer dem Wärmesinn zugängliche Phänomene in solche umgewandelt, die dem Gesichtssinn zugänglich sind. In theatralen Prozessen werden gefühlte, innere Haltungen und Vorgänge in eine äußere Form gebracht und dadurch Mitspielern und Zuschauern mit-

59 Vgl. den Begriff des „aestetic space" (der ästhetische Raum) in: Boal, Augusto (2005): Der Regenbogen der Wünsche. Berlin, Milow, Strasburg, S. 32 ff. (Bd. III der Lingener Beiträge zur Theaterpädagogik). Sowie: Ruping, Bernd (2001b): Die Brauchbarkeit des Ästhetischen. In: Korrespondenzen, Zeitschrift für Theaterpädagogik. 17. Jahrgang, Heft 38, S. 13 ff.

geteilt. Sowohl in der Physik als auch in der theatralen Arbeit können durch die Transformation irritierende Zufälligkeiten oder Außeneinflüsse der jeweiligen Phänomene soweit wie möglich ausgeschaltet werden.

2.2.3 Theater als soziologisches Experiment

Die Übertragung naturwissenschaftlicher Experimentalforschung auf soziale Phänomene seit Anfang des 20. Jahrhunderts ist unter dem Begriff der Stimulus-Response-Versuche der Verhaltensforschung bekannt geworden.

Ausgehend von Tierversuchen werden in Laborsituationen verschiedene Reiz-Reaktions-Ketten initiiert, die Schlussfolgerungen über das menschliche Lernverhalten geben sollen. Unter soziologischen Aspekten sind statistisch organisierte Befragungen und in neuerer Zeit die sogenannte *qualitative Sozialforschung* auf der Grundlage exemplarischer Einzelanalysen ebenfalls als Experimente anzusehen, da sie die soziale Realität nicht nur beobachten, sondern ihre Erscheinungsformen strukturieren und zu Äußerungen bringen, die ohne das sozialforscherische Interesse und Eingreifen möglicherweise nicht zustande kämen.

In all diesen Formen der sozialen Experimente ist der aneignende subjektive Wille des „Naturforschers" als vermeintlich am Resultat uninteressierter, objektiver Drittstandpunkt enthalten. Der Experimentator nimmt sich in der Regel – obgleich er ein nicht unerheblicher, weil eingreifender Bestandteil der sozialen Wirklichkeit ist – aus dem experimentellen Vorgang heraus und erzeugt Wissen *über* andere.

Das von Bertolt Brecht 1931 in „Der Dreigroschenprozeß" beschriebene *soziologische Experiment* überwindet die vermeintlich uninteressierte Distanz zu den sozialen Bewegungen, die es in Gang setzt, indem es den Forscher in den experimentellen Prozess einbettet. „Der Sehende selber lebt ebenfalls, und zwar innerhalb, nicht außerhalb der Vorgänge".[60]

Die wesentlichen Merkmale des soziologischen Experiments:

- bestehende Anschauungen zu erschüttern,
- ihre Beziehung zu gesellschaftlichen Interessen zu verdeutlichen,
- praktisch relevante Erfahrungen zu generieren,

60 Brecht, Bertolt: Der Dreigroschenprozeß. In: Derselbe (1967): Gesammelte Werke, Bd. 18. Frankfurt a. M., S.181.

„Wir sprechen ferner von einem Gestus. Darunter verstehen wir einen ganzen Komplex einzelner Gesten der verschiedensten Art zusammen mit Äußerungen, welcher einem absonderen Vorgang unter Menschen zugrunde liegt und die Gesamthaltung aller an diesem Vorgang Beteiligten betrifft (Verurteilung eines Menschen durch einen anderen Menschen, eine Beratung, einen Kampf und so weiter) oder einen Komplex von Gesten und Äußerungen, welcher, bei einem einzelnen Menschen auftretend, gewisse Vorgänge auslöst. /.../ Ein Gestus bezeichnet die Beziehungen von Menschen zueinander.“

(Bertolt Brecht)

finden sich auch in der Lehrstückkonzeption Brechts, die von Reiner Steinweg nachträglich als zusammenhängende Theorie rekonstruiert wurde.[61]

2.2.4 Das Lehrstück als soziales Experiment

Die Spieler eines Lehrstücks nehmen im Schutz der szenischen Vorlage bestimmte vom Text vorgegebene, in der Regel „asoziale“ Haltungen ein mit dem Ziel, deren soziale Qualität körperhaft-sinnlich in Erfahrung und ins Spiel zu bringen. Die wechselseitige Beeinflussung innerer und äußerer Haltungen bringt dabei die sozialen Verhältnisse, die im *Gestus* der Beteiligten verborgen sind, sowohl zur Anschauung als auch zu ihrer phantasievollen Überschreitung. Die sozialen Verhältnisse werden unselbstverständlich und so reflektierbar in der Formensprache der Lehrstücke.

Damit gewinnt der Gestus als Ausdruck sozialer Haltungen die experimentelle Funktion der Erfahrungserweiterung und Phänomenstrukturierung zugleich. In seiner theatralen Gestaltung impliziert der Gestus die Bewusstwerdung als auch die kennzeichnende, strukturierende Hervorbringung der sozialen Verhältnisse, die in ihm schlummern.

Hierzu bedient sich das Lehrstück als auch das epische Theater der Methode der Unterbrechung, die im experimentellen Sinne den sozialen Gehalt der Gesten erst zur Erscheinung bringt und ihre Transformation in sinnliche Gewissheiten auf der Bühne ermöglicht.

Die Verfremdung des Spiels im Gestus des Zeigens (*V-Effekt*) leistet dabei zweierlei: Einerseits gerät der Spieler in ein dialektisches Verhältnis von experimentierendem Subjekt und dem vom Experiment erfassten Gegenstand – andererseits ist die verfremdende Transformation Anlass für einen Blick auf die doppelte Sinnschicht von Ausdruck und sozialer Bedeutung der gestisch-mimischen Darstellung.[62]

„Wir bitten euch aber:
Was nicht fremd ist, findet befremdlich!
Was gewöhnlich ist, findet unerklärlich!
Was da üblich ist, das soll euch erstaunen.
Was die Regel ist, das erkennt als Missbrauch
Und wo ihr den Missbrauch erkannt habt
Da schafft Abhilfe!“

(Bertolt Brecht)

2.2.5 Das theatrale Experiment in der Theaterpädagogik

Unter sprach- und geschichtsphilosophischen Gesichtspunkten hat Walter Benjamin die theatralen Experimente Brechts unter dem Begriff der „Dialektik im Stillstand“[63] interpretiert. Benjamin erkennt im experimentellen Prinzip der Unterbrechung einer gestischen Hand-

61 Vgl.: Steinweg, Reiner (1972): Das Lehrstück. Brechts Theorie einer politisch-ästhetischen Erziehung. Stuttgart.
62 Vgl.: Ritter, Hans Martin (1986): Das gestische Prinzip bei Bertolt Brecht. Köln.
63 Benjamin, Walter (1978b): Versuche über Brecht. Frankfurt a.M., S.28.

lung die Möglichkeit eines augenblicklichen Heraustretens aus der Eigendynamik einer fortlaufend erweiterten Naturbeherrschung und Selbstverbesserung des bürgerlichen Subjekts und damit einer Transzendierung seiner Seinsform durch den Rückblick auf die unabgegoltenen Opfer des zivilisatorischen Prozesses.[64]

Das experimentelle Instrument der Stillstellung, verbunden mit dem Hineinspringen (**Jump-In-Verfahren**) in die dann demonstrierten Haltungen sowie deren Weiterentwicklung durch die Beobachter des theatralen Experiments wurde von Augusto Boal in seinem „Theater der Unterdrückten" insbesondere in den Formen des Statuen- und Forumtheaters zur Darstellung und Lösung sozialer Unterdrückungszusammenhänge weiterentwickelt.[65]

Insbesondere sind in Boals Arbeitstechniken die Methoden des *Rollentausches*, des *Doppelns* (Verstärkung von Spielerhaltungen durch die Nachahmung anderer Spieler) und des *Spiegelns* eingegangen, die von Moreno in seinem *Psychodrama*-Konzept entwickelt wurden.[66]

In der theaterpädagogischen Theorie und Praxis wurde die Lehrstückkonzeption Brechts und das „Theater der Unterdrückten" von Boal in den siebziger Jahren Ausgangspunkt und Grundlage einer emanzipatorischen Erziehung und Sozialforschung mit theatralen Mitteln.[67]

Zusammen mit der Übersetzung der interaktionistischen Rollentheorie, die ihren gedanklichen Ursprung in der Sozialpsychologie George Herbert Meads findet, in die Spiel-, Theater- und Interaktionspädagogik, wie sie von Hans-Wolfgang Nickel u.a. entwickelt wurde, gewann das theatrale Experiment eine Schlüsselfunktion für eine erkenntnis- und prozessorientierte Theaterpädagogik, die den wohl immer noch häufig eher produkt- und textorientierten Amateur- und Schultheaterformen gegenübersteht.

64 Vgl. : Koch, Gerd (1988): Lernen mit Bert Brecht. Frankfurt a.M. Und: Koch, Gerd/ Steinweg, Reiner/ Vaßen, Florian (Hrsg.) (1984): Assoziales Theater. Erfahrungen durch Lehrstücke: Spielversuche und Anstiftungen zur Praxis. Köln. Sowie: Ruping, Bernd (1984): Material und Methode. Zur Theorie und Praxis des Brechtschen Lehrstücks. Münster.

65 Vgl.: Boal, Augusto (1989): Theater der Unterdrückten. Frankfurt a.M. Vgl. auch Anm. 74, S. 86.

66 Vgl.: Moreno, Jakob Levi (1961): Das Rollenkonzept – eine Brücke zwischen Psychiatrie und Soziologie. In: Petzold./ Matthias (Hrsg.) (1982): Rollenentwicklung und Identität. Paderborn.

67 Vgl.: Ruping, Bernd (Hrsg.) (1991): Gebraucht das Theater. Die Vorschläge Augusto Boals: Erfahrungen, Varianten, Kritik. Münster-Hamburg 2/1993.

Der Einzug postmoderner Diskurse in die theaterpädagogische Theoriebildung in den neunziger Jahren erzeugte zusammen mit ihren konstruktivistischen Grundannahmen eine gewisse Skepsis gegenüber den gesellschaftspolitisch orientierten sozialen Experimenten der Theaterpädagogik. Ihnen wurde der Eigenwert des theatral-ästhetischen Gestaltungsversuches gegenübergestellt, den die Kritiker durch die sozialforscherische Indienstnahme des Theaters in Frage gestellt sahen.

➢ Vgl. den Aufsatz „Darstellung aktueller Theorieansätze zur theaterpädagogischen Praxis in der Bundesrepublik Deutschland“ (IV.6).

2.2.6 Die Experimente der Kunst, der Literatur und des Theaters

Experimentelle künstlerische Verfahren, die mit den Mitteln der Selbstertappung und Selbstüberlistung dem dynamischen Mechanismus einer sich verewigenden zweckhaften Selbstverbesserung des Subjekts entkommen wollen, werden seitdem seltener als Instrumente der sozialen Emanzipation aufgefasst. Sie werden eher als selbstreferentielle und autonome Elemente der jeweils besonderen individual-ästhetischen Selbstbildungsprozesse einer multiplen und wandelbaren Subjektidentität begriffen. Hierzu zählen zum Beispiel alle Experimente des Improvisationstheaters, mit denen die zivilisatorischen Spielblockaden in den Köpfen und Körpern der Spieler gelöst werden sollen.[68]

Eine Vermittlung zwischen beiden Diskurspolen versucht Jürgen Weintz mit dem Begriff der „psychosozialen Erfahrung“[69] zu leisten, indem er das Zusammenspiel zwischen intra- und interpsychischen Selbstbildungsprozessen hervorhebt.

In einem anderen Ansatz sollen unter dem Stichwort Lebenskunst in theaterpädagogisch-experimentellen Verfahrensweisen Möglichkeiten einer sinnstiftenden, geglückten Lebensführung in den entfremdeten Strukturen der Gegenwartsgesellschaft erkundet werden. Der Begriff der Lebenskunst rekurriert einerseits auf die Äußerung Brechts, dass das Theater zur größten Kunst, nämlich der Lebenskunst beizutragen habe, andererseits basiert er auf der Foucault-Rezeption Wilhelm Schmids in seinem Buch „Philosophie der Lebenskunst“. Man folgt damit dem Konzept der diätetischen Askese als

68 Vgl. z.B. Johnstone, Keith (1993): Improvisation und Theater. Berlin.
69 Vgl.: Weintz, Jürgen (1998): Theaterpädagogik und Schaupielkunst. Butzbach-Griedel.

experimentelles Lebenskonzept wie es Michel Foucault in seinem Spätwerk aufgezeigt hat.

Skeptisch setzt sich Ulrike Hanke mit diesem experimentellen Lebenskunst-Konzept auseinander. Die Ausrichtung des theaterpädagogischen Experiments auf die geglückte Lebensführung unterschlage die **Negativität**, die das Subjekt erst hervorbringe. Denn es gehe eben auch um die Irritation des experimentierenden Menschen in der Spannung zwischen seiner Suche nach einem identischen Lebensgefühl und seinem Bemerken der eigenen Ungleichartigkeit, die darin nicht aufgehen könne.[70]

2.2.7 Das Subjekt in experimentellen Lebenszusammenhängen

Eine Projektgruppe namens "Die Experimentalisierung des Lebens"[71] wendete den Experimentbegriff auch auf den industriell organisierten Lebensalltag der Menschen im 19. und frühen 20. Jahrhundert an und überträgt die Kategorien der Experimentabläufe auf die vermeintlich willkürlich und zufällig erscheinenden Verwerfungen der Lebensorganisation im Industriezeitalter. Unter diesem Blickwinkel wurden z.B. die Großstädte als Experimentierfelder für die unterschiedlichsten Lebensversuche gesehen, die – losgelöst aus den traditionellen Raum-Zeit-Zusammenhängen der ursprünglichen Solidargemeinschaften von Verwandtschafts-, Nachbarschafts- und Arbeitsbeziehungen – ein Leben nach Selbstentwurf möglich erscheinen lassen.

In den Lebensformen der Künstlerkolonien und der Boheme entwickelte sich ein neuer Typus des intellektuellen Subjekts, der seinerseits die Unterwerfung der Individuen unter die ökonomischen und sozialen Experimente der Kapitalbewegung spiegelt.

Was in diesem Experimentverständnis fehlt, ist die eigentliche experimentierende Triebkraft dieser Entwicklung – hier wird die multiple Persönlichkeit der Postmoderne vorausgedeutet, wie sie sich am Ende des 20. Jahrhunderts zu verallgemeinern scheint.[72]

➢ Näheres im Aufsatz: „Die Destruktion des Subjektbegriffes in der künstlerischen Avantgarde“ (IV.4).

Dort, wo zu Beginn des 20. Jahrhunderts die Künstlerbewegungen – insbesondere der Futurismus – auf eine soziale Verallgemeinerung

70 Vgl.: Hanke, Ulrike (2001): Auf der Spur des Subjekts im theatralen Prozess. In: Korrespondenzen – Zeitschrift für Theaterpädagogik. 17. Jahrgang / Heft 39. S. 3 – 10.

71 Vgl. http://www.mpiwg-berlin.mpg.de/exp/index.html vom 04.02.2002.

72 Vgl. Bürger, Peter (2000): Ursprung des postmodernen Denkens. Weilerswist.

ihrer gesellschaftspolitisch-ästhetischen Ambitionen drängen, entstehen höchst ambivalente Gradwanderungen zwischen einer faschistischen Ästhetisierung der Politik und einer kommunistischen Politisierung der Kunst.[73]

Alle theaterpädagogischen Experimente basieren (dem entgegengesetzt) auf dem Paradox, eine intendierte Subjektivität der Beteiligten mit den Mitteln der **Subjektentgrenzung** oder **Intentionslosigkeit** zu verfolgen. **Individuation** verstehen wir als sozialisiertes Ich-Bewusstsein. Unter diesem Gesichtspunkt unterscheiden sich alle theatralen Experimente deutlich von einem naturwissenschaftlichen Aneignungsinteresse.

Im theaterpädagogischen Experiment gestaltet sich ein menschlicher Gehalt, der dem Ursprung des Experiments in der Naturwissenschaft und der ihr eigenen technologischen Rationalität entgegensteht und diese zu überschreiten sucht.

2.2.8 Experimente in der theaterpädagogischen Praxis – zwei Beispiele

Experiment eins: Klatschkreis

- Experimentanordnung

16 Schülerinnen und Schüler der achten Jahrgangsstufe sollen zuerst einen Kreis bilden und dann möglichst rhythmisch und ohne Unterbrechungen ein Händeklatschen im Kreis herum weitergeben.

- Stufe 1

Die Schüler kommen der Aufforderung nach. Der Kreis ist unförmig; einzelne Spieler stehen außerhalb der Kreislinie; ihre Abstände variieren, Jungen und Mädchen stehen getrennt voneinander.

- Interpretation

Die Teilnehmer dokumentieren in ihrer Anordnung ihre Alltagsbeziehungen und Einstellungen zum Unterrichtsgeschehen. Sicherheit verleiht ihnen die physische und kommunikative Nähe zu ihren Cliquen; in ihrem Bewusstsein arbeiten noch die Spuren vorangegangener oder zu erwartender Alltagserfahrungen. Sie sind weder präsent noch offen für die Interaktion in der Gruppe.

73 Vgl. Benjamin, Walter (1966): Das Kunstwerk im Zeitalter seiner technischen Reproduzierbarkeit. Frankfurt a.M.

- Stufe 2

Es gelingt dem Spielleiter, den Kreis zu runden und die Abstände zu regulieren. Nach seiner Anleitung beginnen die Schüler ein Händeklatschen an ihre rechten Nachbarn weiterzugeben.

Die erste Runde gelingt nur mit Unterbrechungen. Einzelne Schüler reagieren zu langsam oder zu schnell.

Die zweite und dritte Runde wird dadurch verzögert, dass einzelne Schüler eine besondere, möglichst auffällige Form des Klatschen erst erdenken müssen – einige Schüler verdrehen bereits die Augen und kommentieren das Geschehen mit Worten wie „langweilig“ oder „Kinderkram“.

- Interpretation

Die Teilnehmer wollen auf keinen Fall nur einfacher Bestandteil eines Gruppenprozesses sein. Sie klammern sich an das Subjektprofil, das sie in den Theater-Unterricht mitgebracht haben. Sie wollen hervorstechen oder ihre Subjektwertigkeit dadurch ins Spiel bringen, dass sie das Geschehen abwerten und unter ihrer Würde befinden.

- Stufe 3

Der Kursleiter hat bis zu diesem Zeitpunkt noch nicht resigniert. Es ist ihm im Gegenteil sogar gelungen, die meisten Widerstände zu brechen. Er erhöht nun den Schwierigkeitsgrad des Spieles, indem er die Teilnehmer sich quer durch den Kreis zuklatschen lässt und ihnen eine sofortige Reaktion abverlangt.

Einige Teilnehmer reagieren dabei verspätet oder fühlen sich von einem Zuklatscher nicht angesprochen.

- Interpretation

Da der Spielleiter alle körperlichen Auswege aus der Situation verbaut hat (sie müssen im Kreis stehen), driften die Spieler in Tagträume ab. Ebenso gelingt der gezielte Kontakt zwischen den Teilnehmern nicht, da ihre Konzentration nach individuellen Sympathien unterschiedlich gefächert ist.

- Verallgemeinerung des Experiment-Ergebnisses:

Die Teilnehmer zeigen insgesamt in ihrem Verhalten, dass sie einander unterschiedlich bewerten und dass sie noch nicht bereit sind, ihre außerhalb der Unterrichtssituation gewonnenen Sympathien und Einstellungen zugunsten eines kollektiven Zusammenspiels aufzugeben. Sie verspüren vermutlich den Druck, ihre inneren Haltungen und Lernwiderstände für die Zeit des Spiels aufgeben zu müssen und wehren sich dagegen, indem sie die ästhetische Qualität des Spiels durch Sturheit, Unschärfe und Verzögerung verhindern.

Das Experiment zeigt in diesem Fall, dass die Teilnehmer ein **expansives, exploratives** Lernen bisher kaum kennen gelernt haben und ihre Lernwiderstände bereits in einem erheblichen Maße als Teil ihrer **Persönlichkeitsstilisierung** begreifen.

Alle Kreisübungen, deren Spielfluss und Spielfreude von einer rhythmischen, ungebrochenen Interaktion der Teilnehmer abhängen, liefern zuverlässige Indizien über die **Ensemblequalität** der Lerngruppe.

Konsequenz der Beobachtungen könnte sein: Der Spielleiter will in den folgenden Unterrichtsstunden Vertrauens- und Gruppenintegrationsübungen einsetzen und von vornherein stärker darauf achten, dass im Zusammenspiel die mitgebrachten Freundschaftsstrukturen aufgelöst werden.

Experiment zwei: Szenen über Gewalt

- Experimentanordnung

Die folgenden interaktiven Experimente setzen ein trainiertes Ensemble voraus. Die Beteiligten der Lerngruppe müssen bereits in der Lage sein, persönliche Selbstdarstellungsinteressen zugunsten einer gemeinsamen szenischen Forschungsarbeit auszublenden, ebenso ist es erforderlich, dass sie ihre Lösungsvorstellungen ohne äußere oder innere Bewertungshaltungen einspielen können.

Eine Gruppe von achtzehn Studierenden der Theaterpädagogik arbeitet an einer Unterrichtseinheit zum Thema „Gewalt".

Sie setzt dabei an ihren eigenen Gewalterfahrungen an und versucht Beispiele in Form des Statuen- und Jump-In-Theaters[74] zu demonstrieren. Es handelt sich in diesem Versuch um eine Mischform zwischen **Play-Back-, Statuen- und Forumtheater**.

Eine Studierende stellt dar, wie sie auf einer Klassenfahrt in einer Unterführung auf einheimische Jugendliche stößt, die sie massiv bedrohen. Sie tut dies, indem sie die erinnerte Handlung in vier Sequenzen gliedert und dazu Statuengruppen aufbaut. Die Haltungen werden überprüft, die Spieler agieren dann aus ihren Haltungen heraus.

74 ‚Jump-in' = Hineinspringen; durch Spielerwechsel in den Statuengruppen oder improvisierten Szenen werden verschiedene Perspektiven und Erfahrungshintergründe über die Ausgangssituation gelegt. Es ist auch möglich, das Bild um einen fehlenden Aspekt zu ergänzen, andere Lösungen einzuspielen usw. Die Situation wird damit vom Individuum losgelöst und vergesellschaftet, darin begründet sich das experimentelle Interesse der Gesamtgruppe der Spielenden.

• Stufe 1

Im ersten Durchlauf wird die Übereinstimmung von Erinnerung und Spiel-Szene überprüft. Die Erzählerin zeigt sich überrascht, wie stark sich das Erlebnis für sie dabei vergegenwärtigt.

• Stufe 2

Der zweite Durchlauf bringt über das Verfahren des inneren Monologs die Subtexte der Spieler in Erfahrung: Die Zuschauer können das Geschehen jederzeit unterbrechen und einen Spieler in der eingefrorenen Haltung zu ihrem inneren Erleben befragen oder seine Gedanken frei erzählen lassen.

• Stufe 3

Danach wird ein dritter Durchlauf in der Gruppe beschlossen, der im Jump-In-Verfahren verschiedene Lösungsmöglichkeiten einspielen soll.

Abgesehen von der Deus-ex-machina-Lösung, bei der die nachrückenden Schulkameraden die Protagonistin aus der Gewaltsituation befreien, kann kein Lösungsweg gefunden werden.

Das Täter-Opfer-Verhältnis hätte nur durch die Täter selbst aufgelöst werden können. Warum geschah das nicht?

Die anschließende Befragung der Spieler ergab, dass sie - zu ihrer eigenen Überraschung und „moralischen Schande" – die von ihnen ausgehende Bedrohung genossen haben. Die Täter-Spieler waren fast entsetzt über die Freude, die ihnen die Erniedrigung und Angst des Opfers bereitete – sie waren höchst motiviert.

• Interpretation

Gewaltbereitschaft und Sadismus sind kein Privileg der sozialen Gruppen, an denen diese Eigenschaften in der Öffentlichkeit demonstriert werden. Sie gehören zur charakterlichen Grundausstattung moderner Subjekte und treten in verschiedener Gestalt auf. Letztendlich sind sie in den Gewaltverhältnissen einer **gebrauchswert-ausschließenden Produktion** begründet, die jedes Mitleid und jede Form der solidarischen Kooperation in das Licht geschäftlicher Ruinanz rückt. Je nach Vorteilsaussicht bei der Teilnahme an den staatlichen Erfolgsmodellen der Volkswirtschaften wird dem Gewaltmonopol des Staates Rechnung getragen – oder auch nicht. Der Vollzug und die libidinöse Besetzung privater und gegenstaatlicher Gewaltausübung hängen ganz wesentlich von der Perspektive ab, die ihr Verzicht in Aussicht stellt.

So wird private Gewalt überall dort handgreiflich ausgetragen, wo das Vertrauen in die staatlichen Erfolgsprogramme durch konkrete Erfahrungen erschüttert ist.

Grundsätzlich ist sie aber in jeder sozialen Beziehung – auch als seelische Disposition – enthalten.

Das fest installierte Bedürfnis nach einer grundsätzlichen Anerkennung der eigenen Subjektivität sucht in jedem Fall die Bestätigung durch die Tauschpartner – und wenn man keine mehr hat, dann lauert man ihnen auf.

Kein Wunder also, dass die Studierenden keine realistische Lösungsmöglichkeit gefunden haben.

Das letzte Beispiel basierte im wesentlichen auf Versuchsanordnungen des Forum- und Playback-Theaters. Diese interaktiven Verfahren des sozialen und theatralen Experiments wollen wir an dieser Stelle kurz darstellen.

Die Konzepte können produktiv vermischt, verändert und erweitert werden. Sie geben somit keine entgültige Methode vor, sondern stellen Strukturvorschläge dar, die eine Theaterpädagogin im Sinne der paradoxen Dialektik einer „planvollen Konzeptionslosigkeit" im Erfahrungsaustausch mit den Spielern ständig erweitern und phantasievoll neu kreieren kann.

2.2.9 Interaktive Theaterexperimente

2.2.9.1 Playback-Theater

Auf einer Tagung zur interaktiven Theaterpädagogik 2002 in Osnabrück haben wir durch die Dozentin Jutta Heppekausen (Freiburg) das Playbacktheater[75] kennen gelernt. Das Playbacktheater wurde von Jonathan Fox in den siebziger Jahren in den USA und ausgehend von seinen Erfahrungen mit dem Psychodrama entwickelt. Es wird heute auf der ganzen Welt eingesetzt. Seine Frau Jo Salas hat dazu das Buch „Playback-Theater"[76] geschrieben. Man könnte das Playback-Theater als eine Mischung zwischen Tafereltheater und Psychodrama kennzeichnen.

Ein *‚Taferel'* ist ein bewegtes Bild, das durch die Bewegungsabläufe der Spieler Orte, das Umfeld von Situationen und ihre Atmosphären ausdrückt, ohne bereits eine Geschichte zu erzählen. Die im Taferel dargestellten Handlungen haben also keinen sinngemäßen Anfang und kein Ende. Zum Beispiel: Die Spieler stellen ein Großbüro dar. Einige tippen auf ihren Schreibmaschinen, jemand ordnet Papiere von einem Ordner in einen anderen und wieder zurück, ein anderer

75 Internet-Info: www.playbacktheater.de

76 Salas, Jo (1998): Playback-Theater. Berlin.

trägt Papierstapel von einem Schreibtisch zum nächsten. In dieses Bild kann jetzt eine Szene eingespielt werden.

Das *Psychodrama* entwickelte sich aus Morenos Wurzeln im Wien der Jahrhundertwende zu einer verblüffenden ästhetischen Mischung aus Dada und Expressionismus, Aufruhr und Chancen. Es war eine Theaterform, die der komplementären Spontaneität aller Spieler Raum gab und deren eigentümliche Kraft in oft rauen Improvisationen zwischen ungeübten Teilnehmern zum Vorschein kam.

In Psychodrama-Szenen gehen die Darsteller von in der Regel als belastend empfundenen individuellen Erfahrungen und Problematiken eines Erzählers aus. Alle von ihm als wichtig empfundenen Aspekte der Situation können nun als Rolle dargestellt werden. Die jeweiligen Spieler werden von dem Erzähler instruiert, z.B.: „Du bist Marion, 13 Jahre alt. Du stehst morgens auf den Schulhof und hast ein mulmiges Gefühl im Bauch. Deine Mitschüler sollen dich endlich einfach in Ruhe lassen. Sie ärgern dich ständig, aber zuhause erzählst du davon nichts, weil Du deiner Mutter nicht noch mehr Sorgen machen willst.".

Die Spieler fühlen sich in diese Rollen ein und agieren frei in den Situationen. Die Gegenwärtigkeit der körperlich-sinnlichen Neu-Erfahrung der Situation, die solidarische und mimetische Anteilnahme der Mitspieler führen oft zur psychischen Entlastung, zur Möglichkeit analytischer Betrachtung und auch Lösungsansätzen für die reale Situation.

Playback-Theater bleibt weitgehend auf einer Stufe der Spiegelung von Erlebnissen und Gefühlen durch die Interpretation und Entwicklung von Spielhaltungen durch die – auch professionellen – Darsteller. Ausgehend von Erlebnissen und Stimmungen der Zuschauer werden spontan und ohne Absprache der Spieler theatrale Situationen und Haltungen aufgebaut, in denen sich der Betrachter wie in einem „Sozial-Spiegel" reflektieren und wiederentdecken kann. Das Spiel entwickelt sich über *fluid sculptures* zu *Playback-Szenen*. Einige Arbeitsweisen und basale Szenenformen des Playback-Theaters sind im folgenden nach Texten von Jutta Heppekausen dargelegt.

Übungen aus dem Playback-Theater[77]

Fluids, fluid sculptures

Die Spielerinnen stehen in neutraler, offener und spielbereiter Haltung nebeneinander vor ihren (Sitz-) Kisten[78] und hören der Erzähle-

77 Nach einem Seminarskript von Jutta Heppekausen (Freiburg) zur Tagung „Interaktives Theater" in der VHS Osnabrück 2002.

78 Das Playback-Theater arbeitet mit einfachen Bühnen-Elementen wie Kisten und Tüchern, die als Requisiten, Kostümteile und Andeutungen räumlicher Charakteristika benutzt werden können.

rin (aus dem Publikum) zu. Die erste Person, die nach der Erzählung einen Impuls oder eine Bild-Idee zu Erzählten hat, tritt vor und gestaltet diese Idee durch Geste und Ton, die sie wiederholt. Die anderen ergänzen nun das Bild nacheinander, fügen eigene assoziierte Gesten hinzu. Eine weitere Person kann das Bild durch Musik (z.B. mit Perkussions-Instrumenten) ergänzen. Alle wiederholen auf bewusste und gezielte Weise rhythmisch Geste und Ton, ohne sich gegenseitig zu überdecken. Das Bild kommt zum Stillstand, wenn die erste innehält. Zum Abschluss wenden die Spieler ihren Blick aus dem eingefrorenen Bild heraus zurück zur Erzählerin, dann erst lösen sie das Bild auf und treten zurück in die neutrale Position.

Wichtig: Die Spieler sollten beim Ergänzen des Bildes darauf achten, alle Raumebenen auszunutzen. Je nach Thema könnte es möglicherweise hilfreich bzw. ausdrucksstärker sein, das Bild durch einen Kontrapunkt zu erweitern. Zum Beispiel beim Thema „Endlich Urlaub“: Sehr friedliches, idyllisches Entspannungs-Bild mit weichen Bewegungen und sanften Tönen durch eilige, abgehackte Geste brechen. Das Gegenstück „Alltags-Stress“ wird so ins Bild integriert, der weiche Teil erhält eine andere Qualität.

Die Bewegungen sollten keine mechanische Wiederholung von Geste und Ton sein, sondern immer gestalterisch und mit voller Energie bewusst gesetzt werden. Worte sollten eher selten wiederholt werden, etwa nur einmal am Anfang und einmal am Schluss.

Das *Transforming fluid* ist eine Variation der eben beschriebenen Übung. Es handelt sich dabei um ein fluid sculpture, dessen Qualität sich im Laufe des Spiels ändert und auf diese Weise eine Entwicklung darstellen kann.

Ausgangspunkt könnte zunächst ein fluid sein, das den ersten Teil eines erzählten Erlebnisses wiedergibt. Aus der Bewegung dieses fluids heraus entwickeln die Darsteller eine Veränderung hin zum zweiten Teil des Erlebnisses. Die Transformation sollte von der Spielerin eingeleitet werden, die das Fluid begonnen hat, die anderen Spielerinnen verändern nacheinander ihre Bewegung, bis das neue Bild entstanden ist. Zum Beispiel: Die Erzählerin beschreibt ein harmonisches Frühstück gemeinsam mit ihrem Partner, der ihr kurz darauf unerwartet eröffnet, dass er sich von ihr trennen wird. Das Transforming fluid beginnt in freundlicher, fröhlicher, positiver Stimmung und verwandelt sich nach und nach in eine Mischung aus Erschrokkenheit, Wut, Unverständnis, Trauer.

Pairs

Die Spielerinnen stehen in Paaren – je eine vor einer anderen Person – in neutraler Haltung vor den Kisten. Es sollten mindestens drei

Paare sein. Normalerweise beginnt das Paar auf der linken Bühnenseite (von der Zuschauerperspektive aus gesehen), ansonsten muss die Leiterin ansagen, dass die Reihenfolge durch Impuls bestimmt wird oder von rechts beginnt.

Die Spieler sprechen sich auch innerhalb der Paare über die Darstellung nicht ab. Der erste Darsteller des beginnenden Paares tritt einen Schritt vor und beginnt mit Geste und Ton. Der zweite Darsteller tritt ebenfalls einen Schritt vor, ergänzt das Bild des ersten mit der Darstellung des anderen Pols. Janusköpfig bewegen sich beide zwar eng aneinander (Körperkontakt), aber ohne in eine direkte Interaktion miteinander zu treten. Wenn das Bild klar geworden ist, friert es ein und kann wieder mit einer Musik ergänzt werden, die die Stimmung des Dargestellten aufgreift. Die anderen Spielerinnen stehen währenddessen dem aktiven Paar leicht zugewandt und nehmen den Eindruck in sich auf. Nach der Musik und einem Luftholen beginnt das zweite Paar, dann das dritte, jeweils ergänzt durch Musik. Nach der dritten Musik: Blick zurück zur Erzählerin.

Variante: Einen Schritt vortreten, Rücken an Rücken die beiden Pole darstellen und wie eine Tanzpuppe dabei eine ganze Drehung machen, dann das Bild einfrieren und Musik ergänzen wie gehabt usw. Hier muss vorher abgesprochen werden, wer welchen Pol spielt, da die Darsteller gemeinsam beginnen und sich nicht sehen können.

Wichtig: Pairs sind nur kurz (jedes Paar etwa eine Minute!) und sind in der Polarisierung eher überdeutlich. Die Darsteller sollten also nicht versuchen, die Widersprüchlichkeit in einer Person darzustellen.

Zum Beispiel: Ein Teilnehmer erzählt zu Beginn eines Abend-Workshops, dass er eigentlich sehr müde und lustlos ist und sich zum Besuch des Kurses nur mit Mühe aufraffen konnte. Dennoch sei er jetzt, da er hier ist, gespannt darauf, was ihn erwarte. Die Spieler-Paare stellen jeweils ihre Version des Zwiespalts dar. Dabei kommen verschiedene Aspekte seines beschriebenen Zustands zur Darstellung: Erschöpfung – der Wunsch nach Motivation von außen, Erwartungen gegenüber dem Workshopleiter – Widerstand, Anstrengung – plötzlich aufflammender Spaß usw.

Playback-Szenen

Die folgenden Regeln und Rituale sollen einen klaren Verlauf herstellen, der den Zuschauern genügend Sicherheit gibt, um ihre Geschichten zu erzählen, und der die Erlaubnis und Freiheit bietet, in Erzählung und Darstellung weiter in die Tiefe zu gehen.

Playback-Interview:

- Die Erzählerin setzt sich auf einen Stuhl, der seinen festen Platz zwischen den Spielern und der Leiterin hat. Sie bleibt dort während der gesamten Einheit aus Erzählung und spielerischer Umsetzung sitzen.
- Die Leiterin begrüßt die Erzählerin, fragt nach ihrem Namen und ihrer Geschichte.
- Es werden nur persönliche Geschichten erzählt.
- Die Spielerinnen sitzen während des Interviews in einer offenen, neutralen Haltung (wie ein „leeres Gefäß") auf den Kisten im Hintergrund der Bühne und hören genau zu.
- Die Rollenbesetzung für die Darstellung wird von der Erzählerin benannt. Die Spielerinnen stehen dann wortlos auf und gehen in ein Zwischenstadium zwischen aufnehmendem ‚Gefäß' und Rolle über.
- Die Leiterin kann weitere Rollen benennen oder ansagen, dass verbleibende Spieler/innen frei Rollen einnehmen können.
- Die Leiterin gibt Regieanweisungen (welche Form, wie viele Szenen zu welchen Bildern der Erzählung ...), bevor das Playback beginnt.
- Das Ende des Interviews wird durch den Satz „Schauen wir uns das mal an!" deutlich markiert. Danach soll die Erzählerin nicht mehr reden – erwartungsvolle Spannung!

Vorbereitungsphase

- Die Spieler/innen verständigen sich ohne Worte vor Beginn des Spiels.
- Der Beginn und das Ende der Vorbereitungsphase kann durch Musik markiert werden.

Spielphase

- Die Hauptdarstellerin beginnt und beendet das Spiel.
- Die Leiterin unterbricht nie während des Spiels.
- Das Spiel hat ein deutliches gemeinsames Ende.

Würdigung

- Nachdem das Schlussbild eingefroren ist (Zeit lassen!) geben die Spieler/innen – noch in den Rollen des Abschlussbildes, aber schon entspannt und ein wenig aufgerichtet – gemeinsam den Blick zurück an die Erzählerin.
- Erst wenn alle die Reaktion der Erzählerin erfasst haben, löst sich das Bild auf, alle legen die Requisiten zurück und setzen sich auf ihre Plätze.

Rückfragen

- Die Leiterin fragt – vielleicht nur mit einer Geste – nach dem Kommentar der Erzählerin.
- Die Leiterin entscheidet, ob das Spiel hier zu Ende ist oder ob eine Korrektur oder eine Transformation (als eine Art spielerischer Epilog zur Zusammenfassung oder Auflösung der Situation) gespielt werden soll.
- Die Leiterin bedankt sich bei der Erzählerin und verabschiedet sie.

2.2.9.2 Intraktive Theaterexperimente

Forumtheater nach Augusto Boal[79]

Das Forumtheater wendet die Mittel des Theaters zur Einspielung sozialer Konflikte und zur Erspielung von Konfliktlösungsmöglichkeiten an.

Wenn man so will, ist es eine Mischung zwischen Jump-In-Theater, systemischer Aufstellung und Lehrtheater mit dem Ziel, die Zuschauer in eine für sie unerträgliche Phantasie zu bringen, die sie zum Einspruch drängt und sie veranlasst, Handlungsalternativen zu entwickeln. Die Alternativen werden auf dem Spielfeld im Hinblick auf ihre Tauglichkeit experimentell auf die Probe gestellt.

Das wichtigste Mittel des Forumtheaters ist die Überwindung der Barriere zwischen Spielern und Publikum in Form einer wechselseitigen theatralen Aktion. Augusto Boal erfand in diesem Zusammenhang den Begriff des „spect-actors", des ZuschauSpielers, dessen Zuschau-Haltung sich von der des Theater-Konsumenten unterscheidet. Der ZuschauSpieler geht in eine stille Bereitschaft zum Mittun, statt aus der distanzierten Zuschauerhaltung heraus zu kommentieren, zu lachen oder zu applaudieren. Dies ist in den Formen der Spieltechniken Boals umso wichtiger, in denen die Protagonisten authentische Situationen vorstellen[80]. Die freiwillige Aufgabe des Selbstschutzes durch eine Rolle braucht den Schutz durch einen klar definierten Spielraum, der von allen Anwesenden akzeptiert und aufrechterhalten wird.

79 Vgl. Boal, Augusto (1989): Das Theater der Unterdrückten. Übungen und Spiele für Schauspieler und Nicht-Schauspieler. Frankfurt a.M., S. 56 ff.

80 Boal, Augusto (2005): Der Regenbogen der Wünsche. Berlin. Milow. Strasburg. S. 127. Vgl. auch „ZuschauSpieler" in: Koch/ Streisand (Hrsg.) (2003): Wörterbuch der Theaterpädagogik. Berlin/Milow.

Die Themen des Forumtheaters werden aus den gemeinsamen Interessen von Publikum und Spielern gewonnen. Diese Probleme können je nach ihrem Abstraktionsgrad realistisch, aber auch symbolhaft oder mit einem verstärkten Ausdruck in Modellszenen gestaltet werden. Sie dürfen aber nur in einem Ausmaß verfremdet werden, der die deutliche Erkennbarkeit der sozialen Haltungen und Spielvorgänge nicht beeinträchtigt.

Regeln des Forumtheaters:

1. Der Text muss klar die Haltung jeder einzelnen Person genau kennzeichnen.
2. Politische Anschauungen, Beruf, gesellschaftlicher Status sollen am Verhalten der Person ablesbar sein.
3. Der Protagonist muss so operieren, dass die Zuschauer sich veranlasst fühlen, helfend einzuspringen oder Widerspruch anzumelden.
4. Jede Szene muss für ihre Mitteilung ihr adäquates Bild finden.
5. Das Spiel auf der Bühne endet auf dem Höhepunkt der Katastrophe, die für einige Momente stillgestellt wird (die Welt wie sie ist).
6. Ist kein Eingriff durch das Publikum erfolgt (die Welt, wie sie sein könnte), beginnt das Spiel von vorn; für die Zuschauenden jetzt im vollen Bewusstsein der anrollenden Katastrophe und der Notwendigkeit ihres Eingreifens.
7. Der Graben zwischen Publikum und Bühne muss von Anfang an durch die Moderation des Spielleiters (z.B. durch Anleitungen, Erklärungen, ggf. auch durch vorheriges Aufwärmen der Zuschauer etc.) überbrückt werden.
8. Die Situation sollte so gestaltet werden, dass die Zuschauer ihre Angst vor körperlichen Aktionen im Spielfeld, soweit es geht, abbauen (gemeinsame Übungen, Ansprache, Nähe, Organisation des Raumes).

Verlauf eines Forums:

(im Anschluss an die Begrüßung, Erklärung des Spiels und einer Erwärmung des Publikums)

1. Im ersten Teil wird die Szene mit einem schlechten Ausgang von den Schauspielern so gespielt, als handle es sich um konventionelles Theater.
2. Dann werden die Zuschauer gefragt, ob sie mit den vom Protagonisten in der Szene vorgeschlagenen Lösungen einverstanden sind, um die Diskussion über den Konflikt und mögliche Hand-

lungsperspektiven zu eröffnen. Protagonist ist derjenige, aus dessen Sichtweise die Szene geschildert wird, der also das Problem, den Konflikt hat, bzw. der Unterdrückung erlebt.
3. Dann wird die Szene ein zweites Mal gespielt, wobei die Schauspieler versuchen, sie unverändert zum Abschluss zu bringen, und die ZuschauSpieler sich bemühen, den Ablauf zu beeinflussen, indem sie neue, bessere Lösungen einbringen.
4. Wenn ein Zuschauer „Stop!“ ruft oder auf die Spielfläche kommt, frieren alle Spieler in ihrer Bewegung ein.
5. Der Zuschauer gibt die Stelle (den Satz, die Geste) an, wo er eingreifen möchte und ersetzt den Protagonisten. (Nur der Protagonist kann ersetzt werden, es sei denn, der Fokus der Unterdrükkung wird von den Beteiligten neu definiert!)
6. Die Spieler nehmen mit dem Zuschauer, der jetzt den Protagonisten vertritt, das Spiel wieder auf.
7. Die Spieler reagieren aus der Haltung ihrer Figuren auf die Handlungsvorschläge des Zuschauer-Protagonisten.
8. Der Spieler, der von dem Zuschauer ersetzt wurde, bleibt als „Hilfs-Ich“ auf der Bühne und unterstützt oder korrigiert den Zuschauer in seinem Spiel.
9. Wenn der Zuschauer aufgibt, schlüpft der Spieler wieder in seine Rolle und das Stück geht unverändert weiter, bis ein anderer Zuschauer eingreift.
10. Nach einiger Zeit werden auch die anderen Rollen für die Eingriffsmöglichkeiten des Publikums geöffnet. Das Hilfs-Ich des ersetzten Spielers ist dann als Korrektiv um so wichtiger, damit der Zuschauer sich nicht von den sozialen Charakteren zu weit entfernt und das Spiel unrealistisch werden lässt (z.B. plötzlicher unrealistischer Gesinnungswandel eines Unterdrückers oder Unterdrücker-Helfers).
11. Manchmal wird es notwendig sein, dass der Spielleiter das Spiel strukturiert und weitertreibt (Leerlauf überwindet, auf Fehler hinweist etc.).
12. Wenn das Forum beendet ist, soll ein Modell zukünftigen Handelns entwickelt werden, das von den Zuschauern dargestellt wird.

2.3 Zweite Dimension des theatralen Lernens: Der Stillstand – dass sich was zeigt

Theatrales Lernen beginnt häufig mit der Konzentration der Teilnehmer auf ihr augenblickliches Befinden. Wie stehen wir im Raum, wie verteilt sich die Last des Körpers auf die einzelnen Muskelgruppen, wie balancieren wir eine aufrechte Haltung aus: Was ist unsere Haltung JETZT, in genau diesem Moment?

Erst danach nehmen wir Kontakt zu unserer Umgebung auf, sammeln Blicke und tasten uns vorsichtig – wie Kinder, die gerade das Laufen erlernen – in den äußeren Raum vor.

Die Achtsamkeit, die in diesem Vorgang liegt, hat in unserem Lebensalltag nur selten Platz. Die evolutive Dynamik der Lebensvorgänge lässt die Gedanken immer ein Stück vorauseilen, unsere Aufmerksamkeit ist notwendig zerstreut – ein kontemplatives Innehalten würde dazu führen, dass sich andere an uns stoßen, wir würden ihnen im Wege stehen. Der eilige Fluss eines Geschehens, das wir selber nicht steuern, lässt uns zu Rädern einer Maschinerie werden, deren Sinn und Produktionsrichtung in ihrer immerwährenden Bewegung zu liegen scheint – es darf nicht aufhören.

„Zum Denken gehört nicht nur die Bewegung der Gedanken, sondern ebenso ihre Stillstellung. Wo das Denken in einer von Spannung gesättigten Konstellation plötzlich einhält, da erteilt es derselben einen Chok, durch den es sich als Monade kristallisiert. Der historische Materialist geht an einen geschichtlichen Gegenstand einzig und allein heran, wo er ihm als Monade entgegentritt. In dieser Struktur erkennt er das Zeichen einer messianischen Stillstellung des Geschehens, anders gesagt, einer revolutionären Chance im Kampf für die unterdrückte Vergangenheit. Er nimmt sie wahr, um eine bestimmte Epoche aus dem homogenen Verlauf der Geschichte herauszusprengen, so sprengt er ein bestimmtes Leben aus der Epoche, so ein bestimmtes Werk aus dem Lebenswerk."

(Walter Benjamin)

Günther Anders spricht von der prometheischen Scham des modernen Menschen, dem Ideal einer funktionierenden, perfekten Maschine nicht entsprechen zu können.[81]

Wir haben es hier konkret mit dem Gegensatz von Zerstreuung und Sammlung zu tun, von dem Walter Benjamin in seinen Kunstwerkaufsatz spricht.[82]

Wer von seinen Schülern Achtsamkeit und Versenkung in die eigene Haltung und Befindlichkeit verlangt, verlangt Unzeitgemäßes. Nur geht es im Unterschied zur Ausführung Walter Benjamins hier nicht um die kontemplative Versenkung in ein Kunstwerk, sondern um die Wahrnehmung der restriktiven Fesselungen des Körpers, der Verspannungen und Krämpfe, die die gewohnten Alltagshaltungen erzeugt haben.

Gleichzeitig geht es um die Öffnung der inneren Abbildungsflächen für den unvoreingenommenen Blick, der sich nicht auf die Bedeutung, sondern auf die Ausdrucksqualität der wahrgenommenen Tatbestände richtet. Es geht – mit anderen Worten – um die Fähigkeit, sich beeindrucken zu lassen.

Was wir mit dem Begriff „Stillstand" bezeichnen wollen, ist also ein Zweifaches: Die Spieler müssen durch die achtsame Empfindung ihres körperlichen „Jetzt-Zustands" aus der sich überschlagenden Dynamik des Alltags heraustreten und durch die Entleerung von vor-

81 Vgl.: Anders, Günther (1992): Die Antiquiertheit des Menschen. Bd. 1 und 2. München.

82 Vgl.: Benjamin, Walter (1966): Das Kunstwerk im Zeitalter seiner technischen Reproduzierbarkeit. Frankfurt a.M.

gängigen Sinneseindrücken und Erinnerungen die Bereitschaft zur Aisthesis[83] entwickeln, wie sie in der mimetischen Beziehung zu Bildern zum Ausdruck kommt (siehe Mimesis).

„In der mimetischen Begegnung mit einem Bild wird auf Verfügbarkeit verzichtet. Der sehende Nachvollzug seiner Formen und Farben erfordert eine Zurückdrängung von im Inneren des Betrachters aufsteigenden Bildern und Gedanken; er verlangt ein Festhalten des Bildes im Sehen, ein Sich-Öffnen für seine Bildlichkeit und ein Sich-ihm-Überlassen in „interesselosem Wohlgefallen"."[84]

2.3.1 Gegenwart des Leibes

„Das Daß und Jetzt, der Augenblick, worin wir sind, wühlt in sich und empfindet sich nicht."

(Ernst Bloch)

Der Stillstand eines Geschehens erzeugt bei den Beteiligten einen Eingriff in ihr Zeitempfinden und versucht, ihre Aufmerksamkeit auf einen Punkt der fiktiven Gegenwart in ihrer erlebten Leiblichkeit zu fokussieren.

Das Wort ist ein aus zwei eng zusammengehörigen Wortfeldern gebildetes Substantiv (still: „stehend, unbeweglich" und Stand: „Ort des Stehens"), welches hier die Bedeutung der Vergegenwärtigung einer augenblicklichen Befindlichkeit hat.

> *„Der Augenblick, dieses sonderbare Etwas, liegt zwischen der Bewegung und der Ruhe, keiner Zeit angehörig; und in ihm, aus ihm geht das Bewegte in die Ruhe über und das Ruhende zur Bewegung."*[85]

Ernst Bloch nennt diesen gelebten Augenblick „dunkel", nur „vom Pulsschlag her wird der seelische Augenblick im Klopfen seines Jetzt erfahren".[86] Die Aufhellung dieses Dunkels erfordert, wenn es denn nicht wieder in die Zeitlichkeit der Subjektivität entweichen

83 Vom griechischen ‚aisthesis' leitet sich der Begriff der Ästhetik ab. Während „ästhetisch" von uns eher im Zusammenhang mit künstlerischen Gestaltungsprozessen verwendet wird, beziehen wir uns an dieser Stelle auf die Bedeutung von ‚aisthesis' als „sinnliche Wahrnehmung". Dies beinhaltet sowohl die Wahrnehmung der eigenen Sinne, als auch dessen, was die Sinne wahrnehmen, ohne das Wahrgenommene zu deuten oder zu bewerten. Der (Nur-)Wahrnehmende nimmt einen Beobachterposten ein und hebt sich damit aus der evolutiven Dynamik der zeitlichen Abläufe. Dem entspräche der Zustand der „Rechtzeitigkeit" im Unterschied zum Sorgecharakter der Zeitlichkeit, der Sorge um ein „zu früh"- oder „zu spät"-Sein.

84 Wulf, Christoph (1990): Ästhetische Wege zur Welt. In: Lenzen, Dieter (Hrsg.) (1990): Kunst und Pädagogik – Erziehungswissenschaft auf dem Weg zur Ästhetik? Darmstadt, S. 169.

85 Parmenides, 156 D-E, zitiert nach: Bloch, Ernst (1978), a.a.O., S. 340.

86 Bloch, Ernst (1978): Ebenda.

soll, einen philosophischen Lyrismus letzter Grenze. Als vollkommener Zustand wurde er in dem Begriff „nunc stans“ der Mystik[87], dem „carpe diem“[88] der lateinischen Dichtkunst und dem Satz „Verweile doch, du bist so schön“ in der klassischen Literatur (Goethe: Faust I) angedeutet.

2.3.2 Präsenz als Da-Sein

So, wie dem Augenblick des Stillstands keine Zeitlichkeit zukommt, so entbehrt der stillgestellte Mensch jeglicher Subjektivität.

(Hajo Wiese im Levinas-mail-Dialog mit Bernd Ruping)

Als **ekstatische** Zeitlichkeit bildet die „Einheit des ‚Außer-Sich‘ in den Entrückungen von Zukunft, Gewesenheit und Gegenwart nach Martin Heidegger „die Bedingung der Möglichkeit dafür, dass ein Seiendes sein kann, das als sein ‚Da‘ existiert. Das Seiende, das den Titel Da-sein trägt, ist gelichtet. (...) Die ekstatische Zeitlichkeit lichtet das Da ursprünglich. Sie ist das primäre Regulativ der möglichen Einheit aller wesenhaften existenzialen Strukturen des Daseins.“[89]

Der Stillstand oder das still gestellte Geschehen ist damit vergleichbar dem Staunen vor dem nackten „Dass“ (etwas ist). Das Gegenteil dieses ‚entzeitlichten‘ Staunens wäre die Reflexion, die Deutung und kritische Betrachtung des Erlebten. Das Subjekt tritt aus dem Erlebnis heraus und löst damit die Einheit von Subjekt und Objekt, von Mensch und Welt auf, die das Erleben hergestellt hat. Entsprechend setzt Heidegger dem ‚*Er*leben‘ das ‚*Ent*leben‘ entgegen. Im Vorgang des „Entlebens“ von dem unmittelbaren „Erleben“ – also seiner zunehmenden Vergegenständlichung in den Operationen der „Sorge“ löst sich die Einheit der Situation auf.

> *„Man ist aus dem unmittelbaren Sein herausgefallen und findet sich als jemand vor, der ‚Gegenstände‘ hat, unter anderem auch sich selbst als einen Gegenstand, Subjekt genannt.“*[90]

So, wie dem Augenblick des Stillstands keine Zeitlichkeit zukommt, so entbehrt der stillgestellte Mensch jeglicher Subjektivität.

Der Stillstand, in dem die Subjekte zurückschreiten von den Formen des theoretischen „Entlebens“ oder des sich in den Lebensverhältnissen „Festlebens“ auf eine Erlebnisform, in der die Begriffe in

87 „nunc stans“ = lat. ‚jetzt stehend‘. In der mittelalterlichen Mystik erlangten Praktiken wie Meditation, Askese und Kontemplation Bedeutung als religiöse Verhaltensweisen. Sie erlaubten das Heraustreten aus der weltlichen Zeitlichkeit mit dem Ziel die Verbindung oder gar Identität mit Gott zu erfahren.

88 „carpe diem“ = lat. ‚pflücke den Tag‘. Zitat aus Horaz: Oden 1,11,8 mit der Bedeutung ‚nutze den Tag, genieße den Augenblick‘.

89 Heidegger, Martin (2001): Sein und Zeit. Tübingen, S. 250 f.

90 Safranski, Rüdiger (2001): Ein Meister aus Deutschland – Heidegger und seine Zeit. Frankfurt a.M., S. 124.

die Anschauung zurückverwandelt werden, besagt für Heidegger nicht „absolute Unterbrochenheit des Lebensbezuges, keine Entspannung des Entlebten, keine theoretische Fest- und Kaltgestelltheit eines Erlebbaren, sondern sie ist der Index für die höchste Potentialität des Lebens. Sie ist ein Grundphänomen, das gerade in Momenten besonders intensiven Erlebens sich ereignet.“[91]

2.3.3 Ungeplante Erscheinungen

In der Ethik Emmanuel Lévinas' bedeutet Stillstand den Umschlag von **Intentionalität** zur **Responsivität**. In der hohen Anspannung auf das Gegenwärtige entsteht der Blick für die bloße Präsenz der Zeichen als authentische Spur, die auf nichts verweisen will, sondern „schlicht und einfach vorübergeht.“[92]

Lévinas vergleicht diese Spur mit den nichtintentionalen Spuren des Spurenverwischens.

> *„Wer Spuren macht, indem er seine Spuren auslöscht, hat mit den Spuren, die er hinterlassen hat, nichts sagen oder tun wollen.“*[93]

Indem sie weder Entbergung noch Verbergung, weder Zeichen noch Bezeichnetes ist, transzendiert die authentische Spur die Welt und bringt sie in Unordnung, da nichts mehr willentlich gefügt erscheint oder als solches interpretiert werden kann.

So ist die Spur „das Einrücken des Raumes in die Zeit, der Punkt, an dem die Welt sich zu Vergangenheit und Zeit beugt.“[94]

Ist im Zustand des stillgestellten Geschehens die aneignende und verfügende Logik des Entlebens, des gedanklichen Festlebens, des praktischen Daseins in der Spur des absolut Anderen außer Kraft gesetzt, wird der Blick frei für die ästhetischen und dysfunktionalen Elemente des Lebens, für das Nichtverwertbare, Unnütze, nicht in den Gang des Fortschritts Einbeziehbare, auf das Liegengebliebene der Geschichte als das Andere, was als Spur auf das endgültig Vorbeigegangene verweist, ohne aber selbst verweisen zu wollen.

„Die fortgeschrittene Industriekultur erzeugt einen Modernisierungsdruck, der abgefedert werden muss (...) durch Gegenbilder der Verlangsamung, des Erinnerns von Geschichte, des Transzendierens der Erfahrungsgrenzen zum Beispiel durch Kunst.“

(Gerd Selle)

2.3.4 Unterbrechung der Geschichte

In diesem nicht-intentionalen, nicht-semiotischen Raum, den wir als ***kommunikatives Vakuum***[95] bezeichnen, entsteht die hochkonzen-

91 Derselbe: A.a.O., S. 125.

92 Lévinas, Emmanuel (1999): Die Spur des Anderen – Untersuchungen zur Phänomenologie und Sozialphilosophie. Freiburg/München, S. 231.

93 Ebenda.

94 Derselbe: A.a.O., S. 233.

95 Vgl.: Ruping, Bernd (2001a): Stadt Land Fluss. Verortungen der Theaterpädagogik. In: Korrespondenzen, 17. Jahrgang, H. 38, S. 9 ff. Vgl. auch oben: S. 75.

trierte, angespannte Potentialität des theatralen Spiels, das seine eigenen Spuren erzeugt.

In der Geschichtsphilosophie Walter Benjamins bildet der „Begriff einer Gegenwart, die nicht Übergang ist, sondern in der Zeit einsteht und zum Stillstand gekommen ist,“[96] die Voraussetzung dafür, „das Kontinuum der Geschichte aufzusprengen.“[97] Ein Vorgang, der die Ruinanz des Festlebens im Dasein seines Gegenteils – einer erlösten Menschheit – zitierbar werden lassen will: „Jeder ihrer Augenblicke wird zu einer citation á l´ordre du jour – welcher Tag eben der jüngste ist.“[98]

Walter Benjamin setzt die Vorstellung des sichtbaren *messianischen Augenblicks* der jüdischen Religion als Moment höchster Präsenz und Gegenwärtigkeit für den Aufriss eines historistisch-evolutiven Geschichtsbewusstseins ein. Es geht ihm um die Mobilisierung der geschichtlichen Motive der konkreten Menschen, um die „unmittelbare messianische Intensität des Herzens, des inneren einzelnen Menschen, die durch Unglück, im Sinne des Leidens, hindurchgeht.“[99]

Eben diese Verknüpfung von konkreten Motiven und der wissenschaftlichen Analyse geschichtlicher Prozesse erkennt Walter Benjamin in der Methode der plötzlichen Unterbrechung einer Spielhandlung im epischen Theaters Brechts wieder. Er nennt dies „Dialektik im Stillstand“[100]. Er sieht die Parallele zum messianischen Augenblick, in dem nicht mehr die Absicht gilt, sondern die Präsenz des Hier und Jetzt, darin – als „Chock“ – das momenthaft Zufallende zum Beleg sich aufschwingt für den Zustand einer unerlösten Zeit – eine Art Aleatorik in Gestalt der Religion, die auf Erlösung aus ist.[101]

Die Unterbrechungen des theatralen Spiels im epischen Theater bilden durch die Reflexion der eingefrorenen Haltungen und Gesten eine Verknüpfung der individuellen Motive mit den sozialen Interessen der geschichtlichen Vorgänge.

„Im Staunenden erwacht das Interesse; in ihm allein ist das Interesse an seinem Ursprung da.“[102]

96 Benjamin, Walter: Geschichtsphilosophische Thesen. In: Derselbe (1978a): Zur Kritik der Gewalt und andere Aufsätze. Frankfurt a.M., S. 91.

97 A.a.O., S. 92.

98 A.a.O., S. 80.

99 Benjamin, Walter: Theologisch-politisches Fragment. In: Derselbe (1978a): Zur Kritik der Gewalt und andere Aufsätze. Frankfurt a.M., S. 96.

100 Benjamin, Walter: Was ist das epische Theater? – Eine Studie zu Brecht. In: Derselbe (1978b): Versuche über Brecht. Frankfurt a.M., S. 28.

101 Vgl. Benjamin, Walter: Geschichtsphilosophische Thesen. In: Derselbe (1978a): Zur Kritik der Gewalt und andere Aufsätze. S. 92.

102 Derselbe: A.a.O., S. 20.

2.3.5 Wege zur Stillstellung des Geschehens in der Praxis

Die Haupt-Verfahren der Stillstellung wie Wahrnehmungs-/Entspannungsübungen, Freeze, Zeitlupe (oder auch extreme Beschleunigung) sowie Übungen mit Statuen, werden in vielen Praxis- und Übungshandbüchern genauer beschrieben, als wir es im Rahmen dieses Buches können. Sie werden in der Praxis bereits weit verbreitet angewandt. Unser Anliegen ist es an dieser Stelle, die zentrale Bedeutung einiger dieser Übungen im Sinne unseres *Stillstand*-Begriffes zu veranschaulichen.

Die Unterbrechung

„Die Kunst des epischen Theaters ist, an der Stelle der Einfühlung das Staunen hervorzurufen. Formelhaft ausgedrückt: statt in den Helden sich einzufühlen, soll das Publikum vielmehr das Staunen über die Verhältnisse lernen, in denen er sich bewegt. Das epische Theater, meint Brecht, hat nicht so sehr Handlungen zu entwickeln, als Zustände darzustellen. Die Entdeckung (Verfremdung) von Zuständen vollzieht sich mittels der Unterbrechung von Abläufen."

(Walter Benjamin)

2.3.5.1 Grundübung zum Wahrnehmen und Beobachten

1. Schritt: Der Stillstand muss gut vorbereitet sein. Eine Voraussetzung ist, dass die Teilnehmer sich klar und vollständig organisiert haben. Ihre Jacken hängen an der Garderobe, ihre Schuhe stehen geordnet unter den Bänken, die Tür ist geschlossen und von außen dringen nur leise Geräusche in den Raum.
   Es ist ein großer Vorteil, wenn der Raum von Alltagsbedeutungen frei ist. Die Teilnehmer sollten sich vorher ausgesprochen und nicht das Gefühl haben, dass irgendetwas noch dringend erledigt werden müsste.
2. Schritt: Der Stehkreis, den die Teilnehmer bilden, muss perfekt sein: gleiche Abstände und gleiche Körperhaltungen. Schulterbreit stehen, die Knie leicht angewinkelt, die Arme seitlich hängen lassen.
   Es ist wichtig, dass die Teilnehmer nicht miteinander kommunizieren. Ihre Haltung sollte möglichst ausdrucksarm sein.
3. Schritt: Erst wenn sich der Spielleiter sicher ist, dass alle Spieler bereit sind, sich zu konzentrieren und keiner in einen Tagtraum flüchtet, kann er sie auffordern, die Augen zu schließen und die Konzentration auf den Körper zu richten.
   Dabei lenkt er die Aufmerksamkeit zunächst auf die Berührung der Füße mit dem Boden, auf den Druck, der in dieser Berührung zum Ausdruck kommt und wandert von Muskelgruppe zu Muskelgruppe nach oben, bis er am Nacken und Hals angekommen ist (wo am häufigsten Verspannungen zu spüren sind).
4. Schritt: Der Spielleiter gibt den Teilnehmern das Bild einer imaginären senkrechten Körperachse, um die der Körper leicht und kreisförmig schwingt.
   Dabei lenkt er die Aufmerksamkeit auf den leichten Wechsel der Schwerkraft auf Körper und Beine.

5. Schritt: Der Spielleiter lenkt die Aufmerksamkeit der Spieler auf ihre jetzige Gesamtbefindlichkeit: Wie schwer fühlt sich euer Körper an? Wie viel Kraft braucht ihr, um euch gerade zu halten?
6. Schritt: Die Teilnehmer werden aufgefordert, ihren Vorstellungen und Gedanken freien Lauf zu lassen, sie also vorübergehen zu lassen. Der Spielleiter weist auf die Bedeutungsoffenheit der sich einstellenden Ideen hin.
7. Schritt: Wenn der Spielleiter bei den Teilnehmern eine latente Trance erkennen kann (Zeichen dafür sind kleine ruckartige Muskelentspannungen), leitet er die Spieler langsam und behutsam in den Wachzustand über. Er tut dies, indem er zunächst die Körper sich dehnen und strecken lässt, dann die Teilnehmer auffordert, herzhaft zu gähnen und langsam die Augen zu öffnen.
8. Schritt: Die Teilnehmer nehmen Kontakt zu ihrem sozialen Umfeld auf, sie sammeln Blicke und geben sich kleine, unauffällige Zeichen des Wiedererkennens.

Wenn diese Übung geklappt hat, müsste nach unserer Erfahrung die restriktive Alltagstheatralität gewichen und der Raum für ein unbefangenes, unverstelltes Spiel geschaffen worden sein. Wir geben zu, dass diese Übung nicht einfach zu bewerkstelligen ist und gerade in Anfängergruppen nur selten gelingt. Ggf. kann sie nur autoritativ durchgesetzt werden.

Variationen: Man kann diese Übung in verschiedenen Körperpositionen durchführen. Es macht jedoch Sinn, sie im Stehen durchzuführen, da sich in dieser Stellung das Gefühl für die Schwerkraftbalance schneller einstellt und der gleitende Wechsel zu Bewegungsübungen leichter fällt.

2.3.5.2 Stillstellung von Bewegungsabläufen

Während es in der vorangegangenen Übung um den Einstieg in die Theatralität des Stillstellens ging, beschäftigt sich die folgende mit der überraschenden Stillstellung von Bewegungsabläufen.

> *„Gesten erhalten wir um so mehr, je häufiger wir einen Handelnden unterbrechen.“*[103]

103 Benjamin, Walter: Was ist das epische Theater? Eine Studie zu Brecht. In: Derselbe (1978b): Versuche über Brecht. Frankfurt a.M., S. 19.

„Die Entdeckung der Zustände vollzieht sich mittels der Unterbrechung von Abläufen.“[104]

„Die Stauung im realen Lebensfluss, der Augenblick, da sein Ablauf zum Stehen kommt, macht sich als Rückflut fühlbar: Das Staunen ist diese Rückflut.“[105]

2.3.5.3 Arbeit mit Statuen durch Freeze-Verfahren

Der Spielleiter verabredet mit den Spielern, dass auf sein Signal hin (z.B. der Ausruf „Freeze“) jede gerade stattfindende Handlung eingefroren wird. Es ist wichtig, dass sich die Teilnehmer dabei nichts vornehmen und keinen besonderen Ausdruck anstreben.

Gute Bilder ergeben sich oft, wenn die Teilnehmer mit Raumlauf-Übungen beschäftigt sind. Weitere Situationen ergeben sich bei Improvisationen, improvisierten Streit-Szenen, aber auch ganz gewöhnlichen Situationen bei Besprechungen im Sitzkreis etc.

Um eine hohe Aufmerksamkeit und gleichzeitige ästhetische Überhöhung zu gewinnen, ist es sinnvoll, nur eine oder zwei eingefrorene Spieler als Statuen im Gruppenbild übrig zu lassen. Die anderen Teilnehmer gehen auf Distanz und geben den Figuren einen möglichst großen Raum, der dann wie eine Aura wirkt und die Funktion einer Bühne hat.

Nach unseren Erfahrungen sind bei einem entsprechend sensibilisierten und konzentrationsfähigen Ensemble die Betrachter der Statuen von dem sich jetzt darbietenden Bild erstaunt und eigentümlich berührt.

Es gibt verschiedene Möglichkeiten, die jetzt sichtbar gewordenen Haltungen in einer weiteren Spielfolge zur Entfaltung zu bringen:

- Es können seitens der Betrachter Inputs in Form von „Denkblasen“ eingespielt werden. Der Betrachter stellt sich dazu hinter die Figur, folgt deren Blick und spricht die möglichen Gedanken der Figur aus. Zum Beispiel: „Ich würde sie so gern ansprechen.“ Dasselbe geht auch mit „Sprechblasen“.
- Die Betrachter können durch Antippen innere Monologe der Statuen selbst abrufen oder sie konkreter befragen: Was siehst du? Was hältst du von der Frau, die du ansiehst? Magst du sie? Was denkt sie wohl über dich? Wie fühlt sie sich? usw.
- Die Figuren können durch Betrachter ausgetauscht, gespiegelt oder gedoppelt werden. In der Doppelung können verschiedene Aspekte oder Widersprüche in der Haltung aufgefächert werden.

104 A.a.O., S. 20.
105 A.a.O., S. 29.

2.3.5.4 Aus der Statue ins freie Spiel

Eine Klärung der Haltungen, die in den Statuenbildern verkörpert sind, sollte in jedem Fall in Form eines improvisierten Spiels durchgeführt werden.

Um das Element der Unterbrechung beizubehalten, kann es sinnvoll sein, die Arbeit in einzelnen kleinen Handlungsschritten fortzuführen, die auf Zuruf des Spielleiters vollzogen werden.

Beispiel: Die Figur darf ihre Haltung in drei *Takes* hin zu einer Wunschhaltung entwickeln. Für jeden Take erhält sie z.B. fünf Sekunden Zeit, die der Spielleiter für sie einzählt.

Nach unseren Erfahrungen werden in diesen Sequenzen fast nie die Situationen fortgesetzt, die die Haltungen direkt erzeugt haben, sondern neue, ungewohnte, aber für die Spieler bedeutsame soziale Erfahrungen thematisiert, die auf überraschende Weise wiederentdeckt werden und das gewohnte Verhalten bisher unerkannt gesteuert haben.

Ebenso auffällig ist, dass es sich dabei fast immer um soziale Dispositionen handelt, um die Erfahrungen von Macht und Ohnmacht.

Aus diesen Improvisationen lassen sich dann weitere Szenen entwickeln, die sich nach dem gleichen Muster der Unterbrechungen analysieren und ausbauen lassen.

Das wichtigste gestalterische Moment der stillgestellten Handlungen ist die Unterbrechung der Alltagsintentionalität und die dadurch mögliche Ent-Deckung unbekannter oder verdrängter Phantasie- und Spielbewegungen.

Dort, wo das in kleinen Handlungseinheiten stillgestellte Geschehen Dreh- und Haltepunkte der Szene markiert, wird der Übergang einer allmählich angewachsenen inneren Haltungsänderung in eine ihr entsprechende äußere Haltung sichtbar. „Im Haltepunkt, einem oft nur winzigen Nullpunkt, an dem in einer ereignisschwangeren Ereignislosigkeit gar nichts geschieht, kündigt sich die neue Situation im Ablauf der Fabel an.“[106]

Nach unseren Erfahrungen können aleatorische, d.h. zufallsgeleitete Arbeitsweisen sehr gut mit den Techniken des Stillstands verbunden werden, da in der überraschenden Stillstellung von Spielbewegungen oder anderen Handlungen bereits ein erhebliches Überraschungs-

106 Jenisch, Jakob (1996): Ich selbst als ein anderer. Der Darsteller und das Darstellen. Grundbegriffe für Praxis und Pädagogik. Berlin, S. 85.

moment liegt, welches den Blick der Spieler auf die bis dahin unbekannte Potentialität des eigenen Vorstellungs- und Spielvermögens öffnet.

2.4 Dritte Dimension des theatralen Lernens: Aleatorik – Zufall im Spiel

2.4.1 Der Zufall als Kunst

Abgeleitet von lateinisch *alea*, der Würfel, und *aleator*, der Würfelspieler ist Aleatorik eine künstlerische Gestaltungspraxis[107], die dem Zufall einen breiten Raum gibt, um Zustände der Intentionslosigkeit der Akteure zu erzeugen und Subjektgrenzen aufzulösen.

Die Spieler/Künstler vertrauen improvisierend den Impulsen, die von zufällig entstandenen Strukturen der Wahrnehmung ausgehen.

Da der impulsfolgende Interpretations- und Gestaltungsvorgang assoziativ über die Entdeckung von Ähnlichkeiten erfolgt, handelt es sich um direkte Formen der mimetischen Aneignung von Erfahrungen der Vergangenheit auf der Grundlage einer entdisziplinierten Phantasietätigkeit, die nicht mehr in Zweck-Mittel-Relationen operiert, sondern von der Zweckrationalität enthobene Impulsketten erzeugt, deren vorläufiges Resultat ungewiss ist.

Der aleatorischen Arbeitsweise entspricht der berühmte Satz von Pablo Picasso: „Ich suche nicht, ich finde.“ [108] Aleatorik kann somit als eine Methode der ergebnisoffenen Experimente angesehen werden.

Aleatorische Verfahren erzeugen bedeutungsoffene, vieldeutige ästhetische Zeichen, die auf ihre eigene impulsgebende Materialität verweisen. Da in ihrer Produktion überhaupt keine Bedeutung angestrebt wird, sind sie zunächst reiner Ausdruck oder ästhetischer Wert, in dem sich die Spieler/Künstler neu entdecken können. Aleatorik ist damit konstitutiver Bestandteil eines **kommunikativen Vakuums**

„Nehmen Sie eine Anzahl einminütiger Sequenzen aus dem Fernsehen mit Video auf. Stechen Sie täglich um eine bestimmte Uhrzeit in ein beliebiges Buch und notieren Sie den ersten Satz, der Ihnen auffällt. Sammeln Sie zufällig im Vorbeigehen aufgeschnappte Gesprächsfetzen. Nehmen Sie täglich um eine bestimmte Uhrzeit einminütige Soundsequenzen auf. Bringen Sie 10 Dias mit. Kopieren Sie drei Seiten aus Ihren Lieblingstexten.“

(Horst Konietzny)

„Eine Dada-Anweisung lautet: Mit der Straßenkarte von London den Harz durchwandern. Das ist ergiebig insofern, als Sie sehr gut merken, wann Sie in den Abgrund fallen. Sie können mit einer falschen Karte viel erfahren. Wir können nie genau sagen, welche Karten richtig sind.“

(Alexander Kluge)

107 Als künstlerisches Verfahren entstand die Aleatorik nach dem traumatischen Erlebnis des Ersten Weltkriegs als Opposition zum logozentrischen Weltbild der Moderne und ihrem Subjektbegriff. In den Avantgardebewegungen der künstlerischen Intelligenz der ersten Hälfte des 20. Jahrhunderts liegen die Wurzeln der heute postmodern genannten Zivilisationskritik. Vgl. Bürger, Peter (2000): Ursprung des postmodernen Denkens. Weilerswist.

108 Zitiert nach: Hess, Walter (1984): Dokumente zum Verständnis der modernen Malerei. Reinbek bei Hamburg. S. 52.

im ästhetischen Prozess, der es den Spielern/Künstlern ermöglicht, in Form der ***Ekstasis*** subjektentgrenzend aus sich selbst herauszutreten. Die dabei entstehenden Gestaltungsspuren führen im Unterschied zur logozentrischen Weltaneignung nicht zur Verfügung über das, was sich im jeweils Anderen zeigt, sondern zur unmittelbaren, zweckfreien Anschauung[109] mit dem „*Begehren eines Begehrens* nach der Sicht, das zugleich das *Begehren nach einer Antwort* enthält."[110]

Was in der Aleatorik zur Anschauung kommt, sind die *entscheidenden Augenblicke*, die Entdeckung der rational kaum zu erklärenden Erschütterungen der Beteiligten; Momente, die Roland Barthes mit dem Begriff *Kairos* bezeichnet.[111] Barthes spricht außerdem vom „stumpfen Sinn", der zum Aufspüren dieser Momente des Kairos gebraucht wird. Er ist auch der für uns in der Theaterpädagogik wichtige Sinn, etwa in der geweiteten, nicht zentrierten Wahrnehmung des Spielers. Der ***entgegenkommende Sinn***, ist bei Barthes der „gemeinte" Sinn, die intentierte Botschaft. Der ***stumpfe Sinn*** ist der „uneigentliche", der eher erahnt wird, keiner verbindlichen Zeichenregel folgt etc.[112]

> *„Ein stumpfer Winkel ist größer als ein rechter: stumpfer Winkel von 100 Grad heißt es im Wörterbuch; auch der dritte Sinn erscheint mir größer als die reine, gerade, scheidende Senkrechte der Erzählung: Er bewirkt, scheint mir, eine totale, das heißt endlose Öffnung des Sinnfeldes; für diesen stumpfen Sinn akzeptiere ich sogar die abwertende Konnotation: Der stumpfe Sinn erstreckt sich anscheinend über die Kultur, das Wissen und die Information hinaus; analytisch gesehen, haftet ihm etwas Lächerliches an; weil er diese Unendlichkeit der Sprache erschließt, mag er gegenüber der analytischen Vernunft borniert erscheinen; er gehört zur Familie der Wortspiele, der Possen, der nutzlosen Verausgabungen; von moralischen oder ästhetischen Kategorien (dem Trivialen, dem Belanglosen, dem Unechten und dem Pastiche[113] unberührt, steht er auf der Seite des Karnevals. Stumpf passt also gut."*[114]

109 Vgl. Lévinas, Emmanuel. (1999): Die Spur des Anderen – Untersuchungen zur Phänomenologie und Sozialphilosophie. Freiburg/München.

110 Mersch, Dieter (2002): Was sich zeigt – Materialität, Präsenz, Ereignis. München, S. 99.

111 Vgl. Barthes, Roland (1990): Der entgegenkommende und der stumpfe Sinn. Frankfurt a.M.

112 Vgl.: Kristeva, Julia (1988): Die Revolution der poetischen Sprache. Frankfurt a.M.

113 *Pastiche* = Nachahmung des Stils oder der Ideen eines Autors.

114 Barthes, Roland (1990): Der entgegenkommende und der stumpfe Sinn. Frankfurt a.M. S. 50.

2.4.2 Das unbewusste Eigentliche

In der theaterpädagogischen Praxis können aleatorische Arrangements durch das **Freeze-Verfahren** gewonnen werden. Die zufällig entstehenden Tableaus (unbewegte **Taferele**) oder Statuengruppen bilden dann den Ausgangspunkt für interaktive Impulsketten der Spieler, die in Form von ***Takes***, das sind kleine Bewegungseinheiten zwischen Dreh- und Haltepunkten[115], gewonnen und fixiert werden können.

Die Überwindung kulturtechnisch erworbener Spielblockaden in der freien Improvisation greift ebenfalls auf aleatorische Techniken zurück, die die Spieler überraschen sollen, um dadurch die ersten reaktiven Affekte zulassen zu können. Keith Johnstone nennt drei wichtige Hemmnisse der Spontaneität des Spiels: Die Angst vor verrückten (psychotischen) Gedanken, die Angst, obszöne Gedanken zu zeigen und das Streben nach Originalität.[116]

Während die ersten beiden Hemmungen als Kulturblockaden leicht erkannt werden können, bietet die letzte einen gewissen Problemstoff, da das theatrale Spiel häufig mit der Entfaltung von Subjektivität und ihrer Unterscheidbarkeit assoziiert wird (s. u. III.5.6.2: **Starkult und Allüren**).

2.4.3 Kulturblockade[117]

Bei einer Kennenlernübung geht es darum, sich in die Mitte des Mitspieler-Kreises zu stellen, den eigenen Namen zusammen mit einem Adjektiv zu nennen, das den gleichen Anfangsbuchstaben wie der Name hat (z.B. „blitzschnelle Birte") und dazu eine Geste auszuführen. Die Mitspieler im Kreis spiegeln danach das Gezeigte.
Spieler: Ich weiß nicht ...
Spielleiter: Es ist gleichgültig, was du sagst, es hat keine Bedeutung.
Spieler: Aber mir fällt nichts ein.
Spielleiter: Nimm deinen ersten Einfall.
Spieler: Ich hatte keinen ersten Einfall.
Spielleiter: Dann nimm den zweiten.

Das Beispiel illustriert, wie sehr die auf Tausch angelegten Instrumentalbeziehungen restriktiver Arbeits- und Lernzusammenhänge

115 Vgl. Jenisch, Jakob (1996): Ich selbst als ein anderer. Der Darsteller und das Darstellen. Grundbegriffe für Praxis und Pädagogik. Berlin.
116 Vgl. Johnstone, Keith (1993): Improvisation und Theater. Berlin.
117 Datenmaterial „Spielleitung", Projekttagebuch.

dem Spieleinstieg im Wege stehen. Wir haben in unserer Praxis noch keine Anfängergruppe erlebt, in der nicht viele Teilnehmer große Schwierigkeiten haben, spontan ein geeignetes Adjektiv für ihren Namen zu finden. Alle Eigenschaftswörter, die ihnen als erste einfallen, werden wieder verworfen, bis nichts mehr übrig bleibt. Die Scham, sich selbst zu charakterisieren geht dabei in beide Richtungen: Die Spieler wollen sich weder übertrieben aufwerten noch abwerten.

Das theatrale Spiel erfordert aber gerade die Absehung von der intentional gebundenen Subjektbildung und damit die – sich im geselligen Spiel – entgrenzende Subjektivität. Für eine aleatorische Improvisation ist es notwendig, dass die Spieler sich den unkalkuliert einstellenden Impulsen in der Gruppe öffnen, sie an sich herankommen lassen und als Spielangebot realisieren.

Was sich in solchen improvisierten Spielsituationen zeigt, ist oft das noch unbewusste, aber eigentliche Gestaltungsinteresse der Spieler.

2.4.4 Pädagogik der Überlistung

„Es gibt Erfahrungsbeben, so wie es Erdbeben gibt. Die Erfahrungsbeben verändern die Linearität von Erzählungen.“

(Alexander Kluge)

Aleatorische Arbeitsweisen passen eigentlich nicht zu intentionalen Lernprozessen, wie sie die Erziehungseinrichtungen unserer Gegenwartsgesellschaft von Lehrenden und Lernenden erwarten.

Postmoderne pädagogische Diskurse, die in der ästhetischen Produktion wichtige Erziehungselemente erkennen können, haben dazu die Haltung der abwartenden, beobachtenden Pädagogik entwickelt (vgl. u. III.4.1: **partizipative Pädagogik**).[118]

Unter Platons Begriff der *Methexis*, der Teilhabe der Individuen an der ihnen selbst innewohnenden Wahrheit, erhebt Dieter Lenzen die im ästhetischen Prozess sich entfaltende Eigenidee der Spieler zum pädagogischen Prinzip des Zulassens von dem, was sich in der aleatorischen Improvisation zeigt. So erweist sich die Aleatorik als ästhetische Arbeitsweise einer Erziehung zur Selbstrealisation, wie sie theoretisch in der Ausdrucksphilosophie Herders entwickelt wurde.[119] Unter subjektphilosophischen Aspekten wäre damit das jeweils erreichte Selbstverständnis der Individuen aleatorisch zu durchschreiten, um den Gehalt des eigenen Menschseins ständig neu zu klären.

118 Vgl. Lenzen, Dieter (Hrsg.) (1990): Kunst und Pädagogik – Erziehungswissenschaft auf dem Weg zur Ästhetik? Darmstadt.

119 Vgl. Taylor, Charles (1998): Hegel. Frankfurt a.M.

In der Theaterpädagogik gewinnt dieser subjektorientierte Prozess eine soziale Qualität, da die Zufälligkeit der gebildeten Impulsfolgen aus Interaktionsketten der beteiligten Spieler entstehen. In diesem Sinne wäre Methexis nicht Selbstrealisation, sondern die Verwirklichung einer sozialen Dimension des Spiels.

2.4.5 Aleatorische Arbeitsformen in der Praxis

Das aleatorische Prinzip ist in den meisten Theater-Übungen mehr oder weniger erkennbar. Gerade im Improvisationstheater gibt es eine Unzahl verschiedener Arbeitsformen, mit denen die Spieler zu möglichst spontanen, unkontrollierten und unwillkürlichen Vorstellungen und Handlungen geführt werden können. Oft werden sie durch äußere Behinderungen und Irritationen oder durch die starke Beschleunigung der Spielgeschwindigkeit dazu gebracht, den Widerstand zu überwinden und die ersten, sonst meist verworfenen (oft auch tabuisierten) Ideen ins Spiel zu bringen.

ABC-Dialog
Zwei Spieler improvisieren einen Dialog. Ihre abwechselnd gesprochenen Texte müssen mit dem jeweils nächsten Buchstaben des Alphabets beginnen; also Spieler 1 beginnt den ersten Satz mit A, Spieler 2 erwidert mit B usw.:. „Anton, was machst du da?“ – „Bitte schrei mich nicht so an!“ – „Cellos reinigt man wirklich anders!“ – „Das weiß ich selbst!“ usw.

Die Spieler sind durch die Spielregel stark eingeschränkt; sie entwikkeln den Verlauf ihres Dialogs, ohne etwas planen zu können, wenn sie den Spielfluss nicht unterbrechen wollen. Die Spieler entlasten sich gleichzeitig durch die ABC-Regel, weil sie den bei Improvisations-Anfängern oft ausgeprägte Anspruch auf Originalität einschränken.

Indem den Spielern durch einschränkende Spielregeln oder erhöhtes Tempo die Möglichkeit genommen wird, ihre Einfälle vor der Veröffentlichung zu zensieren, entsteht unerwartetes Material, das dann wiederum in einen bewussteren Gestaltungsprozess übernommen werden kann. So können zum Beispiel in Verbindung mit **Stillstands**- und **Take**-Übungen aleatorisch hergestellte Ausgangssituationen im Wechsel mit intentionalen Impulsen spannende szenische Improvisationen hervorbringen. Als Anregung für eigene Übungs-Kombinationen beschreiben wir im folgenden zwei Beispiele für einen solchen Prozess.

2.4.5.1 Interaktive Impulsketten

Zwei Teilnehmer verlassen den Probenraum, der Rest geht rasch durch den Raum und friert auf ein Signal des Spielleiters ein. Die zufällig entstandene Statuengruppe wird zu einem Spielangebot für die zwei „Hauptdarsteller“, die jetzt hereingeholt werden und sich ebenfalls als Statuen in das Bild einfügen sollen.

Nachdem die beiden Spieler ihre Position und Haltung im Statuenbild gefunden haben, lösen sich die Mitspieler aus ihrer Haltung und bilden eine Betrachtergruppe.

Die beiden „Hauptdarsteller“ werden mit den Buchstaben A und B bezeichnet und können ihre Haltung in kleinen Handlungseinheiten (**Takes**) auf Zuruf des Spielleiters abwechselnd verändern. Sie haben dabei die Aufgabe, sehr genau und direkt dem Gefühl zu folgen, das die einzelnen, aufeinanderfolgenden Stationen bei ihnen auslöst.

Der Spielleiter kann das Spiel dynamisieren, indem er größere Handlungseinheiten mit oder ohne Text erlaubt, oder indem er die Spielgeschwindigkeit verlangsamt oder steigert. Wenn er das Gefühl hat, dass zwischen den Darstellern Spielmaterial entstanden ist, kann er zur freien Improvisation auffordern.

Falls das Spiel langweilig wird, z.B. weil sich bestimmte Haltungen ständig wiederholen (bei Jungen oft nicht enden-wollende Kampfgesten), kann der Spielleiter die Betrachtergruppe auffordern, die Spieler zu befragen, innere Monologe sprechen zu lassen oder selbst einzuspringen und einen Spieler auszuwechseln.

Einerseits sind die „Hauptdarsteller“ gestalterisch absichtsvoll in die Gruppenstatue hineingegangen – andererseits hat sich der Sinn und die Bedeutung ihrer Haltungen durch den Abgang der übrigen Anfangs-Mitspieler völlig verändert und verrätselt. Da diese Zweideutigkeit der Spielsituation in die weiteren Aktionen der beiden Spieler weiterwirkt (sie wissen nicht, wen sie darstellen und welche Beziehung sie zu ihrem Partner haben), müssen sie sich langsam, taktil-testend aufeinander zu bewegen. Sie befinden sich für die Zeit des Spiels in einem permanenten Prozess der Klärung ihrer Situation. Dies führt nach unseren Erfahrungen zu einer hohen Empfindsamkeit für die wechselseitigen Handlungsimpulse und erzeugt auch bei den Betrachtern eine hohe Spannung, die der Spielleiter durch genaue Beobachtung und Lenkung zu einer Auflösung führen muss. In den meisten Fällen konnten wir einen Umschlag von negativen Gefühlen wie Trauer oder Wut in Trost und Versöhnung beobachten.

2.4.5.2 Stillleben

Schüler schleppen viel mit sich herum. Wenn man sie eine Zeitlang unbeaufsichtigt lässt, verstreuen sie sich. In der einen Ecke liegt eine Jacke, darauf ein Rucksack, daneben ein Handy, ein Schal, ein Becher Kakao und eine angebrochene Keksrolle.

Man könnte sagen, dass es sich um eine Momentaufnahme aus ihren Leben handelt: Dinge im Gebrauch – für einen Moment zur Ruhe gekommen.

Man kann nun die Schüler bitten, sich dieses Durcheinander anzuschauen, natürlich auf Abstand. Am besten isoliert man eine besonders interessante Gegenstandsgruppierung, indem man den Raum drumherum freimacht.

Der ungewohnte, distanzierte Blick auf die Gebrauchsgegenstände, die jetzt nur noch Objekte der Anschauung sind, gibt ihnen eine neue, ästhetische Qualität und kann damit zur Impulsquelle für ein spontanes, improvisiertes Spiel werden.

Jeder der Betrachter erhält die Möglichkeit, die Dinge nach seinen Vorstellungen zurechtzurücken, ohne dabei die Grundordnung zu zerstören – im Gegenteil, die Ausgangskomposition sollte auf ihre wesentliche ästhetische Struktur gebracht werden.

Jeder Teilnehmer ist durch diese Eingriffe bereits mit im Spiel und liefert den anderen einen ästhetischen Impuls.

Daraufhin können nacheinander zwei bis drei Spieler das Bild betreten und darin eine Statue bauen.

Das weitere Spiel folgt dem Muster des ersten Beispiels: Also eine vom Spielleiter gesteuerte und von den übrigen Teilnehmern unterstützte Reihenfolge von kleinen, abwechselnden Handlungseinheit bis zur freien Improvisation und Auflösung.

Das „Stillleben“ hat den Vorteil, dass es die Objektwelt als Impulsquelle nutzt und ihren ästhetischen Wert ins Bewusstsein der Spieler hebt. Ein Teil der Spielersubjektivität wird an die Dingwelt abgegeben und lockert die gewohnte logozentrisch-verfügende, starre Subjekt-Objekt-Gegenüberstellung der Akteure. Sie erkennen die Eigensinnigkeit der Objektwirklichkeit in ihren Gebrauchsspuren und entdecken dieses Andersartige als Spielmaterial. Anders gesagt: Sie verlebendigen die in den Dingen verborgene tote Arbeit und deren Nutzen unter ästhetischen Aspekten.

2.5 Vierte Dimension des theatralen Lernens: Mimesis – von einander formen

2.5.1 Begriffsgeschichte

„In gewisser Weise geht es dem Menschen wie der Ware. Da er weder mit einem Spiegel auf die Welt kommt, noch als Fichtescher Philosoph: Ich bin ich, bespiegelt sich der Mensch zuerst in einem anderen Menschen."

(Karl Marx)

Mimesis, von griechisch *mimeisthai*, bedeutet ‚nachahmen'. Verwandt sind auch griechisch *mimos*: Nachahmer, Gaukler; *Mimik*: Gebärden- und Mienenspiel des Gesichts als Nachahmung fremden oder als Ausdruck eigenen seelischen Erlebens; *Mimikry*: der Täuschung und dem Selbstschutz dienende Anpassungsgabe an abschreckende Erscheinungsformen; *Mimose*: extrem empfindliches Lebewesen.

Mimesis übertrifft in ihrer Komplexität wahrscheinlich unsere anderen methodischen Kernbegriffe. Ihr Begriffsgehalt ist von vornherein bereits so reichhaltig an zum Teil sich widersprechenden Aspekten, dass unsere theaterpädagogische In-Dienstnahme des Begriffs wiederum eine weit reichende geschichts-philosophische Auseinandersetzung erfordert, bevor wir uns im Anschluss an dieses Kapitel den Praxisformen zuwenden. Dennoch gibt dieser Begriff sozusagen die Grundierung aller unserer Überlegungen zu den sozialen Aspekten des theatralen Lernens ab. Denn in den Erfahrungsweisen der Mimesis deutet sich die Existenz jenes **kollektiv-mythologischen Wärmestromes** an, von dem wir oben (I.5.2) gesprochen haben.

In der griechischen Philosophie bezeichnete *mimeisthai* den Prozess der Nachahmung. Dieser wurde von Aristoteles als kreativer Schaffensakt, von Platon jedoch als bloße Nachahmung der Erscheinungswelt gewertet, der keine Teilhabe an der Idee oder Wahrheit der Erscheinungen wie etwa der **Methexis** zukommt.

In der bildenden Kunst der Renaissance gewann die Mimesis den Charakter eines schöpferischen Vorganges mit starken Eigenanteilen des nachahmenden Subjekts, das seinen Blick auf den besonderen Ausdruck der nachgeahmten Tatbestände legt. Die ersten künstlerischen Selbstbildnisse können als Zeichen des zunehmenden Bewusstseins einer subjektiven Selbstschöpfung im mimetischen Prozess angesehen werden.

Auf der Grundlage der Phantasiebegabung des Menschen erscheint es sinnvoll, den Begriff der Nachahmung um den der *Vorahmung* zu erweitern: Die mimetische Antizipation noch nicht gestalteter Wirklichkeiten im Spiel, in der Kunst und der planenden Arbeit setzt nach- und vorahmende Tätigkeit von Menschen in das dialektische Spannungsverhältnis sozialer Lebensprozesse und ihrer Geschichtlichkeit.

2.5.2 Zwischen den Subjekten

In der Psychologie Jacques Lacans spielt die Mimesis eine wesentliche Rolle bei der *Individuation* des Menschen.[120] Durch die mimetische Nachbildung pränataler Wahrnehmungsgegebenheiten im wiegenden, schützenden und körpernahen Verhalten der Eltern entstehen intermediäre (zwischen den Subjekten liegende) Bereiche einer *co-enästhetischen, primordialen*[121] (,ursprünglichen') Interaktion, in denen Umwelt und kindliches Subjekt, Erinnerung und Gegenwart miteinander verschmelzen. ,Co-enästhetisch' meint, dass z.B. bei der Interaktion zwischen einer Mutter und ihrem Säugling das Verhalten der einen nicht (z.B. durch ein Reiz-Reaktions-Schema) von dem des anderen getrennt werden kann. Beide Pole der Interaktion verschmelzen in gleichzeitigem Wahrnehmen und Zurückspiegeln. Der britische Kinderarzt Donald W. Winnicott spricht in diesem Zusammenhang von dem Gesicht der Mutter als dem Vorläufer des Spiegels.[122] Er vermutet, dass das Kind im Gesicht der Mutter das entdeckt, was es in sich selbst erblickt. „Mit anderen Worten: Die Mutter schaut das Kind an, und *wie sie schaut, hängt davon ab, was sie selbst erblickt.*"[123]

Die Verschmelzung der beiden Subjekte verweist auf den *sozialisierenden Charakter des Individuationsprozesses*, von dem Lacan spricht. Die komplizierten intermediären Spiegelungsprozesse enthalten immer das Moment der Subjektentgrenzung, auch wenn sie in der Her-

120 Vgl. Lacan, Jacques (1980): Die Familie. Schriften III. Olten.

121 ***„co-enästhetisch"*** ist ein Begriff aus der Säuglingsforschung. Er bezeichnet die ganzheitliche Tiefensensibilität des Neugeborenen, mit der er Verbindung zur Welt hält, ohne noch ein auf Fernsinne beruhendes Wahrnehmungssystem entwickelt zu haben. Diese Urform der Wahrnehmung umfasst Zeichen und Signale für Gleichgewicht, Spannung der Muskulatur, Körperhaltung, Temperatur, Vibration, Körperkontakt, Tempo, Rhythmus, Klangfarbe und Resonanz. Bei Erwachsenen tritt diese Wahrnehmungsweise nur in Grenzsituationen auf – vgl. Klaus Holzkamp (1975). Im Kontext von Tanz, Theater und theaterpädagogischer Arbeit ist sie als Trance- oder Flow-Erlebnis bekannt und in bestimmten Phasen des Schauspiel-Prozesses, der eine hohe Gegenwartsidentität erfordert, auch erwünscht. An das selbstvergessene Spiel der Kinder erinnernd, begreift „co-enästhetisch" dann den absichtsvoll herbeigeführten Zustand der Subjektentgrenzung in ästhetischen Prozessen.
„Primordiale Kommunikation" bezeichnet die Weisen der Verständigung, die *vor* der Aneignung der konventionellen Zeichensysteme stattfinden und deshalb co-enästhetische Wahrnehmungs- und Ausdrucksformen voraussetzen.

122 Vgl. Winnicott, Donald W. (1997): Vom Spiel zur Kreativität. Stuttgart.

123 Ebenda, S. 129.

anbildung der Subjektivität zu neuen Definitionen des Selbst führen. Winnicott geht davon aus, dass die sogenannten Zwischenphänomene den ontogenetischen Ursprung für die philosophische, religiöse und ästhetische Praxis bilden. Die Entgrenzungsmöglichkeit der intermediären Erlebnisfelder stellen somit den notwendigen Antagonisten der Subjektbildung dar. In der Spiegelerkenntnis sieht sich das Kind als Einheit im Abbild, diese Einheit verweist auf die ursprüngliche Einheit im Uterus und strukturiert die Suche des Kindes.

2.5.3 Mimesis des Begehrens

Lacan interpretiert auch die Ödipuskonstellation in Bezug auf mimetische Beziehungen. Der Vater tritt als Agent des sexuellen Verbotes auf und gleichzeitig als Beispiel seiner Übertretung (eine Einladung zur Mimesis). So bildet nach Lacan die Mimesis das Grundprinzip des Begehrens. Wenn das Begehren mimetisch ist, dann geht ihm das Begehren eines anderen voraus, auf das es sich richtet, und zu dem es sich mimetisch verhält. Im Erziehungsprozess ist dieser Zustand ambivalent, da neben der Mimesis der Eltern das Kind auch durch Distanzierung das eigene Selbst finden muss.

In der Ethik Emmanuel Lévinas' entsteht aus dem Prinzip des mimetischen Begehrens eine unabdingbare Verantwortung der Menschen gegenüber ihrer sozialen und dinglichen Umwelt, die dem anthropozentrischen Weltbild der aneignenden und angleichenden Verfügung über Wirklichkeit entgegensteht.[124]

2.5.4 ‚Mensch – Mimesis – Aneignung' contra ‚Subjektideal – Vergleich – Verfügbarkeit'

Mimesis charakterisiert also das Verhältnis des Menschen zu seiner Umwelt, die sowohl andere Menschen, als auch die gegenständliche und natürliche Welt meint, in der er sich bewegt. Im ersten Teil dieses Buches sind wir bereits auf die Bedeutung von Arbeit und des sachlichen Lernens als Prozess der Aneignung von Welt eingegangen. Mimetische Aneignungsformen von Wirklichkeit – sei es vergangener oder zukünftiger – haben ihren Ursprung im Übergangsfeld des Heraustretens des Menschen aus den Naturzusammenhängen und der damit verbundenen Sichtweise der Welt als etwas Verfügbares, Anzueignendes. Mimesis ist verknüpft mit der Dialektik der Arbeit als besonderes Verhältnis des Menschen zur Natur, als Zeichensystem nimmt sie aber Merkmale der anzueignenden Welt in

124 Vgl. Lévinas, Emmanuel (1999).

sich auf – im Unterschied zu den symbolhaften, nur rationalen Abbildungsformen der Welt.[125]

Ernst Jandl:

Über Grillen

„grilllilillillillillillillillEN
zirirririririririrPEN...“ [126]

Meyers Taschenlexikon:
„Grillen: (...) ♂♂ mit Stridulationsapparat: Eine gezähnelte Schrilleiste an der Unterseite des einen Flügels und eine glatte Schrillkante an der Innenseite des anderen Flügels werden gegeneinander gerieben, wodurch zur Anlockung von ♀♀ Laute erzeugt werden (Zirpen).“ [127]

Die symbolhaften Repräsentationsformen der Wirklichkeit in den Sprachsystemen der Wissenschaften, die eine eigene Vernunft (vgl. **transzendentales Subjekt** bei Kant) hervorbringen, wenden sich gegen die Wirklichkeit und erscheinen als fremdes Unterwerfungsmittel der Wirklichkeit unter die verselbständigten Aneignungsinteressen der Menschen, die nun als Subjekte ohne Herkunft auftreten. Alle äußere und innere Natur der Subjekte hat nur noch Gültigkeit (und damit Wirklichkeit) unter dem Aspekt seiner Aneignung im Sinne der einseitigen Verfügung der Subjekte über die Dingwelt (Natur). Insofern die eigentlichen bedürfnisbefriedigenden konkreten **Gebrauchswerteigenschaften** der Umwelt in ihrer symbolischen Repräsentation nicht mehr enthalten sind, sich ihre Aneignungsform immer stärker von der biologischen Organisation der menschlichen Arbeit entfernt (Unterordnung der Arbeitsfunktionen und -rhythmen unter dem Eigenrhythmus der Maschinen), verliert auch das Subjekt seine menschliche Grundorientierung und folgt den abstrakten Wertvorstellung einer technologischen, linearen Rationalität, die auf eine stetig voranschreitende Perfektionierung der Naturaneignung als „Selbstzweck“ hinausläuft.

125 Der Philosoph Walter Benjamin sieht hier keinen wirklich qualitativen Umschlag. Mit seinem Begriff der „unsinnlichen Ähnlichkeit“ entdeckt er auch in der rationalen Sprache noch expressiv-mimetische Spuren, in die auch die zivilisationsgeschichtlich frühen Kräfte hineingewandert sind, bis es ihr gelang, die Magie zu liquidieren. Vgl. Benjamin, Walter: Über das mimetische Vermögen. In: Derselbe (1991): Gesammelte Schriften II, Frankfurt a.M., S. 213.

126 Jandl, Ernst: Auf dem Land. In: Derselbe (1997): Poetische Werke. Bd. 2: Laut und Luise. Verstreute Gedichte 2. München, S. 143 ff.

127 Meyers Grosses Taschenlexikon (1987): Stichwort Grillen. Bd. 9. Mannheim, S. 17.

Das Selbstbewusstsein der Subjekte entsteht nun aus dem ungegenständlichen, quantifizierenden, von ihren Bedürfnissen abgekoppelten Vergleich mit anderen **Tauschsubjekten**. Die Subjekte definieren sich unter Absehung von ihrer bedürftigen und notwendigen Einbindung in den gesellschaftlich-arbeitsteiligen Prozess der Naturaneignung nur noch unter den Aspekten des Tausches, bzw. der Über- oder Unterlegenheit im Tauschakt. Der Tauschpartner wird stets nur als Mittel für den eigenen Wertausdruck (also als **Äquivalentform**) genommen. Seine Eigenschaften als Bündnispartner in der gemeinsamen Aneignung von Wirklichkeit zwecks Bedürfnisbefriedigung sind zusammen mit den mimetischen Anteilen in der Verständigung über die gemeinsamen Zwecke verloren gegangen. Karl Marx kennzeichnet diesen Prozess im „Kapital" als *Warenfetisch* oder *Mystifikation des Tauschverhältnisses*. In seinen Frühschriften taucht dieser Entfremdungsgedanke unter dem Aspekt der Spiegelung auf.[128]

In der **Tauschwertabstraktion** sieht Marx den Verlust der Selbstanteile des jeweils anderen in der auf *Verfügung* zielenden Form des abstrakten Wertvergleichs der konkreten Arbeit der Tauschpartner. Ihre konkreten Beziehungen spiegeln sich in einem *Quidproquo* („etwas für etwas") der Warenwerte, z.B. ihres Preises, denen keine konkrete Eigenschaft mehr mimetisch anhängt. In der Geldform wird jede mimetische Beziehung zur stofflichen Wirklichkeit aufgelöst. In der Geldform wäre damit zusammen mit dem mimetischen Bezug auch jeder Sinn für das Rätselhafte der menschlichen Existenz aufgelöst.

Unter diesem Aspekt erhält Mimesis die Qualität, das prinzipiell Andere des Gegenübers nachzuempfinden, ohne es seiner Einmaligkeit zu berauben.[129] Individuation und Sozialisation wären demnach nicht gegensätzliche, sondern ineinander verwobene, gleichzeitig und sich miteinander vollziehende Prozesse.

2.5.5 Exkurs: Mimetische Aneignungsformen in der Sprache

Für Walter Benjamin ist Erfahrung und Weltaufschluss entscheidend mit der Entdeckung von Korrespondenzen und Ähnlichkeiten verbunden. Die Entsprechungen, die dabei assoziiert werden, müssen

128 Marx, Karl (1970): Ökonomisch-philosophische Manuskripte. Leipzig, S. 279 ff.

129 Vgl. Lévinas, Emmanuel (1999): Die Spur des Anderen – Untersuchungen zur Phänomenologie und Sozialphilosophie. Freiburg/München.

nicht notwendig abbildhaft sein, aber in irgendeiner Hinsicht sinnlich korrespondieren.

Wesentlich für die besondere Qualität dieser Erfahrungsvorgänge ist, dass einerseits Ausdruck und Darstellung nicht auseinanderfallen und andererseits die Spaltung von erkennendem Subjekt und zu erkennendem Objekt aufgehoben wird.[130]

> *„Vor allen Trennungen und Differenzierungen besteht eine Gemeinsamkeit zwischen Natur und Mensch, die heute sogar von den naturwissenschaftlichen Erkenntnissen über die Entstehung der Erde und des Lebens bestätigt wird“.*[131]

Das mimetische Denken in Form von Korrespondenzen zwischen Natur und Mensch wird seit der Renaissance vom anthropo- und logozentrischen Weltbild der Aufklärung spätestens seit Descartes abgelöst.

> *„Die neue Ordnung der sprachlichen Erkenntnis konstituiert sich innerhalb eines abgeschlossenen Raumes der Repräsentation selbst, Sinn entsteht durch die in ihr herrschende Logik. Die Natur verstummt. Erkenntnis heißt nicht länger Interpretation (Dialog), sondern Aufstellen einer Ordnung (Verfügung).“*[132]

Dem Verlust der expressiven Funktion und der Festschreibung des neuen Logozentrismus setzt Walter Benjamin die inhärenten Widersprüche des abstrahierenden Sprachgebrauchs entgegen. So verbleiben selbst in den Abstraktionen universeller Schrift-Bilder Rudimente des sprachlichen Gestus, und stets verlangt die Schrift die zurückübersetzende Konkretisierung durch die mimetische Imaginationsfähigkeit. Dem entspricht etwa die Beobachtung der Hirnforschung, dass linear-sequenzielle wissenschaftliche Aussagen selbst von den Wissenschaftlern immer wieder ins Dialogische zurückübersetzt werden müssen.[133]

Dies wiederum erklärt Benjamin durch die onto- und phylogenetische Entwicklung des Sprachvermögens, das in seiner Darstellung

„rinininininininDER
brüllüllüllüllülüllEN

schweineineineineinE
grununununununZEN

hununununununDE
bellellellellellEN

katatatatatatatatZEN
miauiauiauiauiauEN

katatatatatatatatER
schnurrurrurrurrEN

gänänänänänänäSE
schnattattattattattERN

ziegiegiegiegiegiegEN
meckeckeckeckERN

grillilillillillillillEN
zirirrirrirrirrirPEN

fröschöschöschösch
öschschöschöschE
quakakakakakakakak
kakakakakakakakEN

hummummummum
mummummummumm
mummummELN
brummummummum
mummummummum
mummummummEN

vögögögögögögö
gögEL
zwitschitschitschit
schitschitschit
schitschERN”

(Ernst Jandl)

130 Diese Kennzeichnung erinnert an den Begriff des „affinitiven Lernens“ bei Klaus Holzkamp.

131 Vgl. Cramer (1998): Chaos und Ordnung. Die komplexe Struktur des Lebendigen. In: Gebauer, Gunter / Wulf, Christoph (1998): Mimesis. Kultur – Kunst – Gesellschaft. Reinbek/ Hamburg, S. 374.

132 Schwarz (1998): Rettende Kritik und antizipierte Utopie. Zitiert nach: Gebauer / Wulf (1998): a.a.O., S.376.

133 Vgl.: Singer, Wolf: Wahrnehmen, Erinnern, Vergessen. Eröffnungsvortrag des 43. Deutschen Historikertags am 26.09.2000.

(und wohl auch tatsächlich) theatrale Qualitäten und Ursprünge hat. Danach gehört die „Artikulation des Gestus, des Sprachapparats dem Umkreis körperlicher Mimik an. Ihr phonetisches Element ist der Träger einer Mitteilung, deren ursprüngliches Substrat eine Ausdrucksgebärde war."[134]

Walter Benjamins Überlegung geht nun in die Richtung, dass auch die universellste Sprache nicht ihren mimetischen Ursprung leugnen kann. In der Sprache der Moderne liegt also in komprimiertester Form eine konkrete Geschichte des Menschen verborgen, die auf ihre Wiederaneignung durch mimetische Rezeption wartet, wobei in der Abstraktion auch die Bindung der Mimesis an die Magie (den Mythos) überwunden wäre, demnach also eine Aussicht auf die unverstellte Geschichte bieten würde.

– Ende des Exkurses –

2.5.6 Mimesis als theatrales Arbeitsprinzip

In der Semiotik werden mimetische Zeichen unter dem Begriff „Ikon" zusammengefasst – einer Zeichenklasse, die dadurch definiert ist, dass das Zeichen figural-qualitative Merkmale der bezeichneten Tatbestände aufweist und dadurch entschlüsselt werden kann.

> *„Das Mädchen geht an den Rand der hohen Bühne und kniet dort nieder. Sie streicht unter der Bühnenkante mit der Hand durch die Luft, aber gebremst, wie durch Wasser. Die Bewegung ist gleichzeitig schwer und leicht, die Handlung ist gleichzeitig ihre Imagination, ihre Hand ist gleichzeitig das Wasser, denn alle, auch die Ungeübten, sehen die wabernden Kreise auf der Wasseroberfläche und wie sie das Spiegelbild ihres Gesichts verzerren, ganz genau."* [135]

Da die mimetischen Zeichen eine enge, wenn auch durch den Interpreten vielfach gebrochene (z.B. ironische, verzerrende, abstrahierende) Beziehung zum bezeichneten Tatbestand haben, operieren sie stets mit dem ästhetischen Wert oder der Ausdrucksqualität des Bezeichneten selbst.

Im mimetisch-theatralen Spiel entstehen dadurch höchst komplexe Verhältnisse z.B. zwischen dem Rollenträger und der Rollenfigur,

134 Benjamin, Walter: Probleme der Sprachsoziologie. Zitiert nach: Gebauer/Wulf (1998): a.a.O., S.378.

135 Günther, Michaela: Momentaufnahme zur Abschlussinszenierung von Stefan Kappenberg mit Schülerinnen und Schülern des 8. Jahrgangs der IGS Lingen. Datensammlung „Studentische Inszenierungsarbeiten", Projekt-Tagebuch.

die in der Theaterpädagogik ganz bewusst zur Sozialisation und Individuation der Spieler eingesetzt werden.[136]

Die Theaterpädagogik findet in der Mimesis wohl ihr wichtigstes Arbeitsprinzip, gerade weil sie auf die psychologisch-intermediären Interaktionsformen zurückgreift. Nicht nur in der Rollenarbeit, sondern auch bei der Entwicklung von **Impulsketten** in der Improvisationsarbeit kommen die verschiedenartigsten Spiegelungs- und Nachbildungsformen zum Tragen, in denen die Spieler ein permanentes Zwischenstadium von *entgrenzender* Teilhabe und *begrenzender* Impulsgebung entwickeln müssen.

Die in solchen Situationen ermöglichte **Gegenwartsidentität** (vgl. o.: II.2.1) des gemeinsamen Spiels überschreitet latent die im Alltag verdinglichten Tauschverhältnisse der Spielsubjekte und lässt ästhetische Augenblicke entstehen, denen für Zuschauer als auch für Beteiligte eine gewisse Magie anhaftet und die den eigentlichen Zauber der theatralen Arbeit ausmachen.

In diesen Momenten ist in einer negativen, leeren Form das im Alltagsprocedere unabgegoltene Versprechen auf ein Menschsein jenseits des konkurrenzhaften Aneignungsdenkens der technologischen Rationalität angedeutet, da über die mimetischen Operationen der Spieler die Besonderheit der Spielimpulse des anderen nicht in *Eigenes* umgewandelt, sondern als *Gemeinsames* beantwortet werden. Das empfangene Andere bleibt als solches im Spiel – es wird nicht kommentiert, verändert, interpretiert, *verfügt*, sondern gilt den Spielern als reiner Ausdruck, auf den sie die richtige Antwort finden müssen.

Das mimetische Spiel bedarf daher in der Theaterpädagogik eines besonders klar definierten Schutzraumes, der in der Praxis (und nicht nur in der Schule) schwer herzustellen ist. Zu stark sind oft die interessierten, absichtvollen Einflüsse, die seitens der Institutionen und Erwartungen von Spielleitern und Spielern an das Spiel herangetragen werden. Entscheidend ist der Blick der Theaterpädagogik: „Wie sie schaut, hängt davon ab, was sie erblickt und umgekehrt."[137]

136 Vgl.: Fischer-Lichte, Erika (4/1998): Semiotik des Theaters. Eine Einführung, Bd. 1: Das System der theatralischen Zeichen. Tübingen. Sowie: Weintz, Jürgen (1998): Theaterpädagogik und Schauspielkunst. Ästhetische und psychosoziale Erfahrung durch Rollenarbeit. Butzbach-Griedel. Und: Jenisch, Jakob (1996): Ich selbst als ein anderer. Der Darsteller und das Darstellen. Grundbegriffe für Praxis und Pädagogik. Berlin.

137 Winnicott, Donald.W. (1997): Vom Spiel zur Kreativität. Stuttgart.

2.5.7 Mimetische Arbeitsformen in der Praxis:

Wir verstehen unter mimetischen Arbeitsformen alle Tätigkeiten der Nachahmung im Sinne nachgestaltender Angleichung erlebter Tatbestände; darüber hinaus aber auch die reaktiv-produktiven Impulsketten einer Improvisation, bei denen Anteile der Impulsvorgaben in den Reaktionen enthalten sind.

Des weiteren sind in allen Prozessen der Rollenerarbeitung mimetisch-einfühlende Vorgänge in den komplexen Formen der Anverwandlung enthalten. Die komplizierten Vorgänge der Annäherung und des Auffüllens einer Rolle mit biografisch aktualisiertem Material wird von Jakob Jenisch ausführlich beschrieben und analysiert.[138]

In den Sammlungen theaterpädagogischer Übungen findet sich eine Unzahl verschiedener Spiegelungsübungen.[139] Eine – vielleicht besonders aspekt- und aufschlussreiche – Übung ist die Begrüßung.

2.5.7.1 Sich begrüßen als mimetische Übung mit interaktiven Anteilen

Die Spieler werden gebeten, im Raum umher zu gehen, ohne Kontakt zueinander aufzunehmen. Ihr Blick sollte auf den Boden gerichtet sein.

Auf Signale des Spielleiters frieren sie ein und gehen danach wieder los.

Wenn die Spieler eine ausreichende Konzentration auf das Geschehen im Raum entwickelt haben, kommen die Impulse zum Stehenbleiben und Weitergehen aus der Gruppe selbst.

Wenn dem Spielleiter die ungerichtete Aufmerksamkeit auf das Gruppengeschehen ausreichend erscheint, unterbricht er den Vorgang beim nächsten Einfrieren und lässt die Teilnehmer nach seinen Anweisungen in kleinen Handlungsschritten agieren:

1. *Hebt langsam den Kopf und schaut euch ruhig um, bis ihr ein Augenpaar entdeckt, das den Blickkontakt halten will. Lasst euch dabei Zeit. Wenn ihr einen Partner gefunden habt, schaut ihm entspannt in die Augen und haltet ohne Gesten oder Mimik den Kontakt.*

138 Vgl.: Jenisch, Jakob (1996): Ich selbst als ein anderer. Der Darsteller und das Darstellen. Grundbegriffe für Praxis und Pädagogik. Berlin.

139 Vgl. Boal, Augusto (1989): Theater der Unterdrückten. Übungen und Spiele für Schauspieler und Nicht-Schauspieler. Frankfurt a.M.

2. *Geht langsam aufeinander zu, haltet den Blickkontakt, findet gemeinsam die Distanz, die euch beiden wohl tut und bleibt ruhig voreinander stehen.*
3. *Schaut euch weiter in die Augen, aber weitet eure Aufmerksamkeit so, dass ihr alle Körperbotschaften eures Partners wahrnehmen könnt.*
4. *Baut langsam gemeinsam eine Geste der Begrüßung auf. Achtet darauf, was euer gleichzeitiger Impuls ist und findet den gemeinsamen Abschluss der Geste. Haltet diese Geste.*
5. *Spürt in eure gemeinsam gefundene Haltung hinein. Wie fühlst du dich, wie fühlt dein Partner? Wie hat sich deine Situation geändert, kannst du Abstand und Nähe fühlen?*
6. *Versucht gemeinsam herauszufinden, wann ihr euch voneinander lösen wollt. Achtet auf kleine Muskelbotschaften, Veränderungen, die zwischen euch stattfinden.*
7. *Wenn ihr einen gemeinsamen Moment gefunden habt, trennt euch voneinander und bleibt ruhig vor einander stehen.*

Diese Übung ist für Anfänger sehr schwer. Meistens können sie den Blickkontakt als einen Augenblick der Verschmelzung zweier Körper nicht ertragen und fangen an zu lachen oder zu grimassieren.

Wenn die Übung durch wiederkehrendes Training und wachsendes Vertrauen in die Gruppe gelingt, wird jeder Teilnehmer die äußerst angenehme Erfahrung einer Entwertung von Äußerlichkeiten gemacht haben, da in dieser mimetischen Begegnung keine Bedeutungen mehr gesucht werden. Was bezeichnet wird, ist sowohl der andere als auch man selbst. Die Wahrnehmung ist ästhetisiert und gelenkt auf etwas, das zwischen den Akteuren liegt und sich im Alltag selten zeigt: Das Bedürfnis des Menschen nach seinesgleichen im Anderen – ohne den Wunsch, über ihn zu verfügen oder ihn in ein ihm Identisches zu übersetzen.

„Liebe ist die Fähigkeit, Ähnliches am Unähnlichen wahrzunehmen.
(Theodor W. Adorno)

Nach unseren Erfahrungen entsteht durch die gelungene Übung eine gleichzeitig entspannte und ernsthafte Atmosphäre, die eine gute Grundlage für die weitere Arbeit ist.

2.5.7.2 Innerer Spiegel

Zwei Teilnehmer stellen sich in einem Abstand einander gegenüber, den sie als richtig erachten. Beide sind während der ganzen Übung Impulsgeber. Aufgabe ist, die Stimmung des Partners zu spiegeln. Gesicht und Körper sollen dabei aber nicht aktiv zum Ausdruck verändert werden. Die Konzentration liegt auf der Wahrnehmung des

Gegenübers und dem, was sich gleichzeitig und davon beeinflusst auf der eigenen Haut ereignet.

2.5.7.3 Blanc Characters

Zwei Teilnehmer stellen sich in einem Abstand einander gegenüber, den sie als richtig erachten. Beide sind während der ganzen Übung Impulsgeber. Aufgabe ist, sich über das reine, ohne jede absichtvolle Geste auskommende Wahrnehmen des Anderen ein Rollenprofil zu geben, das Statusgefälle zu klären, die Situation auszuloten. Nach und nach gibt der SL neben dem Antlitz weitere Spiegelflächen frei: Nacken, Schultern, Arme, Hüfte, Becken, Beine – im Spiegel des Anderen gestaltet sich so eine Figur. Die Übung endet mit der Aufforderung: „Sprecht jetzt!"

2.6 Fünfte Dimension des theatralen Lernens: Das kommunikative Vakuum – alles auf Offen

Das kommunikative Vakuum entsteht in dem Augenblick, in dem ein Raum zu einer bestimmten Zeit zu einem Spielraum erklärt wird. Damit werden möglichst viele Verhaltens- und Kommunikationsregeln des Alltags außer Kraft gesetzt. Übrig bleibt die Minimalregel, keine Gewalt auszuüben. Übrig bleibt auch das kommunikative Vakuum als Freiheit und Not, neue Regeln zu finden.

> *„Nachdem wir den Raum betreten haben, legen die Teilnehmer ihre Taschen in den Ecken ab. Wir kennen uns noch nicht. Vielleicht kennen sie sich untereinander schon ein wenig, sind sich schon auf Fluren oder in Besprechungszimmern begegnet. Sie stehen irgendwie verschämt an den Rändern des Raumes, sprechen leiser als sonst, es wird getuschelt. Ich selbst bin außen vor, auf der anderen Seite. Ich mache Scherze, nehme Kontakt auf. Ich will, dass es losgeht, leichtes Lampenfieber, wie immer. Ich bin dabei, meine Arbeit hinter mich bringen zu wollen. Viel, das vor dem Anfang auf mir lastet. Sie versammeln sich nach und nach in der Mitte des Raumes, die Erwartungen versammeln sich mit ihnen. Konventionelle Begrüßungsformeln wirken in diesen Augenblicken immer so verfehlt. Gemeinsam ist uns die Gewissheit, das etwas anderes geschehen muss als üblich. Ich will nicht den Affen machen. Ein Königreich für ein ordentliches Pult, ordentliche Regeln, übersichtliche Schrittfolgen, Respekt vor meiner Sprachkompetenz. Eine Sekunde denke ich darüber nach,*

eine Folie aufzulegen und ‚Setzt Euch doch!' zu sagen. Stattdessen atme ich durch und lege eine Musik auf, die mir gut tut. Ich bin angefangen. Als die ersten sich mit mir und um mich herum bewegen, wird mir leichter.“ [140]

„Ich glaube, daß die Menschen dann in dieser verwalteten Welt ihre Kräfte nicht werden frei entfalten können, sondern sie werden sich an rationalistische Regeln anpassen, und sie werden diesen Regeln schließlich instinktiv gehorchen. Die Menschen dieser zukünftigen Welt werden automatisch handeln: bei rotem Licht stehen, bei Grün marschieren. Sie werden den Zeichen gehorchen.“

(Max Horkheimer)

Alle Dimensionen der Methodik des theatralen Lernens visieren die Momente in theaterpädagogischen Prozessen an, in denen die Menschen ihre restriktiven Alltagsformen verlassen und dadurch frei zum Spiel (und zum künstlerischen Tun) werden.

Wenn sie von gewohnten Formen abweichen, entstehen daraus auch Gelegenheiten, Momente der existentiellen Krise zu erleben, indem sich im Spiel etwas zeigt, auf das die Spielenden zunächst keine Antwort bereit halten. Das kommunikative Vakuum taugt uns als Begriff für jene Zeitabschnitte, in denen der Spielraum per definitionem – i.d.R. durch den Spielleiter – absolute Handlungsfreiheit eröffnet und gleichzeitig die Teilnehmer noch keine neuen Auswahlkriterien zur Verfügung haben, um sich im Spielraum zurecht zu finden.

Die Strategien, die im Alltag zu „erfolgreichen“ Beziehungen führen sollen, wirken dabei – insbesondere in Anfänger-Gruppen – weiter in den theaterpädagogischen Prozess hinein.

„Einer der Manager stellt sich mit gekreuzten Armen in den Klatschkreis. So kann er natürlich nicht schnell genug reagieren: er bremst die Runde aus. Ich bin ihm dankbar dafür, freu mich über die ‚Entdeckung' und mach die Gruppe auf seine Verpanzerung aufmerksam. Dann sprech ich kurz über den Gestus und das gesellschaftliche Moment in dieser Verhaltensweise. Schließlich bezahlen die Leute ja dafür, hier etwas zu lernen. Nebenbei wird der persönliche Widerstand so von dem Einzelnen abgelöst und als verallgemeinerbare Erscheinung zur Erkenntnis gebracht: ‚Ein kleiner Held in Not.' Selbstertappung wird zum Codewort für die Gruppe.“ [141]

Die Vorstellung von einem kommunikativen Vakuum hilft in diesem Zusammenhang, Spiel und (restriktiv geprägte) Alltagstheatralität voneinander zu unterscheiden, bzw. zu untersuchen, wie beides die Prozesse theatralen Lernens durchdringt. Im Spielraum kommen die restriktiven Alltagsformen, Verpanzerungen und Erfolgsstrategien als Hindernisse des theatralen Prozesses zum Vorschein. So eröffnet sich ein Spannungsfeld, das vom Spielleiter Mut und Gelassenheit

140 Datensammlung „Spielleitung“, Projekt-Tagebuch Bernd Ruping.
141 Datensammlung „Spielleitung“, Projekt-Tagebuch. Ebd.

im Umgang mit den Brüchen im Spiel erfordert. Diese sind die Fundgrube der spezifischen Ästhetik theaterpädagogischer Arbeitsweisen. Durch das kommunikative Vakuum wird die Aufmerksamkeit auf das gelenkt, „was sich zeigt". Es ist die ästhetische Funktion von Lebensäußerungen, die damit als Leitmotiv in den Vordergrund des Geschehens rückt.

2.6.1 Das Modell der Darstellenden Kommunikation

In Auseinandersetzung mit verschiedenen Ansätzen der Soziolinguistik und Kommunikationstheorie entwickelte das Institut für Theaterpädagogik in Lingen ein differenziertes Modell der *Darstellenden Kommunikation* als Grundlagenwissenschaft der Theaterpädagogik (siehe Abbildung unten: „Darstellende Kommunikation").

Dabei wurde das Modell der sprachlichen Kommunikation (vgl. „Kommunikationsmodell 1", S. 125) übertragen auf die komplexeren Formen der Kommunikation zwischen Menschen in ihren sozialen Beziehungen (vgl. „Kommunikationsmodell" 2 und 3, S. 126, 129).

Darstellende Kommunikation

Theatralität als Ausdrucks- und Verständigungsform des Menschen

↓

Theaterpädagogik

Gestaltung der Theatralität nach Genuss und Nützlichkeit

↙ ↓ ↘

Darstellendes Spiel	Darstellendes Verhalten	Darstellende Kunst
Das szenische Erkunden und Begreifen von Ich und Welt in spielerischen Kontexten ←→	Das szenische Erproben und Verändern von Selbst und Rolle in gesellschaftlichen Kontexten ←→	Das szenische Nach- und Umgestalten von Welt, Rolle und Selbst in ästhetischen Kontexten
Theater als Raum für exemplarisches Lernen und Erfahrungsbildung	Theater als Raum für soziologische Phantasie und eingreifendes Denken	Theater als Raum für selbst-Norm-schaffende, performative Prozesse

Modus der Form- und Erfahrungsbildung: das experimentelle Spiel

Kommunikationsmodell 1: Schrift-sprachliche Kommunikation*

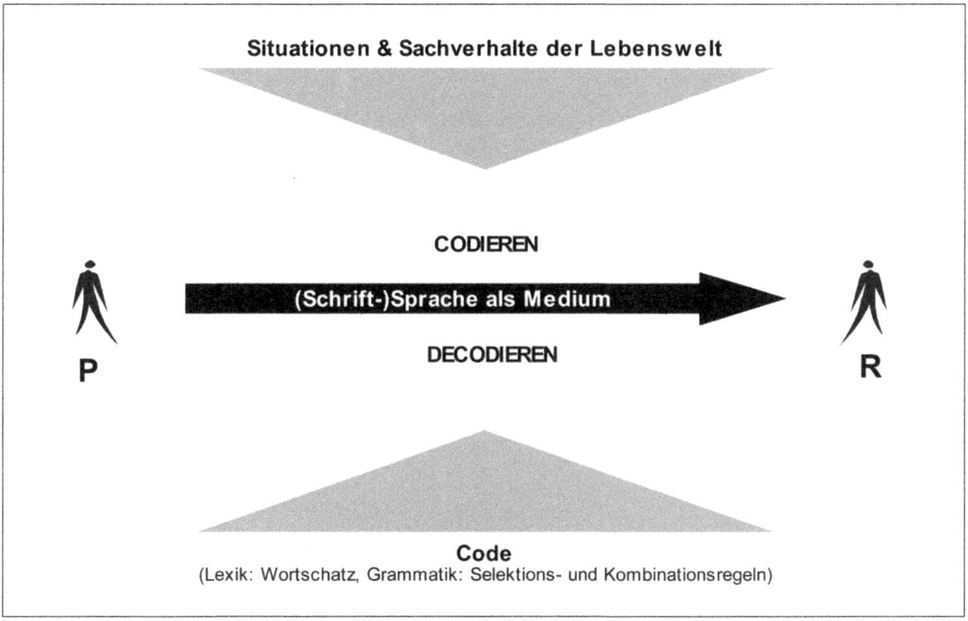

Situationen & Sachverhalte der Lebenswelt

CODIEREN

P — **(Schrift-)Sprache als Medium** → **R**

DECODIEREN

Code
(Lexik: Wortschatz, Grammatik: Selektions- und Kombinationsregeln)

* P = Produzent/Sender, R = Rezipient/Empfänger.
Dieses Modell nimmt Bezug auf das Organonmodell von Karl Bühler (1934), der den o. a. Konstituenten der Kommunikation erstmals Funktionen zuordnete: Sender –> Ausdruck, Empfänger –> Appell, Gegenstände und Sachverhalte –> Darstellung. Abgebildet und erläutert von: Elmar Holenstein: Von der Poesie und Plurifunktionalität der Sprache. In: Roman Jakobson (1979): Poetik. Frankfurt a.M. S. 13 ff.

In Analogie zur Schriftsprache spricht Ruping von einer *Lexik und Grammatik* in der Darstellenden Kommunikation:

> *„Lexik nenne ich den Fundus an Gesten, Mimiken, Haltungen, wie er sich für bestimmte Menschen an bestimmten Orten mit bestimmten Konventionen ergibt (vgl. den Begriff des Gestus bei Brecht als leiblicher Ausdruck eines sozialen, gesellschaftlichen Verhältnisses von Menschen oder die verwandten Untersuchungen zum klassenspezifischen Habitus bei Bourdieux). Grammatik nenne ich die Regeln der Verknüpfung von Gesten, Mimiken, Haltungen zu sozialen Handlungen und Verhaltensweisen (Rituale, Benimmformeln, Status-Muster usw.)“*[142] (siehe „Kommunikationsmodell 2“, S. 126).

„Ohne Widerspruch gibt es eine Bewegung der Begriffe, keine Bewegung der Zeichen, die Beziehung zwischen Begriff und Zeichen wird automatisiert, das Realitätsbewusstsein stirbt ab.“

(Roman Jakobson)

142 Ruping, Bernd (2001a): Stadt Land Fluss – Verortungen der Theaterpädagogik. Die Brauchbarkeit des Ästhetischen. In: Korrespondenzen, 17. Jg., Heft 38. S. 13 f.

Kommunikationsmodell 2:
Darstellende Kommunikation als anthropologischer Befund:
„You cannot not communicate“. *

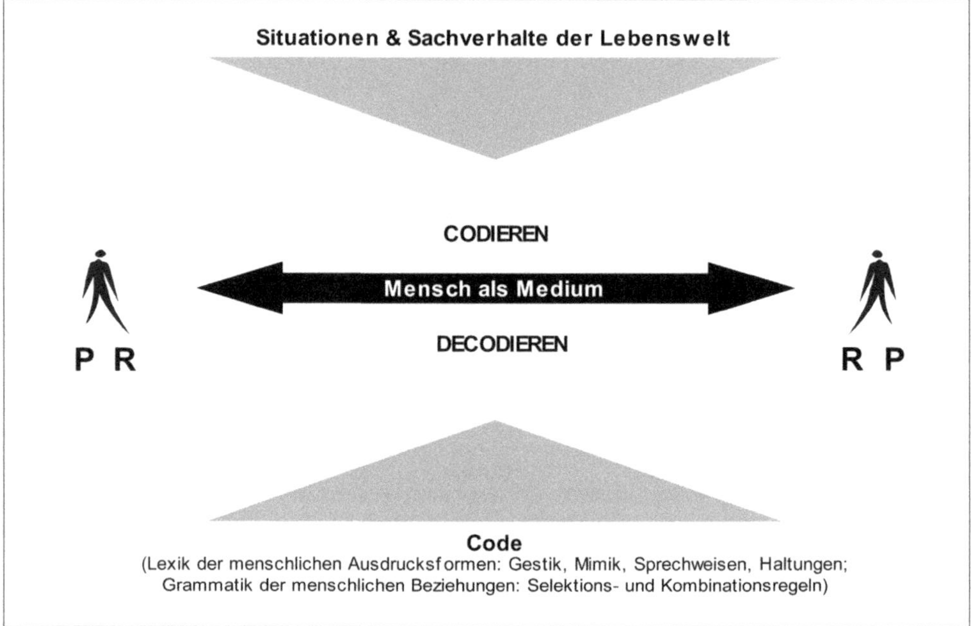

* Das wohl bekannteste und erste „pragmatische Axiom“ von Paul Watzlawick („Man kann nicht nicht kommunizieren.“) findet sich in: Ders., Janet H. Beavin, Don D. Jackson: Menschliche Kommunikation. Formen, Störungen, Paradoxien. Bern, Stuttgart, Toronto 1990. S. 53.

** Vgl. Peter Sloterdijk, in Anm. 144, S. 127.

In Anlehnung an Goffman[143] („Wir alle spielen Theater.“) bezeichnet *Theatralität* hier die elementare Ausdrucks- und Verständigungsform der Menschen, die freilich nicht unbeeindruckt von gesellschaftlichen und ökonomischen Anforderungen an die Kommunizierenden in ihrem jeweiligen Kontext bleibt:

> *„Theatralität ist in diesem Zusammenhang die durch soziokulturelle Konventionen geprägte und an sozio-ökonomische*

143 Goffman, Erving (1983): Wir alle spielen Theater. Die Selbstdarstellung im Alltag. München.

Funktionen gebundene Lexik und Grammatik der Darstellenden Kommunikation, wie sie in einer bestimmten Gesellschaft zu einer bestimmten Zeit gebraucht wird und Gültigkeit hat.“ [144]

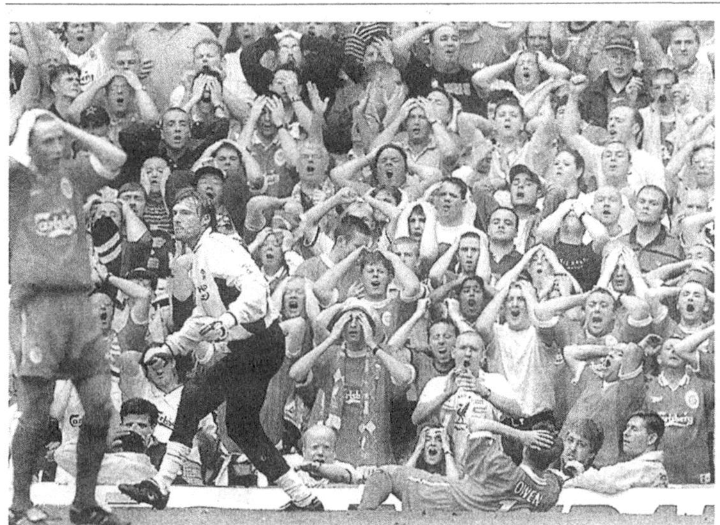

Fans und Spieler in ihrer Verzweiflung vereint

Die pure Verzweiflung ist den Fans des FC Liverpool aus den Gesichtern abzulesen. Ein Bild, das die enge Beziehung zwischen den Zuschauern und den Darstellern des englischen Profifußballs dokumentiert. Nirgendwo sonst erleben die Besucher so hautnah das Geschehen. Soeben hat Liverpools Michael Owen (rechts am Boden) im Stadion an der Anfield Road eine große Chance gegen Manchesters Torwart-Debütanten Massimo Taibi (Mitte) vertan. Manchester United gewann in Liverpool mit 3:2 und bleibt Tabellenführer. Foto: dpa

Im Unterschied zur theatralen Kommunikation unterstellt sich Darstellende Kommunikation absichtsvoll den Zielen einer erfolgreichen, wirkungsvollen Kommunikation an den verschiedenen gesellschaftlichen Lern-, Arbeits- und Spielräumen. Theatrale Mittel und Techniken haben hier, als Handwerkszeug, dienende Funktion.

„Tochter: Pappi, wenn sie uns in der Schule Französisch beibringen, warum bringen sie uns dann nicht auch bei, mit den Händen herumzufuchteln?“ „Vater: Ich weiß nicht. Das ist wahrscheinlich einer der Gründe, warum es den Leuten so schwer fällt, Sprachen zu lernen. Überhaupt, es ist alles Unsinn. Ich meine, die Vorstellung, dass Sprache aus Worten besteht, ist kompletter Unsinn. Ich meine, die Vorstellung, dass Sprache aus Worten besteht, ist kompletter Unsinn. Die ganze Syntax und die Grammatik, das ist alles Quatsch. Es beruht alles auf der Idee, dass es so was wie ‚bloße‘ Worte gibt – es gibt keine.“ „Tochter: Aber, Pappi ...“ „Vater: Ich sage dir – wir müssen noch mal ganz von vorne anfangen und davon ausgehen, dass Sprache zuerst und vor allem ein System von Gesten ist. Tiere verfügen schließlich nur über Gesten und Tonfälle – und die Worte wurden später erfunden. Viel später. Und danach haben sie die Schulmeister erfunden.“

(Gregory Bateson)

144 Ruping, Bernd: A.a.O., S. 14. Vgl. dazu Peter Sloterdijk, der in Verteidigung dieses der Subjekt-Ideologie höchst unliebsamen Sachverhaltes argumentiert: „Man muss endlich begreifen, dass Menschen von jeher ‚gemacht‘ werden, und zwar in allen Kulturen: allerdings bisher nur durch ein Zusammenspiel von Klassen- und Kastenregeln, Heiratsregeln und Erziehungsregeln – das sind alles Selektions- und Kombinationsregeln.“ In: Focus 38/1999 (aus Anlass der Diskussionen um seinen Vortrag: „Regeln für den Menschenpark“, 20. Juli 1999).

Theater konstituiert sich dagegen in der konstruktiven Distanz zu diesem Bedingungsgefüge, auf das es zugleich, als seine stoffliche Basis, zurückgreift.

> *„Es bedarf eines aesthetic space (Augusto Boal), eines leeren Raumes (Peter Brook), eines Spielraumes“* [145] (s. u. „Das kommunikative Vakuum“).

Darstellende Kommunikation als Grundlagenwissenschaft unterscheidet sich von den pragmatisch orientierten Ansätzen der Soziolinguistik und Kommunikationstheorie, indem sie die *Ästhetische Funktion der Darstellung* d. h.: das darstellende Spielen in den Mittelpunkt ihres Frageinteresses und damit in das **Gebrauchswertinteresse** einer an der Verbesserung ihres Ausdrucksvermögens interessierten Öffentlichkeit rückt. Voraussetzung dafür ist die Eman-

Das kommunikative Vakuum:
„Der leere Raum“ (Brook), „the aesthetic space“ (Boal)

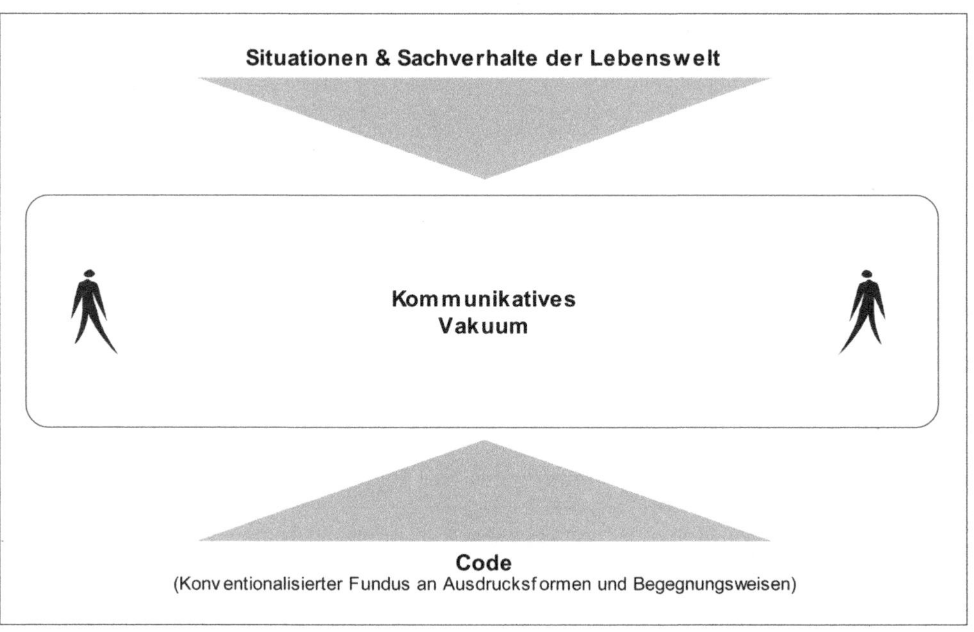

145 Ebenda.

zipation der eigenen Haltungen und Verhaltensweisen von ihrem gesellschaftlichen Bezugsrahmen, der als (individual-) historischer und intentional-strategischer auf die äußeren und inneren Haltungen der Beteiligten Einfluss hat und ihre Körpersprache prägt.
An die Stelle des gesellschaftlich-konventionalisierten Bezugsrahmens und seiner Rituale rückt deshalb das Theater als ein Spielraum, der sich nach Maßgabe eigener Regeln strukturiert (vgl. „Kommunikationsmodell 3: Das darstellende Spielen“). Mit ihrer Hilfe verwandeln sich die „Situationen und Sachverhalte der Lebenswelt“ in Stoffe und Spielmaterialien.

2.6.2 Die ästhetische Funktion von Lebensäußerungen

In der ersten Hälfte des 20. Jahrhunderts beschrieben Roman Jakobson und Jan Mukařovský im Kontext ihrer literarischen Analysen den ästhetischen Wert von Kunst als „soziales Faktum“.[146] Als sol-

Kommunikationsmodell 3: Das darstellende Spielen

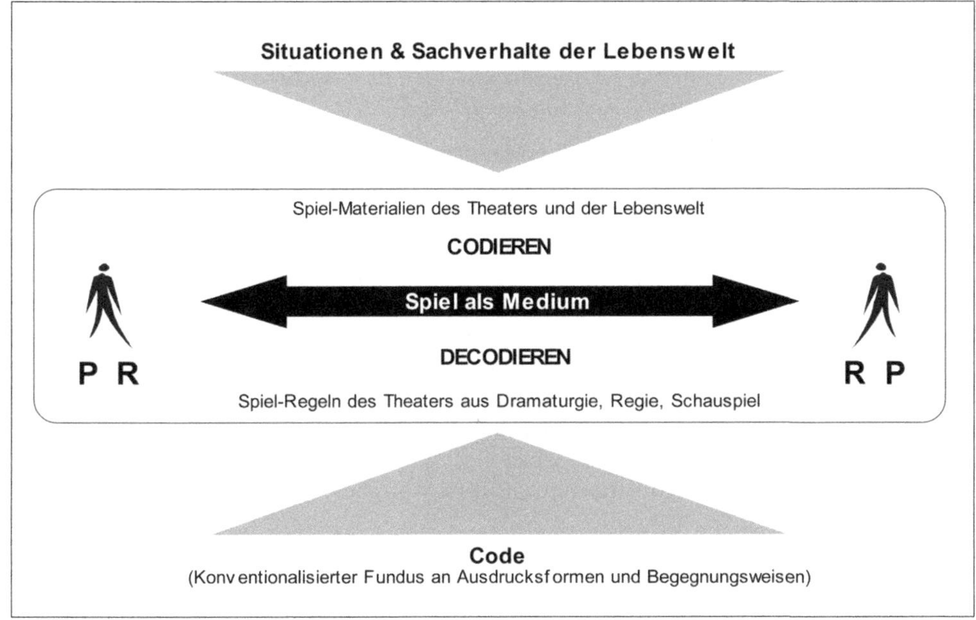

146 Vgl. Mukařovský, Jan (2/1974): Kapitel aus der Ästhetik. Frankfurt a.M. (= edition suhrkamp 428).

ches steht die ästhetische neben den referentiellen, appellativen oder emotiven Funktionen der Alltagskommunikation.

Die *referentielle Funktion* ist dabei auf die inhaltliche Information einer Äußerung eingestellt, z.B. die neutrale Information des Satzes „Die Wanne ist voll." Die *appellative Funktion* vermittelt ggf. den Charakter einer Äußerung als Appell, als Anruf an den Empfänger der Information: „Die Wanne ist voll!!" (Stell endlich den Wasserhahn ab, Mensch!). Die *emotive Funktion* übermittelt das Gefühl, das für den Sprecher mit der Information verbunden ist, auch unterstützt durch emotive Ausrufe: „Juhu! Die Wanne ist voll!" (Endlich kann ich mein Bad nehmen). Die *ästhetische Funktion* nun stellt sich auf das Zeichen selbst ein, auf seinen Rhythmus und Klang (vgl. Jakobson), wie sie Helga Feddersen für ihr deutsches Song-Cover von „You're the one that I Want" benutzte: „Du, die Wanne ist voll – Ju-Hu-Huh!".

> *„Wir proklamieren nicht die Selbstgenügsamkeit der Kunst, sondern verweisen darauf, dass die Kunst ein Bestandteil des gesellschaftlichen Systems ist, ein Element, das mit anderen Elementen in Beziehung steht, ein wandelbares Element, denn: sowohl der Kunstbereich wie auch sein Zusammenhang mit den übrigen Sektoren der sozialen Struktur befindet sich in steter dialektischer Veränderung. Was wir betonen, ist nicht der Separatismus der Kunst sondern die Autonomie der ästhetischen Funktion."* [147]

Die behauptete Prädominanz der „Ästhetischen Funktion" vor den referentiellen, appellativen oder emotiven Funktionen der Alltagskommunikation realisiert sich in der *besonderen Einstellung der Darstellenden auf sich selbst*, d.h. auf das, was sich im Vollzug der Darstellung neben und hinter den routinisierten Ausdrucksformen zeigt und als interaktionales Phänomen spürbar wird. Im Mittelpunkt der Darstellenden Kommunikation stehen deshalb die Differenzqualitäten, die sich zwischen der Bezeichnungsintention – also die absichtsvolle Verwandlung des (Zeichen)Körpers zu bestimmten gesellschaftlichen Zwecken – und der Materialität des (Zeichen)Körpers als solcher, seiner existentiellen Selbstreferenz, ergeben[148] (Vgl. Foto und Bildunterschrift zu Wolfgang Clement, S. 131.).

147 Jakobson, Roman (1979): Poetik. Frankfurt a.M., S.78.

148 Vgl. Mersch, Dieter (2002): Was sich zeigt – Materialität, Präsenz, Ereignis. München.

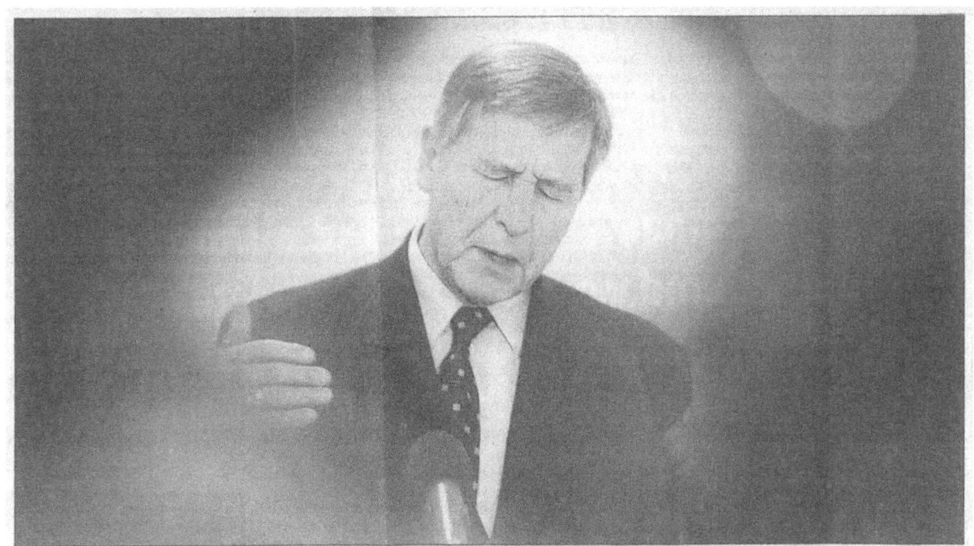
MIMIK UND AUSSAGE klafften gestern bei Wirtschaftsminister Wolfgang Clement weit auseinander. „Im September und Oktober wird es besser werden", sagte er mit Blick auf den Arbeitsmarkt. Besonders zuversichtlich sah er dabei aber nicht aus. Foto: AP

„Mimik und Aussage klafften gestern bei Wirtschaftsminister Wolfgang Clement weit auseinander.", Foto: AP. In: Lingener Tagespost, 03.09.2004, S. 7.

Das Ziel der Darstellenden Kommunikation ist die Vergesellschaftung ästhetischer Wahrnehmungs- und Verkehrsformen zum Zwecke der Emanzipation der Beteiligten von den durch sie verkörperten Zurichtungen.

Dem kommunikativen Vakuum kommt dabei die Bedeutung des Übergangs in den theatralen Raum zu, in dem die Materialität der Körper und Zeichen zum bestimmenden Faktor der sozialen Bewegungen erhoben werden. Die Ausschaltung der konventionellen, funktionalen Verständigungsregeln vertraut – frei nach Tabori – auf das „selbst-Norm-schaffende" Wesen des Theaterspiels. Das *Darstellende Spiel* ist dabei Erfahrungsmodus und methodischer Schwerpunkt zugleich.

Durch das Darstellende Spiel geraten so die Theatralität der Kommunikation als anthropologischer oder soziokultureller Befund auf der einen Seite und Theater als Kunstform *sui generis* auf der anderen in ein dialektisches Wechselspiel. (Vgl. oben: „Kommunikationsmodell 3", S. 129)

2.6.3 *Lernen als Verlernen (Spielregeln)*

„This practice turns the mind inside out. Because we place the activity of the mind into action, we can observe its ways, examine who we are and how we operate. We can consciously redirect our functioning." (Ruth Zapora)

Die virtuelle Konstitution eines kommunikativen Vakuums ist Bedingung der Möglichkeit eines Spielens mit der Theatralität der Menschen[149]. Es müssen Räume und Zeiten geschaffen werden, in denen die Ansprüche des Alltags nicht unmittelbar durchschlagen auf die Haltungen und Handlungsweisen der Menschen, so dass sie neu zu besetzen und experimentell zu erkunden sind. Dabei macht das Ausschalten der konventionellen Verhaltensregeln und Kommunikationsformen nicht sogleich das Spiel aus. Vielmehr schafft es zunächst den Bedarf an neuen Regeln und Verlässlichkeiten. Hier greift das theaterpädagogische Handwerkszeug, hier nutzen die Griffe und Erfahrungen der Theaterlehrer. Ihre Spielregeln sind das kommunikative Substitut für die darstellerischen Normen und Werte des Alltags. Sie schaffen Handlungssicherheit und Rollenschutz. Darstellendes Spielen wird in diesem Zusammenhang zu einem *„Verlernprozess"* (Gerd Koch) dessen, was uns über Individuation, Sozialisation und Enkulturation „einverleibt" ist.

Die **Spielregeln** sind zugleich Bedingung der Möglichkeit, dass sich die Situationen und Sachverhalte der Lebenswelt in Spielmaterialien verwandeln, die sich der un-verschämten Verwertung und kommunikativen Neu-Aneignung durch die Spielenden öffnen. Damit rahmt Darstellende Kommunikation sowohl die Geschichten und Intentionen, die jemand in der Welt vertritt, als auch das, was darin nicht aufgeht, sich aber als Körperbefund, als Ausdrucksnot oder Glück im Auftreten behauptet. In diesem Spannungsgefüge erst werden die Verhaltensmuster und Charaktermasken der Beteiligten befragbar, erweiterbar, veränderbar. Zugleich erweisen sich darin die kollektiven Gehalte der individuellen Blockaden und Defizite. Zum Vorschein gelangt, als szenische Realität, die Möglichkeit eines solidarischen Gruppenverhältnisses. Die unter den Gesetzen des Tausches angetretenen Subjekte, die wirkungsvoller, origineller oder anpassungsfähiger werden möchten, erleben so in der gespielten Wirklichkeit den oder das Andere als eine Chance, die gemeinsam verantwortet werden kann (vgl. Stichwort **Responsivität**[150]).

149 Vgl. Ruping, Bernd (2001b)

150 Vgl. Lévinas, Emmanuel (1999): Die Spur des Anderen – Untersuchungen zur Phänomenologie und Sozialphilosophie. Freiburg/München, S. 231.

2.6.4 Umgang mit Krisen

Auf der Ebene der Operationalisierung der Darstellenden Kommunikation für pädagogische oder kommunikative Zwecke bedarf es neben der Fachlichkeit des Spielleiters, die sich den theatralen Formen des Austauschs und der Vergegenständlichung verdankt, in gleichem Maße auch einer *solidarischen Kompetenz*. Sie ist gerade dann von Bedeutung, wenn das, was im kommunikativen Vakuum hinter den Verpanzerungen zum Ausdruck kommt, nicht sogleich als Spielangebot taugt, d.h. tauschbar ist. Hier zählt nicht der ästhetische Gewinn, sondern zunächst allein ein gelassenes Zulassen und Standhalten. Es ist Voraussetzung für die Entwicklung eines Gemeinschaftssinns, der gerade in der existentiellen Spur, wenn sie als Leid, als Trauer, als Gewalt oder Hilflosigkeit auftritt, das verbindende, sozialisierende Moment sieht.

„Kritik und Krise haben einen gemeinsamen griechischen Wortursprung. Sie kommen von krino, was soviel bedeutet wie scheiden, trennen, aber auch entscheiden. Wenn von einer Sache gesagt wird, sie befinde sich in der Krise, so heißt das also, dass vorher zusammengehörige, in ihrer Alltagsverbindung als natürlich angenommene Elemente sich zu trennen beginnen, bis hin zu der Möglichkeit ihrer Auflösung und ihrem Ausscheiden aus dem Ganzen, was meist die Umstülpung auch dieses Ganzen zur Folge hat. (...) Eine Krise treibt auf einen Höhepunkt zu, der eine auf das Ganze bezogene Entscheidung enthält: Tod oder Heilung."

(Oskar Negt)

> *Rollenschutz*[151]
> *„Dann schrie der Freiwillige die Spielerin an, zitternd und weinend vor Erregung. Auch die Spielerin wurde von der Intensität der Szene mitgerissen und begann zu weinen: Der Rollenschutz war durchbrochen, ein existentieller Moment war aufgetreten. Viele der werdenden Theaterpädagogen waren erschrocken: Wie sollte man mit einem solchen Moment umgehen, wenn er in der eigenen Praxis auftritt? Auch die Spielerin erklärte, sie sei erschrocken gewesen und habe sich bedroht gefühlt, sie habe den ‚Schutz der Rolle' nicht mehr gefühlt. Dies sei aber nicht weiter schlimm, betonte sie, sie könne die Aufregung der anderen nicht verstehen. Der Freiwillige sagte, auch er sei erschrocken gewesen. Einerseits habe er sich durch den Schrei befreit gefühlt, andererseits habe er einen Wutausbruch erlebt, den er so nicht erwartet habe. Es tue ihm leid, dass sich die andere Spielerin so erschrocken habe. (...) Aus einer weiterführenden Kollektivierung hätten dann die Gemeinsamkeiten der Szenen (wie die*

151 Die Szene, die hier gespielt wird, ging von der Erinnerung an eine erlebte Situation aus, in der die Teilnehmer durch den Einfluss anderer etwas getan haben, das sie eigentlich nicht tun wollten. Ein Freiwilliger spielt sein Erlebnis – er sollte eine Flasche Schnaps im Supermarkt stehlen – mit zwei Spielpartnern in der Rolle seiner Klassenkameraden vor. Der Konflikt wird durch Reflexion und Zuspitzung der Szene auf ihren Kern gebracht, in dem der Freiwillige in der ihm von außen zugeschriebenen Haltung seiner Schwäche agiert, bevor er ausbrechen und sich frei verhalten darf. (Ausführliche Übungsbeschreibung in: Boal, Augusto (2005): Regenbogen der Wünsche. Berlin, Milow, Strasburg. S. 127 ff.: Das Analytische Bild.

einzelnen sie aus ihrer subjektiven Sicht erlebt haben, A.d.V.) gefunden werden können, wodurch wir die Chance gehabt hätten, einen allgemeingültigen Unterdrückungsmechanismus aufzudecken, theatral darzustellen und an Lösungsmöglichkeiten zu arbeiten." [152]

Neben den notwendigen Techniken der Kollektivierung und gesellschaftlichen Verallgemeinerung der existentiellen Befunde in Bildern und szenischen Arrangements (vgl. etwa Brechts Methode des **Soziologischen Experiments** und Boals analytische Spieltechniken[153]), die die Darstellende Kommunikation von Formen der Therapie unterscheidet, steht hier die Haltung des Spielleiters als emotional Beteiligter und nicht als strategisch Planender. Sein sympathetisches (mitfühlendes) Vermögen gibt den Beteiligten die Gewissheit, dass sie gefordert, aber nicht überfordert sind. Er ist es, der durch sein Auftreten der Virtualität des kommunikativen Vakuums – und also gleichzeitig den ihrer kommunikativen Muster ent-setzten Subjekten – Form, Halt und Perspektive gibt.

2.6.5 Das kommunikative Vakuum in der Praxis

2.6.5.1 Durch den Raum gehen

Vom Gehen-Rennen-Einfrieren zum Einfrieren in der selben Szene

„Geht durch den Raum. Ein wenig schneller. Beschleunigt noch ein bisschen. Große offene Schritte. Atmet. Manchmal folgt ihr jemandem. Geht dahin, wo er hingeht, geht auf die eine Weise wie er geht. Wechselt oft die Richtung. Vermeidet im Kreis zu gehen. Haltet das Tempo. Offene Schritte. Konzentriert euch weiter auf euren Atem. Beobachtet euren Atem weiter. Nehmt wahr, wo jemand ist und wo jemand läuft. Seht euch selbst in Verbindung mit allen anderen in diesem Raum. Haltet das Tempo. Ab und zu: Rennt. Rennt schnell. Entweder geht ihr schnell oder ihr rennt schnell. Folgt manchmal einem anderen.
Und jetzt, ab und zu, friert ein, haltet alle Bewegungen gleichzeitig an. Euren ganzen Körper – eure Hände, euer Gesicht,

152 Renz, Alban: Untersuchung des Begriffs „Rollenschutz" im Kontext theaterpädagogischer Ziele. Diplomarbeit an der FH Osnabrück, Standort Lingen (Ems), Fachbereich Theaterpädagogik. Eingereicht im August 2003. S. 57 f.

153 Boal, Augusto (2005): Regenbogen der Wünsche. A.a.O. S. 83 ff.

sogar die Augen – still. Haltet eure Energie in diesem Stillstand. Manchmal folgt ihr jemandem. Friert ein, wenn er einfriert. Es gibt jetzt kein Gehen mehr, so dass ihr entweder schnell rennt oder stillsteht, absolut still.
Das nächste mal, wenn ihr einfriert, macht das in einer sehr dramatischen Pose, sogar melodramatischen Ausdruck. Plant es nicht. Springt spontan in unbekanntes Gelände. Tut so, als seid ihr besessen, verrückt, gefühlsmäßig absolut willkürlich. Seid Dämonen. Manchmal: Folgt jemandem. Friert ein, wenn er einfriert. Rennt, wenn er rennt. Manchmal friert ihr in Reaktion auf das Freeze von jemand anderem ein, reagiert auf seine Figur, seine Pose, seine Erscheinung.
Geht in seine Szene." [154]

Die variantenreiche theaterpädagogische Standard-Übung, die Gruppe zu Beginn im Raum durcheinander gehen zu lassen, ist aus der Perspektive des kommunikativen Vakuums so gut für einen Beginn mit Anfängern geeignet, weil sie an konventionelle Verhaltensnormen anknüpft und zunächst von ihnen ausgeht. Die Teilnehmer erhalten nach Betreten des Spielraums eine Anweisung, der sie ohne Probleme folgen können: „Gehen – das kann ich!". Sie beobachten und agieren in alltäglichen Handlungen: gehen, rennen, stillstehen. Dabei richtet sich ihre Aufmerksamkeit zunehmend auf die ganze Gruppe, den Raum, den Rhythmus der Bewegung.

Praxisbeispiel: Die Not ist groß!

„Eingeladen zu einer Fortbildung für Fachbereichsleiter, Thema ‚Leitungskompetenz'. Die Teilnehmer allesamt erfahrene Studienräte oder Oberstudienräte beiderlei Geschlechts, mit z.T. zurückhaltend-reflektiertem, z.T. offensiv-kritischem Gestus: Der Sportlehrer ist signifikant unternehmenslustig, ermutigt vielleicht durch die Aufforderung in der Einladung, lockere Kleidung mitzubringen. Er will's wissen.
‚Wir gehen durch den Raum.' – Kein Problem.
Die erste Krise dann beim absichtslosen Laufen.
Die Fachleiterin für Geschichte leidet. Sie hat keine Haltung für diese Bewegungsart. Ihre Brüste sind gewaltig und schwingen eigensinnig. Im leeren Raum gibt's kein Versteck. Jetzt hilft auch Gehen nicht weiter: Die andren laufen ja, können's

154 Zaporah, Ruth (1995): Action Theater. The Improvisation of Presence. Berkeley. S. 3 f. (Übers. Günther)

ja. Der Sportlehrer fühlt sich unterfordert und geht Risiko – schneller, offensiver.
Beide, die Frau und der Mann, haben eines gemeinsam: Sie sind fixiert auf die Muster, die sich ihnen im Laufe der Zeit einverleibt haben. Außerhalb dieser Muster, gleichsam unbefangen, können sie einander nicht begegnen.
Nach knapp zehn Minuten waren wir an der Kernfrage des Seminars:
‚Leitungskompetenz' war ausgeschrieben, aber das persönliche In-der-Welt-Sein, die Selbst- und Fremdwahrnehmungen, die Ängste unterhalb des strukturell verordneten Genialitätsanspruchs an die Leitenden wurden zum eigentlichen Untersuchungsgegenstand.
Also Schluss mit Rennen!
Stattdessen: Übungen zur Raumwahrnehmung, und schließlich:
‚Geht jetzt aufeinander zu, so nah, so weit, wie es euch gut tut.
Spielt mit Nähe und Distanz.
Spürt Eure Widerstände, Eure Möglichkeiten.
Gebt Euren Blick, und nehmt ihn wieder weg.
Nutzt den ganzen Raum. Wechselt die Partner.
Probiert Euch aus.'
Es gab viel zu sagen, anschließend.
Aufatmen. Sprechen kann auch retten.
Die Not fand ihren Rahmen."

Seminarprotokoll Bernd Ruping, Juli 2001)

Erwachsene können mit bekannten, aber sonst nicht-öffentlichen Handlungen (wie sich strecken und gähnen) langsam in den Spielrahmen hinübergeholt werden. Dann beginnt die Ermutigung, sich gegenseitig wahrzunehmen, sich zu begegnen, sich anzusehen. Kinder und Jugendliche können in der Regel leichter zum Spiel verleitet werden. Bei ihnen geschieht es dagegen manchmal, dass das einfache, ziellose Umhergehen im Raum bereits als zu befremdend empfunden wird. Dann braucht es möglicherweise zusätzliche Spielregeln, die dem Gehen einen Grund geben (z.B. andere unbemerkt zu verfolgen) oder andere Spiele, die an bekannte vielleicht anknüpfen, aber nach und nach variiert werden (vgl. Theatralisierung von Kinderspielen bei Christel Hoffmann[155]). Andererseits kann die Durch-

155 Vgl. etwa Hoffmann, Christel (1989): Spielen und Theaterspielen. Berlin (DDR).

setzung der Spielregeln auch durch die konsequente Einforderung von Disziplin im Spiel – wie sie ja auch in der unumstößlichen Klarheit der oben zitierten Anweisungen anklingt – gelingen.

2.6.5.2 Mit der Form beginnen

Manchmal ist es auch möglich, das kommunikative Vakuum in einen ästhetischen Raum zu transzendieren, indem gleich zu Anfang eine theatrale Form gestaltet wird.

> *„Sucht euch einen Platz im Raum. Nehmt euch kurz Zeit und findet jeweils zwei einfache Gesten. Eine Geste soll dafür stehen, wie es euch in diesem Moment geht, die andere ist eine Geste zu eurem Namen. Seid nicht originell. Es kann auch nur eine ganz kleine Bewegung sein.*
> *Geht jetzt einzeln hinter den Vorhang, tretet auf, zeigt uns beide Gesten nacheinander und nennt dann euren Namen. Dann geht ihr ab.*
> *Geht jetzt alle hinter den Vorhang. Wenn die Musik beginnt, findet zusammen einen Zeitpunkt für den gemeinsamen Auftritt. Organisiert euch. Achtet aufeinander. Wenn alle auf der Bühne stehen, findet einen gemeinsamen Punkt, mit euren Gesten zu beginnen. Wenn ihr eure Geste beendet habt, nennt euren Namen, wie er euch in dem Moment über die Lippen purzelt. Dann friert ein. Wenn der letzte seinen Namen gesagt hat, wartet einen kurzen Moment, bevor ihr die Haltungen auflöst."*

Die Frage nach den Gesten knüpft ebenfalls an bekannte Formen an, die Suche nach einer kleinen Bewegungssequenz soll möglichst angstfrei geschehen. Die Einzelauftritte erhalten den Charakter einer Probe, in der jeder seine Geste zeigen und durch die Augen der Zuschauer betrachten kann.

Die Rahmung durch ein Musikstück und der gemeinsame Auftritt versammeln die Einzelgesten zu einer kleinen Choreographie, die wiederum der Verfasstheit des Ensembles Ausdruck verleiht.

"Personal agendas, and the resulting loss of awareness (...) prevent us from living in the present. We allow beliefs to govern our actions, rather than our experience of the constant flow of change. As our awareness of timing develops, we discover that each present moment holds everything we need to meet the next. In this flow of changing phenomena, we see that all the old moments have aided our delivery to this one, one moment falling out of another. There's no longer any thing as a false move."

(Ruth Zapora)

primordial: ursprünglich, zuerst seiend, uranfänglich; hier auch: vor-begrifflich. Vgl. dazu: Anm. 121, S. 113.

2.7 Sechste Dimension des theatralen Lernens: Gegenwartsidentität – im Moment dasein

2.7.1 Der ästhetisch-theatrale Moment

Der ‚ästhetische' bzw. ***theatrale Moment***[156] als Augenblick, in dem ein gestalterischer Prozess sowohl Spieler als auch Betrachter anrührt und in ihrer Ähnlichkeit verbindet, kann nicht vermittelt oder gelehrt, sondern nur in eigener Erfahrung erlebt und (an)erkannt werden. Er ist nicht planbar, nicht hervorzuzwingen; – er zeigt sich, ereignet sich. Das Erlebnis ästhetisch-theatraler Momente ermöglicht auf der Basis eines **primordialen** (vgl. Stichwort **Mimesis**) und unmittelbaren Wirklichkeitsbezugs vorsprachliche, sinnliche Erkenntnis in den Zwischenräumen theatraler Kommunikation. Der Begriff der Gegenwartsidentität nähert sich der Beschreibung des subjektentgrenzten Zustands der Teilhabenden in solchen Jetzt-Zeit-Situationen oder Situationen ‚erfüllter Zeit'.

> *„Andi schweigt so laut er kann.*
> *Andi ist 14 Jahre alt. Er spielt das erste Mal Theater. In diesem Stück spielt er einen Jungen etwa im selben Alter. In einer Szene sitzt der Junge allein in seinem Zimmer, auf seinem Bett, einen Teddybär neben sich. Die Beine angezogen, die Arme um sie gelegt, sitzt er still und blickt geradeaus ins Publikum. Lange. Er sieht seinen Teddy an, als hätte der etwas gesagt, und dann wieder ins Publikum. Er steht auf. Vor einem Spiegel übt er Tritte und Schläge wie ein Ninja-Kämpfer. Er bricht ab, dreht sich zum Publikum. Am Bühnenrand nimmt er sich viel Zeit, um mit einzelnen Zuschauern Blickkontakt aufzunehmen. Er schaut mir direkt in die Augen, ernsthaft und lange, und ich muss an einen Tiger denken, an den Augenblick höchster Konzentration und Stille vor dem Sprung. Still ist es im Saal. Selbst die Schüler im Publikum schweigen.*
>
> *Der Regie-führende Theaterpädagoge, der mit Andi und einigen seiner Schulkollegen das Stück zum Thema Träume und Fernsehen als seine Abschlussinszenierung erarbeitete, erzählt von den Proben: Wie Andi versuchte, sich den anderen beiden Jungen der Gruppe anzupassen und von ihnen aner-*

156 Vgl. Wenzel, Karola (2001): Vom Einfangen des ästhetischen Werts. Zur Typologie der ästhetischen Funktion. In: Korrespondenzen Heft 38, 17. Jg., März 2001. S. 21 f.

> *kannt zu werden, indem er ihre Gesprächsthemen und ihre exzentrische Sprunghaftigkeit kopierte. Wie schwer diese Jungen an etwas dranbleiben konnten (‚Neunzig Prozent des Warm-up sind Konzentrationsübungen!‘). Und er erzählt von dem für die beschriebene Szene entscheidenden Moment in den Proben, den er ‚Andi schweigt so laut er kann‘ betitelt: Während einer Improvisation toben die anderen Spieler wie immer über die Bühne (sie lieben Kampfszenen), aber Andi sitzt jetzt ganz ruhig in der Mitte und schaut nur. Nicht nur der Regisseur entdeckt die ästhetische Qualität dieses Eigensinns. Die anderen Spieler versuchen, Andi aus seiner Haltung zu kippen, indem sie ihn stören, irritieren und anmachen, aber sie schaffen es nicht. ‚Der lässt sich ja durch gar nichts nerven!‘, sagen sie anerkennend und staunen.“* [157]

Das Beispiel veranschaulicht, wie ein als besonders spannend und intensiv empfundenes Ereignis im improvisatorischen Prozess einer Stückentwicklung Eingang in die spätere Produktion gefunden hat, ohne seine Intensität einzubüßen. Mehr noch: Es gelang, sie auch den Zuschauern des fertigen Stückes zugänglich zu machen. Spannungserzeugende Momente wie dieser gehören wahrscheinlich zu den Schlüsselerlebnissen der Theaterpraktiker und sind ein Teil des Schatzes, auf dessen Suche sie sich mit ihrer Arbeit begeben. Diesen Momenten haftet etwas Nicht-Beschreibbares, Metaphysisches an, das kaum begrifflich zu fassen ist. Trotzdem gelten sie uns als Angelpunkt der Theaterarbeit und dies insbesondere auch im Zusammenhang des sozialen Lernens. Jede und jeder findet konkurrenzlos und unangefochten seinen Platz. Das Soziale materialisiert sich hier als Ereignis, in dem wir uns wieder als gesellige Wesen zu- und einfallen. Alle zuvor beschriebenen Dimensionen theatralen Lernens führen auf diese Ereignisse zu. Eine diesen Einstellungen entsprechende Spielleiterhaltung öffnet den Spielraum und den Blick für diese Ereignisse und versucht, möglichst viel von dem auszuschalten, was sie verhindert.

Im folgenden geht es um zwei Schlüsselkompetenzen für die theatrale Gestaltung, die sich aus den zuvor beschriebenen Dimensionen theatralen Lernens ergeben: Gegenwärtigkeit (Präsenz) und Aufmerksamkeit für das Ensemble (Subjektentgrenzung). Diese Kom-

157 Ruping, Bernd / Günther, Michaela / Himstedt, Swaantje (2001): Vortrag zur Tagung der „Ständigen Konferenz Spiel und Theater an deutschen Hochschulen“ am 23. Juni 2001 in Osnabrück.

petenzen sind auch Grundlage dafür, solch einen im Probenprozess *zufällig* gewonnenen Moment wiederholbar zu machen, um sie in eine Inszenierung zu integrieren. (Vgl. dazu auch die Praxisbeispiele, S. 172/173 u. 190 im dritten Kapitel.)

Gegenwartsidentität nimmt die besondere Ästhetik des theatralen Ereignisses in den Blick. Wir fanden den Begriff in dem Versuch und der Not, ästhetische bzw. theatrale Erfahrungsmomente erlebnisnah zu versprachlichen und für die theaterpädagogische Theoriebildung zu verallgemeinern. Sie wird hier als Begriff für eine differenzierte Betrachtung der spezifischen Erfahrungsmodi ästhetisch-theatraler Gestaltungsprozesse vorgeschlagen.

Im Kontext theatraler Lernprozesse ist Gegenwartsidentität ein Identitätsbegriff der entgrenzten Subjektivität, einer Einheit mit dem Anderen. Gegenwartsidentität als methodische Dimension theatraler Lernprozesse bezieht sich außerdem auf die Wesensart sozialisierter ästhetischer Momente (vgl. **Ästhetische Lernprozesse, Theatrales Lernen**).

2.7.2 Die besondere Materialität theatralen Lernens

Ulrike **Hentschel** stellt in ihrer Arbeit „Theaterspielen als ästhetische Bildung“ [158] eine hartnäckige Tendenz zur Instrumentalisierung und Funktionalisierung der ästhetischen Bildung für unterschiedliche Zwecke fest, die sich seit ihrem Beginn bis heute jeweils zwischen geschichtsphilosophischen (Schiller), ideologiekritischen (Kunstpädagogik der 1960/70er) und pädagogisch-anwendungsorientierten Konzeptionen festmachen lassen. Dieser Funktionalisierungs-Tendenz tritt Hentschel mit einer Hervorhebung der „Besonderheit der Materialität der Kunstform Theater“[159] als Leitkategorie für eine theaterpädagogische Theoriebildung entgegen. Sie sieht damit von allen nicht-künstlerischen Zwecksetzungen ästhetischer Bildung ab und stattdessen auf die spezifische Beschaffenheit künstlerischer Erfahrung. Anhand einer Untersuchung der Schauspieltheorien (Künstlertheorien) zentraler Theaterentwickler stellt Hentschel den mehrfachen Doppelcharakter des Theaterspielens als Besonderheit ästhetischer Erfahrung dar, auf die sich auch die Theaterpädagogik besinnen solle. Ästhetische Erfahrung ist nach Hentschel gekenn-

158 Hentschel, Ulrike (1996): Theaterspielen als ästhetische Bildung. Weinheim.
159 A.a.O., S. 242.

zeichnet durch deren **Ambiguität**[160] (Mehrdeutigkeit) „zwischen Spieler und Figur", „zwischen den Ereignissen", „zwischen Bühne und Publikum", „zwischen ‚Körper-Haben' und ‚Körper-Sein'", „zwischen Sinn und Sinnlichkeit".[161] Ästhetische Bildung vollzieht sich demnach nicht in der kritischen Auseinandersetzung mit bestimmten Inhalten oder in deren Abbildung mithilfe theatraler Mittel, sondern gerade das gleichzeitige Nebeneinanderstehen verschiedener, auch widersprüchlicher Wirklichkeiten und Wahrnehmungen ist die besondere Möglichkeit künstlerischen Gestaltens.[162] Die Verknüpfung anderer, fachfremder Lerninhalte mit dem ästhetischen Prozess, der sodann nur als transportierendes Medium genutzt wird, hält sie für kontraproduktiv hinsichtlich ästhetischer Bildung. Soziales, sachliches Lernen oder reale gesellschaftliche Veränderung sind ihr zwar möglicherweise wünschenswerte, aber eben unplanbare Nebenprodukte des künstlerischen Tuns.[163]

➢ Siehe auch die Aufsätze „Das Subjekt in der Theaterpädagogik" (IV.7) und „Darstellung aktueller Theorieansätze zur theaterpädagogischen Praxis" (IV.6).

2.7.3 Lernen in den Zwischenräumen

Da unsere Untersuchung sich auf die Bedingtheit eben jener Nebenprodukte richtet, interessiert uns an diesem Punkt die besondere Wesensart der von Hentschel herausgearbeiteten ambiguosen Erfahrungsweisen zwischen den Konstituenten des theatralen Prozesses. Auch sie stellt die Frage, „wie theatrale Wirklichkeit erzeugt werden kann".[164] Auf die spielraum-schaffende Loslösung des Prozesses von intentionalen Zwecksetzungen sind wir bereits eingegangen (vgl. **Intentionslosigkeit, Experiment**).

Allerdings bereitet uns das Festhalten dieser Argumentation an einer abgegrenzten, unteilbaren Einzelerfahrung im Theaterspiel Kopfzerbrechen. Hentschel schließt ein kollektives Erleben selbst in theatralen Wirklichkeiten in aller Deutlichkeit aus:

160 "Als Ambiguität lässt sich diese Erfahrung insofern kennzeichnen, als es sich nicht um ein Nacheinander sich widersprechender Erfahrungen handelt, sondern um das gleichzeitige Nebeneinander von nicht zu vereinbarenden Zuständen und Situationen." (Hentschel, a.a.O., S. 244).

161 A.a.O., S. 163 ff.

162 A.a.O., S. 242.

163 A.a.O., S. 250 f.

164 A.a.O., S. 243.

> *„Nicht gattungsgeschichtlich abzuleitende Ziele sollen demnach in der ästhetischen Bildung richtungsweisend sein, sondern die ideosynkratischen Geschichten des einzelnen, kontingenten Selbst.“* [165]

‚Ideosynkratisch‘ bedeutet in der Psychologie ‚von unüberwindlicher Abneigung erfüllt‘. Bei Hentschel betont der Begriff mit Nachdruck, dass die individuellen subjektiven Entwürfe von (theatraler) Wirklichkeit miteinander unvereinbar nebeneinander stehen. Die Wahrnehmung und Gestaltung theatraler Momente wären demnach subjektive Prozesse der Einzelnen: „Darüber hinaus handelt es sich bei dem Eintreten in ein Spiel, dem Sicheinlassen auf Imaginationen, auf die Konstitution theatraler Wirklichkeiten um dezidiert subjektive Prozesse, die in pädagogischer Absicht nicht herstellbar und steuerbar sind, sondern von der Entscheidung bzw. den Möglichkeiten des einzelnen abhängen.“[166]

Demgegenüber schlägt Gegenwartsidentität – als Konsequenz aus den methodischen Dimensionen theatralen Lernens – einen Bogen über die nebeneinanderstehenden und widersprüchlichen Geschichten der Einzelnen. Das Ganze eines theatralen Arbeitsprozesses ist unseres Erachtens mehr als die Summe seiner Teile. Der „Mehrwert“ entsteht in den Zwischenräumen der theatralen Kommunikation (*zwischen den Subjekten also*), wie sie an einem bestimmten Ort zu einer bestimmten Zeit in einer bestimmten Gruppe stattfindet. Diese Kommunikation entzieht sich freilich gerade in ihren gelungensten Augenblicken – **den theatralen Momenten** – einer Sinn-Festlegung oder Versprachlichung. Dennoch finden wir in ihnen – ausgehend von unseren Beobachtungen – eine tiefe mimetische Verbindung zwischen den Produzenten (und Rezipienten): „Nach Adorno (1970, S. 413) ist der ästhetische Moment der Moment, an dem sich Sinn und Mimesis treffen. ‚Sinn‘ verstanden als der philosophische Gehalt einer Geschichte und ‚Mimesis‘ verstanden als Ähnlichkeitsbeziehung zum Rezipienten, als Nachvollzug der Geschichte durch ihn.“[167] Den Hinweis auf den ‚philosophischen Gehalt einer Geschichte‘ verstehen wir nicht etwa als erneute Funktionalisierung des Theaterspiels zur Sinnvermittlung, sondern als durchaus mehrdeutigen

165 A.a.O., S. 245.

166 Vgl. Hentschel, Ulrike: a.a.O., S. 250.

167 Wenzel, Karola (2001): Vom Einfangen des ästhetischen Werts. Zur Typologie der ästhetischen Funktion. In: Korrespondenzen Heft 38, 17. Jg., März 2001. S. 22.

und wandelbaren Ausdruck einer Befragung der Welt, wie sie von eben diesen Spielern unternommen wurde und im Idealfall (Gegenwartsidentität!) sich in jeder neuen Aufführung sich fortsetzt.

Wenn wir unter diesen Voraussetzungen nun nicht nur die besondere Beschaffenheit des Theaters, sondern genauer des Theaterspiels in nicht-professionellen Zusammenhängen in den Blick nehmen, müssten wir den ambiguosen Zwischenräumen (zwischen Spieler und Figur, Bühne und Publikum usw.), die Ulrike Hentschel anhand der Künstlertheorien herausgearbeitet hat, die Dimension „Zwischen den Subjekten" hinzufügen. Für die theaterpädagogische Theoriebildung wäre dann zu fragen, wie die konkreten ästhetisch-theatralen Momente von den Spielern erlebt und als solche erkannt werden.

Welches sind die praktischen Voraussetzungen für ästhetisch-theatrale Erfahrung?

Welche Besonderheiten kennzeichnen die inter- und intrasubjektive Kommunikation eines so gestalteten Prozesses?

Welche Besonderheit kennzeichnet jene Momente im Gestaltungsprozess, die als so stimmig erlebt werden, dass sie das spätere Produkt prägen und überhaupt hervorbringen?

2.7.4 Gegenwartsidentität als Identitätskonzept

Die aktuelle theaterpädagogische und sozialwissenschaftliche Theoriebildung verabschiedet sich von dem statischen Begriff einer **Ich-Identität**, die sich in aufeinander aufbauenden Schrittfolgen zu einem – im „gesunden" Fall – mehr oder weniger stabilen und eindeutigen Endprodukt entwickeln lässt, wie es in Eriksons Phasenmodell[168] gedacht wird. Moderne **Identität** wird im Spannungsfeld individueller und sozialer Prägungen und Ansprüche gesehen, zwischen denen das Individuum durch seine **Selbstreflexivität** vermittelt und sich ein Bild von der eigenen Persönlichkeit schafft.

> *„Identität ist das je eigene Selbstkonzept, das sich sowohl durch Kohärenz/ Stabilität als auch durch prinzipielle Wandelbarkeit auszeichnet. Sie gründet auf einem relativ konstanten und doch erweiterungsfähigen Reservoir an geistigen und affektiven Repräsentationen des eigenen Selbst."*[169]

„Das Bedürfnis nach Gerechtigkeit ist ein sehr menschliches Bedürfnis. Aber jetzt wird sichtbar, dass die spezifische Ausprägung der Gleichheitsvorstellung eine Rückseite hat: den Konformitätszwang; die Unfähigkeit, mit Differenzen umzugehen und soziale, kulturelle, weltanschauliche Differenzen auszuhalten."

(Wolfgang Thierse)

168 Vgl. Erikson, Erik H. (1988): Der vollständige Lebenszyklus. Frankfurt/Main.

169 Weintz, Jürgen (1998): Theaterpädagogik und Schauspielkunst. Ästhetische und psychosoziale Erfahrung durch Rollenarbeit. Butzbach-Griedel. S. 69.

Ulrike Hentschel versteht Identität ebenfalls als „Potential von Wandlungen und Veränderungen“[170] und folgert hinsichtlich möglicher sozialer Lerninhalte: „Indem Erfahrungsfähigkeit und Selbstvergessenheit als wesentliche Kompetenzen des gestalterischen Prozesses, nicht nur in der Auseinandersetzung mit der zu gestaltenden Figur, sondern auch in der Begegnung mit den Partnern auf der Bühne unverzichtbar sind, können fixierte, normative Vorstellungen vom Selbst eventuell in Bewegung geraten.“[171]

Das gestaltende Subjekt erscheint hier wieder als ein in sich abgeschlossenes System, das mit seiner Wirklichkeitskonstruktion auf andere Einzelsubjekte stößt. In dieser Begegnung lassen sich die so verstandenen Subjekte bestenfalls voneinander irritieren und lernen, sich auf fremde Wahrnehmungen einzulassen. Es wird vorstellbar, an der Stelle des anderen zu sein.

Nach Lohauß kommt dem Begriff der Ich-Identität eher der Charakter eines Idealbildes zu, das erst noch verwirklicht werden möchte. Es bildet somit ein Werte-Modell (vgl. **Subjekt-Ideal**) aus, nach dessen Kriterien entschieden wird, welche Menschen unsere Wertschätzung und welche unsere Verachtung verdient haben.[172] Lohauß kommt zu dem Schluss, dass auf der gesellschaftlichen Ebene dieses moralische Wertformat zur Beschreibung konkreter sozialer Handlungsformen nicht ausreicht. „Die Vergesellschaftungsform des modernen Selbst enthält diese individualisierenden Strukturen, gegen die seine gemeinschaftlichen Voraussetzungen immer wieder geltend gemacht werden müssen. Sie sind insbesondere in zwei Seiten der modernen Identität angelegt, der autonomen Innerlichkeit und der instrumentellen Rationalität.“[173] Im Kontext sozialen Lernens ginge es demnach nicht nur darum, persönliche Einstellungen zu hinterfragen und möglicherweise zu lockern, um sich letztlich noch effektiver zu stabilisieren, sondern es ginge um die Konzentration und das Erlebnis der gemeinschaftlichen Voraussetzungen.

> *„Es reicht für die Gesellschaft nicht, wenn die Individuen im Sinne Eriksons eine starke Ich-Identität und Vertrauen, Autonomie, Initiative und Kompetenz entwickeln. Das Projekt der*

170 A.a.O., S. 248.
171 A.a.O., S. 249.
172 Lohauß, Peter (1995): Moderne Identität und Gesellschaft. Theorien und Konzepte. Opladen. S. 218.
173 A.a.O.: S. 219.

modernen Ich-Identität braucht die Unterstützung eines gesellschaftlichen Projektes der Wir-Identität.“ [174]

„Ichlose Vielfalt! Ich habe großen Respekt vor den Gefühlen und ihrem Antirealismus. Wenn der Mensch auf etwas stößt, was er nicht erträgt, bekommt er einen Hautausschlag. Er ist allergisch gegen Unglück. Diesen Antirealismus im Menschen muß man anerkennen. Dazu verhält sich das Ich als Popanz.“

(Alexander Kluge)

Das Problem der Funktionalisierung der ästhetischen Bildung, das Ulrike Hentschel anspricht, wird mit einer Ausblendung pädagogischer Zielbestimmungen aus dem künstlerischen Prozess nicht gelöst. Die Instrumentalisierungstendenz liegt viel mehr in den individualisierenden Strukturen, in denen pädagogische und ästhetische Prozesse stattfinden, ohne die tatsächlich gemeinschaftliche Kernfrage zu berühren.

Gegenwartsidentität ist im Unterschied zu den Modellen einer wie auch immer gearteten „Ich-Identität“ als ein Selbst-Entwurf zu verstehen, der für einen bestimmten Augenblick, einen bestimmten Zustand oder in einer bestimmten Situation Gültigkeit hat – es ist also ebenfalls Wandelbarkeit vorausgesetzt.

Diese Form des Selbst-Entwurfes schließt die Erfahrung der Gegenwart, die leibliche und zeitliche Anwesenheit der/des *Anderen*, in sich ein. Die Subjekte sind sich selbst und dabei sich gegenseitig gewärtig; – sie sind gegenwärtig. Eine andere Gegenwart (andere Mitspieler, anderer Raum, anderer Tag etc.) bringt andere Wahrnehmungs- und Ausdrucksweisen hervor. Andere theatrale Momente sind möglich und alles ergibt andere theatrale Produkte. „So uneindeutig und mehrspurig wie der Prozess wird das Produkt (...), das Produkt transzendiert den Prozess.“[175]

Aus den Zufallsanordnungen der auf der Bühne zusammentreffenden Wirklichkeitsvorstellungen entstehen ästhetisch-theatrale Gewissheiten, die zurückweisen auf die den Konstellationen immanenten sozialen Strukturen, Bedürfnisse und Entwürfe[176]. Damit kann sie vielleicht als Modell einer „Wir-Identität“, wie Lohauß sie meint, gesehen werden (s.o). Die theatrale Erfahrungsweise des Anderen im Theaterspiel, die Wahrnehmung dessen, dass die Subjekte in einem einzigen – wenn auch im Bedeutungsgehalt diffusen – Bild vorkommen, bereitet den Boden für die Möglichkeit sozialen Lernens durch theatrale Erfahrung.

174 A.a.O., S. 222

175 Wenzel, Karola (2001): Vom Einfangen des ästhetiscchen Werts. Zur Typologie der ästhetischen Funktion. In: Korrespondenzen Heft 38, 17. Jg., März 2001. S. 22.

176 Vgl. Gerd Kochs Rezeption des Begriffs der soziologischen Phantasie von Oskar Negt. Koch, Gerd (1997): Theater-Spiel als szenische Sozialforschung. In: Belgrad, J. (Hrsg.) (1997): TheaterSpiel. Hohengehren.

Gegenwartsidentität ist damit angelegt als ein Identitätskonzept, das handlungsorientiert und aus der Perspektive theatraler Prozesse entwickelt wird. Sie ist der Gegenentwurf zum team- und konkurrenzfähigen, zuverlässigen, toleranten und durchsetzungsfähigen Musterbürgers des Subjekt- und Identitätsideals. Ihre Methode zielt letztlich nicht auf Selbst-Erkenntnis, Selbst-Bewusstsein, individuelle Handlungskompetenz usw., sondern auf die Fähigkeit, *sich in Beziehung zu setzen* zu allem, was dieses „Selbst" umgibt und erfüllt. Sie will ‚Eigen-Sinn' als Wiedererlangung der eigenen Sinnlichkeiten und Sinne im Gegenspiel zu deren Überformung in entfremdungsreichen Kontexten.

2.7.5 Gegenwartsidentität als ästhetische und theatrale Erfahrung

Die methodische Dimension der Gegenwartsidentität berührt den Punkt zwischen ästhetischer (nicht-kommunizierbarer) und theatraler (sozialisierter künstlerischer) Erfahrung und gewinnt seine Bedeutung insbesondere in der Betrachtung der „besonderen Kunstform" theaterpädagogischer Produktionsweisen, die nicht auf eine professionelle Geschultheit des künstlerischen Ausdrucks ihrer Produzenten zurückgreifen kann. Theaterkunst ereignet sich im nichtprofessionellen Feld in der Regel auf grundsätzlich anderen Wegen als in der Arbeit mit Profis. Die Darsteller beherrschen hier selten Techniken, die ihnen helfen, sich im Spiel bewusst von der eigenen *Persönlichkeit* zu ‚neutralisieren'. Sie greifen in einer Rollenarbeit stärker auf eigene Erfahrung und Vorstellungen zurück. Die Rollenarbeit hebt persönliche Erkenntnismomente existentieller Erfahrung für sie auf, die ihren Rollenschutz durchschlagen können. Gesellschaftliche Zurichtungen, die sich in den Körpern und den Begrenzungen des aktiven Fantasievermögens festgesetzt haben, haben stärkeren Einfluss auf die Theaterarbeit. Die Situationen der theaterpädagogischen Prozesse unterliegen anderen Ergebniserwartungen von verschiedenen Seiten: Die Institution, die Finanzgeber, das lokale Umfeld wollen künstlerische oder pädagogische Erfolge sehen.

„Die Macht des Theaters entsteht aus der Wirklichkeit und Präsenz des Anderen, nicht aus seiner Abstraktion oder der Vorstellung von ihm. Im Austausch des Atems und im Dialog der Körper zeigt die Gegenwart der Menschlichkeit. Wir haben es nun mit einer Poetik der Identität zu tun."

(Francois Debary)

In der Theaterpädagogik, die sich als Disziplin ästhetischer Bildung versteht und gesellschaftspolitisch wie kulturell von Bedeutung sein will, begibt sich der Spielleiter mit seiner Gruppe in einen gemeinsamen Suchprozess nach dem zu gestaltenden Produkt. Wer als Theaterpädagoge eine nicht-direktive, nicht-vorgedachte Inszenierungsweise wählt, ist auf seinen Blick für die theatralen Ereignisse und die Besonderheit der jeweiligen Gruppe angewiesen, um erstens künstlerische Entscheidungen zu treffen und zweitens die Gruppe in künstlerische Lernprozesse (ver-)führen zu können. Die Teilhabe der Spieler an Inszenierungsentscheidungen und ihre wachsende Aufmerksamkeit für intensive Momente bestimmen deren Prozess des theatralen Lernens, der mit einer Bewusstwerdung und ggf. Überschreitung ihrer Seh- und Seinsgewohnheiten einhergeht (gleiches gilt erfahrungsgemäß ebenso für ihr Publikum).

Eine der **Kernkompetenzen** des Didaktikmodells von Lidwine Janssens ist die Hinführung der Spielenden zur dramatischen Einsicht[177]. Das setzt voraus, dass die Spielenden an künstlerischen Entscheidungen beteiligt sind. Sie erleben mit wachsendem Bewusstsein, welche theatrale Wirklichkeit sich für sie als stimmig darstellt. Diese Stimmigkeit ist jedoch in keinem Augenblick der Gestaltung von der Anwesenheit der anderen isoliert wahrzunehmen. In den Arbeitsfeldern der Theaterpädagogik ist sie zugleich das zentrale Motiv und das Ziel aller szenischen Prozesse, seien diese ästhetisch oder pädagogisch grundiert.

Die treibende Kraft der künstlerischen Gestaltung in theaterpädagogischen Prozessen ist daher unseres Erachtens nicht das Nebeneinandersetzen individueller Wirklichkeitskonstruktionen im Selbstbildungsprozess der Individuen, wie Hentschel es darstellt, sondern die intersubjektive, kollektive Suche nach dem stimmigen Spannungsbogen, der sich aus den subjektiven Konstruktionen der Einzelnen gestalten lässt. Die Erfahrung von Stimmigkeit, die im ästhetischen und theatralen Moment liegt, ist trotz aller Widersprüche unterschiedlicher Selbstkonzepte möglich, weil dieser sich gerade abgekoppelt von kognitiven Sinnfestsetzungen ereignen.

> *„Frederikes Geheimnis:*
> *Jürgen stellt sein persönliches Bild zum Thema Utopie:*
> *Ulla liegt auf dem Rücken am Boden, die kleinere Alexandra ihr zugewandt an ihrer Seite, den Kopf auf Ullas Arm. Alexandras Augen sind geschlossen, während Jürgen die Blickrichtung von Ulla genau korrigiert: ‚In Richtung Fenster.‘ Die anderen sollen jetzt hinter die Personen des Standbilds treten und in Sprechblasen mögliche Gedanken und Dialoge finden. Danach fordere ich Ulla auf, ihre Position in Bewegungssequenzen zu verändern. Für jede Sequenz hat sie die Zeit, die ich brauche, um bis drei zu zählen. Sie soll dabei ih-*

177 Handout zur institutsinternen Mitarbeiter-Fortbildung mit Lidwine Janssens (2000). Siehe auch Lidwine Janssens ‚Quinternio‘ in diesem Buch.

rem ersten Impuls folgen, ihre Position für sich zu verbessern, aber das möglichst spontan, nicht vorgedacht und überlegt.
Eins – Zwei –Drei: Sie zieht ihren Arm unter Alexandras Kopf hervor.
Vier-Fünf-Sechs: Sie setzt sich aufrecht hin und atmet tief auf.
Sieben-Acht-Neun: Sie steht auf und geht auf das Fenster zu.
Zehn-Elf-Zwölf: Sie verlässt die Szene, ohne sich umzublikken.

Ausgehend von diesem szenischen Ablauf entstehen drei kurze Szenen-Varianten. Eine von ihnen erreicht bei der Präsentation vor der Gruppe eine spürbare besondere Atmosphäre, die sich zunächst in sprachloser Stille und dann auch in den Rückmeldungen äußert.
Kind (im Arm der Frau): ‚Wirst du immer für mich da sein?'
Mutter (lächelt das Kind zärtlich an): ‚Klar.'
(Das Kind schläft ein.)
Mutter (leise): ‚Auch wenn ich jetzt gehe.'
Sie befreit sich behutsam von dem Körper des Kindes, hält kurz inne, streichelt über seinen Kopf und geht zur Tür hinaus, ohne sich umzublicken. Die Tür fällt leise zu.
Jürgen sagt: ‚Diese Frau hat ein Geheimnis.'
Die Szene heißt jetzt ‚Frederikes Geheimnis'." [178]

Die Entdeckung und Zulassung theatraler Momente fordert vom Spielleiter die produktive Konzeptionslosigkeit einer sensibel-wahrnehmenden pädagogischen Haltung. Ihr ist die Initiierung dramatischer Phantasien der Spielenden wichtiger als die Bestätigung eines künstlerischen Selbstverständnisses oder der herrschenden ästhetischen Normen und Sehgewohnheiten.

Der lang diskutierte Widerspruch der Theaterpädagogik zwischen Prozess und Produkt, zwischen Kunst und Pädagogik erübrigt sich in der Betrachtung des Prozesses als Produktionsprozess. Nicht der Erwerb künstlerischer oder sozialer Fähigkeiten steht im Mittelpunkt dieses Vorgangs, sondern der gemeinsam und gegenwärtig gestaltete Moment. Die ausschließliche Betrachtung der Einzelsubjekte als Produzenten theatraler Prozesse lässt dagegen in allen Kategorien der Doppelerfahrung, die Ulrike Hentschel benannt hat, die Frage ungestellt, *in welcher Art und Weise* die Bewegung, der konkrete Kon-

178 Günther, Michaela: Praxislogbuch zur Abschlussinszenierung. Datensammlung ‚Spielleitung' im Projekt-Tagebuch.

takt jeweils zwischen den konstitutiven Polen des theatralen Moments sich ereignen.

Diese Sichtweise verschleiert auch die für uns zentrale Problematik einer häufig auftretenden Behinderung theatraler Lernprozesse durch den vor sich her getragenen individuellen Selbstdarstellungswillen (vgl. **Starallüren**), häufig restriktiv geprägter Alltagstheatralität, seitens vieler Spieler– und zwar nicht nur Anfängern.

Dieses Bedürfnis können wir nach unseren Erfahrungen meist irgendwo zwischen dem Wunsch, in der Welt vorzukommen, und der Neigung zur bereits angesprochenen Subjektstilisierung ansiedeln. Beide Bedürfnisse sind sich verwandt.

Gegenwartsidentität im theatralen Lernprozess hält hier die Erfahrung einer Teilhabe der Subjekte an der sozialen und gegenständlichen Welt vor, wie sie in diesem Augenblick von dem Ensemble wahrgenommen und gestaltet wird. Ohne Bezugnahme auf ein *Anderes* gibt es kein Theater.

Im Unterschied zu konventionell subjektbildenden Ansätzen ist Gegenwartsidentität Ausdruck für einen nicht-instrumentellen und nicht-intentionalen Filter in szenischen Prozessen, die sich somit in theatrale Prozesse transformieren. Sie bezeichnet eine sich vollziehende inklusive – eben nicht exklusive, ausschließende – Subjekterfahrung im **kommunikativen Vakuum** des Spiels[179]. Dabei ist immer nur ein qualitativer Grad von Gegenwartsidentität erlebbar, der jeweils abhängt von der Bewusstheit über das eigene Empfinden und der Bereitschaft, es so anzunehmen. Gegenwart und Selbstbefinden darin existieren ja ohne mein Zutun. Ich habe Teil an jeder erfahrenen Situation, egal ob und wie achtsam, bewusst oder aktiv ich mich darin einbringe. Der Grad von Gegenwartsidentität wird durch die Intensität meiner Wahrnehmung und durch den kollektiven Nutzen und Genuss meines Handlungseinflusses bestimmt. In theatralen Lernprozessen setzt er einen mit pädagogischer und ästhetischer Wachsamkeit angeleiteten Prozess voraus, der Freiräume für das Erleben theatraler Momente eröffnet. Artikulationsformen des Eigensinnigen, Widerspenstigen, Abweichenden sind darin willkommen und führen zu kollektiv gestaltbaren Variationen der ursprünglichen Weg- und Zielbestimmungen.

179 Hans-Wolfgang Nickel kennzeichnet das Spiel als „Prozess des Rahmenwechselns: Das Heraustreten aus dem Kontinuum Wirklichkeit in eine Welt mit eigenen Gesetzen". Bernd Ruping fügt dem seinen Begriff des „Kommunikativen Vakuums" hinzu, der die durch den Rahmenwechsel ermöglichte Ausblendung der instrumentellen Zielbestimmungen im alltäglichen Rollenspektrum bezeichnet (Ruping 2001b).

2.7.6 Gegenwartsidentität in der Praxis

Die folgenden Übungen sind eher für geübte Gruppen geeignet, obwohl sie in entsprechend konzentrierter Atmosphäre auch in schwierigen Gruppen Überraschungen bereit halten. Besonders empfehlen wir die Übungen im Selbstversuch (als Teilnehmerin) zu probieren, um einen Eindruck von dem subjektentgrenzten Zustand zu bekommen, den wir mit Gegenwartsidentität beschrieben haben. Rückgreifend darauf kann das eigene gewohnte Übungsrepertoire (insbesondere zur Gruppenfindung und zum Ensembletraining) unter diesem Aspekt untersucht werden.

2.7.6.1 Impulsübung „Im Kreis laufen"

Die Teilnehmer gehen in einer Richtung hintereinander in einem Kreis. Ihre Blicke konzentrieren sich auf den Kreis-Mittelpunkt in Augenhöhe. Jeweils einer der Teilnehmer gibt die Richtungsänderung vor, sobald er den Impuls dazu verspürt. Alle anderen reagieren sofort mit ihrer Richtungskorrektur. Zunächst wird die Aufmerksamkeit der Gruppe sich auf sichtbare oder hörbare Signale des Richtungswechsels konzentrieren. Aufgabe ist es aber, zunehmend den inneren Impuls wahrzunehmen und ihm sofort zu folgen, bis Aktion und Reaktion nicht mehr zu trennen sind.

2.7.6.2 Impulsübung „Stopp and Go!"

Die Teilnehmer gehen im Raum durcheinander, weites Blickfeld und Wachheit für alles, was im Raum geschieht. Die Aufmerksamkeit richtet sich auf die Wahrnehmung der ganzen Gruppe und ihrer Bewegung, ohne dass direkter Kontakt unter den einzelnen aufgenommen wird. Die Gruppe findet ein gemeinsames Tempo. Nicht nur die Augen sehen und die Ohren hören das, auch die Haut spürt die Resonanz der anderen. Auf ein Stopp-Signal des Spielleiters bleibt die Gruppe stehen. Auf sein Go-Signal gehen alle im gleichen Tempo weiter. Nach einigen Wiederholungen wird nur noch das Stopp-Signal gegeben. Die Gruppe findet selbst einen gemeinsamen Impuls zum Weitergehen. Wiederum nach einigen Wiederholungen wird auch das Stopp-Signal weggelassen. Die Gruppe findet einen gleichzeitigen Augenblick, um anzuhalten, hält einige Zeit (unregelmäßiger Rhythmus) inne und geht dann gemeinsam wieder los.

Die Teilnehmer werden *Tricks* anwenden, um die Aufgabe zu erfüllen. Der Spielleiter behält dies im Auge und hilft, die Tricks nach und nach zu überwinden, damit sich die Wahrnehmung der Teilnehmer auf ihre gemeinsame Gegenwart einstellen kann.

Mögliche Tricks können sein:

- Die Teilnehmer beobachten sich gegenseitig aufmerksam und zuweilen wie gehetzte Tiere. Sobald einer stehen bleibt, reagieren sie artig, aber ohne inneren Impuls.
- Derjenige, der stehen bleibt, setzt seinen Fuß sowohl optisch als auch akustisch deutlich wahrnehmbar auf.
- Alle kommen nacheinander als Impulsgeber an die Reihe. Das Spiel wird auf diese Weise in jeder Runde einfacher.
- Mit der Zeit pendelt sich die Gruppe auf einen Rhythmus der abwechselnden Geh- und Stehphasen ein.

Vermeidung der Tricks:

„Konzentriert euch auf eure inneren Impulse, auf Muskelbotschaften in euren Beinen oder eurem Bauch. Folgt dem Impuls sofort.
Korrigiert sofort, wenn ihr zum kleineren Teil der Gruppe gehört, der noch läuft oder noch steht. Korrigiert sofort, wenn nach kurzer Verzögerung niemand außer euch anhält.
Setzt die innere Stimme vor die Tür! Stellt euch vor, dass nicht ihr es seid, die die Entscheidungen treffen. Die Stimme lenkt euch, befielt euch, zu gehen oder zu stehen. Ihr gehorcht nur.
Es ist nicht wichtig, ob ihr das Ziel der Gleichzeitigkeit erreicht. Wichtig ist die Wahrnehmung der Impulse. Die Gleichzeitigkeit stellt sich dann von selbst ein.
Niemand weiß, was im nächsten Augenblick geschieht.
Jeder kann jederzeit Impulsgeber sein."

Die Übung ist durch verschiedene mögliche Bewegungsformen zu erweitern, die sich auf Impuls ablösen: z.B. gehen, stehen, auf der Stelle springen, sitzen.

Variante: Alle stehen verteilt im Raum, wach. Nur jeweils eine Person beginnt im Raum und zwischen den anderen umher zu laufen, solange sie Lust dazu hat. Sobald der Läufer stehen bleibt, geht eine andere Person los. Der Läufer nimmt keinen Einfluss auf die Entscheidung, wer es ist. In der Unbewegtheit lässt sich der eigene Impuls zum Gehen oft leichter wahrnehmen.

2.7.6.3 Kongruenz

Ein Teilnehmer verlässt den Raum und schließt die Tür. In einem Augenblick, der ihm richtig erscheint, betritt er den Raum, geht auf die Gruppe (in Zuschauer-Position) zu. Er nimmt Blickkontakt zu den Zuschauern auf, spürt die Atmosphäre im Raum. In einem Augenblick der ihm richtig erscheint, sagt er: „Ja."

Ziel ist es, Impuls, Gedanken und Wort zur Deckung zu bringen. Die anderen Teilnehmer geben Rückmeldung darüber, wie sie die Zeitlichkeit und Stimmigkeit des Vorgangs erlebt haben.

Publikum und Spieler werden dabei aufmerksam für den Zwischenraum, der sich zwischen Subjektivierung und Entsubjektivierung öffnet. Geplante, vorgespielte Präsentationen werden entlarvt. In der Überraschung darüber, was sich ungeplant in der gleichzeitigen Konfrontation mit sich selbst und den Zuschauern ereignet, materialisiert sich theatrale Erfahrung.

„Gesetzt, wir hätten als Menschen produziert:
Jeder von uns hätte in seiner Produktion sich selbst und den andren doppelt bejaht. Ich hätte 1. in meiner Produktion meine Individualität, ihre Eigentümlichkeit vergegenständlicht und daher sowohl während der Tätigkeit eine individuelle Lebensäußerung genossen, als im Anschauen des Gegenstandes die individuelle Freude, meine Persönlichkeit als gegenständliche, sinnlich anschaubare und darum über allen Zweifel erhabene Macht zu wissen. 2. In deinem Genuss oder deinem Gebrauch meines Produkts hätte ich unmittelbar den Genuss, sowohl des Bewusstseins, in meiner Arbeit ein menschliches Bedürfnis befriedigt, also das menschliche Wesen vergegenständlicht und daher dem Bedürfnis eines andren menschlichen Wesens seinen entsprechenden Gegenstand verschafft zu haben, 3. für dich der Mittler zwischen dir und der Gattung gewesen zu sein, also von dir selbst als eine Ergänzung deines eignen Wesens und als ein notwendiger Teil deiner selbst gewusst und empfunden zu werden, also sowohl in deinem Denken wie in deiner Liebe mich bestätigt zu wissen, 4. in meiner individuellen Lebensäußerung unmittelbar deine Lebensäußerung geschaffen zu haben, also in meiner individuellen Tätigkeit unmittelbar mein wahres Wesen, mein menschliches, mein Gemeinwesen bestätigt und verwirklicht zu haben.
Unsere Produktionen wären ebenso viele Spiegel, woraus unser Wesen sich entgegenleuchtete.
Dies Verhältnis wird dabei wechselseitig, von deiner Seite geschehe, was von meiner geschieht.“ [180]

180 Marx, Karl (1970): Ökonomisch-philosophische Manuskripte. Leipzig (Reclam Jun.) S. 279/280.

Drittes Kapitel

Die Praxis des theatralen Lernens in schulischen Systemen

1 Orientierungshilfe für Zwischendurch

Im ersten Kapitel haben wir anhand einer Untersuchung empirisch erfasster schulischer Lehr-Lernprozesse die Problematik restriktiver Lernstrategien festgestellt, welche sich eher auf ein Zurechtkommen in den Systemen und auf den Erhalt sozialer Anerkennung bzw. auf die Kompensation der erlebten Einschränkungen richten als auf die eigentlichen Lerngegenstände. Soziale Lernprozesse, so unsere These, können vor diesem Hintergrund ebenfalls nur eingeschränkt vollzogen werden, da sie gerade in pädagogischen Zusammenhängen funktionalisiert und zweckgebunden sind: Ihr Ziel ist es, fit zu werden für eine erfolgreiche Eingliederung in die Gesellschaft, d.h. das richtige Maß zu treffen zwischen Anpassungsfähigkeit und Durchsetzungsvermögen.

Die theaterpädagogische Praxis steht damit in dem Widerspruch, mit den entsprechenden Zurichtungen der Subjekte umzugehen, ohne sich dabei selbst instrumentalisieren zu lassen, während sie gleichzeitig von ihren jeweiligen Auftrag- und Finanz-Gebern nach ihrem unmittelbaren Nutzen befragt wird.

Ästhetische Erfahrung braucht den nicht-verzweckten Raum – soweit besteht Konsens in den aktuellen theaterpädagogischen Theoriediskursen, die in der Konsequenz zumeist dem künstlerischen Aspekt Vorrang vor dem sozialen bzw. pädagogischen geben. Jedoch zeigt sich für uns gerade im nicht-instrumentellen Raum des Theaterspiels eine soziale Komponente: In theatraler Erfahrung sozialisiert sich die sonst unkommunizierbare ästhetische Grenzerfahrung des Aus-Sich-Heraustretens (**Ekstase**). Die Außerkraftsetzung gesellschaftlicher Normen und Werte schafft hier eine Variante sozialen Lernens, die in der Einstellung des Menschen auf den Menschen als das *Andere* (Lévinas) sich ereignet. Theatrales Lernen verstehen wir damit als Synthese sozialer und ästhetischer Lernprozesse.

Im zweiten Kapitel des Buches haben wir Ansätze für eine theaterpädagogische Methodik aufgezeigt, die diese Perspektiven theatralen Lernens in den Blick nimmt. Die entsprechenden Bedingungen dafür zu schaffen, dass ‚theatrale Momente' sich ereignen und in den Fokus des Prozesses geraten können, verlangt eine besonders aufmerksame, eine wache und neugierige Haltung des Theaterpädagogen zu den in seiner Planung vorbereiteten und durch seine Anleitung evozierten theatralen Prozessen, die sich dann im Zusammenspiel der Teilnehmer als offenes Experiment realisieren.

In dem nun folgenden Kapitel geht es um die Verwirklichung theatralen Lernens innerhalb der Schule. Eine doppelte Herausforderung, denn die allmähliche Dekonstruktion gesellschaftlicher Vorbedingungen und die individuellen Ausprägungen, die die Teilnehmer in Form von Vorbehalten, Aversionen, Erwartungen und ihrer Alltagstheatralität in die Lernprozesse einschleppen, ist bereits eine Schwierigkeit. In schulischen Zusammenhängen verstärkt sich das Problem: Die Enklaven musischer Bildung sind nur unzureichend geschützt vor den institutionellen Eingriffen in die Schonräume ästhetischer Lernprozesse. In vielen Fällen wird den musischen Fächern immer noch und immer wieder eine geringe Wertschätzung entgegengebracht, die wohl dadurch erzeugt wird, dass sie eine weiche Selektion betreiben und ihr Nutzen für die Schülerinnen und Schüler nicht unmittelbar dem Fachtitel abgelesen werden kann (im Unterschied etwa zu Rechnen und Schreiben). Dazu kommt, dass im Stundenplan zwischen Regelunterricht und Theaterstunden zwei sich widersprechende Lernkulturen aufeinanderprallen. Dadurch wird den Schülern im theatralen Unterricht eine Entwöhnungsbereitschaft und Offenheit für neue Erfahrungen abverlangt, die die meisten nicht auf Anhieb aufbieten können. Eine Theaterpädagogin oder ein Theaterpädagoge steht nach unserer Erfahrung – zumindest am Anfang der Prozesse – in der Schule nicht selten vor dem Problem, auf die bekannten Lehrerhaltungen und Disziplinierungsmaßnahmen zurückgreifen zu müssen – einfach, um von den Schülern überhaupt verstanden zu werden.

Während unserer theaterpädagogischen Praxis im Forschungsprojekt haben wir die Schule – trotz der in unserem Fall ausdrücklichen Kooperationsbereitschaft – als ein starkes und hartnäckiges System erfahren. Nicht wenige im theatralen Unterricht vielversprechende Prozesse haben durch das institutionelle Umfeld Störungen und Einschränkungen erfahren oder wurden ganz abgebrochen.

Wir werden im Folgenden versuchen, unsere konkreten Praxiserfahrungen zu verallgemeinern, indem wir sie auf einige Kernpunkte fokussieren. Zunächst werten wir die von uns beobachteten äußeren Störungen theatraler Prozesse darauf hin aus, wie einige dieser „selbstgemachten Lernbehinderungen“ seitens der häufig durchaus wohlmeinenden Administration aus dem Weg geräumt werden könnten.

Vor dem Hintergrund der Eingerichtetheit der Schüler in das schulische Regelsystem analysieren wir dann die ‚inneren‘ Störungsanfälligkeiten theatraler Prozesse: Unter dem Begriff der „Coolness-Kultur“ untersuchen wir, in welchen Zuständen Schüler den theatralen Lernprozessen begegnen und mit welcher Haltung sie in diese eintreten.

Dies führt uns zugleich zu den bestehenden Lehrerhaltungen und der Frage, wie diese mit dem Gestus eines theatralen Lernens zu beeinflussen sind. Der Vorschlag, diesen zu beerben, lautet ‚partizipative‘, wahrnehmende Pädagogik.

Um den dritten Teil dieses Buches abzuschließen, skizzieren wir unsere Erfahrungen und Beobachtungen aus einem fachübergreifenden Schultheaterprojekt, in dem alle zuvor beschriebenen Problematiken zum Ausdruck gelangten: Bei dem Versuch, die divergenten künstlerischen und pädagogischen Haltungen der Lehrkräfte im Bereich musischer Bildung und unsere eigenen mit dem Ziel einer gemeinsamen Aufführung zur Deckung zu bringen, erwiesen sich die Gegensätze auch in den künstlerischen Produkten und Produktionsweisen als schwer zu handhaben. Diese Gegensätze haben wir mit Hilfe der Unterscheidung von *dekorativen* Tendenzen des konventionellen Schultheaters und einer *performativen* Ästhetik theatralen Lernens verallgemeinert.

2 Regellernen und theatrales Lernen: Die Institution als Lernbehinderung

2.1 Ambivalenz

Die Bereitschaft schulischer Systeme und der in ihnen wirkenden Menschen, musische Bildungsbereiche zu integrieren und deren Praxis zu unterstützen und zu schützen, zeichnet sich wohl in erster Linie durch Ambivalenz aus. Die Auswertung unserer verbalen Daten (Interviews, Praxisberichte der Studierenden) und unsere eigenen Erfahrungen im Laufe des Projekts zeigen trotz des guten Willens und der Toleranz aller Beteiligten eine tendenzielle Unverträglichkeit von Regelunterricht und theatral-ästhetischen Lernprozessen, die mit der Organisationsstruktur der Schule und den Defiziten der traditionellen Lehrerausbildung zusammenhängt.

Ästhetische Lernprozesse sind in der Regel trotz der Kooperationsbereitschaft seitens der Kolleginnen und Kollegen sowie der Schulleitung nicht ohne die Auseinandersetzung mit erheblichen Widerständen und vielfältigen Reibungsflächen möglich. Unter Umständen werden sie durch die Erwartungshaltungen der beteiligten

Schüler und Lehrer instrumentalisiert und ihres eigentlichen Gehalts beraubt.

Konkret wurde dies für uns in den Fällen sichtbar, bei denen es zu räumlichen und zeitlichen Überschneidungen von Unterrichten kam.

Die regulären Unterrichtsräume sind nur sehr eingeschränkt für theaterpädagogische Warm-ups und Übungen geeignet. Viele Theaterübungen (z.B. Rhythmusübungen) wirken auf das übrige Lernumfeld störend, die übliche Regulierung der schulischen Zeitstruktur in Einzel- und Doppelstunden widerspricht dem Eigenrhythmus theatral-ästhetischer Erfahrungsbildung.

Auf der anderen Seite relativierte das offene Konzept unserer Kooperationsschule hinsichtlich transparenter Unterrichtsstrukturen mit zum Flur geöffneten Klassentüren den notwendigen Schutzraum, den das authentische Spiel in einer Rolle und auf der Spielfläche benötigt. Ein **kommunikatives Vakuum** konnte kaum entstehen, weil die Schulsituation als Umfeld nahezu immer präsent war und in den Theaterunterricht hineinschwappte. Häufig wurden ästhetische Prozesse durch hereinplatzende Lehrkräfte, Schüler oder Schulangestellte unterbrochen und abgewürgt.[181] Die Unbekümmertheit, mit der regelmäßig in den Theaterunterricht hineinmarschiert wurde, bezeugt einerseits die Gewöhnung der Lehrenden und Lernenden an das Konzept der offenen Türen, das in unserem Fall eine Abgrenzung als Schutz der Lernprozesse unmöglich machte, andererseits deutet sich darin wohl auch eine gewisse Respektlosigkeit gegenüber den ästhetisch-theatralen Arbeitsprozessen an.

Auch wenn in den schulinternen Diskursen die Bedeutung der ästhetischen Erziehung in der Regel offiziell geachtet wird, wird in der rigiden Unterrichtsorganisation und im konkreten Verhalten der Kollegen eher eine Geringschätzung des theaterpädagogischen Unterrichts deutlich. Kollegen belächeln mitunter die theatrale Arbeit als dekorative Ausschmückung der eigentlichen erzieherischen Knochenarbeit.[182]

Der den Studierenden unseres Instituts eröffnete Zeitraum für theaterpädagogische Praxisübungen wurde häufig als Unterbrechung

„Der Lehrer teilt uns vor der ganzen Klasse mit, dass die Schüler kein Interesse an der Weiterführung der Unterrichtsreihe haben. Für diese Doppelstunde würden sie sich aber noch zusammenreißen. (...)Die zweite Stunde dagegen kam bei allen gut an, und so entschloss sich die Gruppe zum Weitermachen(...) Als wir am Morgen wieder pünktlich an der Schule ankommen, laufen uns einige der Schüler bereits entgegen und weg in die Freistunde, die fälschlicherweise in den Vertretungsplan eingetragen war. Diesmal sorgte die Schule dafür, dass unsere Arbeit unterbrochen wurde. Sie tat dies, weil sie vom Lehrer nicht darüber informiert wurde, dass sein Unterricht auch ohne seine Anwesenheit von uns hätte übernommen werden können."

(Vanessa Badners, Maren Felix, Jutta Nowak)

181 Vgl. hierzu den Praxisbericht von Wiebke Jopp (1. Semester, WS 2001): Innere und äußere Störungen von Seiten der Institution Schule. Datensammlung „Mädchen-Theater-AG“, Projekt-Tagebuch.

182 Vgl. Hans-Hubertus Lenz im Interview mit Karola Wenzel anlässlich der überregionalen Schultheatertage in der IGS Lingen, sinngemäß: Was sollen denn die Kollegen denken, wenn ich nur noch die schönen Theaterstunden unterrichte? / Auch: Rückmeldung seitens der didaktischen Leitung der IGS über die Einschätzung der theatralen Arbeit in den Dienstbesprechungen der erweiterten Schulleitung.

sachlicher Lernprozesse oder sogar Konkurrenz angesehen.[183] In der Raumplanung wurden die Interessen des theaterpädagogischen Unterrichts nur unzureichend berücksichtigt und geschützt, so dass in mehreren Fällen die Arbeitsgemeinschaften und Wahlpflichtkurse „Darstellendes Spiel" spontan abgebrochen werden mussten oder gar nicht erst stattfinden konnten, Studierende für ihre Praxisstunden erst nach halbstündiger Raumsuche ihren Unterricht beginnen konnten etc.

Die in diesen Erscheinungen zum Ausdruck kommende ambivalente Haltung der Regelschule zu ästhetischen Lernprozessen führte darüber hinaus zu starken Fehleinschätzungen und falschen Erwartungen hinsichtlich ihrer Funktion im Schulalltag. Entweder wurde eine direkte Regulation sozialer Spannungen in den Lerngruppen erwartet oder eine Art kompensatorische Entspannung, wie es auch von der Schülerschaft an den theaterpädagogischen Unterricht herangetragen wurde.

Gedacht wird dabei in den Dichotomien von Anstrengung – Entspannung, Arbeit – Spiel, Disziplin – Laisser-faire, wie sie traditionell und fälschlicherweise auf das Verhältnis der sogenannten Leistungsfächer zum Kunst- und Musikunterricht angewandt werden.

Ästhetische Lernprozesse benötigen aber gerade ein Höchstmaß an Disziplin und Konzentration, um gestaltete Ergebnisse zu erarbeiten und um einen suspensiven (eigensinnig motivierten) Kern zu gewinnen, der im Unterschied zu anderen Fächern nicht als bequem adaptierbares Lernziel vorbestimmt ist, sondern erst im Prozess entwickelt wird.

2.2 Vereinbarkeit von Theater- und Regelunterricht

Studierende, die hospitierend sowohl am Regelunterricht als auch am Unterricht des Wahlpflichtkurses „Darstellendes Spiel" teilnahmen, monierten regelmäßig die fehlende Disziplin und Aufmerksamkeit der Schüler im Fachunterricht, während sie sich überrascht über deren Konzentrationsfähigkeit und Lernbereitschaft im Wahlpflichtkurs „Darstellendes Spiel" äußerten:

> *„Es entstand im wahrsten Sinne des Wortes spielend eine konzentrierte Atmosphäre. Allerdings war das von mir erwartete Profilieren Einzelner durch das Ausbrechen aus den Auf-*

183 Vgl. Interview mit Irmgard Monecke (didaktische Leitung GE Lingen).

gaben in Ansätzen noch vorhanden, so dass ich beruhigt annehmen konnte, dass es sich bei diesen Kindern auch um durchschnittliche Kinder mit Macken und natürlichem Verhalten handelt und nicht um eine speziell trainierte Versuchsgruppe, um uns den Einstieg in die theaterpädagogische Arbeit nicht von Anfang an zu vermiesen."
(Julius Rulik, WS 2001/02)

„Man merkt, dass die meisten Schüler schon einige Zeit im Theaterkurs sind. Sie lassen sich erstaunlich offen auf neue Übungen ein und arbeiten konzentriert mit. Die Übungen werden fast gar nicht veralbert oder kommentiert. Die meisten Schüler scheinen den Freiraum, den der Kurs zur Verfügung stellt, angenommen zu haben.
Einige Schüler müssen sich dennoch gelegentlich hinter ihrer hart erarbeiteten Fassade verstecken, aber es fällt keiner so aus dem Rahmen, dass es die Gruppe stört. (...) Sehr interessant fand ich auch, wie genau die Schüler benennen konnten, was der Kurs für eine Bedeutung hat, dass es für sie nicht einfach ‚nur' ums Spielen an sich geht, sondern dass man dabei auch andere Kompetenzen entwickeln kann."
(Maike Hohnemeier, WS 2001/02)

„Ein stiller konzentrierter Unterricht
Schöne Bilder und ruhige Kinder
Fröhliche, erstaunte und erfreute Studenten
Wenig Reibung
Harmonie."
(Nicole Schillinger, WS 2001/02)

„An diesem Freitag konnten wir zum ersten Mal im Wahlpflichtkurs Theater hospitieren. Durch das Alter der Teilnehmer erwartete ich eine sehr laute, quirlige Truppe von Schülern und Schülerinnen, deren Haltung permanent ‚Null Bock' ausdrückt.
Aber diese Erwartung und Befürchtung wurden nicht bestätigt.
Es war während allen Übungen sehr ruhig, und die meisten Schüler haben konzentriert mitgearbeitet."
(Birte Remmerbach, WS 2001/02)

„Im Aufmerksamkeits- und Sammelkreis bemerkte ich nun zum erstenmal die destruktiven Haltungen einiger Schüler, da wir in der ersten Woche über einige Einzelne gesprochen hatten. Doch in der insgesamt eher ausgelassenen (und dabei

dennoch konzentrierten) Stimmung, fielen sie nicht auf, bzw. wurden übergangen. (...) Die Szenen auf der Bühne und die vorangegangene Suche nach passenden Standbildern zu vier Sätzen, überraschten mich mit einem tiefen Ernst.
Die Schüler haben offensichtlich Spaß am Vorführen ihrer selbstgefundenen Darstellungsideen."
(Johanna Bethge, WS 2001/02)

„Aber die Widerstände gegen eine Mobilisierung pädagogischer Phantasie kommen nicht nur von oben, vom Verwaltungsapparat der Staatsschule, den Kulturbürokratien und jenen, die über die wirtschaftlichen Machtmittel verfügen. Sie kommen auch von unten, von denjenigen, die an vorderster Front einer stets frustrierender werdenden Erziehungs- und Lernarbeit stehen und die sich, nicht wissend, dass sie die beklagte Krankheit des Systems selbst mitproduzieren, in einem ‚depressiven Zirkel' eingerichtet haben. Sie verbrauchen sehr viel Energie für eine Balancearbeit, die immer zu ihren Ungunsten ausläuft. (...) So ist der erste Akt zur Befreiung der lebendigen pädagogischen Arbeit, diese krankmachende Schlinge, diese selbstverschuldete Mutlosigkeit im überschreitenden Denken zu überwinden."

(Oskar Negt)

Wir sehen in der Projektion der eigenen Lehr-Lernbehinderungen, die im Regelunterricht auftreten, auf die Prozesse des ästhetischen Lernens das wichtigste Hindernis für die Akzeptanz und Realisation theatral-ästhetischen Lernens in schulischen Systemen. Diese Projektion basiert u.E. auf einem tückischen und vielleicht nicht bewussten Einverständnis mit den administrativ auferlegten Zwängen einer (z.B. in der **Äquivalentform** der Zensuren vollzogenen) Abstraktion von Lernleistung, die als immanenter Widerspruch zu sozialen Lernleistungen auftritt.

Einige Studierende unseres Instituts ziehen aus diesem Problem die Schlussfolgerung einer grundsätzlichen Unvereinbarkeit ästhetischer Praxis und Schule.[184] In manchen nachdenklicheren Praxisberichten werden die Bedingungen der schulischen Erwartungshaltungen reflektiert und als fehlende ästhetische Erfahrung der Lehrer und der Institution Schule thematisiert.

Eine nicht von der Hand zu weisende Forderung wäre demnach die Erweiterung der Lehrer- bzw. Referendarsausbildung um eigene ästhetisch-theatrale Bildungsprozesse und deren Methodik und Didaktik im jeweiligen Fachunterricht.

Dennoch konnten wir immer wieder feststellen, dass ästhetische Erfahrungen selbst im „nur" theatral gestalteten Regelunterricht möglich sind und zu erheblichen Veränderungen der sozialen Lernstrukturen führen können. Fast immer wurden die bestehenden Hierarchien der Lerngruppen durch die Theaterübungen verändert: zurückhaltende Schülerinnen oder Schüler konnten sich exponieren, männlich dominierte Wertvorstellungen wurden abgelöst, und es entstanden neue, weniger konkurrenzhafte Arbeitszusammenhänge.[185]

184 Vgl. Praxisberichte von Karin Frommhage und Annette Knuf. Datensammlung „Mädchen-Theater-AG", Projekt-Tagebuch.

185 Vgl.: Alle studentischen Praxisberichte.

3 Restriktive Lernwiderstände und ihre Überwindung in theatralen Lernprozessen

3.1 Lernwiderstände der Coolness-Kultur und ihre Ent-Deckung im theatralen Prozess

> *„Bei dem ersten Treffen mit dem Lehrer der 10. Klasse, in der wir die Unterrichtsreihe durchführen wollen, weist uns dieser darauf hin, dass wir nicht zuviel erwarten sollen: ‚Die sind wie ausgeschaltet.'"*[186]

Der Versuch, in der Schule theatrale Erfahrungsprozesse in Gang zu setzen, hält den Theaterpädagogen einige widerständige Reibungsflächen vor, noch bevor sie zu ihrer eigentlichen Arbeit vorstoßen können. Der eben zitierte Bericht von Studierenden über einen letztlich im Sande verlaufenen theatralen Prozess, der in einen Regelunterricht integriert werden sollte, gibt recht eindrücklich Beispiel von den Zusammenhängen zwischen institutionellen Bedingungen, der Eingerichtetheit der Menschen in ihrem darin begrenzten Handlungsrahmen und den Problemstrukturen scheiternder Lehr- und Lernprozesse. Für uns deutet alles darauf hin, dass das schulische System in seinem festgefügten, machbarkeitsorientierten Raum- und Zeit-Kontinuum Lernwiderstände – und zwar nicht nur auf Seiten der Schülerschaft – hervorbringt, die auch durch die regelmäßige Neubesinnung der Entscheidungsträger auf mehr Leistungs- und Wertorientierung nicht überwunden werden können. Lehrer und Schüler richten sich in diesem System ein. Darin zu funktionieren oder überhaupt zurechtzukommen, *durchzukommen*, gilt als persönlicher, individueller Balanceakt.

Der Ent-Deckung der eigenen Eingeschränktheit durch das System – die ein Lernprozess als tatsächliche Erweiterung von Handlungsfreiheit darstellen würde – werden im Regelschulbetrieb Widerstände von vielen Seiten entgegengebracht, mit denen auch die Theaterpädagogen und Theaterpädagoginnen sich konfrontiert sehen.

Die Eröffnung eines Raumes für ästhetische Erfahrung ist vor diesem Hintergrund keineswegs unpolitisch, insbesondere wenn sie durch die Entbindung der Schüler von bedarfsgerecht gesellschaftlichen und in diesem Sinne pädagogisch durchgeplanten Zwecken geschieht. Theaterpädagogik nimmt sich in diesem Fall mit ihrer Kunst

186 Badners, Vanessa / Felix, Maren / Nowak, Jutta (2003): Ausgeschaltet?! – Der Versuch einer theaterpädagogischen Unterrichtsreihe. In: Korrespondenzen, Heft 42, 19. Jg., , S. 15.

parteiisch der Menschen an und gibt ihnen die Gelegenheit, Ideen davon zu schaffen, wo sie als Gemeinschaft stehen und doch *stehen könnten*, sobald sie aus den Widersprüchen zwischen Funktionalisierung, Selbstverantwortlichkeit und Frust-Kompensation durch den Versuch einer *Selbstverwirklichung* heraustreten. Im theatralen Moment wird sichtbar, was im Lebensalltag fehlt und selten offen vermisst wird, weil es die Wertmaßstäbe der Alltagsorganisation ad absurdum führen würde.

Die vielgestaltigen **Lernverweigerungen** von Schülern können in diesem Sinne als widerständig betrachtet werden: Indem sie die geforderten Anpassungsleistungen bis zur Verhaltensauffälligkeit überziehen, machen sie sie als Störungen sichtbar:

> *„Der gewaltsame Charakter eines basal auf Kälte und Gleichgültigkeit gestimmten Konkurrenzuniversums und die Tendenz zur Verrohung gesellschaftlicher Verkehrsformen werden durch die scheinbar motivlose und zweckfreie Kinder- und Jugendgewalt gleichsam aus der Abstraktion gerissen und zur Kenntlichkeit gebracht.“*[187]

Im folgenden wenden wir uns diesem Zusammenhang von Lernverweigerung und deren geschlechtsspezifische Erscheinungsformen als **Selbststilisierungen** durch Schüler und Schülerinnen zu. Die Prämissen zu den folgenden Thesen basieren hauptsächlich auf den Arbeiten Klaus **Holzkamps**[188], auf dessen Beiträge zur Kritischen Psychologie wir im vierten Kapitel näher eingehen.

➢ Dazu: Der Aufsatz „Der Subjektbegriff der Kritischen Psychologie“ (IV.8).

3.2 Coolness-Kultur

3.2.1 Thesen zur Coolness-Kultur

Der Interpretation unserer Praxisbeobachtungen wollen wir sieben Thesen zur Coolness-Kultur voranstellen, die wir als Ergebnis aus der Praxisforschung gewonnen haben:

1. Coolness-Kultur ist **restriktive Alltagstheatralität**.
2. Lernwiderstände und Probleme des sozialen Lernens, wie sie in der Coolness-Kultur Jugendlicher zum Ausdruck kommen, wer-

187 Eisenberg, Götz (2000): Gewalt, die aus der Kälte kommt. In: Frankfurter Rundschau von 08.09.2000.

188 Vgl. Holzkamp, Klaus (1997): Schriften 1. Normierung Ausgrenzung Widerstand. Hamburg.

den in theatralen Lernprozessen in besonderer Weise sichtbar und zu ihrem Gegenstand, während sie im Regelunterricht als modisch-pubertäre Marotten hingenommen werden. Den Rest regelt dort der Leistungsvergleich.

3. Lernverweigerungshaltungen sind kein spezifisch weibliches oder männliches Phänomen, haben aber unterschiedliche Ausdrucksformen, die sich in den Erwartungshaltungen gegenüber theatralen Lernprozessen und einem entsprechenden Wahlverhalten (bei der Kurs-Belegung) zeigen.
4. Lernverweigerungshaltungen sind kein schichtenspezifisches Problem – nur ihr Resultat spiegelt die unterschiedliche Fähigkeit der Schülerinnen und Schüler, diese Haltung mit einer gewissen Leistungsdemonstration in Einklang zu bringen. Nicht jeder oder jede kann sie sich leisten.
5. Lernverweigerungen haben ihre Ursache in dem durch die Schule selbst vermittelten **Subjektleitbild**, das gleichzeitig den damit konfrontierten Schülerinnen und Schülern formal ständig abgesprochen wird. Schülern werden zunächst in der Beurteilung ihrer Leistungen auf ihre eigene Subjektivität (Eigenverantwortung!) zurückgeworfen, dann aber durch die erzwungene Regulierung dieser Leistungsnachweise wieder zu Objekten gemacht. Sie müssen die – in ihnen eingepflanzte – Subjektivität zwecks ihrer Bestätigung permanent negieren. In der Konsequenz reagieren Schülerinnen und Schüler nach dem Prinzip der Selbstverantwortung auf diesen Zwang, d.h. dass sie ihre eigene Rechnung aufmachen, sich verweigern, indem sie beispielsweise gewalttätig werden und sich die Anerkennung durch die Verletzung des Gewaltmonopols der Schule (des Staates) einfach holen.
6. Die soziale Dimension des Lernens wird durch ihre Abstraktion auf individuelle Lernleistungen beschädigt. Die **Lernverweigerungsstrategien** können nicht aufgefangen werden: Die Lernwiderstände reflektieren den Schaden in Form einer bloßen Umkehrung des Verfahrens: An die Stelle der abstrakten Bereitschaft zum Mitmachen tritt die abstrakte Wertigkeit der Verweigerung ohne eigene positive Bestimmung.
7. Die Auflösung dieser bloß negativen Reflexion ist das ästhetische, unverzweckte Erleben eines kollektiven, unverstellten, entfremdungsarmen Spiels und zwar mit den Verstellungsformen der Realitätstäuschungen.

3.2.2 Männliche und weibliche Identitätsmuster als Lernwiderstände

Der theaterpädagogische Unterricht in unserer Projektpraxis, der in Form von Arbeitsgemeinschaften und Wahlpflichtkursen von den Schülerinnen und Schülern angewählt werden kann, hat es in der Regel mit überproportional vielen weiblichen Teilnehmerinnen zu tun.

Die Jungen in unseren Gruppen fanden zumeist über Theatererfahrungen in der Grundschule oder durch Kontakt mit Amateurtheatergruppen oder Theaterinteressen der Eltern einen Zugang zu diesen Angeboten. Sie sind aber stets stark unterrepräsentiert.

Wir haben für unser Projekt aus diesem Wahlverhalten und den üblichen Schwierigkeiten des Zusammenspiels von Jungen und Mädchen in der Pubertät den Schluss gezogen, für die unteren Jahrgänge getrennte Jungen- und Mädchen-Arbeitsgruppen einzurichten und entsprechend durch männliche bzw. weibliche Spielleiter zu unterrichten. Auf diese Weise konnten Erfahrungen mit geschlechterhomogenen Gruppen gewonnen werden. Die Praktika der Studierenden des Instituts für Theaterpädagogik wurden in festen, geschlechterheterogenen Lerngruppen des Regelunterrichts der älteren Jahrgänge durchgeführt.

Ein Vergleich der geschlechterhomogenen Arbeitsgemeinschaften ergab, dass die meisten Mädchen der fünften bis siebten Jahrgangsstufen am Anfang der theaterpädagogischen Arbeit sehr gehemmt, zurückhaltend und spielunlustig wirkten.

Ihr Bedürfnis nach einer Rückversicherung in ihrer jeweiligen Peer-Group, der sie sich zuordneten, war sehr stark und verhinderte oft das flüssige Spiel der gesamten Gruppe.

Das wichtigste Arbeitsziel der *Mädchen-AG*-Gruppen bestand daher zumeist darin, Integrations- und Gruppenfindungsphasen durch Vertrauensübungen und eine Durchmischung der Arbeitsgruppen zu erreichen.

Die „Cliquenwirtschaft" der Mädchen verhinderte häufig Phantasie- und Spielbewegungen, die mit ihren persönlichen Interessen zu tun haben – stattdessen wichen sie gern auf das vermeintlich sichere Terrain akzeptierter, jugendkultureller Themen wie Shopping, Mode, Musik etc aus.[189]

Die *Jungen-AG* zeigte demgegenüber eine erhebliche, schon fast sportlich zu nennende Spielfreude, die allerdings schwieriger zu lenken war.

Andererseits reagierten sie auf jede disziplinierte Form der Körperarbeit mit heftigen Ermüdungserscheinungen, die in einem kras-

189 Vgl. Praxisbericht von Inga de Boer, sowie Beobachtungen von Wiebke Jopp und Michaela Günther als Leiterinnen der Mädchen-Theater-AG.

sen Gegensatz zu ihren spontanen Phasen des Tobens und Ausagierens standen.

Ihre Phantasie- und Spielbewegungen hielten sich sehr einseitig an medienkulturelle Vorbilder mit übertriebenen, äußerlichen Gewalt- und Kampfsituationen. Erst die Arbeit mit **Slow-Motion**- und **Take-Verfahren** (kleine Bewegungseinheiten) konnte innere Vorgänge der Schüler sichtbar werden lassen.

Im Rahmen von Improvisationen und Rollenfindungen spielten sie bis an die Grenze des Geschmacks ihre sexuellen Vorstellungen ein, die entsprechend ihrer Gewaltphantasien dem üblichen pornografischen Machismus entsprachen.

Interessant im Vergleich zu den Mädchengruppen war ihre Unbefangenheit im Umgang mit sexuellen Motiven, solange sie unter sich waren.[190]

Das Verhältnis zwischen Jungen und Mädchen dieser Altergruppe, wie wir es in den vorangegangenen geschlechterheterogenen Theater-Arbeitsgemeinschaften jüngerer Jahrgänge erfahren haben, ist außerordentlich verkrampft und gespannt, so dass an ein gemeinsames Spiel am Anfang kaum zu denken war.

Dort, wo in den Wahlpflichtkursen Mädchen und Jungen zusammenkamen, wobei der Anteil der Mädchen immer deutlich überwog, konnte aber über den Zeitraum eines Schuljahres diese Befangenheit abgebaut und solidarische Beziehungen zwischen Jungen und Mädchen entwickelt werden, die über den Rahmen des Unterrichts hinauswirkten.[191]

In den jeweils sechs Doppelstunden umfassenden Unterrichtsreihen, die Studierende als Praktika durchführten und in bereits festgefügten Lerngruppen stattfanden, konnten wir fast immer Konflikte zwischen sogenannten typisch „männlichen" und „weiblichen" Identitätsmustern beobachten, wobei dieser Konflikt mit der biologischen Reifung – also in älteren Jahrgängen – an Schärfe verlor, sich gleichsam auszuwachsen schien.

3.2.3 Interpretation: Lernwiderstände der Coolness-Kultur

Die von uns beobachteten Lernwiderstände sind als Verlagerung gesellschaftlich geforderter Kompetenzen einflussreichen Handelns und dominierender Identitätsmuster auf jugendkulturelle Verweige-

190 Beobachtungen von Hans-Joachim Wiese, Leiter der Jungen-Theater-AG.

191 Beobachtungen von Hans-Joachim Wiese, Leiter des Wahlpflichtkurses „Darstellendes Spiel".

rungshaltungen zu verstehen. Die Verschiebung scheint auf der immer wieder gleichen und stereotypen Rollenverteilung in schulischen Lerngruppen zu basieren: Auf der Grundlage restriktiver *Affektmodellierung* (Einschränkung und Ausgrenzung von spontankörperlichen Ausdrucksformen) bei gleichzeitiger Hochschätzung des sprachlichen Ausdrucksvermögens seitens der Institution wird eine Rangordnung zwischen erfolgreichen und gescheiterten Schülern geschaffen.

Im Regelunterricht werden aus Gründen der Lerndisziplin körperliche, spontane Impulse zugunsten von überlegten, diskursiven Sprachleistungen unterdrückt. Konflikte werden im Interesse eines reibungslosen Ablaufes der Lernprozesse, aber auch zum Schutz der körperlichen Unversehrtheit der Klientel sprachlich-diskursiv geregelt.[192]

Die Ausgrenzung aller körperbezogenen Kommunikationsformen und die damit verbundene Unterdrückung von Affekten führt bei Schülerinnen und Schülern in Form eines Umkehrschlusses zu einer körperbetonten ***Ästhetisierung ihrer Lernwiderstände***, deren Geschmacklosigkeit umso beliebter ist, je mehr ratloses Kopfschütteln sie damit bei den latent provozierten Pädagogen ernten können.

3.2.4 Coolness-Kultur ist restriktive Alltagstheatralität

„Die unangenehme Wahrheit, die von der gegenwärtigen Rechtsextremismusdebatte überdeckt wird, besteht darin , dass die Gesellschaft die Kinder und Jugendlichen bekommt, die ihrem unwirtlichen Schoß entspringen und die sie verdient. Sie stürzen aus dem Mutterleib unvermittelt in die Gesellschaft des entfesselten Marktes und entwickeln nur noch deren psychische Korrelatformen. Ihr Selbstgefühl kann sich in einem Klima von Indifferenz und Kälte nicht erwärmen.“

(Götz Eisenberg)

Die Spleens der Jugendkulturen werden in der Schule als pubertäre Selbstfindungsversuche gedeutet und geduldet, solange sie nicht in eine offene Konfrontation mit den Regeln der Institution münden.

Die Schüler werden mit der von ihnen entwickelten und durch die Kulturindustrie beeinflussten Alltagstheatralität der Lernwiderstände allein gelassen.

Die diesen Formen zugrunde liegende Kreativität und Gestaltungskraft, ihr eigensinniges und rebellisches Potential, wandert als negativer Reflex auf die geforderten rationalen Diskurse des Unterrichts ab in die anarchischen Subjektstilisierungen einer pädagogisch unbetreuten Gegenkultur, die auf ihre Weise die (keineswegs überwundenen) Konkurrenz- und Leistungsprinzipien neu definieren.

Es ist kein Zufall, dass diese Mimesis ans Verhärtete unter dem Begriff „Coolness“ auftritt. Es handelt sich – allerdings unbewusst – um die objektsprachliche Wendung der restriktiven Lern- und Arbeitsprinzipien, die im Regelunterricht metasprachlich umschritten

192 Vgl. Schulvertrag der GE Lingen.

werden. Wo diese gegenkulturellen Ambitionen mangels Geld und Mut nicht offensiv und erfolgreich zur Erscheinung gebracht werden können, finden sie ihr Pendant in dem demonstrativ gelangweilten Desinteresse, das viele Schülerinnen und Schüler den Anforderungen der Schule entgegenbringen.

Ob geheuchelt oder nicht – soviel ist ihnen jedenfalls klar: Die Begeisterung für das jeweilige Unterrichtsfach schlägt sich in jedem Fall auf die Lernäquivalente der Zeugniszensuren nieder, wo dann der Spreu vom Weizen getrennt wird. Und so erkennen Schüler unter ihresgleichen rasch den Streber als unliebsamen Konkurrenten, der die Preise verdirbt.

Zusammen mit der negativen Aufmerksamkeit der Institution lassen die Schüler jedes Gefühl und jeden Eindruck von sich abprallen und geraten in den Zustand affektiver Erstarrung. In der Coolness-Kultur ist ihre Fähigkeit, innere Vorgänge mitzuteilen, auf ein Minimum an sprachlichen und körperhaften Symbolen geschrumpft, die fast immer ihre Vorbilder in den medialen Vermarktungen jugendkultureller Ausdrucksformen finden.

Je stärker dabei die Frustration ihrer Ich-Identität durch die Erziehungsagenturen erlitten wurde, desto stärker weichen die „coolen" Identitätsmuster auf sozial deviante Vorbilder aus: sozial ausgegrenzte, halbkriminelle Verhaltensweisen, Drogengebrauch, Gewalt- und Eigentumsdelikte und ein provokanter Lebensstil werden den schulischen Verhaltensnormen entgegengestellt und dienen einem deutlich erkennbaren Erfolgskonzept von Identität als vermeintliche Opposition.

Das Modell der „Coolness-Kultur" ist eines der extremen Verhärtung: Abgebrüht, mit allen Wassern gewaschen und durch nichts zu beeindrucken, entsteht in ihr eine Subjektgestaltung, die als negativer Reflex den Inhalt des vermittelten Subjektleitbildes aufnimmt und in verzweifelter Form außerhalb der gesellschaftlich akzeptierten Tauschöffentlichkeit zu realisieren versucht.[193]

Diese selbstschädigende Art, dennoch als Persönlichkeit Anerkennung zu finden, sieht dabei nicht nur von den fehlenden materiellen Voraussetzungen ab, sondern auch von den eigenen konkreten Bedürfnissen, die der Verhärtung und Panzerung des trotzig aufrechterhaltenen Subjektideals geopfert werden.

Insofern ist diese Haltung auch nicht nihilistisch, sondern beharrt stur auf dem gesellschaftlich vermittelten Persönlichkeitskonzept

193 Vgl. Enzensberger, Hans-Magnus (1996): Einladung zum Bürgerkrieg. Frankfurt a.M.

der Gegenwartsgesellschaft, obwohl diesem Konzept alle Realisierungschancen fehlen.

Im schulischen Bereich wirken sich die Coolness-Haltungen auf die theaterpädagogische Arbeit besonders problematisch aus.

Schüler und Schülerinnen, die ihr Ideal in diesen Formen der Subjektstabilisierung gefunden haben, sind nur äußerst schwer zum Spiel zu motivieren. Wenn sie nicht von vornherein jede Beteiligung ablehnen, machen sie mürrisch mit und versuchen selbst unter unmöglichen Bedingungen das Grundgerüst ihrer argwöhnischen Skepsis und Verweigerung aufrechtzuerhalten.

Ein typisches Bild sind Schüler, die in einem Klatschkreis stehen, in dem sie jeden Moment reagieren müssen, während sie die Hände tief in den Taschen ihrer in den Kniekehlen hängenden Hosen vergraben. Bei den Mädchen sind es die überkreuzten Arme und Ärmel, die sie weit über die Hände ziehen.

Wir finden in diesem Arrangement von verhärtetem **Subjektidealismus** der Lernverweigerungen und subjektentgrenzenden, affektiven und körperbetonten Arbeitsweisen den schärfsten und in der Praxis schwierigsten Gegensatz zwischen ästhetisch-theatralen und kognitiv-sachlichen Lernprozessen.

Dieser Gegensatz fußt auf einem gänzlich anderen Bildungsverständnis der beiden Positionen und hat seine Ursache in dem widersprüchlichen Charakter des Subjektbegriffs als Leitkategorie der Erziehung und Bildung.

Während in der schulischen Sozialisation der individuelle Mensch für die Bestätigung in der Gegenwartsgesellschaft als begrenztes, zweckorientiertes, selbstverantwortliches, durchsetzungsfähiges und rechtsfähiges **Tauschsubjekt** herangebildet werden soll, widmen sich ästhetische und insbesondere theatrale Lernprozesse den Erfahrungen, die in diesem Abstraktionsprozess auf der Strecke bleiben: der Entgrenzung von Subjekterfahrungen im mimetischen Ausdruck, dem unverzweckten Spiel, und der kollektiven, individuell kaum zu unterscheidenden Verantwortung für die Lernvorgänge.

Theatrale Ästhetik stellt damit eine intermediäre Auflösung der definitiven Lernprozesse des Schulalltags dar: An die Stelle der **Exklusion** (Ausschließlichkeit) von Leistungen tritt die **Inklusion** aller sich äußernden affinitiven Affekte und Spielimpulse, in dessen Definition als einem Produkt – z.B. einer Inszenierung – alle Teilleistungen ununterscheidbar (!) einfließen.

Die folgenden Fallbeispiele illustrieren die Reibungsflächen, die zwischen Regelunterricht, restriktiven Lernwiderständen und theatralen Lernprozessen entstehen können:

3.3 Fallbeispiele

3.3.1 Beispiel Bernd H.: Wechselausgrenzungen

Der Wahlpflichtkurs „Darstellendes Spiel" der Jahrgangsstufe 10 bereitet sich auf eine Aufführung vor. Es ist geplant, mit dem Wahlpflichtkurs Musik des gleichen Jahrgangs einzelne Szenen musikalisch zu untermalen. Beide Kurse treffen sich im Probenraum. Bernd ist der einzige Junge im Wahlpflichtkurs „Darstellendes Spiel" – der Musikkurs hat eine gemischte Besetzung.

Nach einer Erwärmung, an der die Teilnehmer der Musik-AG nicht teilnehmen wollen, zeigt der Theaterkurs die erarbeiteten Szenen. Die Musiker haben ihre Instrumente umgehängt und schauen – Kaugummi kauend – gelangweilt zu.

> *„Dazu sollen wir was spielen? – Was denn?"*
> *„Versucht doch einfach mal in den Rhythmus des Spiels zu kommen, probiert etwas aus!"*

Kurz und gut, es klappt nicht. Die Spieler sind hochgradig genervt. Alle setzen sich zu einem Palaver in einem Sitzkreis zusammen.

Es entsteht ein Streitgespräch zwischen den beiden Gruppen. Die Theatergruppe wirft den Musikern ihre herunterziehende, demotivierende Zuschauerhaltung vor.

Die Musikgruppe verteidigt sich: Sie würden eben harte Rockmusik machen und das passt halt nicht zum Stück.

Die Fronten verhärten sich – zwei völlig unverträgliche Haltungen stoßen aufeinander.

Zu diesem Zeitpunkt sitzt Bernd H. bereits auf der Seite der Musikgruppe. Dies wird ihm von seinen Kurs-Mitschülerinnen vorgeworfen. Er befindet sich in einer unangenehmen Zwickmühle: Einerseits hat er bei der Entwicklung der Szenen mitgearbeitet – andererseits führt er Achtungskämpfe in der Clique der Musiker, die in seinem Jahrgang auch die tonangebenden Schüler sind.

Es war das letzte Mal, dass er am Unterricht des Wahlpflichtkurses „Darstellendes Spiel" teilnahm. Das restliche Schuljahr über schwänzte er und nahm die schlechte Zensur, die daraus folgte, in Kauf.

Bernd wiederholte das Schuljahr und wählte einen anderen Wahlpflichtkurs.

3.3.2 Beispiel Mohamed A.: Oszillation zwischen Subjektstilisierung und Beheimatung im sozialen Spiel

Mohamed besucht den Erweiterungskurs Deutsch des neunten Jahrgangs. Er kann außergewöhnlich gut mit Sprache umgehen, seine Formulierungen können treffend, aber auch verletzend sein. Sein sprachliches Vermögen ist für ihn ein ganz wesentliches Instrument, seiner durchaus aufsässigen und egozentrischen Haltung die entsprechende Durchschlagskraft zu verleihen.

Er ist bei Schülern und Lehrern gleichermaßen unbeliebt, aber anerkannt.

In seinem E-Kurs Deutsch führen zwei Studierende der Theaterpädagogik eine 12-stündige Unterrichtseinheit durch, die das Thema des Kurses „Andorra“ von Max Frisch aufgreift und dabei mit theatralen Methoden operiert.

Für Mohamed sind diese Arbeitsformen von vornherein „Quatsch und Kinderkram“. Alles was geschieht bestätigt nur sein erstes Urteil.

Die anderen Schülerinnen empfinden diese neue Art des Unterrichts als interessante Abwechselung zum gewohnten sprach- und textorientierten Kursverlauf.

- *Beobachtungen der Studierenden[194]:*
„22.11.2000: Das Hauptproblem der dritten Stunde war Mohamed. Entweder forderten wir die Klasse als solche, was Mohamed unterforderte und eine Störung des Unterrichts zur Folge hatte. Oder wir forderten Mohamed, woraufhin der Rest der Klasse sich entspannt zurücklehnte, weil alle Schüler wussten, dass sie sowieso nicht so schnell und effektiv wie Mohamed hätten mitarbeiten können. Wir versuchten deshalb den goldenen Mittelweg. Während der Tafelarbeit war dies noch möglich, bei den Körperübungen fing Mohamed an zu blocken. Dem Rest der Gruppe machten die Übungen viel Spaß, für Mohamed waren sie ein rotes Tuch, da er hier die Problematik dank seiner kognitiven Fähigkeiten nicht lösen konnte. Ich fürchte, der einzige Grund, warum er weiterhin mit Leidensmiene mitmachte, waren die strafenden Blicke der anwesenden Lehrerin. (...) Die Präsentation der Szenen zum Thema Vorurteil verlief gut. Die Schüler hatten auch viel Spaß, weil die Lehrerin selbst in einer der Szenen mitspielte. Interessant zu beobachten war, dass Mohamed als einziger in der

194 Praxisberichte von Britta Gundlach und Julia Vohl.

Klasse seine Rolle auf der Bühne so ernst nahm, dass er sich im Spiel angegriffen fühlte und sich anfing zu verteidigen. Trotzdem oder gerade deshalb wollte er unbedingt den Bösewicht spielen.

29.11.2000: Selbst Mohamed hat sich heute freiwillig zum Lesen und Spielen gemeldet. In der Reflexion haben wir herausgefunden, dass wenn ständig eine von uns beiden neben ihm saß und durch ihre unmittelbare Anwesenheit ihm Aufmerksamkeit zollte, er bereit war, nicht nur ruhig zu sein, sondern auch mitzuarbeiten.

06.12.2000 (die Lehrerin nahm an dieser Unterrichtsstunde nicht teil): Eine erstaunliche Begebenheit dieser Stunde war, dass als Mohamed uns durch sein „Kippeln" mit dem Stuhl provozieren wollte, seine Mitschüler eingriffen, bevor wir noch etwas sagen konnten, und in eine offene Konfrontation mit ihm gingen. Das haben wir bis jetzt noch nicht erlebt. Bis jetzt waren die Aggressionen seiner Mitschüler eher unterschwellig gewesen. Aus der Konfrontation wurde deutlich, dass der Rest der Schüler gerne am Unterricht teilnehmen wollte und sein Verhalten sie dabei stört. Er sollte dieses doch bitte unterlassen. Er hörte zwar nicht damit nicht auf, steigerte seine Störmanöver aber auch nicht weiter, was zur Folge hatte, dass er von der Klasse ignoriert wurde. Vermutlich hat ihn das noch mehr gewurmt, er hörte dann nämlich irgendwann doch noch mit den „Kippeln" auf, weil ihn niemand mehr beachtete.

13.12.2000: Mohamed zog sich von Anfang an aus dem Spielgeschehen völlig zurück, indem er sich zwar in Gruppen einteilen ließ, sich während der Spiele dann aber an den Rand stellte und sich von den anderen Teilnehmern nicht einbeziehen ließ. Der Rest der Schüler befand sich erstaunlich gut im Spiel auch ohne Warm-Up. (...)
Die Abschlussreflexion ergab ein positives Meinungsbild der Schüler über die Unterrichtseinheit insgesamt. Die einzige Gegenstimme dazu bildete Mohamed, der diese Unterrichtseinheit als ‚infantil' empfand."

Beobachtung des Seminarleiters beim Unterrichtsbesuch am 13.12.2000:
„Die SchülerInnen gingen aus dem Sitzkreis heraus in ein Statusspiel. Sie sollten auf einer Vernissage verschiedene Berufe mit einem jeweils unterschiedlichen Status darstellen.

Ein Schüler geriet dabei auf sehr merkwürdige Weise in ein undefiniertes Feld zwischen Zuschauern und Spielergruppe. Für die gesamte Zeitdauer des Spiels konnte er sich nicht klar lokalisieren. Er stand dort sehr still, aber schwankend zwischen beiden Polen. Er war sehr einsam – ich glaube, es war Mohamed.“

3.3.3 Beispiel Sandra B.: Gestaltete Langeweile ist spannend

Erinnerung des Kursleiters an eine auffällig unauffällige Schülerin seines Wahlpflichtkurses „Darstellendes Spiel“ der Jahrgangsstufe 8 (Schuljahr 2001/02):

„Zum Abschluss der Schulhalbjahre hole ich immer schriftliche Rückmeldungen meiner Kursteilnehmer über ihre Wahrnehmung des Unterrichts ein. Diesmal habe ich die Form eines TeilnehmerInnen-Dialoges gewählt, um die gewohnten, nichtssagenden Rückmeldungsfloskeln zu vermeiden. Die TeilnehmerInnen konnten Stichwörter notieren, diese einem Partner geben, dessen Fragen und Kommentare wieder einen weiteren Anlass zu Notizen geben sollten.

Einer dieser Dialoge setzte mich in Erstaunen:

A: „Ich hasse diesen Kurs.“
B. „Warum?“
A: „Wegen unseres Lehrers“
B: „Was ist mit ihm?“
A: „Ich hasse ihn einfach.“

Hass ist ein starkes Gefühl und einmal ausgesprochen, wirkt es nach. Die Autorin meldete sich zwei Tage später selbst zu Worte, und es kam zu einem Gespräch zwischen uns.

Sandra konnte von sich aus ihr Gefühl nicht erklären: „Es ist einfach so.“ Sie gab aber Hinweise auf die Ursachen:

„Bei Ihnen kann man nie machen, was man will. Ich will mich zum Beispiel in der Schule nur langweilen – merken Sie das denn nicht? Bei Ihnen muss man sich ständig zeigen, man wird beobachtet und fällt auf, wenn man nicht mitmacht. Das nervt mich ohne Ende.“

Nun, Sandra wollte den Kurs wechseln, und ich hatte auch nichts dagegen. Sie hatte seit jeher den Spielfluss durch ihre Trägheit blokkiert und durch ihren gelangweilten Habitus die Mitspieler demotiviert. Den Rest des Schulhalbjahres musste sie allerdings in meinem Kurs verbringen – das verlangte das Regularium.

Als wir gegen Ende des Schuljahres mehrere Szenen einprobten, spielte Sandra die Rolle einer Verkäuferin in einem Bekleidungsgeschäft. Ihre Rolle war sehr reduziert. Sie musste stehen, Kleidungsstücke zusammenlegen und aus dem Schaufenster auf die Straße blicken.

Nachdem die Schüler für die Szene eine ruhige Musik zur Untermalung gefunden hatten, wurde es spannend. Sandra spielte die Verkäuferin mit einer fast unerträglichen Langsamkeit. Der zähe Bewegungsablauf und ihr abwesender, verträumter Blick auf die imaginierte Straße bekamen einen vorstellbaren Bezug zu dem Bild einer Verkäuferin, die des Wartens müde ist, aber selbst keine Veränderung herbeiführen kann. Sandras persönliche ***Schulmüdigkeit*** und habitualisierte Langeweile gab der Figur eine unendliche Trauer und Würde.

Wir haben dann sehr lange an ihrer Haltung und Gestik gearbeitet: Feinarbeit, geradezu filigran. Der Kontakt zwischen Spielerhaltung und Figurenhaltung brachte Sandra dazu, intensiv an der Ästhetik der Szene mitzuarbeiten. Auf der Bühne fand ein Wechsel statt. Sandra gab in Form einer höchst konzentrierten, angespannten Arbeit das Bild einer höchst zerstreuten, unkonzentrierten, verträumten und vom Leben gelangweilten Rollenfigur. Sie gab ihre restriktiven Anteile gleichsam ab, denn wenn die Szenenarbeit beendet war, sprang sie munter und gar nicht mehr gelangweilt von der Bühne und kümmerte sich um die Aufführung.

Natürlich hält so etwas nicht auf Vorrat – es gerät aber auch nicht in Vergessenheit.

3.3.4 Beispiel Mädchentheater-AG: Peinlichkeit und Spiel

„Die Teilnehmerinnen gehen am liebsten in Paaren oder Grüppchen durch den Raum und sind schwer zu trennen. Bei der Erklärung einer Statuenübung kam es zum ‚Pipi-Zwischenfall'. Alle rannten wie gestochen aus der Aula und schrieen: ‚Ihh, Pisse!...' Ich dachte wirklich, jetzt ist Schluss für heute, aber die Situation hat sich genauso schnell wieder gefangen, und das ‚Pipi-Mädchen' hat völlig normal weiter mitgemacht. (...) Danach haben wir versucht, Statuen zum Thema Schule aufzubauen. Der Auftrag wurde auf Anhieb verstanden, und die Kleingruppen fingen sofort an zu arbeiten. (...) Hierbei entstand auch ein Bild mit dem ‚Pipi-Mädchen': Vier Mädchen umringten es und zeigten auf den riesigen nassen Fleck auf ihrer Hose. Die vier hatten ein Lachen im Gesicht, aber nicht wirklich gehässig oder gemein. Das Mädchen, auf das gezeigt wurde, grinste auch, aber nicht vor Scham, sondern irgendwie lustig, Schultern zuckend. Auch die anschließende

Deutung der Statuengruppe durch die Mitspieler ließ keine Peinlichkeit oder Abwertung erkennen: ‚Da hat sich eine in die Hose gemacht.' Das kam ganz sachlich und ohne verletzenden Unterton."[195]

• Interpretation:
Abgesehen davon, dass die unbefangenen Reaktionen der Mitspielerinnen auf ein solches Missgeschick für das Vertrauensklima in der Mädchentheatergruppe sprechen, liegt die wesentliche Bedeutung des Geschehens in seiner spielerisch-ästhetischen Verarbeitung.

Etwas, das in den alltagstheatralen Vorgängen restriktiver Lern- und Arbeitszusammenhänge zu einer vernichtenden Denunziation einer Schülerin und darüber hinaus vermutlich zu einer langwierigen Unterbrechung des Unterrichts geführt hätte, wird produktiv als Darstellungschance gewendet. Die Spielerinnen nutzen die reale Peinlichkeit als Mittel ihrer authentischen Performanz und befreien sich dadurch von Zwängen habitueller Tabus.

Das weiterzudenken, gibt zur Hoffnung Anlass: So können letztlich alle alltäglichen Missgeschicke, Fehler, Unangepasstheiten und Gebrechen zum Vorteil des darstellenden Spiels umgemünzt werden. Wesentlich ist dabei, dass die Fehlleistungen nicht in der prometheischen Scham der Menschen im Vergleich zu den perfekten Maschinen versinken, sondern gerade erst Menschlichkeit im Spiel mit ihnen ermöglicht wird.

Methi spricht: „Beobachte deine Stimme, wenn du deine Fehler entschuldigst mit den Fehlern anderer. Ist sie nicht recht hart? Zu den größten Sätzen gehört der Satz, ‚ich schäme mich'. Beinahe jede Stimme, diesen Satz sprechend, ist gut."

(Bertolt Brecht)

So schafft das theatrale Lernen gerade die Orientierung an den Schwächen und Bedürfnissen der Menschen, die ihnen in den restriktiven Tauschverhältnissen verwehrt wird. Im theatralen Lernen ist der Bewährungszwang – die Tendenz, Individuen unmittelbar für ihr Verhalten verantwortlich zu machen – aufgehoben. Die Scham wendet sich gegen ihre disziplinierende Funktion. Sie wird zur Scham darüber, sich der Vermenschlichung der Lebensbedingungen entgegengestellt zu haben und verhilft zur Anerkennung der eigenen Nichtigkeit.

4 Lehrerhaltungen – Spielleiterhaltungen

4.1 Zulassende und partizipative Pädagogik

Besonders aufgeweckte Schüler stellen – vom Lehrer befragt – manchmal die Gegenfrage: „Warum fragen Sie, wenn Sie die Antwort doch schon wissen?"

195 Praxisbericht von Inga de Boer über ihre Erfahrungen mit der Mädchen-Theater-AG der IGS Lingen (Jahrgangsstufe 5 – 7).

Ihnen ist klargeworden, dass der Lernstoff keiner gemeinsamen Handlungsproblematik von Lehrern und Schülern entspringt, sondern dass Lernvorgänge, deren Ergebnisse vorgewusst sind, zu einer ganz eigenen Handlungsproblematik für die Schüler gemacht werden, die sie in gleicher Zeit mit gleichen Mitteln zum Zwecke des Vergleichs lösen sollen.

Wir nennen diese Lehr-Lernprozesse **restriktiv**, weil sie die gesellschaftliche Qualität des Lernens in Konkurrenzvorteile pervertieren und weil sie keine konkrete Handlungsmächtigkeit beinhalten, sondern den Schülern gerade durch die Androhung einer Einschränkung von Handlungsmöglichkeiten nahegelegt werden.

Die „weichere" pädagogische Kehrseite der Schule als *Disziplinarmaschine*: Die abwartende Pädagogik, die den Zögling nicht zu einem *Abbild* des Erziehers (als Vorbild des mündigen Bürgers) macht, sondern seine Selbstfindung beobachtend zulassen will, bekommt in den restriktiven Zusammenhängen des administrativ verordneten Lernens schnell einen lauernden Charakter, der bereits „das Postulat der letzten Kontrolle"[196] vorausdeutet. Der Lehrer zieht sich zurück und verhält sich noch bedeckter, als er in den verdeckten Lehr-Lernverhältnissen ohnehin schon ist.

4.2 Spielleiterhaltung in theatralen Lernprozessen

Wie wir bereits festgestellt haben, benötigen theatrale Lernprozesse kristallklare Regeln, die vom Spielleiter *autoritativ* durchgesetzt werden müssen. Erst auf der Grundlage *disziplinierter* **Experimentdurchführungen** entsteht der theatrale Schonraum als Freiraum, in dem durch genaue Beobachtung der sich anbahnenden Freisetzung des Spielmaterials in Form unblockierter Phantasiebewegungen auch das körperlich-bewegte Gestaltungsmaterial in seiner ästhetischen Eigenwertigkeit sich zeigen kann. So kommt es durchaus zu Phasen abwartender pädagogischer Haltungen des Spielleiters, die mit seinen methodischen Entscheidungen und Zufügungen (Inputs) abwechseln.

Aber wie kann man die Haltung dieses Spielleiters charakterisieren?

Zunächst einmal ist er neugierig. Er wird das, was sich zeigt, nicht vorgebildet haben. Die ästhetische Qualität des performativen Geschehens muss ihn als die Spur des Anderen überraschen und im günstigsten Fall ihn und sein Konzept sogar verstören.

196 Holzkamp, Klaus: Lehren als Lernbehinderung? In: Derselbe (1997): Schriften I. Berlin / Hamburg, S. 213.

„Im Kunstunterricht kann es schon manchmal recht laut werden. Die Schüler setzen sich nach gemeinsamen Neigungen zusammen, kritzeln unaufmerksam vor sich hin und nutzen die Gelegenheit, dass sie nicht ständig auf den Lehrer hören müssen. – Kunst ist ja auch kein Leistungsfach. Die Noten sind den meisten egal und richtig schlechte Noten erwartet auch keiner. Ich laufe dann herum, schaue über die Schultern, gebe Tips und versuche den Geräuschpegel zu senken. Ich glaube, ich störe sie eher bei ihren Plaudereien. Gute Ergebnisse kriegt man so nicht. Irgendwann habe ich mal angefangen, meine eigenen, liegengebliebenen Arbeiten mitzunehmen und habe dann auch selbst gearbeitet. – Merkwürdig, es wurde sofort ruhiger.“

„Wer nicht sehen kann, kann keine ästhetische Erfahrung machen und kann deshalb auch kein Seherlebnis darstellen. Wenn man die Schüler vor ein Motiv setzt, dann sind sie oft nur mit den Mitschülern beschäftigt und gukken nicht hin.

Er hat also originär weder ein pädagogisches noch ein *poietisches* (selbst werk-schaffendes) Interesse: Sein Ziel ist nicht die Abschöpfung des Materials der Schüler, um dieses in der Theaterproduktion publikumswirksam aufzubereiten. Er sucht den Aufbruch der Haltungen **restriktiver Alltagstheatralität** und das Aufblitzen einer (nicht einer einzigen) Wahrheit in diesen Brüchen, die er systematisch provoziert. Nicht das Themen- und Meinungs-Material sondern die eigensinnige Ästhetik dieser Brüchigkeit wird zum Träger der theatralen Gestaltung.

Das Interesse des Spielleiters ist also *aisthetisch* (wahrnehmend, am Prozess teilhabend) und bedient sich der *Poiesis* der pädagogischen Lenkung.

Im Verhältnis zu seinen Spielern ist der Spielleiter aber auch mimetisch. Seine ästhetischen Erfahrungen mit den Prozessen der Spieler, lassen diese nicht unbeeindruckt. Es gehört zu den unabgesprochenen und vielfach ungeplanten Momenten der **Gegenwartsidentität** des Spiels, dass eine Übereinkunft zwischen Spielern und Spielleiter über die sich ereignenden **ästhetisch-theatralen Momente** stattfindet.

In diesen Augenblicken partizipieren alle Beteiligten unmittelbar an einer ‚ästhetischen Erfahrung‘, die im sozialen Kontext der Gruppe plus Spielleiter zu einer Schwellenerfahrung werden kann, die die funktionale Grenze zwischen Lehrer und Schüler, Erzieher und Zögling überspringt.

Ein Kennzeichen von **partizipativen Lernprozessen** der ästhetischen Erfahrungsbildung ist demnach das Verdampfen der sozialen Rollenerwartungen: Sie werden im ersten Wortsinn „überflüssig“.

4.3 Partizipatives Lernen im Regelunterricht

Möglich ist partizipatives Lernen auch in anderen Lernprozessen als den theatralen.

Klaus **Holzkamp** spricht von den „schulischen Sternstunden“, die sich „quasi in den Falten der Institution, in unterschiedlichster Weise mehr und anders (ereignen) als offiziell vorgesehen“[197].

Als gemeinsames Merkmal dieser Sternstunden hebt Holzkamp heraus,

> *„dass hier sowohl die Lehrenden wie die SchülerInnen unter dem Eindruck wichtiger und bedrängender Erfahrungsmög-*

197 A.a.O., S. 207.

lichkeiten ,aus der Rolle fallen': Der Lehrer oder die Lehrerin widmet sich dabei (vorübergehend) nicht professionell restringiert der Beeinflussung und Kontrolle der SchülerInnen, sondern wendet sich primär der Sache bzw. dem Gegenstand zu, soweit und in der Weise, wie sie ihnen selbst wichtig sind. (...) Sie (die SchülerInnen) erfahren die Lehrenden als Menschen, die sich selbst für das engagieren, was sie mir als Schüler und Schülerin sonst nur von der Warte der Unangreifbarkeit andienen. (...) So kommt es zwischen SchülerInnen und LehrerInnen unprogrammgemäß zu einem wirklichen Gespräch." [198]

Das partizipative Lernen würde folglich auch den gängigen Reformkonzepten der Autonomie und des Wachsenlassens widersprechen.

„Während nämlich dort die Lehrenden, indem sie die SchülerInnen sich selbst überlassen, sich in womöglich noch höherem Grade als im konventionellen Unterricht bedeckt halten und aus der Affäre ziehen können, bringen sie in der Funktion der ,Masters' (das sind die partizipativ Lehrenden als ,MeisterInnen ihres Fachs') sich selbst, ihre eigenen Meinungen, Denkweisen ihr eigenes Können voll in den schulischen Lernprozeß ein." [199]

4.4 Inklusion – Die Teilhabe der Lern-Subjekte

Ästhetische und theatrale Lernprozesse synthetisieren die Haltungen der abwartend-zulassenden und partizipativen Pädagogik.

In ihnen wohnt der Begriff „Teilhabe" (Inklusion) in einer doppelten Bedeutung:

- In ihnen geht es um die experimentell offene Zulassung der wachsenden Teilhabe der Spieler an ihrem eigenen Gestaltungsmaterial und -interesse sowie um
- die kollektiv-gegenwartsidentische Teilhabe an den sich entwikkelnden ästhetischen Erfahrungen.

Anders als in den administrativen Abwicklungen restriktiven Lernens im Regelunterricht sind die zulassenden und partizipativen Haltungen des Spielleiters nicht nur Unterbrechungen der Rollenverteilung zwischen Lehrern und Schülern, sondern geradezu Voraussetzung für das Gelingen theatraler Lernvorgänge.

198 Ebenda

199 A.a.O., S.212.

Einmal habe ich mich zu ihnen gesetzt, selber ein Zeichenbrett vor dem Bauch und habe auch das Motiv gezeichnet. Sie schauten mir über die Schulter, und ich sagte ihnen, was mir am dem Motiv gefällt und was mir schwer fällt darzustellen.

Unglaublich! Die Schüler ahmten meine Haltung nach. Wenn sie etwas brauchten, flüsterten sie – geradezu weihevoll."

„Wir probten zu einer Szene, in der der Sklave auf einem Laufband durch Griechenland rennt und dabei über den Nord-Süd-Konflikt redet. Es klappte nicht, der Text kam nicht rüber und seine Haltung war nicht die eines Sklaven.

Ich habe dann einfach gesagt, los, ich versuch das mal. Ich will wissen, was man auf so einem Laufband alles machen kann. Also habe ich Verschiedenes ausprobiert. Ich entdeckte, dass für mich das Straucheln wichtig war. Also Text: „Im Norden Industrie und Wohlstand" und dabei trat ich daneben und fiel fast hin. Das Antithetische gefiel mir. Ich lief dann neben dem Spieler her und versuchte seine

Text- und Laufkombination nachzuahmen, ich doppelte. Er sagte: ‚Im Norden Industrie und Wohlstand‘, stürzte, rappelte sich auf, ging wieder aufs Laufband und sagte dann unter Schmerzen ‚Im Süden Ackerbau und Gemeinsinn.‘ – Das war dann perfekt.“

„Manchmal habe ich es satt. In meinem nächsten Leben werde ich Englischlehrer und unterrichte knallhart lehrbuchorientiert. In meiner letzten Vertretungsstunde habe ich das erlebt: Buch auf. Lesen lassen. Unbekannte Vokabeln an die Tafeln. Abschreiben lassen und dann den Transfer im Workbook. Einfacher geht's nicht. Beim Abschreiben und Transfer kann man schon mal den letzten Vokabeltest korrigieren. Beim „Darstellenden Spiel“ musst du ständig auf höchstem Level präsent sein. Immerzu brechen Spieler aus oder bieten verletzliche Spielanlässe, die man mit Argusaugen behüten muss.“

(Aus dem Tagebuch eines Lehrers für Kunst und Darstellendes Spiel)

Andererseits bringt die Synthese von zulassenden und partizipativen Haltungen Schwierigkeiten bei der Entwicklung des Verhältnisses zwischen Spielleiter und Spielern mit sich, die vor allem darin begründet liegen, dass die Schüler die aus dem Regelunterricht gewohnten Rollenerwartungen auch an die Theaterpädagogen herantragen. So sind Schüler, die reformpädagogisch zulassende oder konventionelle Laissez-Faire-Haltungen der Lehrer gewohnt sind, häufig irritiert über die gespannt-neugierige Haltung des Spielleiters, der ihnen auf die Pelle rückt und sie nicht in Ruhe lassen will. Schüler, die einen autoritären und lehrerzentrierten Unterricht erwarten, verwechseln bei der Ermunterung zur experimentellen Erkundung die durch den Spielleiter geöffneten Spielräume mit dem Pausenhof, sind frustriert über die darauf folgende Einengung des Spielrahmens und testen das Disziplinierungsrepertoire des Theaterpädagogen aus.

Insofern haben es Theaterpädagogen vielleicht zur Zeit einfacher, wenn sie nicht als Lehrer an den Institutionen arbeiten, deren Klientel sie unterrichten. Die Spieler sind eher bereit, sich auf die ungewohnten pädagogischen Haltungen eines zulassenden und partizipativen Unterrichts einzulassen, wenn die Spielleiter nicht schulisch stigmatisiert sind. Andererseits diskriminieren Schüler mitunter – gerade wenn ein konstruktives Verhältnis zum Lehrer-Spielleiter hergestellt werden konnte – diesen vor dem Kollegium: „Unser Theaterlehrer ist nicht so wie die anderen. Das ist kein richtiger Lehrer.“[200]

5 Das dekorative und das performative Schultheater: Versuche einer Integration theatralen Lernens in das schulische System

Im Rahmen unserer Projektpraxis ergab sich eine Gelegenheit zum Dialog der künstlerischen und pädagogischen Haltungen des konventionellen Schultheaters und unseren des theatralen Lernens. Zwei theaterinteressierte Lehrerinnen unserer Kooperationsschule initiierten ein fach- und jahrgangsübergreifendes Musiktheaterprojekt zu Mozarts „Die Zauberflöte“, das unter dem Titel „Die Zauberflöte oder so ähnlich“ im März 2002 in der GE aufgeführt wurde. Das Thema „Zauberflöte“ sollte zuvor in verschiedenen Lerngruppen in unterschiedlicher Weise bearbeitet und die Ergebnisse in einer Schulaufführung zusammengeführt werden. Ein ambitioniertes Großpro-

200 Schülerin des Wahlpflichtkurses „Darstellendes Spiel“, Jahrgangsstufe 10, Schuljahr 1999/00 zu einem Studierenden des Instituts für Theaterpädagogik während einer Hospitationsstunde an der GE Lingen.

jekt, das gut geplant und organisiert werden wollte. Wir beteiligten uns mit dem Wahlpflichtkurs (WPK) „Darstellendes Spiel“ des achten Jahrgangs an der Aufführung. In der Zusammenführung der szenischen Ergebnisse des theatralen Lernens mit den Beiträgen der anderen, die den roten Faden des Stückes bestimmten, kollidierten unsere gegensätzlichen Gestaltungsformen, die mit den entgegengesetzten ästhetisch-pädagogischen Haltungen der Spielleiterinnen und Spielleiter zusammenhingen. Die Kollision stieß eine Auseinandersetzung über die Frage an, ob überhaupt und – wenn ja – wie theatrales Lernen in den **intentional** und **evolutiv** geprägten Schulzusammenhang integriert werden kann. Die Auseinandersetzung zwischen dem *dekorativen* und dem *performativen* Schultheater wurde – ungeplant – zum theatralen Experiment.

5.1 Rahmenbedingungen und Projektverlauf

5.1.1 Die Vorbereitungen

Die beiden Initiatorinnen des Zauberflöte-Projekts hatten bereits im Winter 2000 eine „Weihnachtsrevue“ inszeniert, die ca. 150 Schülerinnen und Schüler mit verschiedenen Beiträgen aus den musisch-kulturellen Unterrichten und Arbeitsgemeinschaften – durch eine szenische Rahmenhandlung lose verbunden – auf die Bühne brachte. Das „Zauberflöte“-Projekt folgte einer ähnlichen Konzeption: Alle Lern- und Arbeitsgruppen der Schule wurden eingeladen, sich mit dem Stoff der Zauberflöte künstlerisch gestaltend auseinander zu setzen. Im Unterschied zur „Weihnachtsrevue“ sollten diesmal im Vorfeld bessere Bedingungen für die Zusammenarbeit der Fachbereiche sowie für eine stärkere Einbindung der Vorbereitungen in den Unterricht geschaffen werden. Durch die Gesamtkonferenz wurde „Die Zauberflöte“ zum Thema der jährlichen Projektwoche bestimmt, die an vier Schultagen im März 2002 stattfinden sollte. Die meisten Angebote in der Projektwoche wurden mit der „Zauberflöte“ verknüpft; mitunter wurden eigene ‚Zauberflöten‘, historische Kostüme oder Bühnenbildteile für die Aufführung gebastelt. Als Material zur Vorbereitung auf die Projektwoche erhielten alle beteiligten Lehrer und Lehrerinnen ein Skript mit einem Programmablauf, das den Handlungsverlauf des Urtextes der „Zauberflöte“ zusammenfasste und auch Bearbeitungsvorschläge für die einzelnen Szenen enthielt – Dramaturgie und szenische Umsetzung waren zu diesem Zeitpunkt also bereits vorgeplant worden. Im Herbst 2001 stand fest, welche Arbeitsgruppen sich an der Aufführung beteiligen wollte und für welche Szenen sie jeweils zuständig waren. Aneinandergereiht sollten die Szenen eine geschlossene Handlung ergeben. Über die Projektwoche hinaus beteiligten sich der WPK Musik des siebten sowie des zehnten Jahrgangs, der WPK Darstellendes Spiel des achten Jahrgangs, die Tanz-AG, die Percussion-AG, eine Klasse aus dem fünften Jahrgang sowie eine Schülergruppe aus einer Klasse des zehnten Jahrgangs. Sowohl die Mädchen- als auch die Jungen-Theater-AG arbeitete ein Schulhalbjahr zu Motiven der „Zauberflöte", zog ihre Beteiligung an der Aufführung aber nach dem Halbjahreswechsel zurück.

Ein Beschluss des Fachbereiches ‚Musisch-Kulturelle Bildung' vereinbarte zusätzlich im Vorfeld des Projektes eine enge Kooperation zwischen den Regelfächern Darstellendes Spiel, Musik und Bildende Kunst zum Projektthema über das laufende Schuljahr hinweg. Eine tatsächliche inhaltliche Verzahnung der Unterrichte oder ein Austausch der Lehrkräfte fand in der Durchführung aber nicht statt.

Differenzen-Lernen

„Der Ansatz beim szenischen, bei der Arbeit von Subjekten an der Konstitution ihrer Erfahrungswelt kostet mehr Zeit als die Beschränkung auf den puren Inhalt. Dies gilt sowohl für die Forschungspraxis als auch und vor allem für die vorgelagerte Erziehungs- und Lernpraxis. Probieren, Umwege, Irrwege bei der Erforschung der neuralgischen Punkte und Phasen von Lernprozessen sind nicht als Zeitverlust zu verbuchen."

(Horst Rumpf)

Ebenfalls wurde im Vorfeld die Verortung unseres Theaterpädagogik-Teams innerhalb der Projektplanung geklärt. Zwischen uns und den Projektinitiatorinnen zeigten sich starke Gegensätze der jeweiligen pädagogischen und künstlerischen Haltungen zum Projekt, den Arbeitsweisen und Projektzielen, die im bloßen theoretischen Dialog nicht aufzulösen waren. Wir beschränkten uns folglich auf die Rolle der an der Produktion beteiligten Spielleiter der Mädchen- und Jungen-AG sowie des Wahlpflicht-Kurses Darstellendes Spiel (WPK DS). An der Arbeit in unseren Gruppen waren auch einige Theaterpädagogik-Studierende beteiligt. Drei Studentinnen arbeiteten während der Projektwoche vor der Aufführung mit dem WPK DS. Für die Schulprojekt-Woche war eine intensive Probenarbeit für die Produktion geplant, die am Ende der Woche gezeigt werden sollte. In den Einzelgruppen sollten die bereits im Regelunterricht angelegten Szenen für die Aufführung bearbeitet und intensiviert werden, um sie anschließend in das Gesamtwerk einzufügen und mit der Großgruppe zu proben.

Ein zusätzlich von den Projektleiterinnen angebotener Praxisplatz im Organisationsteam wurde von Studierenden leider nicht besetzt. Damit ging die Idee einer Kontaktperson zwischen den beteiligten Gruppen und ihren Spielleitern verloren, die für das spätere Zusammenfügen der Szenen wahrscheinlich hilfreich gewesen wäre und die Kommunikation zwischen den Gruppen besser gewährleistet hätte.

Um die spätere Zusammenführung der Gruppen dennoch anzubahnen, einigten sich die Spielleiter zunächst auf einen frühzeitigen Termin zur ersten Präsentation von Zwischenergebnissen all jener

Gruppen, die bereits während des Schuljahres zum Thema arbeiteten. Diese ‚Work-in-progress'-Präsentation wurde kurzfristig von der Projektleitung abgesagt, da „es noch nichts zu zeigen gab".

Die Schülerschaft sah das offensichtlich noch immer so, als sie sich zu einem späteren Zeitpunkt bei einer gemeinsamen Probe zusammenfand: Es fiel auf, dass unter den Spielerinnen und Spielern kaum eine gegenseitige Aufmerksamkeit durchgesetzt werden konnte. Eher konkurrenzhafte als solidarische Haltungen der einzelnen Gruppen untereinander bestimmten die Kommunikation. Die Schüler gingen sofort in die Beurteilung der anderen Ergebnisse über, verglichen und diskriminierten, ohne sich offenbar klar zu werden, dass sie sich in einem gemeinsamen Produktionsprozess befanden, dass sie an *einem* Projekt arbeiteten.

Entgegen der Planung standen schließlich in der Projektwoche vor der Aufführung real nur noch zwei Tage für die Szenenproben zur Verfügung. Am Vormittag des dritten Projekttages wurden in einer technischen Hauptprobe alle Gruppenergebnisse nach dem bekannten Ablaufplan zur Aufführung aneinandergereiht. Die Generalprobe fand direkt anschließend statt.

Die Zeit in der eigentlichen Projektwoche war so knapp bemessen, weil die beiden geplanten Aufführungen auf Beschluss der Gesamtkonferenz bereits Mittwoch- und Donnerstagabend stattfinden sollten. Dies wurde damit begründet, dass am Freitag, dem letzten Schultag vor den Osterferien, keine Zuschauer mehr zu erwarten seien, gleichzeitig wollte man es aber bei zwei Aufführungen belassen.

5.1.2 Interpretation

An den geschilderten Hindernissen, die sich während der Organisationsphase der eigentlichen Projektarbeit in den Weg stellten, lässt sich einiges aus den vorangegangenen Kapiteln wiedererkennen. Einige der Schwierigkeiten ergeben sich aus den Zeitstrukturen des Regelunterrichts und der den angestrebten Lern- und Arbeitsformen zuwiderlaufenden Rhythmisierung von geplanten Lernprozessen. Sogar frühzeitig gefasste Beschlüsse über das gemeinsame Thema und fachübergreifende Kooperation sowie Verzahnung der Lerninhalte konnten in der Realität des Regelunterrichts nicht verwirklicht werden. Die Projektwoche, in der die Regulierungen des Schulalltags ausnahmsweise außer Kraft gesetzt sind, wird aus organisatorischen Gründen auf wenige Tage verkürzt. Das Schultheater als **Dekoration** der Regelschule und deren ambivalente Haltung gegenüber den ästhetisch bildenden Prozessen werden hier deutlich sichtbar, indem einerseits das Musiktheaterprojekt durch die Institution getragen wird (Konferenzbeschlüsse), auch die Aufführung als wichtig erachtet wird, andererseits aber die Zeit für wesentliche Probenarbeiten auf ein Minimum reduziert wird. Die Begründungen liefern zweifellos vorhandene wichtige Sachzwänge. Offensichtlich ist aber: Die Institution bewegt sich wenig aus ihren Strukturen, der Projektorganisation wird ein Höchstmaß an Anpassung abverlangt.

In den Schülerhaltungen spiegeln sich indessen die eingepflanzten konkurrenzhaften Tauschbeziehungen wider. Die Gruppen beäugen sich prüfend, ob die gegnerische Mannschaft etwa besseres zu bieten hat als die eigene. Haben die anderen sich bessere Strategien überlegt, im Rampenlicht zu erstrahlen? Sind sie witziger, cooler? - Nein, durchgefallen. Sie kamen ebenfalls gegen die lärmende Meute nicht an.

Unter den Spielleitern läuft das Ganze weniger archaisch ab, aber die Grundangst ist möglicherweise dieselbe, die dazu führt, dass die erste gemeinsame Probe abgesagt wird: Genügt man den Ansprüchen? Noch nicht, aber man wird, später, wenn es dann etwas zu zeigen gibt.

In beiden Fällen gerät die eigentliche, die gemeinsame Produktion als Fokus der Kommunikation aus dem Blick. Die eigentlichen Handlungsproblematiken des theatralen Prozesses, den alle Beteiligen gemeinsam haben, werden von ihrer Sorge um Anerkennung und soziale Beziehungen übertönt: Der eigene individuelle Tauschwert muss hochgehalten und angepriesen werden. In anderen, weniger pädagogisch ambitionierten Schultheaterprojekten verhilft genau diese Sorge sowohl der Schule als auch den Spielleiterinnen und Spielleitern, den Schülerinnen und Schülern zum motivierenden Erfolgserlebnis gefeierter Aufführungen und bestätigter Selbstdarstellung.

5.2 Divergenz der pädagogischen und ästhetischen Haltungen

5.2.1 Die Angreifbarkeit des Forschers als Beteiligter: Zur Methode der Gegenüberstellung

Die im folgenden vorgenommene Kategorisierung der Arbeitsweisen im „Zauberflöte"-Projekt und der dazugehörigen Vorstellungen zur musischen Bildung basiert auf einer nachträglichen Evaluation des Projektverlaufs und seiner Ergebnisse durch die einzelnen mitwirkenden Spielleiter. Die Projektplanung ging seitens der Initiatorinnen nicht von einer bewussten theaterpädagogischen Konzeption aus. Insofern war das Projekt insgesamt ein **Experiment**, auch wenn die Voraussetzung der Ergebnisoffenheit durch die inhaltliche Planung der theatralen Prozesse selbst eingeschränkt wurde. Dies geschah sicherlich mit Blick auf das Risiko des Scheiterns. Die Bestimmungsfaktoren dieses Risikos allerdings sind uns ein interessantes Forschungsfeld. Denn: Wie könnten schulische Lernprozesse ohne die Tabuisierung des Scheiterns aussehen?

Die von uns im folgenden umrissene pädagogisch-ästhetische Haltung unserer Kolleginnen basiert also auf Aussagen, die sie in der Rückschau auf die Projekterfahrung machten. Sie begründeten im nachhinein bestimmte Vorgehens- und Wirkungsweisen ihrer Arbeit, aus denen – ergänzt durch unsere Beobachtungen in der Praxis – methodische Grundlegungen sich andeuteten, die wir dem konventionellen Schultheater zuordnen. In der vergleichenden Gegenüberstellung der beiden Richtungen geht es uns nicht um die Kritik der konkreten Arbeit unserer Kolleginnen. Ihr Projekt war hinsichtlich seiner Schülerbeteiligung und seiner Vielseitigkeit der Ausdrucksformen anspruchsvoll und engagiert. Angesichts der Rahmenbedingungen und vor allem gemessen an ihren eigenen Zielsetzungen war die Verwirklichung der Aufführung ein gelungenes Ereignis, das nur durch einen großen Kraftakt der Initiatorinnen zu realisieren war.

Wir verstehen die Beobachtungen des Projekts aus unserer Perspektive des theatralen Lernens als Material, um anhand dieses Beispiels verallgemeinernd den im konventionellen Schultheater weitverbreiteten dekorativen Ansatz herauszustellen. Als Experiment-Beteiligte können wir mit dieser Perspektive ausdrücklich keinen objektiven Drittstandpunkt einnehmen. „Unsere“ Vorgehensweise, die hier anhand der Arbeit mit dem WPK DS des achten Jahrgangs dargestellt wird, wollen wir dem dekorativen gegenüber das *performative* Schultheater nennen. Die dekorativen bzw. performativen Arbeitsprinzipien werden im folgenden deutlicher werden.

Durch die Analyse des **Scheiterns** der schlichten performativen Ästhetik des theatralen Lernens neben dem dekorativen Erfolgskonzept möchten wir die Problematik theatraler Lernprozesse innerhalb des schulischen Systems noch einmal aus der Sicht praktischer Erfahrung in den Blick nehmen. Wir versuchen so zu konkretisieren, welche ästhetischen und sozialen Perspektiven das theatrale Lernen jenseits der funktionalen **Subjektivierungsstrategien** bietet und mit welchen Hindernissen und Widerständen es dabei konfrontiert ist:

In den ihm zugrunde liegenden konzeptionellen Überlegungen und deren Entsprechungen in der theatralen Form spiegeln sich unseres Erachtens deutlich die von uns geschilderten Lehr-Lern-Problematiken des schulischen Systems wider, indem die Bildungsvorstellung des *zu sich selbst befreiten Subjekts* hohen Einfluss auf die pädagogischen und ästhetischen Entscheidungen nimmt.

Anhand des Projekts und seiner Auswertung durch die jeweils beteiligten Spielleiter können wir auch darlegen, an welchen Ansatzpunkten eine Aufweichung zugunsten der Erfahrungsräume für theatrales Lernens möglich wäre.

Dazu greifen wir zunächst auf die Auswertung der individuellen, schriftlichen Evaluation der beteiligten Spielleiter zurück, die durch Fragebögen, studentische Praxisberichte, Aufzeichnungen der Kursleiter und Aussagen im E-Mail-Dialog dokumentiert wurde. In der Aufbereitung dieses Materials haben wir die sich andeutenden Leitsätze beider theaterpädagogischen Arbeitsformen gegenübergestellt. So katalogisiert waren sie Teil einer Diskussionsvorlage für das abschließende gemeinsame Evaluationsgespräch. In diesem Gespräch bestätigten die teilnehmenden Spielleiter die in der Vorlage formulierten Konzeptionen.

Wir nennen zunächst die so ermittelten Zielsetzungen und stellen die entsprechenden Arbeits- und Gestaltungsweisen anhand von Beispielen dar. Im Anschluss werden wir jeweils aus dem Projektbeispiel die pädagogisch-ästhetische Haltung des **dekorativen** bzw. des **performativen** Theaters ableiten, die dann in ihren Wirkungen als Lernprozesse erneut anhand des Praxisbeispiels verglichen werden sollen. Die Kursleiterinnen auf der eher dekorativen Seite – verantwortlich für die meisten Arbeitsgruppen und das Gesamtkonzept - werden im folgenden „Projekt-Team" genannt, während das „WPK-Team" für die performativ arbeitende Seite der beteiligten Theaterpädagoginnen und Theaterpädagogen steht.

5.3 Das dekorative Schultheater

5.3.1 Zielvorstellungen

Als Zielsetzungen[201] gab das Projekt-Team an,

- ein Erfolgs- und Spaßerlebnis anzustreben, das die Schüler zu weiterer musischer Arbeit motivieren kann;
- Gruppenarbeit, Zusammenhalt, Gemeinschaftsgefühl fördern zu wollen;
- kulturelle Bildung zu ermöglichen und dabei die Schulkultur zu beleben;

201 Übersicht Fragebogen 1; 22.05.02/ Datensammlung „Zauberflöte", Projekt-Tagebuch.

- disziplinertes, selbstkritisches und eigenständiges Arbeiten der Schüler herauszufordern und schließlich
- den Stoff der „Zauberflöte“ in der Aufführung umzusetzen.

Die Kursleiterinnen sahen ihre pädagogischen und ästhetischen Leitsätze in ihren Arbeitsgruppen auch weitgehend in die Praxis umgesetzt.

5.3.2 Arbeits- und Gestaltungsformen

Die Gruppen, die vom Projekt-Team betreut wurden, stellten mit ihren Szenen den Gesamtzusammenhang der Aufführung dar. Ihre Szenen übersetzten die Fabel der „Zauberflöte“ in die Gegenwart mithilfe von sprachlichen und bildhaften Zitaten einer als jugendlich vorgestellten Lebenswelt.

Inhalt „Die Zauberflöte“	*Bearbeitungsvorschläge der Projektinitiatorinnen*	*Tatsächliche Umsetzung*
„Sarastro erzählt seinen Mitpriestern von Tamino und seinem Vorhaben. Seine Mitpriester stimmen einer Prüfung Taminos zu. Tamino und Pamina befinden sich im Vorhof des Tempels in völliger Finsternis. Die Priester treten auf und nennen Tamino und Papageno die Aufgaben. Selbst den Tod sollen sie nicht scheuen. Tamino will jeden Einsatz wagen, doch Papageno hat Angst. Die Priester locken ihn mit dem Versprechen, eine passende Frau für ihn bereit zu haben, wenn er die Prüfungen besteht. Die Priester stellen die erste Prüfungsaufgabe: Tamino und Papageno werden ihre Liebsten sehen, aber nicht mit ihnen sprechen dürfen (Verschwiegenheit).“ [202]	*„Sarastro hält eine Konferenz mit seinen Mitarbeitern ab und berichtet von dem Fall ‚Tamino/Pamino‘. Sie kommen überein, dass Pamina auf keinen Fall zurück zu ihrer Mutter darf. Tamino muss sich einer Prüfung unterziehen, die feststellen soll, ob er sich als Bezugsperson für Pamina eignet. Papageno wird in Aussicht gestellt, dass bei einer erfolgreichen Teilnahme an den Prüfungen, sämtliche Einträge in seinem Führungszeugnis gelöscht werden. Die erste Aufgabe: auch wenn das Zauberhandy in den schönsten Tönen klingelt, ist es beiden verboten, ein Gespräch oder eine SMS anzunehmen.“* [203]	*„(Tisch und vier Stühle rechts auf die Bühne) Ortswechsel: Im Konferenzraum des ‚Haus der Jugend‘ Konferenz der Sozialarbeiter mit Sarastro über Tamino und Paminas Schicksal. Vorstellung der ersten Prüfung: Das Handy darf nicht benutzt werden.“* [204]

202 Quelle: 1. Skript Herbst 01, IGS, Datensammlung „Zauberflöte“, Projekt-Tagebuch.
203 Ebenda.
204 Quelle: Programmablauf vom 20.03.02, IGS, Datensammlung „Zauberflöte“, Projekt-Tagebuch.

So ist Sarastro, Paminas Vater, der städtische Sozialarbeiter. Statt einer Zauberflöte erhält Tamino ein Zauberhandy, das die Melodie der Zauberflöte spielt. Die ‚Prüfung des Schweigens' wird entsprechend übersetzt in ein Verbot, das Handy zu benutzen.

Um die *Unterscheidbarkeit der Figuren* bei einem Rollenwechsel unter den anderen Darsteller-Gruppen herzustellen, werden sie durch bestimmte Kostümteile kenntlich gemacht (z.B. Papageno: langer Ledermantel). Die ‚drei Damen' sind in schwarzes Leder gekleidet, sie tragen Sonnenbrillen und singen bei jedem ihrer Auftritte im Hip-Hop-Stil: „Wir sind die Coolsten, wir sind die Geilsten...".

Ein *linearer Zusammenhang der Szenenfolge* wird durch die Figur des Mozart hergestellt. Geweckt von der musikalisch eigenwilligen Ouvertüre steigt er zu Beginn des Stückes aus dem Grab, um mit einigermaßen unterhaltsamen Sarkasmus in der Rolle des Conferencier die Makel der künstlerischen Darbietungen seiner Kollegen auf die Schippe zu nehmen: „Schlimmer kann es ja wohl nicht mehr werden."

Die *Bearbeitungsvorschläge der Spielleiterinnen* wurden in der Aufführung weitgehend umgesetzt. Die Schüler erfanden die passenden eigenen Texte und gestalteten die Interaktion der Figuren in der Szene aus. Gemeinsames Ziel war es, die in jugendliche Symbolik übersetzte Geschichte auf die Bühne zu bringen. Die Schülerinnen brachten eigene Ideen ein, um die *Erzählung möglichst unterhaltsam für das Publikum* zu gestalten. Beispielsweise die Gruppe um die Hauptdarsteller (ältere Schüler in der Rolle des Tamino und Papageno) war in der Probenphase weitgehend auf sich gestellt und erarbeitete ihren Part selbstständig. Die Idee, Tamino als Anti-Helden darzustellen, wie es die Spielleiterin vorgeschlagen hatte, wurde dabei nicht aufgegriffen. Tamino und Papageno wurden die Publikumslieblinge der Aufführung: witzig, cool, gut aussehend. Der Held als Held machte die Show.

5.3.3 Dennoch: Brüchigkeiten

Eine von Taminos Prüfungen in der Aufführung war es, mit einem Bündel Geldscheinen durch die Einkaufsstraße zu gehen, ohne etwas zu kaufen. Die beiden Hauptdarsteller hatten die Szene vorbereitet, ohne die Spielleiterin darin einzuweihen. In der Premiere sah die Szene so aus:

Auf einer Videoleinwand wird ein Film eingeblendet, der in hoher Geschwindigkeit einen selbstgedrehten Einkaufsbummel aus der Kamera-Perspektive des Einkaufenden zeigt. Wie im Rausch fliegen

Klamottenläden, Kleiderständer und CD-Regale, die Fußgängerzone vorbei. Alles aufgenommen im Lingener Stadtzentrum, das jeder der Zuschauer kennt: hohe Identifikation und großer Unterhaltungswert sind im Publikum spürbar. Während des Films kommen Tamino und Papageno zu einer schnellen Musik auf die Bühne, spielen zunächst den Ort (Einkaufsstraße) im Bühnenraum an, zeigen auf die schönen Dinge, die es da zu kaufen gibt und beginnen schließlich direkt vor der Leinwand zu tanzen, während die Raserei durch die Geschäfte auf ihren Körpern und Gesichtern weiterflimmert.

Die Komposition aus beschleunigten Realbildern, Tanz, Musik und dem flimmernden Licht ergab die besondere Ästhetik dieser Szene, die an sich bedeutungsoffen blieb. Die Darsteller (und Erfinder der Szene) lösten sich in diesem Moment von der vermeintlichen Notwendigkeit, den Handlungsstrang weiterzuerzählen und seinen Sinn oder seinen Unterhaltungswert durch Sprache zu transportieren. Dass Tamino auch diese Prüfung bestehen würde, war ohnehin längst klar. Was hier zählte, war allein das Bild. Es mag deutbar sein: als lustvolles Baden in der Fülle der Konsumwelt, die dennoch keine greifbare Erfahrung bietet, alles rast unhaltbar vorüber. Was bleibt ist die ästhetische Lebensäußerung im Tanz. Der Ausdruck von leibhaftiger Lust und Laune an sich, der sich fernab des Warentausches ereignet. Für die Darsteller oder das Publikum mag die Szene etwas ganz anderes oder auch gar nichts bedeuten außer der ästhetisch-theatralen Erfahrung selbst, die ohne Begriff auskommt.

In diesen und anderen Momenten wurde die Dekoration überschritten, wobei sich Freiräume ästhetischer Erfahrung eröffneten. Sie ergaben sich aus den Brüchen zwischen konzeptioneller Planung und unperfekter Realisation des Vorgedachten. Die Brüchigkeit wurde beispielweise sichtbar in ungewollten Schrägheiten von Musikdarbietungen, deren Interpreten sich davon manchmal sichtbar irritieren ließen, oder in einer plötzlichen Verunsicherung der „Helden“, z.B. eines Mädchens in der Clique der „Coolsten und Geilsten“, deren Mine bei einer Textschwäche vom Pokerface zum Fragezeichen mutierte, während sie hektisch in den Gesichtern ihrer Kolleginnen nach Hilfe suchte. Für die Darstellerin selbst sicherlich als „nur peinlich“ empfunden, fiel gerade in diesen und ähnlichen Momenten der Aufführung die Fassade der Subjektstilisierungen und durchschlug für das Publikum den „kleinen **Starkult**“. Statt der Versprechung „So cool und geil könnte ich auch sein“ gerät die Verstellung selbst in den Blick.

Peinlichkeiten haben im dekorativen Schultheater allerdings zunächst keinen Platz, sie passen nicht in das Konzept. Öffentlich am Subjekt- und Kunstideal zu scheitern ist tabu, die Darsteller wollen

Stars sein oder müssen wenigstens das Gefühl von Peinlichkeit kompensieren; im Falle der „Zauberflöte" übernimmt diese Funktion der wiederauferstandene Mozart, der die Makel ironisch kommentiert und sie damit von dem „eigentlichen Willen" der Aufführung in Distanz setzt.

Noch besser aber wäre die Ausmerzung aller Makel. Daher tendiert das dekorative Schultheater nach unserer Erfahrung zur „Professionalisierung" in Darstellung und Bühnenwirksamkeit, häufig gemessen an den ästhetischen Vorbildern der Kulturindustrie bzw. des professionellen Theaters.

5.4.3 Zusammenfassung: Grundzüge des Dekorativen

Das dekorative Theater zeichnet eine eher äußerliche Spielweise aus. Die Selbstdarstellung der Spieler und die Außenwirkung des Gesamtwerkes sind die den Produktionsprozess bestimmenden Faktoren. Nicht ein inhaltliches, sachliches Interesse, sondern die Möglichkeit zur Selbstpräsentation prägt sowohl die Erwartungshaltungen gegenüber der Aufführung (seitens der Akteure, der Regisseure und der Institution) als auch die Motivation der an der Aufführung Beteiligten. Das dekorative Theater verzichtet zugunsten der Darstellung einer zusammenhängenden Fiktion oder der Erfüllung anerkannter künstlerischer Normen auf einen theatralen Suchprozess.

Die theatrale Ereignishaftigkeit, durch die Zuschauer und Akteure in einen gemeinsamen, **gegenwartsidentischen** Prozess geraten könnten, wird ausgeblendet und die Aufmerksamkeit stattdessen auf den vordergründig gespielten Sinnzusammenhang und die Spielersubjekte gelenkt. Dekorationslücken in der Inszenierung oder dem Schauspiel werden durch technische Beigaben (Musik, Licht) ausgefüllt, um die Fiktion möglichst komplett zu machen.

Das dekorative Schul- oder Amateurtheater nimmt sich die Ästhetik der professionellen Bühne und die angepassten Gestaltungsmittel der Kulturindustrie weitgehend unhinterfragt zum Vorbild, versucht sie zu kopieren, oft allerdings ohne über das entsprechende künstlerische Know-how und den entsprechenden Apparat zu verfügen. Eine Hierarchiebildung unter ‚Begabten' und ‚Unbegabten' wird dabei begünstigt, entsprechend werden Hauptrollen und Nebenrollen verteilt, um das von Spielleitern sorgfältig vorgedachte Stück in der zur Verfügung stehenden Zeit möglichst vorzeigbar zu realisieren. Das dekorative Theater lässt sich kaum auf ergebnisoffene Experimente ein, die Szenenstrukturen sind bei Probenbeginn bereits festgefügt, denn die Geschichte einer Stückvorlage will erzählt sein. In der Umsetzung setzt man auf Textreproduktion, wie die Akteure es als Schülerinnen und Schüler im Regelunterricht gewohnt sind.

5.4 Das performative Schultheater

5.4.1 Zielvorstellungen

Das WPK-Team[205] formulierte als Leitmotive seiner Arbeit:
- integratives Arbeiten zu fördern, während das Star-Konzept vermieden wird;
- das Disparate und Unangepasste (Stille, Schrägheiten, Privatheit) als Gestaltungsmittel ernst zu nehmen;
- anhand der Stück-Vorlage in die Auseinandersetzung mit persönlichen Bezügen zu gehen; die Verfolgung des Handlungsstrangs und Vollständigkeit der Story sind dabei zweitrangig[206];
- Raum zu geben für die Entwicklung eines ästhetischen Eigensinns der Schüler;
- kritische Distanz zu den Gestaltungsformen der Kulturindustrie zu halten, ihre bloße Nachahmung zu vermeiden;
- im Prozess sich zeigende Schülerhaltungen (z.B. gegenüber Ergebnissen anderer Arbeitsgruppen) wahrnehmen und darauf eingehen

Auch die Spielleiter dieses Teams sahen ihre Grundgedanken in der szenischen Arbeit mit der WPK-Gruppe realisiert. Jedoch ging vieles davon in der Gesamt-Inszenierung verloren, bzw. schlug dort sogar in das Gegenteil um, da die Darstellerinnen die Schlichtheit und Reduktion ihrer Szenen neben den anderen als defizitär empfanden.

5.4.2 Arbeits- und Gestaltungsformen

In der gemeinsamen Hauptprobe zum Gesamtstück deutete sich das Ausmaß der Unterschiedlichkeit der szenischen Beiträge und die Schwierigkeit ihrer Montage an. Es stellte sich heraus, dass die Szenen des WPK-DS kaum zur Vollständigkeit der Handlung notwendig waren. Sie fügten der Aufführung eher einen Perspektivenwechsel hinzu, der einen *genaueren Blick auf die (mythologischen) Kernaspekte der Geschichte und die Beziehungskonstellationen* erlaubte. Da das dramaturgische Konzept aber auf einem logischen Hand-

205 Übersicht Fragebogen 1; 22.05.02. Datensammlung „Zauberflöte“, Projekt-Tagebuch.

206 Els, Monika: Praxisbericht zum Projekt „Zauberflöte“.

lungsstrang aufbaute, gerieten die WPK-Szenen und mit ihnen die Darstellerinnen ins Abseits des lerngruppen-übergreifenden Projekts.

• *Die Prüfung des Schweigens in der dekorativen Version:*

„Tamino und Papageno befinden sich vor dem Haus.
Die drei Damen treten auf und wollen von Tamino und Papageno wissen, wie's so läuft mit der Befreiung Paminas. Da klingelt das Handy zum ersten Mal. Die drei Damen meinen, dass dies ein wichtiger Anruf der Königin der Nacht ist und wollen Tamino überreden, das Handy zu benutzen. Tamino weigert sich, das Gespräch anzunehmen. Gerangel mit dem Handy. Die drei Damen drohen ihm und Papageno.
Das Handy klingelt zum zweiten Mal: Eine SMS von der Königin der Nacht. Die drei Damen drängen weiter; Papageno will nachgeben, da er zu neugierig und ängstlich ist, doch Tamino lässt sich nicht beirren. Wütend und unverrichteter Dinge gehen die drei Damen ab. Tamino besteht die erste Prüfung." [207]

• *Die Prüfung des Schweigens in der Umsetzung durch den WPK DS:*

„Tamino und Pamina begegnen sich. Pamina fällt Tamino in die Arme. Tamino erwidert die Umarmung, stößt sie dann aber plötzlich von sich. Er schweigt. Pamina steht vor Tamino, sie hebt die Arme, sieht Tamino an. Tamino schweigt. Pamina wendet sich ab, hockt sich auf den Boden, senkt den Kopf. Tamino zögert, geht auf Pamina zu, berührt sie. Pamina dreht sich um, sieht ihn an. Tamino schweigt und wendet sich ab. Er senkt den Kopf. Pamina geht einen Schritt auf Tamino zu, hält inne und geht dann in die entgegengesetzte Richtung ab. Tamino sieht ihr nach." [208]

Die Schülerinnen des WPK DS traten in allen Szenen in *einheitlich dunkler Kleidung* auf. Das Prinzip des Kostümtausches zur Identifizierung einzelner Rollen wurde von ihnen nicht aufgegriffen und war auch nicht notwendig, da der Inhalt der Szenen nicht von den einzelnen Charakteren oder dem Gesamtkontext der „Zauberflöte" abhängig war.

207 Skript 1 (Herbst 01) und Programmablauf (20.03.02), IGS. Datensammlung „Zauberflöte", Projekt-Tagebuch.
208 Günther, Michaela: Notizen zur Aufführung/ Datensammlung „Zauberflöte", Projekt-Tagebuch.

Der WPK DS entwickelte ausgewählte Szenen vor allem im **Take-Verfahren**[209] und auf der Grundlage von *Improvisationen zu den Leitmotiven* der Szenen. Eine Studentin beschreibt ihre Beobachtungen aus der Probenphase[210]:

> *„Grundsätzlich fehlte allen Spielerinnen Spielspannung. Variiert zwischen gar keine Spielspannung und dem Begreifen, dass der ganze Körper etwas aussagt, auch wenn ich z.B. nur einen Arm bewege. Es ist ihnen noch nicht klar, dass auf der Bühne alles Bedeutung hat."*

Entsprechend arbeitete die Gruppe vor allem an der *Reduzierung der szenischen Darstellung* auf den wesentlichen Inhalt ihrer Szenen. Nur die aussagekräftigen Gänge und Gesten, nur der nötigste Text wurde behalten. Das führte zu einer stilisierten, verfremdeten Darstellungsform der Szenen, deren Intensität auf der Gegenwärtigkeit und Konzentration der Spielerinnen basierte. Im illusionistisch gehaltenen Gesamtrahmen der Aufführung wirkten die Szenen aber wie Fremdkörper. Unter den dekorativen Vorzeichen brach der Schonraum theatralen Lernens vollständig weg.

5.4.3 Zusammenfassung: Das performative Theater

Das Performative verstehen wir hier als Hinwendung auf das Ereignishafte auch in der Inszenierung. Performatives Theater geht mit dem literarischen Stoff sowohl im Probenprozess als auch in der Aufführung explorativ forschend um, indem eher Atmosphären, Grundhaltungen, Leitmotive in den Mittelpunkt der Szene rücken. Performative Spielweisen sind durchlässig für die gegenwärtige Beschaffenheit von Proben- und Aufführungssituationen. Das Theaterspiel als forschender Prozess sucht nach den Berührungspunkten zwischen dem stofflichen Ausgangsmaterial (Text, Fabel) und der **materialen** Erscheinung der Spielenden im Umgang damit (Ausdruck). Das setzt zum einen die Bereitschaft der Spielenden voraus, die dekorativen Alltagsformen zu verlassen, zum anderen handelt es sich um eine zeitintensive Arbeit, die durch geeignete Rahmenbedingungen ausreichend beschützt werden muss.

Als eine zentrale Voraussetzung theatraler Lernprozesse haben wir die Konstitution und Erhaltung des Schonraumes beschrieben, der

209 Vgl. in diesem Buch: Die Dimensionen der Methodik des theatralen Lernens: Der Stillstand (II.2.3). Verfahren zur Stillstellung von Bewegungsabläufen.

210 Els, Monika: Praxisbericht zum Projekt „Die Zauberflöte". S. 20.

ästhetische und theatrale Erfahrungen ermöglicht, indem er die alltäglichen Verhaltensmaßstäbe und Rollenverteilungen entkräftet und die Trennung des Ich vom Anderen aufhebt.

In den beschriebenen Spielleiterhaltungen und den Ergebnissen der Inszenierungsprozesse fällt die divergente Behandlung von Spieler- und Rollenidentität auf. Die dekorative Darstellung basiert auf einer Verbindung zu wechselseitigem Nutzen der im (Schul-)Alltag erprobten sozialen Rollen mit der dargestellten Bühnenrolle: Der Status der Alltagsrolle (z.B. des Tamino-Darstellers), ihr „*Sozialwert*", verhilft hier auch der Bühnenrolle zur Sympathie des Publikums, der Unterhaltungswert der Bühnenrolle gewinnt den Beifall für den Spieler, erhöht also seinen Status im Alltag. Die performative Darstellungsform stellt durch ihre Spielweisen weder die subjektive Identität der Darstellerinnen noch einzelne Charaktere der Rollenfiguren in den Mittelpunkt der Szene, sondern deren Haltungen innerhalb ihrer Beziehungen und Interaktionen zwischen den Figuren. Die Alltagstheatralität der Spielerinnen und die individuelle Beschaffenheit der Körper gehen zwar in die Ästhetik der Darstellung ein, wirken aber losgelöst von den kommunikativen Bedeutungssystemen der Schule. Dem Betrachter drängt sich also nicht sofort ein Eindruck davon auf, welchen Platz in der schulinternen Hierarchie eine Darstellerin einnimmt. Da sie sich im kollektiv-theatralen Prozess selbst nicht bewerten vermag, gibt sie dem Zuschauer weniger Anlass zur Bewertung.

Der Nutzbarmachung der Kompetenzen der Schülerinnen und Schüler zur Subjektstilisierung für das Theaterspiel auf der dekorativen Seite steht die angestrebte Entsubjektivierung im Theaterspiel auf der performativen Seite gegenüber. Die auseinanderdriftenden Subjektbildungs-Auffassungen und jeweils angestrebten Bildungswirkungen lassen sich anhand der im ersten Kapitel erläuterten Begriffe von **restriktiven** und **expansiven** Lernvorgängen, **affinitiven** und **definitiven** Lernphasen sowie sachlichen, sozialen, ästhetischen und theatralen Lernprozessen interpretieren:

5.5 Die Beschaffenheit dekorativer und performativer Lernvorgänge

Beide Spiel- und Inszenierungsweisen initiieren eher expansive als restriktive Lernvorgänge, da sie Handlungsproblematiken erzeugen: Wie bringen wir das Stück zur Aufführung? Wie setzen wir die Szene um? Welche Mittel brauchen wir dazu und wie können wir sie uns beschaffen? usw.

Die Schülerinnen des WPK DS gingen in eine intensivere Auseinandersetzung mit ihren Ausdrucksmöglichkeiten, um die Handlungsproblematik, die sich in der Beschäftigung mit der Vorlage ergab, assoziativ und experimentell zu umkreisen. Darin werden hier eher **affinitive** Lernphasen (siehe „Begriffe des Lernens" im ersten Kapitel) arrangiert, während die Eingrenzungen der Lösungsmöglichkeiten durch konkrete Bearbeitungsvorschläge auf der dekorativen Seite eher **definitive** Lernphasen ermöglichen. Letzteres ermöglicht den Schülern „diszipliniertes, selbstkritisches und eigenständiges Arbeiten"[211], indem ihnen ein weitgehend klares Konzept der Bühnenhandlung vorgeben wird.

Die Projektarbeit integriert sowohl sachliche als auch soziale Lernprozesse in die pragmatische Handlungsproblematik, eine Aufführung zu realisieren. Die darin enthaltenen Problemstellungen der Rahmenbedingungen wie Beschaffung von Bühnenbild, Requisiten und Kostümen, die Organisation der Probenzeiten und -arbeit, sowie die praktische Umsetzung von Inszenierungsideen in beiden Gruppen beanspruchen die in den Arbeitsgruppen vorhandenen kognitiven, affektiven und motorischen Kompetenzen der Lernenden. Damit die Fähigkeiten produktiv zusammenwirken können, ist es notwendig, die Kommunikation mit der sozialen Umwelt herzustellen, sich zu einigen, gemeinsam Lösungen zu entwickeln.

Die Handlungsproblematiken, die das szenische Spiel selbst an die Spielenden stellt, evoziert ästhetische Lernprozesse, die ebenfalls den Umgang mit der gegenständlichen sowie der sozialen Umwelt erfordern. Anknüpfend an die oben beschriebene Differenz zwischen dem dekorativen und dem performativen Umgang mit Spieler- und Rollenidentitäten lässt sich ein qualitativer Unterschied in dem jeweils hervorgebrachten *ästhetischen Selbstausdruck* ausmachen. Dieser Unterschied liegt in dem Verhältnis, in dem die Materialität des ästhetischen Selbstausdrucks zu seinem Bedeutungsgehalt steht (welches von beiden also stärker herausgestellt wird), sowie in der Bewusstheit, mit der die Zeichenhaftigkeit des Alltagsausdrucks in die Darstellung der Bühnenrolle integriert wird. Die Brüchigkeit der „peinlichen" Momente, die das geplant-dekorative in der Aufführung durchschlugen, ließ darin Performativ-Gestaltendes zu, das auf die Überwindung des Krisenmoments gerichtet war. Die subjektive Empfindung von Peinlichkeit und Scham kann nicht als Positives in den Lernprozess eingehen. Im Wettbewerb der Subjektstilisierungen

211 Übersicht Fragebogen 1; 22.05.02 / Ästhetische und pädagogische Haltungen. Datensammlung „Zauberflöte", Projekt-Tagebuch.

ist diese Empfindung nicht zulässig und muss ausgeblendet oder kompensiert werden.

Die Ermittlung des Anteils theatraler Lernprozesse in beiden Arbeitsweisen gestaltet sich ähnlich komplex. Sowohl im dekorativen als auch im performativen Produktionsprozess findet eine *szenisch-spielerische Interaktion* statt. Der entscheidende Aspekt aber, an dem sich die Geister der Inszenierungsweisen scheiden, ist der Punkt, an dem der theatrale über den ästhetischen Lernprozess hinauszugehen vermag: Die Möglichkeit, einen *ästhetischen Ausdruck der Interaktion* selbst hervorzubringen.

Die dekorative Darstellung setzt auf Subjektidealisierung und Bestätigung der erfolgreichen Selbstkonzepte, soweit es ihr gelingt, auf ihre Weise tatsächlich subjektive ästhetische Erfahrung zu evozieren. Die Interaktion zwischen den Spielenden geschieht nur, um den individuellen Rollen- und Identitätsentwürfen zu einem Ausdruck auf der Bühne zu bringen. So geht das dekorative Schultheater mit den instrumentellen Arbeitsweisen des schulischen Regellernens und den Stilisierungsformen der Lernwiderstände einher, wendet sie formgestaltend, setzt ihnen aber keine wirklich anderen Erfahrungsweisen entgegen. Das gemeinsame Ausnahme-Erlebnis einer Schulaufführung, die Befriedigung des Erfolgs, etwas auf die Bühne gebracht zu haben, dekoriert den Alltag des Regellernens – damit bestätigt es ihn auch und hält ihn im Grundsatz aufrecht.

Die performative Darstellung entwickelt dagegen eine Ästhetik der Interaktion selbst (z.B. in der „Prüfung des Schweigens" in der Version des WPK). Das Performative sucht die Aufgabe der individuellen Selbstkonzepte zugunsten einer interaktiven ästhetischen Erfahrung.

5.5.1 Katharsis und ästhetische Erfahrung im dekorativen Theaterspiel

Es lässt sich keine Aussage darüber treffen, was einzelne Schüler tatsächlich durch die Projekterfahrung gelernt haben. Durch die Anwendung unserer Lernbegriffe und einer Interpretation unserer Beobachtungen auf der Grundlage unserer Thesen können wir aber untersuchen, welche Wirkungsweisen das dekorative Schultheater aus unserer Perspektive im Hinblick auf das soziale Lernen wohlmöglich evozierte.

Zunächst können wir dem Projekt eine kathartische Wirkung innerhalb des Bedeutungsgeflechts des schulischen Systems zuordnen. Die im schulischen Alltagsbetrieb sich herausbildenden Rollen-Zuschreibungen schaffen Hierarchien, die die Funktionstüchtigkeit des

Schulapparates sichern sowie die Verhaltensorientierung der Individuen (durch Einschränkung der Möglichkeiten) erleichtern. Gleichzeitig bringt diese Struktur jedoch individuelle Nöte hervor, wo Schüler mit weniger erfolgreichen Selbstkonzepten den Anforderungen des sozialen und/oder sachlichen Lernens nicht genügen können. Eine Häufung dieser Fehler im System gefährdet die Balance zwischen dem Mythos des bürgerlichen Subjekts und dem schulischen **Lehr-Lern-Kurzschluss**[212]. Ein dekoratives Schulprojekt, das die kognitiven, affektiven und motorischen Fähigkeiten fordert, indem es gemeinsame Handlungsproblematiken stellt, erzeugt eine Corporate Identity, die auch unangepasste Individuen in die Subjektideologie zu integrieren vermag. Im dekorativen Theater wirken – vereinfacht gesagt – viele einzelne miteinander. Gestärkt und bestätigt in ihren Kompetenzen gehen sie aus dem Projekt hervor und kehren so motiviert wieder in den Schulalltag zurück. Entsprechend berichteten die Projektleiterinnen aus ihren Lerngruppen jüngerer Jahrgänge, dass die Schüler dort noch Wochen später immer wieder ihrer Bewunderung für die älteren Hauptdarsteller Ausdruck verliehen und sich ein ähnliches Projekt für das nächste Jahr wünschten, um ihnen nacheifern zu können.

Besondere Bedeutung kommt wohl dem ‚Spaßfaktor' der Unternehmung zu. Uns interessiert hier der spezifische Spaß-Charakter des Theaterspiels, der sich von anderen Spiel-Aktivitäten wie Sportwettkämpfen u.ä. unterscheidet.

Die Besonderheit der künstlerischen Aktivität ist die Möglichkeit ästhetischer Erfahrung. Wenn wir – wie im ersten Teil dargestellt – als unabdinglichen Bestandteil der ästhetischen Erfahrung die Ahnung einer nicht-verdinglichten, vergesellschafteten Subjektivität setzen, kann eine bloße und nicht-hinterfragte Übertragung der Subjektstilisierungen der Alltagsrolle in die Theatersituation kaum ästhetische Lernprozesse evozieren. Anders verhält es sich mit den Momenten der Aufführung, in denen ein nicht intendierter, sondern spontan empfundener Spaß sichtbar wurde.

„Axana tanzt. Sie tanzt inmitten einer Gruppe von etwa 16 anderen Mädchen ihrer Tanz-AG. Sie machen es irgendwie

212 „Lehr-Lern-Kurzschluss" bezeichnet die grundsätzliche Annahme, dass Schüler im Idealfall genau jene Sachinhalte lernen können, die ihnen durch den Lehrer im Unterricht vermittelt werden. Die Annahme basiert auf der Vorstellung, dass die sprachlich-kognitive Vermittlung von Lerninhalten zwischen Lehrer-Sender und Schüler-Empfänger funktioniert, solange keine Störungen der Kommunikation vorliegen.

alle ganz gut, mehr oder weniger gekonnt, mehr oder weniger konzentriert oder aufgeregt, in jedem Fall mag ich sie alle. Die einen blicken souverän geradeaus, die anderen verraten das Schritte-Zählen im Blick, sie erinnern mich an mich selbst. Manche orientieren sich an den Vorderen, obwohl die Aufstellung unabhängig vom Können zu sein scheint. Auch das ist mir sympathisch. Viele zeigen ein Lächeln – verlegen oder professionell. Axana zeigt gar nichts. Etwas zeigt sich auf ihrem Gesicht, das nicht gezwungen und nicht gehindert wird. Auf einem Foto in der Zeitung hat sie als einzige die Augen zu. Wenn ich es betrachte, geht es mir wie in der Aufführung: Ich schaue, als würde sie ein Solo tanzen. Ganz Musik und Körper strahlt sie aus der Gruppe hervor."[213]

Sobald die Schüler sich von der dekorativen Äußerlichkeit ihres Spiels emanzipieren und in ihrem Bühnenhandeln selbst aufgehen können, hebt die **selbstreferentielle** Bedeutungsstruktur des Tuns den Spieler in den ästhetischen Erfahrungsraum. Diese Momente waren am häufigsten in den Tanz-Beiträgen der Aufführung zu beobachten. Das Dekorative nimmt dabei offenbar den Charakter eines ästhetischen Schonraumes an, da die gewählte Ausdrucksform dem Publikum bekannt ist, mit ihren Sehgewohnheiten (Choreographien aus Musikvideos) übereingeht und die Darstellung für die Tänzer ein entsprechend kleineres Risiko bedeutet. Das Publikum muss nicht – wie in den dekorativen Theaterszenen – durch weitere Vergrößerung des Unterhaltungsaspektes überzeugt werden; die Form an sich wirkt bereits, und die Tanzenden können sich besser auf ihren Körper und ihre Gegenwart konzentrieren; die Spiel- und Gestaltungsregeln sind ihnen ganz klar. Dies wiederum erhöht ihren Schauwert und erzeugt Spannung.

5.5.2 Kein Erfolgsmodell

Diese Art des **Rollenschutzes**, den das Dekorative seinen Gruppen bot, neutralisierte jeglichen Schutz für die Schülerinnen des WPK DS. Vor dem dekorativen Gesamtwerk erlitten sie den Verlust ihrer Bühnensicherheit, die sie zuvor aus einer genau entgegengesetzten Spielweise (Stille, Privatheit, Intensität, Reduktion, subjektentgrenzte Theatralität) gewonnen hatten. Ebenso entgegengesetzt muss sich im Verlauf der Aufführung die Subjekterfahrung der Darstellerinnen

213 Günther, Michaela: Notizen zur Aufführung/ Datensammlung „Zauberflöte", Projekt-Tagebuch.

aus dem Kurs zu der ihrer Kolleginnen und Kollegen aus den anderen Gruppen entwickelt haben.

Im gleichen Maße wie das Erfolgskonzept der Subjektstilisierung sich durch das Publikum potenzierte und durch seinen Beifall noch vergrößert wirkte, schrumpfte die Präsenz der WPK-Darstellerinnen. Ihre theatralen Momente brauchten eine Durchlässigkeit für die ästhetische Interaktion. Jetzt waren sie nicht mehr angstfrei, dazu waren die sozialen Deutungsmuster des schulischen Systems zu präsent. Die Spielweisen der Subjekt-Entgrenzung erfuhren ihre Restriktion durch die – von allen anderen Gruppen erfüllten – Publikumserwartungen. Tragischerweise ist es uns als Spielleiter nicht gelungen, die Szenensequenzen unserer Gruppe innerhalb der Aufführung ausreichend zu schützen oder anzubahnen. Ihre performativen Spielweisen gingen im dekorativen Gesamtkonzept nicht auf.

5.6 Die Kollision der Spielformen oder: Von der Verletzlichkeit des Schutzraums

Über hundert Schüler aus allen Jahrgängen waren insgesamt an der Aufführung beteiligt. Etwa 500 Zuschauer sahen die beiden Aufführungen; das Publikum setzte sich v.a. aus Eltern und Geschwistern der beteiligten Schüler zusammen, aus dem Lehrerkollegium sowie Studierenden und Lehrenden des Instituts für Theaterpädagogik.

Die Aufführung wurde in dieser Öffentlichkeit gemessen an der direkten Publikumsreaktion und der Würdigung durch die Lokalpresse positiv aufgenommen.

Die Lingener Tagespost berichtet:

> *„In der Auseinandersetzung mit der Originalgeschichte bringen die jungen Spielerinnen und Spieler ihre eigenen Ideen, Erlebnisse und spielerischen Erfahrungen ein. Sie benutzen ihre Sprache, ihre Symbole, ihre Musik, ihre Tänze. Es ist ihr Stück geworden, und das merkt der Zuschauer in jeder Phase des Spiels. Abwechslung und Spannung bringt der Einsatz unterschiedlicher Spielformen. Darstellendes Spiel, Tanz, Gesang und viel Bewegung tragen zur Dynamik und Farbigkeit der Aufführung bei.“* [214]

„Keith Johnstone nennt drei wichtige Hemmnisse der Spontaneität des Spiels: Die Angst vor verrückten (psychotischen) Gedanken, die Angst, obszöne Gedanken zu zeigen und das Streben nach Originalität. Während die ersten beiden Hemmungen als Kulturblockaden leicht erkannt werden können, bietet die letzte einen gewissen Problemstoff, da das theatrale Spiel häufig mit der Entfaltung von Subjektivität und ihrer Unterscheidbarkeit assoziiert wird. Tatsächlich erfordert aber das theatrale Spiel gerade die Absehung von der intentional gebundenen Subjektbildung und damit die – sich im geselligen Spiel entgrenzende – Subjektivität.“

(H.J. Wiese)

214 Lingener Tagespost; 29. April 2002. Datensammlung „Zauberflöte“, Projekt-Tagebuch.

Dynamik und Farbigkeit erzeugten im Zuschauerraum eine gut gelaunte Grundstimmung. Der Unterhaltungswert der Aufführung wurde offenkundig als sehr hoch empfunden; es wurde häufig gelacht und regelmäßig Szenenapplaus gespendet.

„Die Theaterpädagogik muss mit diesen Persönlichkeitskonzepten rechnen, ihre Äußerlichkeit erkennbar werden lassen und ihre Klientel in Arbeitszusammenhänge führen, die gegen die ‚Atemlosigkeit' der wechselnden Profilierungsmoden das soziale und geschichtliche Subjektsein als Möglichkeit der Selbstdefinition der Individuen im Spiel aufscheinen lassen."

(Spielleiter WPK)

Die leisen, in Dynamik und Farbigkeit vergleichsweise reduzierten Szenen des WPK wurden in ihrem harten Bruch zur vorherrschenden Spielform eher mit Irritation aufgenommen, mit dem Szenenapplaus hielt sich ein merkbarer Teil des Publikums zurück. Auch waren einzelne, mehr oder weniger zurückhaltende Zwischenrufe des Unverständnisses oder Unmutes zu vernehmen. Andererseits erzeugten einige Momente dieser wortkargen, auf Spannung zwischen den Figuren konzentrierten Szenen die einzigen wirklich stillen Augenblicke im Zuschauerraum.

Nachdem sich in der Hauptprobe am Tage der Aufführung herausgestellt hatte, dass die Szenen des WPK es schwer haben würden, im Gesamtkonzept der Aufführung einen geeigneten Rahmen zu finden, um über den Bühnenrand hinaus präsent zu werden, versuchten die Spielleiterinnen sie durch die Einspielung von Musik zu unterstützen. Die Musikeinspielungen sollten vor allem weichere Übergänge von den dekorativen Szenen schaffen und das Publikum auf die ungewohnte Stille der Szenen einstimmen. Die Konstruktion dieses Schutzraums für die Spielerinnen des WPK scheiterte an den technisch-organisatorischen Möglichkeiten: Der Schüler, der die Musikeinspielungen fuhr, konnte die neuen Musikstücke nicht mehr so kurzfristig in das Programm aufnehmen.

„Moralische Einwirkung gibt es hier nicht. Unmittelbare Einwirkung gibt es hier nicht. Was zählt ist einzig und allein die mittelbare Einwirkung des Leiters auf Kinder durch Stoffe, Aufgaben, Veranstaltungen. Es ist Aufgabe des Leiters, die kindlichen Signale aus dem gefährlichen Zauberreich der bloßen Phantasie zu lösen und sie zur Exekutive an den Stoffen zu bringen.

(Walter Benjamin)

Eine Szene zu Beginn des Stückes – Taminos Kampf mit der Schlange, sein Ohnmachtsanfall und die Tötung der Schlange durch die drei Damen – stellte ein besonderes Problem dar: Hier sollte der WPK mit den älteren Hauptdarstellern zusammenspielen. Ursprünglich war die von uns betreute Jungen-Theater-AG für das Schlangenmotiv verantwortlich gewesen, die aber ihre Mitwirkung zurückgezogen hatte. Die Schlange durfte im Handlungsstrang der Aufführung jedoch nicht fehlen, weil andere Gruppen bereits an der Begegnung mit ihr gearbeitet hatten. In der Projektwoche wurde der WPK gebeten, die Schlange zu übernehmen. Aber angesichts der unerwartet knappen Zeit zur Probenarbeit war das Ergebnis eine sich wiederholende Bewegungssequenz der ganzen Gruppe unter einem langen, roten Samtstoff. Der Zusammenhang der Szene, in der die Schlange eine Rolle spielen sollte, erschloss sich den Spielleiterinnen und Darstellerinnen erst in der Hauptprobe.

- *„Taminos Kampf mit der Schlange
Mozart leitet mit einem lockeren Spruch zur nächsten Szene über. Auftritt der Schlange. Sie windet sich laola-haft mehrmals um das Bühnenbild herum. Schade, dass die Musik-Einspielung nicht mehr möglich war. Tamino erscheint (wird auch Zeit, denkt man). Er bleibt erschrocken vor der Schlange stehen und stammelt etwas. Er stellt ein paar freche Fragen zur Ablenkung und bringt damit das Publikum zum Lachen; dann zieht er einen Revolver und zielt auf die Schlange. Sein Arm mit der Waffe zittert dabei fast so eindrucksvoll wie bei einem durchgeknallten Tankstellenräuber im Krimi (hoffentlich ist sie nicht geladen). Plötzlich zuckt er zusammen, sieht auf den Boden. ‚Ihh! Schlangenscheiße!' Darauf rutscht er aus und bleibt ohnmächtig liegen.
Die drei Damen treten auf: ‚Wir sind die Coolsten, wir sind die Geilsten!' Jaja.
Nach ihrem Hiphop-Budenzauber holen sie gegen die Schlange aus, und sie bricht tot zusammen."* [215]

„In der Auseinandersetzung mit der Originalgeschichte bringen die jungen Spielerinnen und Spieler ihre eigenen Ideen, Erlebnisse und spielerischen Erfahrungen ein. Sie benutzen ihre Sprache, ihre Symbole, ihre Musik, ihre Tänze. Es ist ihr Stück geworden, und das merkt der Zuschauer in jeder Phase des Spiels."

(Lingener Tagespost)

„Kennzeichnend für diese Tage war ein ständiger Wechsel der Umstände, hin zu immer weniger Zeit und immer weniger Gemeinschaftsprodukt als Aufführungsergebnis."

(Praxisbericht einer Studentin)

In dieser Szene treten die Gegensätzlichkeiten der beiden Theaterkonzeptionen besonders drastisch und für die Spielerinnen des WPK-DS besonders schmerzhaft zutage.

Zunächst: Die Erarbeitung des Schlangenmotivs basierte allein auf instrumentellen Begründungen. Die Schlange wurde gebraucht für die Selbstdarstellung der heldenhaften Hauptdarsteller und -darstellerinnen, die sich selbst jeder Bühnenhandlung verweigerten, die nicht den **Coolness**-Maßstäben entsprach. In dieser gemeinsamen Szene waren die Fronten überdeutlich klar. Die Schlangen-Darstellerinnen waren der Begegnung mit den Helden in ihren Formen nicht gewachsen. Die Schlange stand schlapp und ungewollt irritiert vor Tamino mit dem Revolver und ließ sich beschimpfen. Der Charme des Tamino-Darstellers rang den Spielerinnen noch ein verlegenes Lächeln ab, als er in Ohnmacht fiel. Geduldig warteten sie dann während der Hiphop-Nummer den Bühnentod ihrer Schlange ab. In der Begegnung mit Tamino war ihnen noch die Statistenrolle zugedacht, neben der in Bild und Ton überpräsenten Mädchen-Gang der „drei Damen" wurden sie jetzt zur Kulisse reduziert. Ihre gewohnte theatrale Disziplin und Einstellung **auf das Andere** machte sie wehrlos vor der dekorativen Spielweise.

215 Notizen zur Aufführung/ Datensammlung „Zauberflöte", Projekt-Tagebuch.

„Niemand scheute sich, die bisherigen Ergebnisse vor uns zu präsentieren. Obwohl sich die Spielerinnen darüber im Klaren waren, dass es unfertig ist, was sie zeigen. Diese Haltung läuft meines Erachtens konträr der sonst eingeübten Schulhaltung, in der sie nicht zeigen dürfen, dass sie etwas nicht wissen, beziehungsweise möglichst gut und perfekt dastehen müssen.“

(Praxisbericht einer Studentin, über den WPK)

„Die Solidarität hinter der Bühne basierte nur auf der gemeinsamen Anspannung – nicht auf der Grundlage einer Wahrnehmung des Anderen.“

(Spielleiter WPK)

„Subjektillusionen im Flackerlicht – dagegen können wir nicht anstinken.
Meine WPK-Schüler gingen darin unter – gaben kein Erfolgsmodell ab. Ich hörte bereits von Sarah, dass sie die andere Chose eigentlich geiler findet.“
(Spielleiter WPK)[216]

5.6.1 „Und wer spielt Leonardo diCaprio?“

Die Projektleiterinnen benannten als eine Wirkung des Projekts eine starke positive Grundstimmung in ihren Arbeitsgruppen, die noch Wochen angehalten habe. Der Großteil der Schüler habe sehr engagiert und selbstständig an ihren Szenen gearbeitet. Jüngere Schüler seien von der Leistung der älteren – v.a. der Hauptrollen – sehr beeindruckt gewesen, spielten Szenen nach und waren hoch motiviert, in einem neuen Schultheaterprojekt ähnliche Rollen darzustellen.

Die Schülerinnen des WPK werteten das Zauberflöte-Projekt verständlicherweise als negative Erfahrung mit ihren Spielformen vor Publikum. Eine große Frustration und Verunsicherung machte sich breit. In der Generalprobe war deutlich geworden, dass ihre Szenen es im Rahmen dieser Aufführung schwer haben würden, vom Publikum verstanden zu werden. Mit der Hilfe der Studierenden und auch noch spontan in der Aufführung versuchte die Gruppe, die Komik einzelner Momente herauszuspielen, um sich an den Unterhaltungsmaßstab der Aufführung besser anzupassen. Der Vertrauensverlust in die eigenen Szenen und in die Qualität des eigenen Spiels wurde angesichts des Erfolgs der „Anderen“ immer deutlicher spürbar.

Nach den Sommerferien zeigte sich das Ausmaß der Verunsicherung noch deutlicher. Sogar die eigenen Mütter seien „fast zu den drei Damen auf die Bühne gesprungen, um mitzurappen“, argumentierten die WPK-Schülerinnen später in einer Diskussion über die weitere Arbeit im Kurs. Folglich machten die Schülerinnen sich den Publikumserfolg des dekorativen Theaters zum Maßstab für ihre weitere Theaterarbeit. Sie verweigerten sich im neuen Schuljahr den performativen Arbeitsweisen und nahmen stattdessen ein eigenes Theaterprojekt auf: „Romeo und Julia“ nach dem Vorbild des bekannten Kinohits von 1996. Sie begannen bei der Klärung der Besetzungsfrage: „Und wer spielt Leonardo di Caprio?“

216 Datensammlung „Zauberflöte“, Projekt-Tagebuch.

5.6.2 Helden und Diven: Der Zwang als Sieger zu erscheinen [217]

5.6.2.1 Starkult und Allüren

Die vielfältige Orientierung identitätssuchender Jugendlicher an den Simulakren des Starkultes haben Horkheimer und Adorno treffend dadurch erklärt, dass Individuation in der Gegenwartsgesellschaft nur als Selbsttäuschung möglich ist: „... die Liebe zu jenen Heldenmodellen nährt sich von der geheimen Befriedigung darüber, dass man endlich der Anstrengung der Individuation durch die freilich atemlosere der Nachahmung enthoben sei."[218]

Der **Starkult**, die Orientierung und Projektion individueller Hoffnungen und Selbstentwürfe auf die gefeierten Ausnahmesubjekte der Kulturindustrie bildet eine ideologische Grundorientierung für die Selbsttäuschungen der Subjekte, die die Praxisformen der Tauschverhältnisse in der Gegenwartsgesellschaft nicht erfolgreich ausfüllen können. Die fehlende Aussicht auf eine Teilhabe am gesellschaftlichen Reichtum wird dabei als Mangel der eigenen Subjektivität interpretiert und dementsprechend als defensiver Idealismus der eigenen Besonderheiten, als Mittel und Schranke kultiviert, die in ihrer individuellen Besonderheit – nach dem Vorbild der Stars – im zwischenmenschlichen Bereich auf Anerkennung drängen.

Schon um der schieren Aufmerksamkeit willen, die sich bei jeder Extravaganz leicht einstellt, verfallen (nicht nur) Jugendliche darauf, ihre **Allüren** zum Siegel ihrer von der Masse abstechenden Lebenshaltung zu machen.

Die Theaterpädagogik muss mit diesen Persönlichkeitskonzepten rechnen, ihre Äußerlichkeit erkennbar werden lassen und ihre Klientel in Arbeitszusammenhänge führen, die gegen die „Atemlosigkeit" der wechselnden Profilierungsmoden das soziale und geschichtliche Subjektsein als Möglichkeit der Selbstdefinition der Individuen im Spiel aufscheinen lassen.

Dabei bedient sich die Theaterpädagogik zwangsläufig aber auch der Methoden der Inszenierung und Aufführung, in denen die Spieler gerahmt und ausgestellt werden.

Die damit verbundene Aufwertung und Distinktion der Spieler innerhalb ihrer Milieus führt dabei schnell zu sogenannten **Starallüren**, mit denen die Spieler ihre reale Subjektbeschränkung kompensieren.

217 Vgl. Wiese, Hans-Joachim (2003): Starallüren. In: Koch / Streisand (Hrsg.) (2003): Wörterbuch der Theaterpädagogik. Berlin und Milow.

218 Horkheimer, Max./ Adorno, Theodor W. (1971): Dialektik der Aufklärung. Frankfurt a.M., S. 140.

Theaterpädagogik, die produktorientiert auf den vordergründigen Schauwert ihrer Arbeit in der Öffentlichkeit ihres Milieus ausgerichtet ist, befördert den Hang zu Starallüren. Die ungebrochene Einfügung kulturindustriell assimilierter Muster der Jugendkulturen in die Arbeitszusammenhänge der Theaterpädagogik und die damit verbundene Ausbeutung bereits vorhandener Star-Imitations-Fähigkeiten der Spieler führen zwangsläufig zu Starallüren, die sie ja im Grunde genommen bereits implizieren.

Diesem fatalen Effekt einer nach außen erfolgsorientierten Theaterpädagogik liegt selbst wiederum ein Zwangsverhältnis der theaterpädagogischen Arbeit zu Grunde. In den Erziehungsinstitutionen der Gegenwartsgesellschaft besteht zumeist ein gewisser Druck, die Erziehungsleistungen der Theaterpädagogik vor Auftraggebern und Kollegen zu dokumentieren. Das Leitbild einer erfolgreichen Dokumentation ist dabei in der Regel immer noch die an professionellen Kulturerzeugnissen orientierte Aufführung. Der pädagogische Negativeffekt der Starallüren stellt diese Orientierung allerdings grundsätzlich in Frage und sollte die Theaterpädagogik anregen, die Kriterien der Dokumentation ihrer Arbeit neu zu entwickeln.

Sie wird dies nicht ohne Widerstand sowohl seitens ihrer Adressaten als auch ihrer Auftraggeber leisten können.

5.7 Die Chance des Dialogischen

5.7.1 Die Auswertung des Projekts

Für die kooperative Evaluation der gegensätzlichen Projekterfahrungen beider Seiten gingen wir von den Methoden der Aktionsforschung nach Posch und Altrichter[219] aus, die damit insbesondere Lehrende zur wissenschaftliche Auseinandersetzung mit ihrer eigenen Unterrichtspraxis ermutigen möchten. Der Ansatz der Aktionsforschung war in unserem Fall allerdings nicht in Reinform anzuwenden, da es bereits das Musiktheater-Projekt selbst hätte begleiten müssen, um die Erkenntnisse der Reflexionsphasen direkt in die Praxis umzusetzen. Alle beteiligten Spielleiterinnen und Spielleiter hätten dann mit einem formulierten Erkenntnisinteresse in die Praxis gehen müssen. Das eigene Erkenntnisinteresse der beiden Projektleiterinnen wurde aber erst bei der Evaluation benannt. Unser Ziel war es, den Dialog zwischen den divergenten Arbeitsformen zu begin-

219 Altrichter, Herbert / Posch, Peter (1998): Lehrer erforschen ihren Unterricht. Eine Einführung in die Methoden der Aktionsforschung. Bad Heilbrunn.

nen. Um die zunächst unabhängige Formulierung jeder Kursleiterin und jedes Kursleiters zu erhalten, bereiteten wir eine Auswertung in zwei Phasen vor. Die erste Phase der Evaluation bestand in einer schriftlichen Befragung der Projektleiterinnen und H.J. Wieses als Lehrer des WPK DS. Der Fragebogen regte zur individuellen Projektauswertung an, fragte nach situativen Erfahrungen aus der Arbeit und nach dem individuellen Erkenntnisinteresse an der Projekt-Evaluation.

Dieses schriftliche Datenmaterial wurde zu einer Diskussionsvorlage für das Auswertungsgespräch aufbereitet. In die Vorlage wurden auch Zitate aus Praxisberichten der am Projekt beteiligten Studierenden übernommen, die selbst am Gespräch leider nicht teilnehmen konnten.

5.7.2 Themen der Auswertung

Aus den Ergebnissen der schriftlichen Einzel-Befragung ließ sich abgesehen von der Divergenz der pädagogischen und ästhetischen Haltungen und Zielvorstellungen, die wir weiter oben bereits dargestellt haben, eine Unzufriedenheit über den nicht-erfolgten oder unproduktiv verlaufenen Austausch zwischen allen Kursleitern entnehmen.

Als Begründung wurde dabei mehrfach *Zeitknappheit* benannt, die nahezu alle Ebenen der Projektarbeit beeinträchtigt habe. Demnach litt die konzeptionelle Arbeit der Projektleitung, die Probenarbeit der einzelnen Arbeitsgruppen, der Austausch der beteiligten Kolleginnen und Kollegen über ihre pädagogischen und ästhetischen Konzeptionen, die Reflexion der einzelnen Arbeitsphasen sowie die Zusammenarbeit und Zusammenführung der szenischen Ergebnisse unter den *strukturellen Bedingungen.* Und dies, obwohl die Projektinitiatorinnen mit der Institutionalisierung des Projekts als Schulprojekt und der Anbahnung als gemeinsames Unterrichtsmotiv der musisch-kulturellen Fächer bereits im Vorfeld versucht hatten, die organisatorischen Rahmenbedingungen der fachübergreifenden Zusammenarbeit zu verbessern. Trotz allem aber sei die Hauptlast der organisatorischen und künstlerischen Arbeit an ihnen als verantwortliche Ideenträger hängen geblieben. Die Frage nach den Möglichkeiten einer *breiteren Verteilung der Arbeitslast im Team* der Spielleiter stellte einen größeren Aspekt des Auswertungs-Interesses der Projektleiterinnen dar.

Das Ausbleiben einer inhaltlichen Auseinandersetzung über die pädagogisch-ästhetischen Konzeptionen wurde aber nicht nur als organisatorisches und zeitliches Manko empfunden. Offensichtlich fehlten auch *geeignete Formen der Reflexion und der gegenseitigen Kritik*. Alle Befragten benannten die Problematik der Zusammenarbeit auf kollegialer Ebene zum Teil mehrfach in ihrer individuellen Projektauswertung.

Ein gemeinsames Ziel der Evaluation war also die Entwicklung von Perspektiven zur Verbesserung der Projekt-Organisation, um die Zusammenarbeit zwischen Arbeitsgruppen und Gruppenleitern in der Planung und Durchführung überhaupt zu ermöglichen sowie durch solchen Austausch die Arbeitsformen unterschiedlicher pädagogischer und ästhetischer Konzepte in der Praxis zusammenzubringen.

Die Auswertungs-Teilnehmer formulierten beispielsweise folgende Fragestellungen[220]:

„Wie kann man unterschiedliche Vorstellungen konstruktiv miteinander verbinden?"
„Wie kann der organisatorische Rahmen stressfreier gestaltet werden?"
„Wie (und durch wen) kann bei Teilergebnissen während der Arbeit produktive Kritik geübt werden?"

Ein weiteres Anliegen war es, den inhaltlichen Austausch über die divergenten theaterpädagogischen Konzeptionen nachzuholen. Den Ausgangspunkt dafür lieferten die Ergebnisse der individuellen Projekt-Reflexionen in den Fragebögen.

Von besonderer Bedeutung waren für uns auch die Fragen, die die Projektleiterinnen nach dem Projekt hinsichtlich einer inhaltlichen und methodischen Weiterentwicklung ihrer theaterpädagogischen Arbeit stellten[221]:

„Wie kann ich Schüler und Schülerinnen stärker in die Planungsphase integrieren?"
„Welche anderen Möglichkeiten gäbe es zur Umsetzung des Zauberflöte-Stoffs?"
„Wie überzeugend ist das Ergebnis objektiv gesehen?"
„Wie könnte das Ergebnis verbessert werden?"
„Für wen arbeiten wir: Schüler, Schule oder Publikum?"

Diese Fragestellungen verweisen auf mögliche Berührungspunkte zwischen den Bedürfnissen der Spielleiter des dekorativen Schul-

220 Übersicht „Fragebogen 1" (22.05.2002)/ Datensammlung „Zauberflöte", Projekt-Tagebuch.

221 Übersicht „Fragebogen 1" (22.05.2002)/ Datensammlung „Zauberflöte" , Projekt-Tagebuch.

theaters nach den Perspektiven einer theaterpädagogischen Methodik und den Arbeitsformen und Prinzipien des theatralen Lernens.

5.7.3 Ergebnisse der Auswertung

Ausgangspunkt des Gespräches war das Einverständnis der Beteiligten darüber, dass im Rahmen des „Zauberflöte"-Projekts die Verzahnung der Arbeits- und Gestaltungsformen des dekorativen Schultheaters mit denen des theatralen Lernens nicht gelungen war. Auf der einen Seite standen die Spielerinnen und Spielleiter des WPK DS, die innerhalb der Aufführung nicht den Rahmen gefunden hatten, in dem die Schlichtheit ihrer szenischen Beiträge eine theatrale Wirkung erreichen konnte. Auf der anderen Seite hatten die Projektleiterinnen als Gesamtverantwortliche des Projekts aufgrund schulstruktureller Bedingungen und ihren fachlichen Voraussetzungen keinen Handlungsspielraum gehabt, um die WPK-Szenen wirkungsvoller zu rahmen. Die Zusammenführung hatte eher eine Überforderung des Projektrahmens, der vorausgesetzten Zielsetzungen und zeitlichen wie fachlichen Bedingungen geschaffen.

Das Auswertungsgespräch kreiste schließlich um die Frage, ob es auf struktureller, kollegialer und inhaltlicher Ebene Spielräume gab, um die Formen des theatralen Lernens in die vorhandenen Bedingungen des schulischen Systems, in dem das Dekorative offenbar leichter zu realisieren ist, zu integrieren.

5.7.4 Spielräume einbauen

Warum gestaltete sich die interdisziplinäre und kollegiale Zusammenarbeit innerhalb des Schul-Projektes so schwierig?

Mit Differenzen umgehen

„Der öffentliche Austausch müsste installiert werden können: Orte, Räume und Zeiten müssen zur Verfügung stehen – nicht zuletzt eine Frage des organisierten und organisierenden Willens, des Interesses."

(Gerd Koch)

Zunächst wurde diese Frage mit den knappen räumlichen und zeitlichen Möglichkeiten beantwortet, die den Lehrenden innerhalb der Schulstrukturen zur Verfügung stehen, um ihre Praxis zu reflektieren und sich gegenseitig auszutauschen. In unserem Fall wurde durch die Entscheidung der Gesamtkonferenz, die Aufführungen in der Sorge um ausreichend Publikum bereits Mittwoch- und Donnerstagabend zu veranstalten, die eigentliche Projektarbeit soweit verkürzt, dass kaum noch künstlerisch oder inhaltlich in den einzelnen Gruppen gearbeitet werden konnte, geschweige denn die Gruppenergebnisse aufeinander bezogen werden konnten. Man war in dieser Situation angewiesen auf das von den Projektleiterinnen vorgedachte szenische Konzept, um die Ergebnisse in aller Eile aneinander zu reihen.

Zur Verbesserung der Bedingungen fächerübergreifender Zusammenarbeit wären flexiblere Zeitblöcke für die musischen und künstlerischen Fächer auch außerhalb der kurzen obligatorischen Projektwochen wünschenswert, um künstlerische Prozesse nicht regelmäßig durch den 45- und 90-Minuten-Takt abbrechen zu müssen. Denkbar sei z.B. ein Modell, das einen regelmäßig eingefügten Projekttag (z.B. einmal in der Woche) für die Arbeit im musischen Bereich vorsieht.

Neben der organisatorischen Seite wurde auch das Problem sich entgegenstehender Auffassungen von ästhetischer Bildung, kultureller, sozialer und theatraler Lernprozesse sowie ihrer Zielrichtungen angerissen. Das Anliegen auf unserer Seite war, bessere Voraussetzungen für die weitere Zusammenarbeit im Theaterbereich zu schaffen, die es ermöglichen, unsere Forschungsergebnisse allmählich in die Lernvorgänge einspielen zu können und die vorhandenen Schutzräume ästhetischer Erfahrung und theatralen Lernens aufrechtzuerhalten bzw. besser zu beschützen.

Solange die Lehr-/Lernformen und die ihnen zugrundeliegenden Subjektauffassungen bei den Praktikern des Bereichs musisch-kultureller Bildung in der Schule so divergent sind, ist es notwendig, dazwischen bewusst einen Fließbereich zu gestalten, in dem die Divergenzen ihre Reibung finden können.

Damit die Formen theatralen Lernens unter der Wirkungsmächtigkeit des dekorativen Schultheaters Raum und Respekt erhalten können, wäre in zukünftigen Projekten beispielsweise denkbar, die Dynamisierung des Bühnengeschehens durch verschiedene Tempi (Zeitlupe, Zeitraffer) als gemeinsames Motiv in den Fokus zu stellen. Verzögerung, Innehalten, Verlangsamung wären einfach zu handhabende Mittel, auch die dekorativen Darstellungsweisen interessant zu verfremden. So könnte es gelingen, die fremde Form zu integrieren, die Theatralität des Stillstands anklingen zu lassen und damit den performativen Formen die Tür zu öffnen. Eine Aufweichung der Übergänge zwischen den performativen und den dekorativen Anteilen einer Schultheater-Kultur könnte so einerseits dem Publikum das Wechselspiel der divergenten Formen erleichtern und würde andererseits nicht die leiseren Darstellungsformen der ungewollten Irritation und dem Unverständnis des Publikums aussetzen.

5.7.5 „Die Widersprüche sind die Hoffnung.“ (Bertolt Brecht)

- *„Man stelle sich vor:*
  Der ‚Aufmarsch der Sozialarbeiter‘ – in der Schulaufführung eine diszipliniert getanzte Step-Nummer – würde nicht auf ei-

nen Punkt enden und würde sich nicht den obligatorischen Szenenapplaus abholen. Stattdessen verlangsamen die Tanzenden am Ende ihre forschen Bewegungen immer mehr. Der Tanz wird skurril in der Zeitlupe. Schon wäre das Performative eingeholt:
‚Gegenwart als Theaterphänomen entsteht durch Stockung, Entzug, Abweichung von Gegenwart. Ein Extremfall ist slow-motion auf der Bühne: Sie bewirkt, dass ein zweiter Zeitraum aus dem Bühnenraum gleichsam ausgeschnitten wird, eine Aura gesteigerter Anwesenheit legt sich um den Körper, wenn die normierte Rhythmik der Bewegung/Perzeption eine Störung erfährt.‘[222]
Die Tänzer verzögern sich bis in den Stillstand. Ihre eingefrorenen Körper als erstarrte, wachende Salzsäulen sind nun das Bühnenbild für die achtsame Prüfung des Schweigens.“

Unsere Absicht ist es nicht, das Dekorative ganz aufzugeben, schon gar nicht, das Große, Laute, Farbige als Gestaltungsmittel zu verunglimpfen, um an ihrer Stelle nur das Leise und Ernste zu erlauben. Unser Anliegen heißt: Bühne frei auch im Schultheater für die Lern-, Erfahrungs- und Gestaltungsformen des theatralen Lernens als Bereicherung des ernstgemeinten Dekorativen. Und (bei allem Willen zur Außenwirkung): Die Sinne geschärft für die wesentlichen Prozesse! Gerahmt durch dekorative Gestaltung kann auch das Zarte, die Stillstellung, spektakuläre Wirkung mit großem Schauwert erhalten. Mit den Schrägheiten des Performativen erreicht das Dekorative unerwartete Brüche und größere Deutungsoffenheit in ihren sonst glatten linearen Erzählmustern.

Die Dekoration, gebunden an die gesellschaftlich notwendige Außenpolitur der Subjekt-Stilisierung und (institutionellen) Erfolgs-Orientierung, soll ihre Berechtigung und ihren Platz behalten, jedoch nicht ohne ihre Verstellungen zu ent-decken und sie so als Notwendigkeit einer bestimmten gesellschaftlichen Realität auch zu kennzeichnen.

Die große, shakespeare'reske Form der Ausstellung des gesellschaftlichen status quo sei der Schutz für die ungeformte Bewegung, die einfache Begegnung außerhalb der intentionalen Formgebung.

„Es kommt also darauf an, Schule neu zu denken, die darin verteilte tote Arbeit zu überwinden und Organisationsphantasie freizusetzen. Wo Erosions- und Umbruchsprozesse innerhalb einer gesellschaftlichen Ordnung am Werk sind, werden politische Auswege, die sich an Kriterien des Gemeinwesens und des Volkswohlstandes orientieren, von der wiedergewonnenen Lernfähigkeit der Menschen abhängen.“

(Oskar Negt)

222 Lehmann, Hans-Thies (1999): Die Gegenwart des Theaters. In: Transformationen. Theater der neunziger Jahre. Theater der Zeit, Berlin 1999, S. 18.

Viertes Kapitel

Subjekt- und bildungsgeschichtliche Grundlegungen

In den folgenden acht Aufsätzen ist dargelegt, durch welche Quellen wir im Kern zur kritischen Re-Interpretation des Subjektbegriffs gelangt sind. Unsere Schwerpunktsetzung auf Subjektentgrenzung und Gegenwartsidentität der Spielsubjekte in der Praxis basiert auf dieser gedanklichen Grundlegung.

Die Aufsätze führten uns von der Geschichte der Kindheit (I), wie sie von Philippe Ariès aufgeschlüsselt wurde, und ihrer kritischen Betrachtung als (II) Entwicklung der Disziplinarien nach Michel Foucault zur Kritik (III) des Subjektbegriffs als Schlüsselkategorie des bürgerlichen Freiheits- und Selbstverständnisses nach Wolfgang Fritz Haug. So gelangten wir schließlich (IV) zu einer praktisch-ästhetischen Dekonstruktion des ‚gelebten Subjektmythos' durch die künstlerische Avantgarde der Postmoderne, wie sie von Peter Bürger dargestellt wird. Die vier weiteren Aufsätze nähern sich dem professionell-pädagogischen Umgang mit der Subjekt-Problematik, beginnend mit der Frage, wie sich die Widersprüchlichkeit des Subjektmythos in der allgemeinen Pädagogik (V) gestaltet. Der sechste Aufsatz gibt einen Überblick über einen Teil der aktuellen theaterpädagogischen Theoriebildung (VI) in der Bundesrepublik und stellt die Ansätze von Ingo Scheller, Gerd Koch, Ulrike Hentschel und Jürgen Weintz kurz vor.

Auf dieser Grundlage kommen wir zu dem Ergebnis (VII), dass das Paradox der Subjektbildungsvorstellung auch in der aktuellen Theorie der Theaterpädagogik nicht aufgelöst wird, selbst wenn von der pädagogischen Indienstnahme theater-künstlerischer Methoden abgesehen wird (Weintz, Hentschel).

Als vielversprechenden Gegenentwurf zum bürgerlichen Subjekt stellen wir im letzten Aufsatz (VIII) die subjektwissenschaftlichen Überlegungen der kritischen Psychologie vor, wie sie von Klaus Holzkamp begründet wurde.

1 Realgeschichte der Schulpädagogik Philippe Ariès: Geschichte der Kindheit. München (1978).

Lateinschulen / Scholaren / Entstehung des Kollegs / die Disziplinierung der Scholaren / Entwicklung von Klassenräumen, Jahrgangs- und Altersstufen

Ariès untersucht in seinem Buch den Begriff von Kindheit und Jugend seit dem frühen Mittelalter. Damit schreibt er auch eine Geschichte der Erziehung, insbesondere der durch Einrichtung von Schulen zunehmend institutionalisierten Erziehung.

In seiner Arbeit geht er von zwei Grundthesen aus, um die Entwicklung von der allmählichen Entdeckung der Kindheit bis zur entfalteten Pädagogik der westlichen Industriegesellschaften nachzuzeichnen.

Demnach trifft die Gesellschaft des frühen Mittelalters in Europa keine besondere Unterscheidung der Lebensalter. Kindheit und Jugend werden also nicht vom Erwachsenenalter abgegrenzt. Das Kind geht, sofern es in der Familie bleibt und sich nach dem Laufen- und Sprechen-Lernen weitgehend selbst helfen kann, in den Status eines zwar jungen, aber in die Erwachsenenwelt eingegliederten Menschen über. Ariès konstatiert eine gewisse Anonymität des Kindes, um dessen Tod beispielsweise nicht viel Aufhebens gemacht worden sei.[223] Kinder wurden unter Umständen abgegeben und neue geboren. Kinder, die in der Familie blieben, wurden in deren Arbeitsverhältnisse eingegliedert. Erziehung vollzog sich durch ein *Lehrverhältnis* des mitarbeitenden Kindes zu den Erwachsenen. „Es lernte die Dinge, die es wissen musste, indem es dem Erwachsenen bei ihrer Verrichtung half.“[224] Dieses an den familiären Produktionsweisen gebundene **Lehrverhältnis** steht in einem Gegensatz zu der späteren Unterscheidung von Altersklassen in der Schule.

Zum anderen untersucht Ariès die Bedeutung von Kindheit und Familie in den Industriegesellschaften. Seine zweite Ausgangsthese entwickelt er vor dem Hintergrund eines grundlegenden Wandels in den Lehr- und Lernformen des 19. Jahrhunderts: Die Institutionalisierung des Lernens durch flächendeckende Einrichtung von Schulen ersetzte mit zunehmender Industrialisierung das familiäre Lehrverhältnis. Ariès charakterisiert diese Abrückung des Kindes von

223 Ariès, Philippe (1978): Geschichte der Kindheit. München, S. 98.
224 A.a.O., S. 46.

dem Leben der Erwachsenen als „Quarantäne“[225] sowie als „eine Ausprägung der großangelegten Moralisierungskampagne der katholischen und protestantischen Reformer in Kirche, Justiz und Staat.“[226] Parallel dazu entdeckten private Gemeinschaften wie die Beamtenfamilien eine zuvor in dieser Form seltene Wertschätzung der gefühlsbetonten Verbundenheit der Familienmitglieder. Das Kind und die Beziehung zwischen den Ehegatten erhält einen besonderen Stellenwert, der im Mittelalter wohl eher die Ausnahme war. Ariès stellt damit eine zu Beginn der Industrialisierung einsetzende Polarisierung des gesellschaftlichen Lebens in einen privat-familiären und einen beruflichen Bereich fest.

1.1 Schule im Mittelalter

Ariès entwickelt seine Thesen in einer vergleichenden Analyse der Entwicklung schulischer Institutionen vom frühen Mittelalter bis zur Gegenwartsgesellschaft.

Die Schulen des frühen Mittelalters waren in der Regel Dom- und Klosterschulen, die den Priesternachwuchs sichern sollten. Der spezialisierte Unterricht bestand im wesentlichen aus Repetitionsübungen: Die Schüler lernten die Liturgischen Texte in lateinischer Sprache auswendig, indem sie sie dem Lehrer wiederholt nachsprachen. Lesen war nur insofern von Bedeutung, als es half, die Texte als Gedächtnisstütze wiederzuerkennen („Singschule“).[227]

Im achten und neunten Jahrhundert wurde der Lehrplan um die *artes liberales* (die „freien Künste“) erweitert. So konnte sich seine spätere, auf den antiken Lehr-Kanon zurückgehende Struktur ausbilden. Ariès nennt die Schule der karolingischen Zeit „die Urzelle unseres gesamten westlichen Schulsystems“ [228].

Die *artes liberales* setzen sich aus dem *trivium*, den drei unteren Fächern Grammatik, Rhetorik und Dialektik, sowie aus dem *quadrivium*, den vier höheren Fächern Arithmetik, Geometrie, Astronomie und Musik zusammen.

Im hohen Mittelalter hoben die Stadtneugründungen den Bedarf an Lese- und Schreibkundigen. Allmählich entstand ein Netz von Lateinschulen, die Schüler bis zum Alter von vierzehn Jahren aufnahmen. Die Schulen standen bis dahin in der Regel unter der Auf-

225 A.a.O., S. 48.
226 Ebenda.
227 A.a.O., S. 223.
228 Ebenda.

sicht der Kirche. Die wachsenden Schülerzahlen führten schließlich zu einem Ende des Kirchenmonopols bei der Einrichtung von Schulen. Im Rahmen dieser Entwicklung kommt es im späten Mittelalter zunehmend zur Gründung von weltlichen Schulen und auch Universitäten.

1.2 Unterschiede zum modernen Schultypus

Im Vergleich mit dem modernen Schulsystem benennt Ariès folgende Unterschiede:

In den Lateinschulen gab es noch keine Unterrichtsstufen, keine Hierarchie unter den Fächern der *artes liberales*, also auch kein abgestuftes Lehr-/Lernprogramm.

> *„Es kam also im 13. Jahrhundert häufig vor, dass man beim Studium einer der artes liberales länger verweilte. (...) Jeder Lehrer musste sein Programm seinen Neigungen entsprechend selbst zusammenstellen, und man unterrichtete gleichzeitig in den Fächern, die man allgemein als gleich schwierig und gleich wichtig einschätzte.“* [229] *Elementarunterricht (im Lesen, Schreiben und im Gebrauch der Muttersprache) wurde dagegen nicht in der Schule erteilt, man erwarb vielmehr „Elementarkenntnisse und -fähigkeiten in der Familie oder innerhalb der Berufssausbildung.“* [230]

Man kannte noch keine Entwicklungspsychologie, keine Wertung objektiver Schwierigkeitsgrade, wie sie etwa den uns geläufigen Lernprogressionen zu Grunde liegt, sondern nur einen ‚angebotsorientierten‘ Unterricht, der sich an den Neigungen des Lehrers orientierte. Dem entspricht auch die Simultanität des Unterrichts als weiterer Unterschied zu dem uns heute geläufigen. Ariès verweist dabei auf die lange Studiendauer und das Nebeneinander von Grund- und Erweiterungskursen:

> *„Es hat ganz den Anschein, als seien die Stundenpläne darauf abgestellt gewesen, dass die Schüler an beiden Zyklen (Grund- und Erweiterungskurse) gleichzeitig teilnehmen konnten. (...) Man teilte die Disziplinen nach den Studiengegenständen ein, ließ sie jedoch zeitlich nicht aufeinanderfolgen. Die älteren Schüler unterschieden sich von den neuen nicht hinsichtlich*

229 A.a.O., S. 234.
230 A.a.O., S. 226.

> *der Gegenstände, die sie studierten – denn die waren für alle gleich – sondern hinsichtlich der Anzahl der Wiederholungen desselben Stoffes.“* [231]

Ebenso ungewohnt ist für unser Verständnis von Schule die Vermischung der Altersstufen in ein und demselben Unterricht. „Die Menschen hielten es für ebenso selbstverständlich, dass ein lernbegieriger Erwachsener sich unter ein kindliches Auditorium mischte, denn was zählte, war der Unterrichtsstoff, das Alter der Schüler war nebensächlich.“ [232] Die Priesterzöglinge gingen etwa im Alter von 9 bis 13 Jahren zur Lateinschule. Die Universität versammelte Schüler zwischen 14 und 18 Jahren.

Der geringen Strukturierung der Lernprozesse entsprach die fehlende Organisation der Klientel, die weitgehend auf sich allein gestellt war. Die Schüler verschiedener Altersgruppen wurden in diversen Räumen unterrichtet (Scheunen, von den Lehrern angemietete Räume etc.) und unterlagen der Kontrolle des Lehrers in der mittelalterlichen schola nur für die Zeit des Unterrichts.

> *„Mit dem Ende der Unterrichtsstunde waren sie seiner Autorität entzogen. Doch war diese Autorität, die Gerechtsame des Lehrers, die einzige, die sie anerkannten.“* [233]

Die Schüler wohnten in gemischten Altersgruppen mehr oder weniger auf sich gestellt bei Ortsansässigen, im Hause ihrer Lehrer oder des Priesters, auch in den Armenhäusern (Hospizen); nur wenige lebten bei ihren Eltern.[234] Diese Beschaffenheit der Schule schirmte die Schüler noch nicht von der Erwachsenenwelt ab. Die Einschulung bedeutete den Eintritt in die Gesellschaft der Erwachsenen. Bis zur Einrichtung des Kollegs bestand also eine Art Kompromiss zwischen dem mittelalterlichen Lehrverhältnis und der schulischen Erziehung modernen Typs.[235] Am Ende des Mittelalters begann eine gegenläufige Entwicklung – die Durchstrukturierung der Schullaufbahn und zunehmende Disziplinierung des Schulalltags. Aus Gründen der Rationalisierung der Ausbildung aufgrund eines höheren Bedarfs an Schulabgängern setzten sich allmählich Studienzeitverkürzungen und ein niedrigeres Durchschnittsalter der Schüler durch. Statt von spezialisierten Professoren der *artes* wurden sie häufiger

231 A.a.O., S. 237.
232 A.a.O., S. 240.
233 A.a.O., S. 242.
234 Ebenda.
235 A.a.O., S. 242.

von älteren Studenten unterrichtet (vergleichbar den heutigen Repetitorien), die damit ihren Lebensunterhalt verdienten, während sie selbst einen höheren Universitätsabschluss in Theologie, Recht oder Medizin vorbereiteten. Der Lehrer war „nicht mehr ein Gelehrter oder ein Denker, ein Dialektiker oder Logiker, (...) sondern er wurde zum Pädagogen, zum Pedanten, zum Schulfuchs, zu einer Art wenig respektiertem Pauker.“ [236]

1.3 Das Kolleg

Das Kolleg als neue Institution begann sich im 15. Jahrhundert mit der Struktur-Reform des Kardinals d' Estouteville durchzusetzen, die Unterrichtsbedingungen festlegte, wie sie bis in das 18. Jahrhundert hinein ihre Gültigkeit behalten sollten.

Kollegs entstanden zunächst aus der Notwendigkeit, den erhöhten Bedarf an Geistlichen und Beamten der sich andeutenden Staatsbildungen und Verwaltungsordnungen auch aus den pauperisierten Volksschichten zu rekrutieren. Seitens der Universität wurden Häuser (Kollegs) gebaut, in denen die Stipendiaten wohnen, ernährt und unterrichtet werden sollten. Diese Häuser wurden dann auch von den Kindern anderer, wohlhabender Eltern genutzt: „Man war so angetan von der Disziplin (...)“ [237].

> *„Das Kolleg entspringt den Asylen für arme Schüler, die seit dem Ende des 12. Jahrhunderts im Rahmen der Hospize gegründet wurden. Vom Hospiz wird das Kolleg dann bald zu einer Anstalt für Stipendiaten. (...) Von da an ging es nicht mehr nur darum, armen Studenten den Lebensunterhalt zu sichern, sondern man nimmt sich darüber hinaus vor, sie zu einer Lebensführung zu zwingen, die sie vor weltlichen Versuchungen schützt, man unterwirft sie einem Gemeinschaftsleben, das vom Geist der religiösen Praxis bestimmt ist und durch dauerhafte Statuten festgelegt wird.“* [238]

Von zunächst in diesem Sinne selbstverwalteten Unterkünften ohne eigene Lehrbefugnis entwickelten sich die Kollegs vom 15. Jahrhundert an zu autoritären Disziplinaranstalten. Im Verlauf des 14. und 15. Jahrhunderts geht auch die Unterrichtsausübung auf die Kollegs über. „Das Kolleg war zu einer Lehranstalt geworden, blieb jedoch

236 A.a.O., S. 240.
237 Pasquier, zitiert nach: Ariès, Philippe a.a.O., S. 246.
238 A.a.O., S. 247.

auch weiterhin eine Gemeinschaft, die durch eine Art Ordensregel regiert wurde (...)"[239]. Es gab anfangs allerdings nur eine verhältnismäßig geringe Anzahl von Stipendiaten, während die Mehrzahl externer Schüler nur zum Unterricht in das Kolleg kam. Auch externe Lehrer hielten weiter ihren Unterricht in den Kollegs. Die Lehrerlaubnis für Externe bewirkte einen Zustrom dieser zu den Kollegs und machte sie zunehmend zu Lehranstalten im heutigen Sinne. Im Rahmen der Kollegs kommt es zur ersten altersmäßigen Trennung zwischen grundlegendem Grammatikunterricht und weiterführendem Logik- (Philosophie-) Unterricht.

Diese Internate gaben insgesamt – orientiert an klösterlichen Lebensregeln – das Modell für die spätere Kasernierung der Schüler ab. Die von wachsenden Schülerzahlen angestoßene „Entwicklung zum Externat nahm ihm (dem Kolleg) viel von seinem monastischen Geist, der es ursprünglich inspiriert hatte und dann durch eine autoritäre Disziplin abgelöst werden sollte."[240]

Die Externen besuchten als herumziehende Scholaren nur den Unterricht des Internats-Kollegs, was zu massiven Störungen seines geregelten Tagesbetriebs führte. Man ging dazu über, dass sich die Scholaren nicht nur an der regelmäßigen Teilnahme am Unterricht, sondern auch den ganzen Tag über an diesem Kolleg mit seinem vollständigen Betrieb aufhalten mussten.

„Die herumziehenden Scholaren verschwinden erst zu Beginn des 17. Jahrhunderts."[241] Erst damit ist die Unterordnung unter ein gemeinschaftliches Reglement zu einem wesentlichen Erziehungsprinzip geworden. „Alles läuft nach einem strikten Plan ab."[242] Es entstehen Befehlshierarchien und detaillierte Reglements, die das Leben der Schüler und Lehrer bis ins Kleinste regeln und disziplinieren.

> *„Man geht also von einer Hausordnung, die Leitprinzipien moralischer Art und bestimmte, die Lebensweise betreffende Verordnungen enthielt, zu einer Ordnung über, die den ganzen Tag einer strikten Einteilung unterwirft, von einer kollegialen Verwaltung zu einer autoritären Leitung, von einer Gemeinschaft aus Lehrern und Schülern zu einem straffen Regime der Lehrer über die Schüler."*[243]

Die Trennung zwischen Lehrern und Schülern, die Einführung so deutlich autoritärer Strukturen ließ eine Parallelität zu einer gesamt-

239 A.a.O., S. 257.
240 A.a.O., S. 259.
241 A.a.O., S. 260.
242 A.a.O., S. 263.
243 A.a.O., S. 264.

gesellschaftlichen Entwicklung erkennen: Die Reglementierung lief den Traditionen des Mittelalters zuwider, entsprach jedoch dem politischen Wandel, der sich auf den Absolutismus zu bewegte.

1.4 Von der Studien- zur Disziplinarordnung

Die Gründung der Jesuitenkollegs im 17. Jahrhundert kann als Höhepunkt dieser Entwicklung und auch als vorläufiger Abschluss der Entwicklung eines uns geläufigen Schulsystems verstanden werden. Sie sind sozusagen die Prototypen der staatlichen Erziehungssysteme, in denen die Agenten der europäisch-absolutistischen Staatenbildung und der Aufklärung heran erzogen werden. Zunächst geschieht die Trennung der Lehrer (nun nicht mehr als ältere Mitstudenten) von den Schülern durch Ausbildung in einer Bruderschaft als Vorform des Lehrerkollegs. Der Schwerpunkt der Jesuitenkollegs liegt auf Disziplin und Gehorsam, es finden die ersten Instrumentalisierungen der Lerngegenstände als Disziplinierungsanlässe statt. Die Jesuitenkollegs stellen eine scharfe Konkurrenz zum Universitätskolleg dar, das „mittlerweile im Verdacht stand, reiner Schlendrian zu sein“ [244] und das dann durch Reformen nachzieht. Aus der Studienordnung wird eine Disziplinarordnung. Das Gleiche gilt für das Prüfungssystem, das die Lernerfolge in immer kürzeren Zeitabständen misst und protokolliert.

Parallel erweitert sich die Zusammensetzung des Kollegs. „Während es einst aus einer kleinen Minderheit gebildeter Geistlicher bestanden hatte, öffnet es sich nun einer wachsenden Zahl von Laien, adligen wie bürgerlichen, aber auch den Kindern aus einfacheren Familien.“ [245] So entsteht mit der Schülerschaft der Kollegs und ihrer disziplinarischen Ordnung eine massive Altersgruppe, welche die Acht- oder Neunjährigen bis hinauf zu den Fünfzehnjährigen und noch älteren Schülern umfasst und einer anderen Ordnung unterworfen ist, als die Erwachsenen es sind.

1.5 Die Pädagogik schreitet voran

Es entstehen in abgestufter Weise Mündige und Unmündige. Die progressive Unterwerfung unter die Tugendvorstellungen der Erwachsenen wird fortan als kultureller Reifungsprozess verstanden

244 A.a.O., S. 264.
245 A.a.O., S. 268.

und der Gedanke einer zielgerichteten Fortentwicklung des Individuums zum Subjektideal organisatorisch in Lernprozessen umgesetzt. Dem entspricht eine Segmentierung der Altersgruppen, welche die Lernentwicklungspsychologie des 20. Jahrhunderts zu antizipieren scheint und jedem Lebensjahr eine eigene Persönlichkeit zumutet:

> *„Man hat das Alter seiner Klasse, und jede Klasse verdankt wiederum ihrem Programm, ihrem Klassenraum und ihrem Lehrer ihr spezielles Gesicht. Daraus ergibt sich eine weitgehende Differenzierung zwischen den einzelnen Altersklassen, die doch sehr nahe beieinander liegen. Wie die Klasse, so wechselt man jährlich das Alter (...). Früher behielt man sein Alter länger, und die Dauer des Lebens, der Kindheit wurde nicht in solche hauchdünnen Scheiben zerteilt."* [246]

Das System der stufenweise vorgehenden Pädagogik ergab sich anfangs zwangsläufig aus der fortschreitenden Behandlung der Grammatik nach ihren logisch aufeinanderfolgenden Abschnitten. Sie war aber nicht altersgemäß, sondern kenntnisgemäß gestaffelt. Die zunehmenden Schülerzahlen brachten des weiteren die Notwendigkeit eines Unterrichts in geschlossenen Klassenräumen und die gleichzeitige Unterrichtung von Gruppen mit sich. Unterricht wurde zunächst unter ökonomischen Aspekten in Klassen reguliert.

> *„Wir haben es hier mit einem Prozess der Differenzierung der Schülermassen zu tun, die bis zum Ende des 15. Jahrhunderts keine Organisation aufwies. Dieser Prozess entspricht dem noch neuen Bestreben, den Unterricht des Lehrers auf das Niveau des Schülers zuzuschneiden."*[247]

Die uns heute geläufige Segmentierung der Altersgruppen in Kindheit, Jugend und Erwachsenenalter begann somit in der Renaissance und der Frühphase des Absolutismus. Zunächst die Trennung zwischen Vorschulzeit und Schulzeit, wobei die Lehrzeit irgendwo dazwischen lag. In der Mitte des 17. Jahrhunderts konnte das Kind wegen seiner vermeintlichen „Einfältigkeit" erst mit zehn Jahren ins Kolleg eintreten. Es entstand die erste Zäsur durch Ablehnung der frühzeitigen Einschulung.

> *„Doch wenn auch die frühe Kindheit in dieser Weise abgegrenzt wird, innerhalb der übrigen Schülerschaft bleibt die archaische Vermischung der Altersstufen im 17. und 18. Jahrhundert bestehen (...). Bis zum Ende des 18. Jahrhunderts*

246 A.a.O., S. 270.
247 A.a.O., S. 283.

kam man nicht auf die Idee, sie nach Altersgruppen zu trennen" [248] – wohl aber nach Kenntnisgruppen.

Auf dem Weg zum mündigen, emanzipierten Subjekt hat sich nach Ariès eine Dreiteilung der schulischen Altergruppensegmentierung durchgesetzt, die von einer zunehmenden Verpflichtung auf die eigenverantwortliche Teilhabe am volkswirtschaftlichen Geschehen der bürgerlichen Gesellschaft gekennzeichnet ist. Ihr entspricht die uns bekannte Teilung in Vor-/ Grundschule, Mittelstufe und Oberstufe bzw. Lehrzeit. Erst nach dem Durchlaufen dieser Erziehungsabschnitte – also etwa nach 18 Jahren – gelten die Individuen als rechtskräftige Subjekte, die sich in der Gesellschaft zu bewähren haben.

2 Die Unterwerfung der Subjekte unter die dynamisch-evolutive Geschichtlichkeit der Disziplinarmaschinen Michel Foucault: Überwachen und Strafen. Die Geburt des Gefängnisses. Frankfurt am Main 1994.

Disziplinarapparate / Tauglichkeit und strikte Unterwerfung / Detailerziehung / Übungsprinzip / evolutive Zeit

2.1 Die Entstehung des Disziplinariums und des Übungslernens

Wenn wir mit Ariès feststellen können, dass die Entwicklung der schulischen Systeme – als Mittel zur Überwindung von Unmündigkeit – im wesentlichen von der Durchsetzung einer progressiven Unterwerfung unter Disziplintugenden geprägt ist, so können wir möglicherweise in der Folge annehmen, dass sich der mündige Bürger als Subjekt durch seine Selbstdisziplin auszeichnet. Entsprechende Belege hat Michel Foucault in seinem Buch „Überwachen und Strafen" gesammelt. Nach Foucault entstehen im 17. und 18. Jahrhundert die Disziplinarapparate, und zwar zuerst bei der Organisation der militärischen, dann der schulischen Einrichtungen.[249]

248 A.a.O., S. 346.
249 Foucault, Michel (1976): Überwachen und Strafen, Frankfurt am Main, S. 176 ff.

Die Geldform als ***abstrakte Reichtumsproduktion*** in das Selbstverständnis und die Selbstdisziplin der Individuen hinein zu vermitteln, erforderte nach Foucault eine Umstrukturierung der sozialen Machtausübung, die sich im 18. und 19. Jahrhundert durch eine strukturelle Festlegung der gesellschaftlichen Räume sowie der Körper durchsetzte. Beispielsweise sorgte die Einrichtung von Vergleichssituationen in Jahrgangsklassen und die Einebnung äußerer Unterschiede durch Prüfungsregelungen für geeignete Voraussetzungen, um eine möglichst objektiv-naturwissenschaftliche Messung der „individuellen" Lern-Leistungsunterschiede zu gewährleisten. Von nun an konnte ständig und alles ‚gerecht' geprüft werden – und zwar auf der Grundlage disziplinierter Unterwerfung unter institutionelle Gleichheitsgrundsätze, die ihre Analogie in der Abstraktion des Tauschwertes in der Geldform fand (z.B. „Notengeld"). Die Umstrukturierung beförderte bei den Individuen die unbewusste Übernahme (Introjektion) der Mechanismen von „Überwachung und Strafe" in das eigene Ich. An die Stelle äußeren Zwangs ist also stärker die Selbstzüchtigung durch ständige Kontrolle und peinlich genaue Beobachtung aller Lebensäußerungen unter dem Aspekt der Leistung und ihres abstrakten Wertes getreten, der jeweils durch **Vergleich** mit anderen ermittelt wird.

Foucault meint mit der Entstehung des Disziplinariums im Laufe des 17. und 18. Jahrhunderts die Vervollkommnung der Körpertauglichkeit bei gleichzeitiger politischer Beherrschung, die nun notwendig geworden war durch die Verwandlung der menschlichen Arbeitskraft in Privateigentum (Auflösung der Sklaverei und des Lehnswesens).

> *„Die Disziplin steigert die Kräfte des Körpers (um die ökonomische Nützlichkeit zu erhöhen) und schwächt die selben Kräfte (um sie politisch fügsam zu machen). Mit einem Wort: Sie spaltet die Macht des Körpers; sie macht daraus einerseits eine ‚Fähigkeit', eine ‚Tauglichkeit', die sie zu steigern sucht; und andererseits polt sie die Energie, die Mächtigkeit, die daraus resultieren könnte, zu einem Verhältnis strikter Unterwerfung um. Wenn die ökonomische Ausbeutung die Arbeitskraft vom Produkt trennt, so können wir sagen, dass der Disziplinarzwang eine gesteigerte Tauglichkeit und eine vertiefte Unterwerfung im Körper miteinander verkettet."* [250]

250 A.a.O., S. 177.

2.2 Die Tücke des Details

Foucault betont in seiner Untersuchung der Techniken des Disziplinarzwangs, dass die „Details" dabei das nahezu wichtigste Instrument waren, nicht nur die Regelung der Details der Ware Arbeitskraft, sondern auch und gerade die minutiösen, unscheinbaren Techniken der Disziplinierung selbst. „Die Disziplin ist eine politische Anatomie des Details"[251] Diese Detaillogik der Disziplin findet sich in zahlreichen religiösen und moralischen Traktaten des 18. Jahrhunderts und der Moderne überhaupt. Details sind deshalb wichtig, nicht weil darin ein Sinn verborgen läge, sondern weil es der Macht, die es erfassen will, dazu Gelegenheit bietet. Wir entdecken darin also die disziplinarische Sinnhaftigkeit, Schülern das Kaugummikauen zu verbieten, die Mützen im Klassenraum abzunehmen etc. und das pädagogische Bewusstsein, dass die Befolgung der Kleinigkeiten erst die Bereitschaft zum allgemeinen Mitmachen erzeugt, indem sie die Machtverhältnisse von Anfang an klärt.

> *„Aus diesen Kleinigkeiten und Kleinlichkeiten ist der Mensch des modernen Humanismus geboren worden."*[252]

2.3 Der zählende Einsatz der Zeit

In den von Foucault beschriebenen Prozessen der Zergliederung und Analyse menschlicher Fähigkeiten zwecks ihrer Verbesserung kann man unschwer die auf die menschliche Natur angewandte Rationalität der Naturwissenschaft erkennen. Analog zur Beherrschung der äußeren Natur schreitet „im Projekt der Moderne" die Beherrschung der Menschennatur voran. Entscheidend ist die Feststellung Foucaults, dass

> *„die Disziplinarverfahren (...) eine lineare Zeit zur Erscheinung (bringen), deren Momente sich ineinander verschränken und die sich auf einen fixen Endpunkt ausrichtet. Es handelt sich um* ***‚evolutive' Zeit****. Und es ist daran zu erinnern, dass eben damals die Kontrolltechniken der Administration und der Wirtschaft eine gesellschaftliche Zeit serieller, gerichteter und kumulativer Art zur Geltung brachten: Entdeckung einer Evolution als ‚Fortschritt'. Die Disziplinartechniken bringen individuelle Serien hervor: Entdeckung einer Evolution als*

251 A.a.O., S. 178.
252 A.a.O., S. 181.

‚Entwicklung'. Der Fortschritt der Gesellschaften und die Entwicklung der Individuen – diese beiden großen Entdeckungen des 18. Jahrhunderts entsprechen wohl den neuen Markttechniken, den neuen Prozeduren des abteilenden, reihenden, zusammenfügenden und -zählenden Einsatzes der Zeit.“ [253]

2.4 Von der Freiheit, sich nicht nicht zu unterwerfen

Wenn wir die realgeschichtlichen Subjektbildungsprozesse betrachten, die Ariès und Foucault beschreiben und deuten, finden wir in ihnen das Paradox der freiwilligen Unterwerfung unter das Primat der evolutiven, niemals endenden Verbesserung subjektiver Leistungsfähigkeit. Dabei bedarf diese Fähigkeit einer ständigen Überprüfung und Einübung im Rahmen der schulischen Erziehung, bevor sie sich der praktischen Bewährung in der kapitalistischen Ökonomie stellt. Insbesondere bei Foucault finden wir Ansätze der postmodernen Kritik an der Aufklärung und eine Schnittstelle zur klassischen Philosophie der bürgerlichen Gesellschaft, deren Auswirkung auf die pädagogischen Leitgedanken des 20. Jahrhunderts oben angesprochen wurde.

Foucault erkennt in der **evolutiven Geschichtlichkeit** der Moderne eine *Dynamik*, die sich zu der *Dynastik* des mittelalterlichen Geschichtsbildes entgegengesetzt verhält:

„Die ‚Erinnerungs-Geschichte' der Chroniken, Genealogien und Urkunden, der Reiche und der Taten hing an einer anderen Spielart der Macht. Mit den neuen Unterwerfungstechniken beginnt die ‚Dynamik' der steten Entwicklungen die ‚Dynastik' der überragenden Ereignisse zu verdrängen.“ [254]

Besonders in der Prozedur der *Übung* sieht Foucault das Zentrum der reihenden Zurichtung der Zeit.

„Die Übung ist nämlich jene Technik, mit der man den Körpern Aufgaben stellt, die sich durch Wiederholung, Unterschiedlichkeit und Abstufung auszeichnen. Indem sie das Verhalten auf einen Endzustand ausrichtet, ermöglicht die Übung eine ständige Charakterisierung des Individuums.“ [255]

Den Gedanken einer ständig fortschreitenden Verbesserung der individuellen Fähigkeiten durch die didaktische Progression von Lern-

253 A.a.O., S. 207.
254 A.a.O., S. 207.
255 Ebenda.

zielen – verteilt über die vielen Schuljahre – scheint als „Streben zum Heil" der spätmittelalterlichen Mystik entnommen zu sein, die allerdings dieses Streben nach Vervollkommnung als kollektives Anliegen der religiösen Gemeinschaft ansah. In den Schulprogrammen der Aufklärung wird aus diesem Streben jedoch

> *„der ständige kollektive Wettbewerb der Individuen, die sich im Vergleich qualifizieren und klassifizieren. (...) In der Mystik und Asketik richtete die Übung die diesseitige Zeit auf die Erlangung des Heils aus. Diesen ihren Sinn sollte sie im Abendland allmählich verkehren, und zwar unter Beibehaltung einiger ihrer Techniken: dann dient sie dem haushälterischen Einsatz und nutzbringenden Zusammenraffen der Lebenszeit sowie der Ausübung von Macht über die Menschen mittels der so organisierten Zeit. (...) Anstatt in einem Jenseits zu gipfeln, richtet sie sich auf eine nie abzuschließende Unterwerfung aus."*[256]

Wir entdecken bei Ariès und Foucault, ausgehend von ihrer Beobachtung der Entstehung der Schulsysteme und -programme, dass das Ideal der schulischen Sozialisation durch sein praktisches Gegenteil erzeugt wird. Mündigkeit entsteht durch die Unterwerfung unter ein dynamisches Übungsprinzip, welches der steten Selbstverbesserung dient und insofern eine nach innen gerichtete Analogie zur sich ständig erweiternden kapitalistischen Produktion darstellt.

3 Das Subjekt als Schlüsselkategorie des bürgerlichen Freiheits- und Selbstverständnisses

Das bürgerliche Subjekt/ Konnotative Vielfalt / Unterwerfung unter die Vernunft / Tausch- und Rechtssubjekte / Das Subjekt in der Selbstauflösung

3.1 Entwicklung des „bürgerlichen Subjekts"

Unter begriffsgeschichtlichen Aspekten betrachtet ist die Bedeutung des Subjekts als Mensch, der erkennend und (Welt-)aneignend sich selbst gestaltet, relativ jung. Sie beginnt in der Trennung von „res cogitans" und „res extensa" bei **Descartes** und der **Selbstreflexivität** des Menschen im Heraustreten aus seiner „selbstverschuldeten Unmündigkeit" in der Lehre **Kants**. Das Subjekt ist die zentrale Kate-

256 A.a.O., S. 208 f.

gorie der Aufklärung, die den Menschen aus den Fängen der Mythen befreit und die Natur zur umfassenden Aneignung offen legt. Der Mensch wird nicht mehr wie im Mittelalter als das Objekt eines außerhalb von ihm bestimmten Schicksals definiert, sondern als selbstbestimmtes Wesen. Es fällt allerdings auf, dass sich in unseren Nachbarsprachen auch das Bedeutungselement der Unterwerfung im Begriff des Subjekts erhalten hat. Im lexikalischen Sinne bedeutet er ‚das Darunterliegende' (lat.: *subiectum*). Die politische und die Rechts-Philosophie sowie die Soziologie der Neuzeit geben dem Subjekt ebenfalls die Bedeutung des ‚Untertans', eines einer bestimmten Macht unterworfenen Individuums.[257] Das Gegensatzpaar von Subjekt und Objekt und seine Widersprüchlichkeit im menschlichen Bewusstsein und seiner Lebenspraxis blieben bezeichnend für die gesamte Begriffsgeschichte des Subjekts und ihres zentralen Anliegens: den Menschen in seinem Verhältnis zur Welt zu erklären und seine Möglichkeiten zu untersuchen, einerseits diese Wirklichkeit durch Arbeit zu verändern sowie andererseits mit Hilfe eines wachsenden Bewusstseins zur Erkenntnis seiner Selbst zu gelangen. Wie sich die Definition des Subjekts jeweils in Beziehung zu seiner Objektentsprechung verschob, lässt sich – stark verkürzt – an den Hauptvertretern der **Subjektphilosophie** seit der Aufklärung zeigen.

Descartes (1596 – 1650) unterscheidet das **Subjekt** als den menschlichen Geist von der materiellen Wirklichkeit, die ihn umgibt. Der Mensch ist für ihn denkendes und erkennendes Wesen auf der einen sowie handelndes Wesen auf der anderen Seite. Das Subjekt ist ihm geistige Substanz, die sich ihres Denkens und ihrer Erfahrungen bewusst ist, die auf die Welt der Objekte blickt, sich jedoch von ihr vollkommen unterscheidet.

Kant (1724 – 1804) konnotiert das Subjekt in seiner dynamischen und aktiven Vernunft. Der Mensch selbst produziert die gesetzmäßige Ordnung in der Natur. Aufgrund seiner Vernunft ist der Mensch in seinem Handeln völlig frei. Aufgrund seiner Willenskraft kann der Mensch jederzeit und unabhängig von jeder anderen Autorität autonom entscheiden, wie sehr er auch durch seine sinnliche Erfahrung geprägt sein und sich also durch Objekte außerhalb seiner selbst leiten lassen mag. Kant führt den Begriff des ***transzendentalen Subjekts*** ein, das im Handeln und Erkennen eine produktive, schöpferische Kraft darstellen soll. Diese Kraft sei es, die über die individuelle sinnliche Erfahrung (*Empirie*) hinaus das *vernünftige*, dem Sitten-

257 Vgl. Sandkühler, Hans Jörg (Hrsg.) (1999): Enzyklopädie Philosophie. Bd. 2. Hamburg. S. 1548.

gesetz gemäße Handeln ermöglicht. Eine rational bestimmte Herrschaft des Menschen über die Welt, die Gesellschaft und sich selbst erscheint bei ihm also als prinzipiell möglich. Kants Begriff des Subjekts, das durch Unterwerfung unter die Vernunft Freiheit erlangt, wird zur Schlüsselkategorie der bürgerlichen Gesellschaft. Er prägt auch die heutige pädagogische Vorstellung vom lebenslangen Lernen als progressiv-evolutive Selbstgestaltung der Individuen.

Hegel (1770 – 1831) holt das Individuum als menschliches Subjekt aus dem Zentrum der Konstitution von Welt und betont stattdessen den übergeschichtlichen Charakter der Evolution der Menschheit. Er sieht Wirklichkeit als Gesamtsystem dynamischer Beziehungen, deren Teil auch das Verhältnis des Menschen zur Natur ist. Indem er dieses Verhältnis jeweils in seinen historischen Zusammenhang stellt und die Erkenntnismöglichkeiten der Subjekte in diesem Kontext sieht, löst er den Subjekt/Objekt-Gegensatz auf. Er konstatiert stattdessen einen übergeschichtlichen Weltgeist, der über die Generationen hinweg auf dem Wege ist, sich selbst zu erkennen. Damit mindert er die von Kant behauptete Bedeutung der rationalen Erkenntnis- und Handlungsfreiheit des menschlichen Subjekts und führt demgegenüber die Vorstellung eines *absoluten Subjekts*, eines sich zur Freiheit entwickelnden Weltgeistes ein. In Hegels **Todesphilosophie** wird die über Generationen wachsende Beherrschung der Natur zum menschheitsbefreienden **„Projekt der Moderne“**.

Die Begriffsgeschichte des Subjekts in der Philosophie seit der Aufklärung führt zu drei wesentlichen Merkmalen, die das **bürgerliche Subjektideal** bis heute prägen. Das ist zum einen die Vorstellung von einer stufenweise sich verbessernden (**evolutiven**) Entwicklung des menschlichen Bewusstseins, entweder bezogen auf die Individuen (bei Kant) oder auf die Evolution der Menschheit (bei Hegel). Zum zweiten ist es die Annahme einer grundsätzlichen Handlungsfreiheit des Subjekts ‚Mensch‘ gegenüber seiner Objektwelt ‚Natur‘ – und zwar unter dem Prinzip ihrer Unterwerfung und letztlich umfassenden Beherrschung durch die Menschheit. Mit dieser Gegenüberstellung wird der Mensch aus den Naturzusammenhängen herausgenommen und zu seiner ideellen Selbstverantwortlichkeit geleitet.

Dies führt uns zum dritten Aspekt: Das realisierte Subjekt wird als ein zu sich selbst befreites Einzelwesen verstanden und dank seiner individuellen Handlungs- und Erkenntnisfreiheit außerhalb seines sozialen Kontextes betrachtet.

➢ Siehe dazu auch den Aufsatz „Der Subjektbegriff der Kritischen Psychologie“ (VIII).

3.2 Die Kritik am bürgerlichen Subjektbegriff

Karl Marx (1818 – 1883) kritisiert den dialektischen Idealismus der bürgerlichen Subjektphilosophie, indem er ihn als bewusstseinsmäßige Umkehrung der materiellen Verhältnisse analysiert, denen er sich verdankt. Er übernimmt von Feuerbach den Begriff der Entfremdung. Feuerbach hatte die von sich selbst entfremdete Gestalt des menschlichen Subjektes in Hegels Vorstellung von einem transzendenten, absoluten Wesen kritisiert, auf das dieser die ‚höchsten und edelsten Eigenschaften' des Menschen übertragen hat. Marx glaubt jedoch nicht wie Feuerbach, dass die **Entfremdung** durch den einfachen Entschluss des Subjekts, die Projektion aufzuheben, überwunden werden kann. Auf Hegel aufbauend, gilt ihm Entfremdung als Ausdruck der gesellschaftlichen Produktionsverhältnisse, die erst mit den materiellen Gegensätzen der Klassengesellschaft überwunden werden könne. Arbeit und Organisationsformen von Arbeit sind für ihn zentrale Grundlagen der Klassengegensätze in der bürgerlichen Gesellschaft. Er entfaltet Hegels **Todesphilosophie** (vgl. **Herr-Knecht-Metapher**) und spricht der Arbeit den Charakter eines ‚spezifischen Stoffwechsels' des Menschen mit der Natur zu, welches sein eigentliches Wesen ausmacht. Auf Grund der Herrschaftsverhältnisse sei dieser Stoffwechsel noch nicht in verallgemeinerter, sondern nur in einer uneigentlichen Form der Entfremdung angedeutet.

➢ Siehe auch Hegels „Herr-und-Knecht-Metapher" im Aufsatz „Die Destruktion des Subjektbegriffes in der künstlerischen Avantgarde" (IV).

Während die bürgerliche Philosophie und Lebenspraxis die Subjektwerdung als individuelle Bewährung der einzelnen Menschen fasst und problematisiert, sieht Marx das spezifische Verhältnis der Menschen zur Natur durch Arbeit von vornherein als ein soziales. Arbeit ist für ihn nicht nur ein Verhältnis zur Natur, sondern immer auch ein Verhältnis zwischen Menschen – anders gesagt, Arbeit ist identisch mit Arbeitsteilung, Kooperation und sozialer Vorsorge. Individuelle Strategien der Subjektwerdung können demnach nur von der wesentlichen Grundlage der Subjektbildung wegführen und Scheinsubjekte (Haug nennt sie später ‚kleine Subjekte') erzeugen. Die Scheinsubjekte entfremden sich von ihrem Gattungswesen in einer absurden Illusion, wenn sie ihre Arbeit in konkurrenzhafter Form gegeneinander anwenden. Marx unterstreicht damit die natürliche Gesellschaftlichkeit des Menschen, auf die sich später auch **Holzkamps „Kritische Psychologie"** beruft.

3.3 Die Vielgestaltigkeit des Subjektbegriffs

Wenn wir heute unter dem Subjekt das sich selbstgestaltende, selbstverantwortliche und in seinen Möglichkeiten freigesetzte Individuum begreifen wollen, so stellt sich dieser Begriff in seiner philosophisch-ideologischen Entwicklung sehr widersprüchlich dar.

W.F. Haug hat in einer Rede vor dem „Dritten Internationalen Kongress für kritische Psychologie" den Begriff untersucht und seine Vieldeutigkeit dargestellt.

> *„Subjekt, unklar übergehend ins Subjektive oder in Subjektivität, ist wie ein Fließblatt, das sich vollgesaugt hat mit vielfältigen Bedeutungen: Bewusstsein, Denken, Reflexion, (...) Ich, das Selbst und seine Zusammensetzung mit Erfahrung, Findung, Verwirklichung, (...) die Person und das Persönliche, übergehend ins Individuelle, je Eigene, vielleicht gar Private (...).“* [258]

Der konnotativen Vielfalt des Alltagsgebrauches des Begriffs entspricht seine historisch und linguistisch ungleichartige Verwendung. So bezeichnet das Wort Subjekt im lexikalischen Sinne das ‚Darunterliegende' im Unterschied zum darüber liegenden Objekt. In den Nachbarsprachen (englisch und französisch) hat sich der Begriff des Untertans erhalten und erst in der Philosophie bezeichnen wir als Subjekt

> *„das erkennende Wesen, als ‚Objekt' den Gegenstand seiner Erkenntnistätigkeit. (...) Gehen wir terminologisch an unser Thema heran, so können wir bald feststellen, dass mit den angegebenen Bedeutungen der Termini ‚Subjekt' und ‚Objekt' unser Problem erst in der klassischen deutschen Philosophie formuliert wurde, und zwar zuerst in der Philosophie Kants.“* [259]

Wie oben bereits skizziert, setzt Kant das **transzendentale Subjekt** als Vernunft und Empirie synthetisierende Potenz ein, das unabhängig von der empirischen Wirklichkeit diese durchdringen und als Objekt der Erkenntnis konstituieren kann. Die Vernunft kann demnach die empirische Wirklichkeit überschreiten und zum Gegenstand der Aneignung machen. Dabei gelten die empirischen Subjekte nur als Lizenzen dieser Vernunft, sind aber dennoch aufgefordert, selbst

258 Haug, Wolfgang Fritz (1984): Die Frage nach der Konstitution des Subjekts. In: Derselbe (1987): Pluraler Marxismus. Bd. 2, Berlin. S. 81.

259 Lektorski, W.A. (1968): Das Subjekt-Objekt-Problem in der klassischen und modernen Philosophie. Berlin/DDR, S. 9.

zu denken, und sich Kraft der Anstrengung des Denkens aus der selbstverschuldeten Unmündigkeit zu befreien. In den von Foucault beschriebenen Schulprogrammen wendet sich die Vernunft den physisch-geistigen Körpern zu und führt die Zöglinge durch die Unterwerfung unter Regeln und Gesetzmäßigkeiten zur Freiheit. Ganz im Sinne der Forderung Kants, „die Freiheit bei dem Zwang zu kultivieren.“ [260]

3.4 Das Subjekt und sein Mythos

„An die Stelle der politischen Normen und Gesetze treten Sachgesetzlichkeiten der wissenschaftlich-technischen Zivilisation, die nicht als politische Entscheidungen setzbar und als Gesinnungs- oder Weltanschauungsnormen nicht verstehbar sind. Der „technische Staat“ entzieht, ohne anti-demokratisch zu sein, der Demokratie ihre Substanz. Das alles kann man zusammenfassen in der These, daß sich in dieser Entwicklung die Erscheinung der direkten Herrschaft von Menschen über Menschen im sozialen und politischen Sinne sozusagen von innen her auflöst.“

(Helmut Schelsky)

Das Wirklichkeit konstituierende Subjekt, das zu einer Schlüsselkategorie der bürgerlichen Gesellschaft wird, würde sich demnach auch praktisch in seiner Erziehung dem **Transzendentalsubjekt** im oben genannten Sinne unterwerfen und in dieser Unterwerfung seine Freiheit gewinnen. Wobei wir „Freiheit“ wieder übersetzen können in „Freisetzung des Individuums zu sich selbst“. Die Teilhabe der Individuen an der Vernunft ermöglicht somit ihre Selbstkonstitution als Subjekte.

Bei Foucault konnten wir sehen, dass diese Freiheit die weitere Eigenschaft hat, dynamisch und zukunftsorientiert zu sein. Dem entspricht die heutige pädagogische Vorstellung vom lebenslangen Lernen, als einer progressiv-evolutiven Selbstgestaltung der Individuen.

Wolfgang Fritz Haugs Subjektanalyse zeigt die Beschränktheit der praktischen Umsetzung des Begriffs hinsichtlich der empirischen Individuen auf:

> *„In der Philosophie ist das Subjekt die Instanz der Freiheit. Die ideologischen Mächte zielen darauf ab, dass die Individuen die Verhältnisse der Herrschaft von innen heraus, frei und verantwortlich leben. Dieses Sich-Einordnen, das Unter- wie Überordnen ist, dieses Sich-zum-Subjekt-der-Verhältnisse-Machen wird in den Umrissen zu einer Theorie des Ideologischen mit dem Begriff der ideologischen* ***Subjektion*** *bezeichnet.“* [261]

Nach Haug ist die Subjektkategorie eine *objektive* Gedankenform, die Ausdruck einer gesellschaftlichen Praxis ist. „Indem die Indivi-

260 Kant, Immanuel: Werke in sechs Bänden. Hrsg. von Wilhelm Weischedel, Darmstadt, Bd. 6, S. 711. Zitiert nach: Meyer, Hilbert (1997a): Schulpädagogik. Bd. 1, Berlin. S. 151.

261 Haug, Wolfgang Fritz (1982): Arbeitsteilung und Ideologie. Vortrag für die 3. Westberliner Volksuniversität. In: Derselbe (1987): Pluraler Marxismus. Bd. 2. Berlin, S. 70.

duen die Praxisformen der Tauschverhältnisse tätig ausfüllen, frei in diesen Formen ihren Vorteil suchen und miteinander konkurrieren, machen sie sich zu kleinen Subjekten dieser Verhältnisse."[262] Dem entspricht die Aussage Foucaults zum ständigen Wettbewerb der Individuen, die sich im Vergleich qualifizieren und klassifizieren.[263]

Als Schlüsselkategorie der bürgerlichen Gesellschaft hat das Subjekt auch eine juristische Verfasstheit. Es ist in der Bundesrepublik Deutschland verboten, ein Objekt zu sein. So wurden 1982 in einem Bundesgerichtsurteil Peepshows für ungesetzlich erklärt, weil dort der Frau (die hier – anders als beim Striptease – nach Geldeinwurf durch das Guckfenster einer Kabine zu betrachten ist) eine *objekthafte Rolle* zugewiesen wird.

> *„Die Individualform ‚personales Subjekt' ist nicht nur schutzwürdig, sondern sie ist Pflicht; kein Individuum besitzt, juristisch gesehen, die Kompetenz, diesen Status zu veräußern. (...) Alles deutet darauf hin, dass wir es hier mit einer Form des von übergeordneten Institutionen (Recht, Religion, aber bei näherer Untersuchung wird sich die Liste verlängern) in Pflicht genommenen Individuums zu tun haben."*[264]

Es ist auffällig, dass der Subjektbegriff in der modernen Rechtsprechung eine entscheidende Kategorie geworden ist. Subjekt meint dann das handlungsfähige Individuum, welches als solches für seine Handlungen voll zur Rechenschaft gezogen werden kann. Darin spiegelt sich das Ideal der Geschäftsfähigkeit, welches ja ein bestimmtes Alter, eine entsprechende Erziehung und das volle nüchterne Bewusstsein der Subjekte voraussetzt. Aus dieser Sichtweise wären die Erziehungsziele nichts anderes, als die Entwicklung einer Rechts- und Geschäftsfähigkeit der arbeitsteiligen Individuen, die sich im Tausch vermitteln müssen. Damit in diesem Tausch und seinem Ausgang keine willkürlichen Ergebnisse stattfinden, müssen im Sinne des „Survival of the fittest" für alle Individuen die gleichen Tauschkompetenz-Erwerbsbedingungen hergestellt sein. Dafür haben Schule und Elternhaus (evtl. kompensatorisch) gerade zu stehen. Die Selektion erfolgt also am genetischen Material, auf welches die gleichgestellten Bildungsangebote keinen Einfluss haben, oder allenfalls

262 Haug, Wolfgang Fritz (1984): Die Frage nach der Konstitution des Subjekts. In: Derselbe (1987): Pluraler Marxismus. S. 84.

263 Siehe auch in diesem Buch den Aufsatz: II Die Unterwerfung der Subjekte unter die dynamisch-evolutive Geschichtlichkeit der Disziplinarmaschinen.

264 Haug, Wolfgang Fritz (1984): Die Frage nach der Konstitution des Subjekts. In: Derselbe (1987): Pluraler Marxismus. S. 91/92.

an individuellen, nicht beeinflussbaren, mit Krankheitsbildern vergleichbaren sozialen Verhältnissen. Handlungsfähigkeit geht in diesem Sinne auch mit Deliktfähigkeit einher.

> *„Das Individuum ist immer selbsttätig in diesen Formen, seines Un-/Glückes Schmied – solange es kein Sozialfall ist. Selbsttätigkeit und plurale institutionelle Konstituiertheit von oben verdichten sich im Subjekt.“* [265]

3.5 „DAS SUBJEKT gibt es nicht.“

Haug kommt bei seinen Ausführungen zu dem nachvollziehbaren Gedanken, dass die metaphysische Definition der Individuen als Subjekte – also eine Definition, die ihre gesellschaftliche Gültigkeit als objektive Gedankenform einer bestimmten Produktionsweise nicht erfasst – diesen die Eigenschaft einer Zwiebel mit zwar sieben Häuten, aber keinem Kern verleiht.

> *„Das Innerste ist – nur ein spekulativer Reflex dieser Schalen, ihr metaphysischer Überbau-nach-innen, ansonsten leer. (...) In der Sache entspricht dem: SUBJEKT darf nicht im metaphysischen Singular bleiben. ‚Das Subjekt‘ gibt es nicht. Zu analysieren sind Subjekte, im Plural.“* [266]

Wenn man den Gedanken Haugs folgt, entpuppt sich das anthropozentrische Weltbild der Moderne, das also den Menschen in den Mittelpunkt stellen will, als ein individualzentrisches, das die sozialen Bestimmungsfaktoren der Subjekte ausblenden muss, um seinen **evolutiv-dynamischen Freiheitsbegriff** im Subjekt erhalten zu können.

Dies scheint in postmodernen Zeiten schwierig geworden zu sein. Die Freiheit des Subjektes hat anscheinend seine eigene Selbstauflösung nicht aufhalten können, und zwar insofern, als seine große Objektivation – die bürgerliche Gesellschaft bzw. ihr Staat – zwar global erfolgreich ist, aber angesichts zweier Weltkriege und anderer Ungeheuerlichkeiten kritischen Geistern nicht gerade als Ausbund einer transzendentalen Vernunft gelten kann. Die evolutive **Dynamik** der Subjekte richtet sich zunehmend gegen diese selbst. Unübersehbar ist die Subjektivität der Individuen in den Industriestaaten zum Todesurteil über die Menschen der Restwelt geworden. Der

265 A.a.O., S. 94.
266 A.a.O., S. 95.

Zwang zur subjektiven Selbstgestaltung erscheint in der postmodernen Kritik als Terrorzusammenhang. Die subjektorientierte Pädagogik erscheint als „Instrument einer großen terrorisierenden Erzählung vom allgemeinen oder gesellschaftlichen Subjekt, die alles unter die Maßgabe der Universalität stellt.“ [267]

Unglaubwürdig wird die Behauptung einer möglichen Subjektidentität (also eines Aufgehobenseins in der Evolution) angesichts der Notwendigkeit, **Subjektivität** nur ansatzweise und zwar als Flikkenteppich biografisch anlegen zu müssen. Die postmoderne Kritik als Negation des Subjektbegriffs hat ihre Wurzeln in den künstlerischen Avantgardebewegungen, die in der Mitte des 20. Jahrhunderts entstanden. Ausgehend von der Hegelrezeption des Philosophen Alexandre Kojève hat Peter Bürger die gedankliche Entwicklung dieser frühen Kritik an dem Subjektbegriff der Moderne nachgezeichnet.

4 Die Destruktion des Subjektbegriffes in der künstlerischen Avantgarde Peter Bürger: Ursprung des postmodernen Denkens. Weilerswist 2000.

Hegels Herr-und-Knecht-Metapher als Modell der bürgerlichen Gesellschaft / Subjektivität als Verarbeitung von Todesfurcht / der Zusammenbruch des Subjektmodells durch die großen Kriegskatastrophen / die Rebellion der künstlerischen Intelligenz gegen das Subjektmodell

4.1 Hegels Herr-und-Knecht-Metapher

4.1.1 Herrschaft und Knechtschaft

In seiner „Phänomenologie des Geistes“ entwickelt Hegel im Rahmen eines Systems der Wissenschaften die Metapher von „Herrschaft und Knechtschaft“ als den selbständigen und den unselbständigen Teil des Selbstbewusstseins. Darin bildet der Herr jenen Bewusstseinsanteil des Menschen, der seine Furcht vor dem Tod (als

„Hat der Mensch die Begierde mit dem ganz auf Selbsterhaltung ausgerichteten Tier gemein, so macht das Begehren nach Anerkennung (das heißt das Begehren nach einem andern Begehren) ihn allererst zum Menschen. Aus ihm gehe sowohl das Selbstbewusstsein wie die Geschichte hervor; denn diese ist nichts anderes als die Geschichte des begehrenden Begehrens.“

(Peter Bürger)

267 Becker, H. (1993): Ästhetik und Bildung. Kritische Analysen zur Debatte von Pädagogik und Postmoderne. Diss., Münster. Zitiert nach: Weintz, Jürgen (1998): Theaterpädagogik und Schauspielkunst. Butzbach-Griedel, S. 92.

einfache Negation) überwindet, indem er sich selbst durch sein erkennendes Selbstbewusstsein zu etwas Höherem über die Dingwelt erhebt (*absolute Negation* = Aufhebung der Todesdrohung). Der Herr ist der Teil, der um sich selbst weiß und dessen Begehren und Machtwille es ist, sich selbst zu behaupten.

> *„Der Herr bezieht sich auf diese beiden Momente, auf ein Ding, als solches, den Gegenstand der Begierde, und auf das Bewusstsein, dem die Dingheit das Wesentliche ist“* [268],

nämlich auf sein Gegenüber: das Knecht-Bewusstsein. *Knecht* sei jenes Selbstbewusstsein des Menschen, das sich an der gegenständlichen Welt abarbeitet. Der Knecht weiß zwar um sein Dasein in der Dingwelt, schließt daraus aber seine Abhängigkeit von ihr. Seine *Begierde* ist es, mit aller Macht an den Dingen (und dem Leben) zu hängen. Das tätige Bewusstsein des Knechts ist von den Gegenständlichkeiten bestimmt, die ihn umgeben. Deren Endlichkeit (denn der Knecht bearbeitet, *tötet* die Dinge, um zu überleben) lässt ihn seine eigene Endlichkeit anerkennen und „Todesfurcht“ entwickeln.

> *„Der Knecht bezieht sich (...) auf das Ding auch negativ und hebt es auf; aber es ist zugleich selbständig für ihn, und er kann darum durch sein Negieren nicht bis zur Vernichtung mit ihm fertig werden, oder er bearbeitet es nur.“* [269]

Herr- und Knechtschaft bestimmen sich im *Prestigekampf* um gegenseitige Anerkennung. Zunächst kann diese Anerkennung nur einseitig gewonnen werden – in der Unterwerfung des Knechts durch den Herrn. Der Herr erhält seinen Status vorerst durch seine Beziehung zum unselbständigen (da von der Dingwelt abhängigen) Knecht, der für ihn die Dinge bearbeitet (*negiert*). Darin liegt eine weitere Bestätigung des Herrn: seine vermittelte Beziehung zu der Dingwelt, deren lebendige Selbstständigkeit er vollständig negieren kann, da er sich mit ihr nicht selbst befassen muss. Der Knecht zerlegt die *an-sich-seienden* und in ihrem lebendigen und ganzen Wesen *selbstständigen* Gegenstände der Natur in ihre unselbständigen Teile, die der Herr annimmt. Durch seinen *Genuss* gelingt, was durch die *Begierde* des Knechts nicht gelang, die reine Negation. Ein Baum beispielsweise ist durch sein einfaches Bestehen (*an-sich-Sein*) selbstständig. Der Knecht stellt sich dieser Selbstständigkeit und nimmt die Arbeit auf sich, ihn zu fällen und zu bearbeiten. Zwar ‚negiert‘ er

268 Hegel, Georg Wilhelm Friedrich (2000): Phänomenologie des Geistes. Köln. S. 154

269 A.a.O., S. 154 f.

das Sein des Baumes, indem er ihn umlegt und zerhackt, jedoch kommt er nicht um die Anerkennung der Selbständigkeit des Baumes herum. Der Baum, die gegenständliche Welt, existiert ganz unabhängig von dem Knecht oder dem Herrn; sie sind ihnen nichts. Umgekehrt besteht aber durchaus eine Abhängigkeit – der Knecht muss den Baum fällen. Der Herr allerdings schiebt die Arbeit des Knechts zwischen sich selbst und die Selbständigkeit der gegenständlichen Welt. Er benutzt das Zündholz, das der Knecht für ihn hergestellt hat, ohne dem Wesen des einstigen Baumes zu begegnen. Im Gebrauch des Zündholzes vollendet der Herr die Vernichtung (Negation) des selbstständigen Baumes, was dem Knecht in seiner Arbeit nicht gelingen kann. Würde man sich beim Anzünden einer Kerze jedes Mal dem Bewusstsein stellen, dass für das Zündholz der Baum gefällt werden musste, würde man wohlmöglich lieber im Dunkeln sitzen bleiben.

4.1.2 Die Anerkennung kehrt sich um

Die Anerkennung ist zunächst nur einseitig zu haben, und zwar nur für den Herrn durch den Knecht, genau genommen durch die Arbeit des Knechts. Dies genau ist der Moment, in dem die Anerkennung sich umkehren muss. Indem der Herr sich der Arbeit des Knechts bedient, verliert er seine Selbständigkeit. Er macht seinen Genuss von der Vermittlung des Knechts abhängig. „Die Wahrheit des selbständigen Bewusstseins ist demnach das knechtische Bewusstsein.“ [270]

Zuvor besteht der Herr in einem Für-sich-Sein, er ist *für sich*, da er seine Macht über das Sein erkennt. Indem er aber nur als Gegenüber des Knechts, durch dessen Arbeit, Herr sein kann, wendet sich das Für-sich-Sein in ein Für-den-Knecht-Sein. Gleichzeitig gelingt es dem Knecht, in seinem Dienst für den Herrn seine Todesfurcht aufzulösen und seine Selbständigkeit zu erlangen. Zunächst gewinnt der Knecht in seiner Todesfurcht selbst sein Für-sich-Sein: Er „ist darin innerlich aufgelöst worden, (...) und alles Fixe hat in ihm gebebt. (...) Das absolute Flüssigwerden alles Bestehens ist aber das einfache Wesen des Selbstbewusstseins, die absolute Negativität, das reine Fürsichsein“ [271]. In seiner Arbeit vollendet er nun diese Auflösung, er „hebt darin (...) seine Anhänglichkeit an natürliches Dasein auf und arbeitet dasselbe hinweg“ [272]

270 A.a.O., S. 156. Ebenda.
271 Ebd.
272 Ebd.

„Der Richter:
Dann verkünde ich das Urteil: Das Gericht unterstellt als bewiesen, dass der Kuli nicht mit einem Stein, sondern mit einer Wasserflasche sich seinem Herrn näherte. Aber selbst dies vorausgesetzt, ist es eher noch zu glauben, dass der Kuli seinen Herrn mit der Wasserflasche erschlagen wollte, als ihm zu trinken zu geben. Der Träger gehörte einer Klasse an, die tatsächlich einen Grund hat, sich benachteiligt zu fühlen. (...) Ja sogar gerecht musste es diesen Leuten bei ihrem beschränkten und einseitigen, nur an der Wirklichkeit haftenden Standpunkt erscheinen, sich an ihrem Peiniger zu rächen. An dem Tag der Abrechnung hatten sie doch nur zu gewinnen. Der Kaufmann gehörte nicht der Klasse an, der sein Träger angehörte. Er musste sich von ihm des Schlimmsten versehen. (...) Der Angeklagte hat also in berechtigter Notwehr gehandelt, gleichgültig, ob er bedroht wurde oder nur sich bedroht fühlen musste. Den gegebenen Umständen gemäß musste er sich bedroht fühlen. Der Angeklagte

wird also freigesprochen, die Frau des Toten mit ihrer Klage abgewiesen.“

(Bertolt Brecht)

4.2 Herr-und-Knecht-Metapher als Modell der bürgerlichen Gesellschaft

Bürgers Untersuchung der Entstehung des postmodernen Denkens setzt bei der Interpretation der Hegelschen Todesphilosophie und seiner Herr-Knecht-Metapher durch die Surrealisten und der durch sie beeinflussten französischen Denker an (Bataille, Blanchot, Lacan, Foucault, Derrida).

Bürger verweist dabei auf den bedenkenswerten Umstand, dass alle Theorien der Moderne narrativ in Form von Mythen oder Metaphern gestaltet sind.

> *„Die mythischen Erzählungen dienen hier nicht etwa der Veranschaulichung einer Theorie, vielmehr sind sie diese Theorie selbst. In ihnen treten die Kategorien zueinander in eine zugleich notwendige und der Veränderung unterliegende Beziehung, was nur in einem narrativen Schema möglich sein dürfte.“* [273]

Bürgers Text ist an der Stelle für uns interessant, an der er vor der Folie der Realgeschichte des 20. Jahrhunderts die Auseinandersetzung der postmodernen Denker mit dem von Hegel in seiner Todesphilosophie entwickelten „Projekt der Moderne“ nachzeichnet, da in dieser Aufzeichnung die Kritik des bisher wichtigen Subjektbegriffes seitens der Postmoderne verständlich wird. Nach Bürger kann Hegels Herr-Knecht-Metapher als Modell der bürgerlichen Gesellschaft gelesen werden, in der die Unterwerfung zur Freiheit (die wir als Paradox der von Foucault beobachteten Disziplinarmaschine festgestellt haben) ihre Aufhebung in der evolutiven Naturaneignung finden könnte.

Die Interpretation Peter Bürgers sei im Folgenden kurz dargestellt:

4.2.1 Die Todesangst wegarbeiten

Nach Bürger unterscheidet Hegel den Menschen vom Tier durch sein Streben nach Anerkennung, welches seinen bloßen Existenzwillen übersteigen kann. Eine wechselseitige Anerkennung sei aber zunächst ausgeschlossen – Anerkennung sei nur durch die Überwindung der Todesfurcht möglich und bestimme dann über die Verteilung der Herr- und Knechtrolle. Der Herr kommt also durch die Negation der Todesfurcht zur unbedingten und unmittelbaren Anerkennung seitens des Knechtes, der nun wegen seiner Liebe zum Leben zur Arbeit gezwungen wird.

273 Bürger, Peter (2000): Ursprung des postmodernen Denkens. Weilerswist, S. 22.

Das Denken und Tun des Knechts ist daher Vermittlung. In der tätigen Gestaltung und Aneignung der Welt durch seine Arbeit übersetzt der Knecht die Negativität der Todesdrohung (seines Herrn) in ein positives Selbstbewusstsein. Die Auflösung seiner Subjektivität durch die Todesdrohung übersetzt er in Form der Auflösung der Objektwelt durch Arbeit und stellt darüber seine Subjektivität wieder her. Er arbeitet seine Todesangst weg. Der Knecht subjektiviert sich durch die Objektivierung seiner Umwelt. *Arbeit* wird damit zur zentralen Kategorie der modernen Gesellschaft. Durch sie macht sich der Knecht zum „Subjekt der Moderne", indem er die Welt gestaltet.

> *„Das gilt aber, strenggenommen, nur für die Zeit des Arbeitens, in der der Knecht sich als weltgestaltendes Subjekt erfährt. Nur im Bewusstsein des Arbeitenden verschwindet die Angst, in Wahrheit wird sie nur verschoben. (...) Das Denken des Knechts ist nicht die ganze Wahrheit der Moderne, sondern ein Bild, das diese sich von sich macht. Ein Bild, in dem der Tod nur noch die Triebkraft ist, die die Gestaltung von Welt ermöglicht."* [274]

Denn was bleibt von diesem Subjekt übrig, wenn er sich der Arbeit verweigert? Die Surrealisten begaben sich, ausgehend von ihrer Hegel-Rezeption, auf die Suche nach dieser „ganzen Wahrheit": Im Selbstversuch (ihrer Verweigerung der Arbeit) entdeckten sie, dass sie ohne Arbeit vollständig jede Struktur ihres Daseins verloren und damit auf seine Sinnlosigkeit zurückgeworfen wurden.

> *„Nicht mehr ausgerichtet auf die Gestaltung der Zukunft, wird dem Ich auch die eigene Vergangenheit schal. Es lebt dahin in einer Gegenwart, die mangels markanter Einschnitte konturlos zu werden droht. Aus dieser Unwirklichkeit tauchen plötzlich Impulse auf, die angesichts der Leere des eigenen Daseins eine erschreckende Dringlichkeit erhalten: (...) Destruktion der Welt und Destruktion des Selbst."* [275]

Den Surrealisten gelingt aber kein Entwurf einer subversiven Gestalt des modernen Subjekts. Es bleibt den späteren (nach Bürger: postmodernen) Kritikern der Moderne (Bataille u.a.) überlassen, nach solch einem Entwurf zu fahnden. Ihre Frage lautet, ob sich, und wenn ja: wie sich eine andere Welt wirklich gestalten lässt.[276]

274 Bürger, Peter (2000): Ursprung des postmodernen Denkens. Weilerswist, S. 153 f.
275 A.a.O., S. 142 f.
276 A.a.O., S. 143.

4.2.2 Die Abwesenheit des Herrn in der bürgerlichen Gesellschaft

Bürger liest nun Hegels Metapher als Erzählung des Übergangs von der feudalen zur bürgerlichen Gesellschaft und mit Alexandre Kojève als „Urgeschichte (...) von der Selbsterschaffung des modernen Subjekts“[277]. Das bürgerliche Subjekt kann sich anschauen in der Figur des Knechts, der sich durch die Arbeit im Dienste des Herrn zum Selbstbewusstsein erhoben hat. Es ist eine Erzählung von seiner „großartigen Emanzipation“[278]. Durch die Arbeit kommt das Bewusstsein des Knechtes zu sich selbst.[279] Der Herr tritt ihm in der Moderne nicht mehr entgegen, denn die Herrschaft ist eingegangen in die (funktional) hierarchischen Beziehungen der Gesellschaft und die gesetzliche Ordnung des Staates. Andererseits hat der Knecht (als bürgerliches Subjekt) die Herrschaft verinnerlicht als Sachzwang zur Arbeit. Er führt aber demnach auch immer nur eine vermittelte Existenz zwischen Mittel und Zweck, also unter Instrumentalaspekten. Insofern löst sich die Subjektivität von Herrschaft auf, und zwar in Form von stets neu aufgemachten Sachzwängen der Arbeit. Die Perspektive des Herrn, der sozusagen keinen geschichtlichen Ort mehr hat, wandert dagegen ab in die Form der anwesenden Abwesenheit. Er findet sich wieder als ‚Stachel des Todes‘ oder in der Suche nach gesteigerter Selbsterfahrung – also in der abstrakten Subjektivität eines Anspruchs auf absolute Gegenwärtigkeit, Authentizität und Subjektentgrenzung, wie sie in der Kunst und Literatur aufgehoben ist, bzw. wie sie als Ahnung eines selbstzweckhaften Daseins in den Bereich eines ästhetischen Erlebens einfließt, das mehr als bloße Referenz zur außerästhetischen Erfahrung sein will.

Das wahre Leben gibt es nur im Tod, sagt Bataille.

4.2.3 Anti-Moderne

Mit dieser Position werden wie im Denken Nietzsches die tragenden Kategorien der Moderne (Subjekt, Arbeit, Geschichte, Fortschritt) radikal in Frage gestellt.

Bürger geht davon aus, dass die heute aktuelle Kritik der Postmoderne bereits sehr früh, nämlich im 19. Jahrhundert, einsetzt und die sich entfaltende und zum Begriff gekommene Moderne als „Anti-Moderne“ begleitet.

277 Ebenda.

278 A.a.O., S. 142.

279 Hegel, Georg Wilhelm Friedrich (2000): Phänomenologie des Geistes. Köln. S. 157. Vgl. Bürger (2000): S. 142.

„Der erste Philosoph, der dies systematisch-unsystematisch unternommen hat (die Begriffe Subjekt, Arbeit und Fortschritt als Kategorien der Moderne in Frage zu stellen), ist Nietzsche. Ihm gehen Friedrich Schlegel, Kierkegaard und Pascal voraus, deren Denken von Begriffen wie Ironie, Zufall und Angst bestimmt ist. Die Postmoderne hätte damit die Moderne begleitet als die von der Moderne selbst ins Leben gerufene Anti-Moderne. Auch diese Überlegung scheint eher dazu Anlass zu geben, den missverständlichen Terminus Postmoderne beiseite zu lassen. Freilich bleibt zu bedenken, dass sich mit ihm trotz seiner offensichtlichen theoretischen Schwäche wenn nicht ein Epochenbewusstsein, so doch eine Art Epochengefühl verbindet, über das man sich nicht einfach hinwegsetzen sollte. Es betrifft das Selbstverständnis, das die Moderne am Ende des 20. Jahrhunderts von sich hat. Angesichts nicht zu übersehender Krisenerscheinungen ist es offenbar zunehmend schwierig geworden, unsere Zeit noch als geschichtlichen Gang einer sich emanzipierenden Menschheit zu denken. Versteht man die Rede vom Ende der großen Erzählungen nicht als theoretische Aussage, sondern als Äußerung einer zeittypischen Einstellung, so hat sie durchaus eine gewisse Plausibilität.“ [280]

Wie kommt es zu diesem geistesgeschichtlichen Bruch, wodurch werden die tragenden Kategorien der bürgerlichen Gesellschaft erschüttert? Bürgers Antwort lautet: Durch die Erfahrung des Ersten Weltkrieges, in dem sichtbar wurde, dass der ganze Arbeitspietismus und die Aneignungslogik des Knechtes eben nicht nur Verdrängung der Todesfurcht erbrachten, sondern den Tod in Form einer verselbstständigten ‚Naturmacht‘ überproportional und überindividuell erst hervorgebracht haben.

„Der Knecht ist als arbeitendes Subjekt Agent der gesellschaftlichen Vermittlung. Sein Tun ist aber zugleich eines, das sich auf ihn selbst richtet. Er verschiebt seine Todesangst in den nie abreißenden Prozess produktiver Tätigkeit. Solange es etwas zu produzieren gibt, braucht der Knecht keine Angst vor dem Tod zu haben. Er arbeitet seine Angst weg. Nicht den Tod hat er vor sich, sondern sein Projekt, das heißt seinen Beitrag zum Fortschritt des gesellschaftlichen Ganzen. Dieses Selbstverständnis der Moderne bricht im Weltkrieg zusammen. Denn es zeigt sich, dass das Resultat der aufs äußer-

280 Bürger, Peter (2000): A.a.O., S. 8.

> *ste gesteigerten Produktion und einer bis dahin unvorstellbaren Anstrengung der ganzen Gesellschaft nicht ein menschenwürdiges Dasein für alle ist, sondern Zerstörung und Tod. (...) Der Weltkrieg bringt das optimistische Weltbild des Knechts (der Moderne) in eine Krise, weil er enthüllt, dass der Aufschub der Todesangst durch die produktive Tätigkeit eine Täuschung ist. Die Produktion, mit der der Knecht (die Moderne) seine Todesangst wegzuarbeiten hofft, ist in Wahrheit das Mittel, das den Tod massenhaft herstellt.“* [281]

Bürger zitiert dazu Paul Valéry: „Soviel Gräuel wären nicht möglich gewesen ohne eben so viele Tugenden.“ [282]

Ist das Konzept der Moderne (also Hegels Knechtsstrategie der Bekämpfung der Todesfurcht) durch den Weltkrieg für die Intelligenz zwischen den Kriegen widerlegt, so kann man den Epochenbruch zwischen Moderne und Postmoderne nachvollziehen, ebenso die verschiedenen Marschrichtungen zwischen faschistischer Katastrophenlogik (Bürger bezieht sich auf Ernst Jünger, Drieu la Rochelle) und linksradikaler Ästhetikfeindlichkeit (Aragon, der Dadaismus etc.).

Das mit der Vernunftkritik der Postmoderne verbundene Trauma der letztlich in der bürgerlichen Produktivität freigesetzten Todeskräfte, wird von anderer Seite als ‚Dialektik der Aufklärung‘ begriffen, in der das Subjekt den Opfermythos ersetzt, um dann selbst zum Opfer des Subjektmythos zu werden. „Je hemmungsloser jedoch die Vernunft (...) sich zum absoluten Gegensatz der Natur macht und an diese in sich selbst vergisst, desto mehr regrediert sie, verwilderte Selbsterhaltung, auf Natur; einzig als deren Reflexion wäre Vernunft Übernatur.“ [283] Man könnte somit sagen, dass die Rolle des Opfers in der mythologischen Naturbeherrschung immanenter Bestandteil des aufgeklärten Subjekts geworden ist, das seine eigene Entstellung in der Opfertätigkeit der entfremdeten Arbeit nicht mehr erkennt.

4.3 Zurückblickender Stillstand als Ausweg

Walter Benjamin setzt dagegen die *Entstellung* in der Kunst, die im Bewusstsein des nicht aufhebbaren Widerspruchs zwischen Immanenz und Transzendenz die erlösende Gestalt (Geste, Szene) bildet.

281 A.a.O., S. 155 f.
282 Valéry, Paul (1919): La Crise de l' esprit. Zitiert nach Bürger, Peter (2000): S. 156.
283 Adorno, Theodor W. (1970): Negative Dialektik. Frankfurt a.M., S. 283. Hier zitiert nach Bürger (2000), S. 113.

Hier würde auch Walter Benjamins Geschichtsbegriff einsetzen, den er in der Beschreibung des Bildes „Angelus Novus“ von Paul Klee findet. Der Engel starrt, vom Sturm des Fortschritts rückwärts vom Augpunkt zurückgetrieben auf die Geschichte. Benjamins Philosophie des zurückblickenden Stillstands könnte uns die gedankliche Möglichkeit eines rettenden Auswegs aus den evolutiven Zwängen des pädagogischen Subjektbegriffs geben, der gerade die Funktion der musisch-kulturellen Fächer genauer definieren würde. Ausgehend von seinen Gedanken könnte die Wiederaneignung der in der Evolution unterschlagenen humanen Lebensäußerungen in der ästhetischen Praxis des Unterrichts vorstellbar werden.

Dem gegenüber gerät die Vergegenständlichung der ästhetischen zu einer *eigentlich humanen* Praxis durch die Kritische Theorie sehr anwendungsfeindlich. Die Fetischisierung der Kunst bei Adorno und den postmodernen Denkern lässt eine pädagogische Intervention in die Subjektbildungsprozesse der Schule eher unwahrscheinlich, wenn nicht als inneren Gegensatz erscheinen. Nach dieser Theorie ist einzig die Kunst noch in der Lage, der praktischen Aufhebung der Transzendenz in der empirischen Lebenswirklichkeit der „Subjekte“ entgegenzutreten. Diese Funktion gewinnt sie auf der Grundlage einer Entwicklung der Produktivkräfte, durch die die menschlichen Beziehungen (auch zur äußeren und inneren Natur) soweit verdinglicht sind, dass selbst ihr ästhetischer Schein diese Selbstentfremdung bestätigt. In den ästhetischen Spiegelungen des Bewusstseins durch die Kulturindustrie wird die Entfremdung selbst nicht überschritten. Das bleibt dann der „Kunst“ vorbehalten. Die ursprünglichen postmodernen Gedanken gehen darauf ein, indem sie die Autonomie der Kunst in den Geistes- und Sozialwissenschaften verallgemeinern wollen, um so den von den Naturwissenschaften ausgehenden Subjektbegriff aufzulösen. Der strenge Wahrheitsbegriff unter Berücksichtigung der Selbstpräsenz des Erkennenden gegenüber dem Erkenntnisgegenstand wäre damit relativiert, wenn nicht sogar aufgelöst.

> *„... in dem Maße, wie die Arbeit zu verschwinden droht, wird an der Emanzipationsgeschichte des Knechts deren blinder Fleck erkennbar. Denn der Knecht, dem die Arbeit ausgeht und der dadurch auch die Furcht vor dem Herrn verliert, tritt eben nicht ins Reich der Freiheit ein, sondern hört auf, der zu sein, der er war, ohne dass er deshalb die Position des Herrn einzunehmen imstande wäre, die es ja nur als Gegenposition zu der des Knechts gibt. Er fällt daher entweder in die Leere des Konsumentendaseins oder in die Verzweifelung (...) bevor*

sich das Ende der Arbeitsgesellschaft in ihrer bisherigen Form am Horizont der Zukunft abzeichnet.“ [284]

Abgesehen davon, dass es wohl zweifelhaft ist, ob sich die Arbeitsgesellschaft auflöst, würde die Aufhebung des Subjekts in der Kunst (in der ästhetischen Erfahrung) zwar ein Heraustreten aus der technologischen Rationalität der Moderne bedeuten, aber keineswegs eine Wiederaneignung der unterschlagenen Bedürfnisse einer Menschheit, die ihre Menschlichkeit (ihre konkreten Schäden und Katastrophen) aus dem evolutiven Prozess ausblenden musste. Um diese Wiederaneignung geht es aber, wenn wir die Funktion der musisch-kulturellen Fächer nicht nur kompensatorisch-instrumentell begreifen wollen. Theatrales Lernen wäre dann nicht Bildung zum Subjekt gegenüber der Welt, sondern Erfahrungsraum für eine Subjektivität in der Welt, wie sie sein könnte.

5 Der Subjektbegriff in der allgemeinen Pädagogik

Staatlicher Bildungsauftrag / Funktion von Erziehung/ Entwicklung des gesellschaftlichen Bedarfs an Pädagogik / Mündigkeit / Entlastung durch musische Fächer

5.1 Der Bildungsauftrag: Wer braucht Pädagogik?

In der bildungspolitischen Diskussion werden die musisch-kulturellen Fächer mal auf- und mal abgewertet. Einerseits möchte man die „Soft Skills“, deren Erwerb man diesen Fächern zuschreibt, nicht missen, andererseits sollen im internationalen Wettbewerb die „Hard Skills“ nicht zu kurz kommen. Das Ganze geschieht vor dem Hintergrund einer zunehmenden Rationalisierung der Ausbildungsprozesse, die die Gesamtbildungszeit der Individuen zunehmend verkürzen und effektiver machen soll.

Will man nun die Funktion der musisch-kulturellen Fächer in diesem Kontext ermitteln, so wird man sie nicht isoliert betrachten können, sondern vermutlich die gesellschaftliche Aufgabe der schulischen Systeme selbst klären müssen. Zwar legen die Gesellschaften oder Volkswirtschaften in ihren Gesetzen die Verpflichtung zur Bildung und Erziehung der Kinder und Jugendlichen fest, und in den

284 Bürger, Peter (2000): S. 187.

deutschen Rahmenrichtlinien der einzelnen Fächer werden Erziehungsziele sehr differenziert aufgezeigt. Aus welchen realen sozialen Erfordernissen aber werden Ziele und Aufträge der Schule abgeleitet?

Die Selbstverständlichkeit, mit der der Erziehungs- und Bildungsauftrag dem Staat obliegt, könnte zu der Annahme verführen, dass er sich quasi als Naturgesetz aus der gesellschaftlichen Nachfrage ergibt – also der Nachfrage der Gemeinschaft entsprechen muss. Nehmen wir einmal an, dass es ein anthropologisches Grundmuster der Reproduktion von Gemeinschaften gibt. Dilthey z.B. definiert Erziehung als Funktion oder Bedürfnis der Gesellschaft überhaupt:

> *„Der soziale Erneuerungsprozess (vermögen dessen stets neue Individuen als Elemente in sie eintreten) verlangt, dass diese Individuen zu dem Punkte entwickelt werden, an welchem sie die Personen der gegenwärtigen Generation ersetzen können. So wird dem Wechsel der Individuen zum Trotz der Ertrag der Arbeit in der Gesellschaft erhalten und übertragen.“* [285]

Bei Hilbert Meyer heißt es schlicht und ergreifend: „Schulen dienen der Reproduktion der Gesellschaft.“ [286] Die Gesellschaftsformen werden demnach nur quantitativ unterschieden: Mit der Zivilisation und der zunehmenden Komplexität von Gesellschaften wächst auch ihr Erziehungsapparat. Erziehung wäre demnach die Qualifizierung von Arbeitskraft als Begleitung des biologischen Reifungsprozesses und gleichzeitig Vermittlung von kulturellen Traditionszusammenhängen, die den einzelnen in den Konsens der Gemeinschaft einbettet. Sie dient der Selbsterhaltung einer Gesellschaft und wäre als solche nicht zu hinterfragen.

5.2 Der gesellschaftliche Bedarf an Erzogenen

In den allgemeinen Formulierungen zur notwendigen Reproduktion der Gesellschaft ist allerdings eine Differenzierung ausgespart: Einzelwesen und Gesellschaft werden in diesem Begriff unterschiedslos zusammengefasst, der Lebensvorteil des einzelnen erscheint mit dem der Gemeinschaft identisch.

285 Dilthey, Wilhelm (1964) (Hrsg.: Ballauf u.a.): Grundlinien eines Systems der Pädagogik. Grundlagen und Grundfragen der Erziehung. Heidelberg, S. 21.
286 Meyer, Hilbert (1997a): Schulpädagogik. Band 1: Für Anfänger. Berlin, S. 300.

Gesellschaft ist aber nicht etwas naturwüchsig Vorfindliches und auf allgemeine Naturgesetzlichkeiten Reduzierbares; sie ist immer eine willentliche Veranstaltung, die über bloße Befriedigung von Naturabhängigkeiten hinausgeht und insofern ihren eigenen Begriff ebenso wie ihre Faktizität der wissenschaftlichen Betrachtung vorgibt.

Auf der Grundlage ahistorisch formalisierter Begriffe erscheinen Erziehung und Schule als erweiterte Fortsetzung des Wissens- und Fähigkeiten-Transfers einer „ursprünglichen" Solidargemeinschaft, die es wohl niemals gegeben hat. Will man die Entwicklungsgeschichte von Erziehung und Schule in diesem Sinne nachvollziehen, so stößt man auf zwei wichtige Umschläge in der Organisation der Erziehung, die bis heute in den schulischen Systemen weiterwirken. Das ist zum einen die Trennung von Hand- und Kopfarbeit in den ersten Tempelbürokratien (20. bis 18. Jh. v.Chr.) und zum anderen die allmähliche Auflösung der handwerklich-bäuerlichen Reproduktionsgemeinschaften im Übergang zur Industrialisierung während des 19. Jahrhunderts.

Brachte der erste Umschlag letztlich die Systematisierung und Institutionalisierung der Ausbildung (für Nachwuchs an Priestern und Verwaltungsbeamten) hervor, entriss die zweite den Familiengemeinschaften deren eigentümliche Produktionsmittel und damit auch ihre Möglichkeiten zur Qualifikation der nachfolgenden Generation als Arbeitskräfte.[287]

Die Industrialisierung und die damit einhergehende Einschränkung der Möglichkeiten, elementare Kenntnisse im Zusammenhang der Reproduktionsgemeinschaften zu vermitteln, erzeugte ein entsprechendes Erziehungsvakuum bei den pauperisierten Lohnarbeiter-Schichten. In dieses Vakuum sprangen die Gemeinden ein und übernahmen einen Teil der Erziehung. Dabei ging es nicht zuletzt darum, die umherstreifenden, verwilderten Kinder und Jugendlichen zu beaufsichtigen und zu domestizieren. Im Göttingischen Magazin für Industrie und Armenpflege z.B. fordert Johann Wilhelm Kombrinck Wagemann 1789 eine intensive Arbeitserziehung:

> *„Die Hauptabsicht, warum man den Unterricht in nützlichen Kenntnissen und Fertigkeiten in gewissen Arbeiten mit dem Religionsunterricht verbindet, ist, und muss allezeit seyn, dass die Kinder von zartester Jugend an, die geschiftigkeit in ihrem irdischen Beruf für einen notwendigen Theil der Aus-*

287 Vgl. Haug, Wolfgang Fritz (1982): S. 65 und Meyer, Hilbert (1997a): Schulpädagogik Bd. 1, S. 332.

> *übung der Religion halten lernen, und dadurch zu nützlichen Mitgliedern der Gesellschaft erzogen werden. (...) Auch in Preußen wuchs eine jugendliche proletarische Schicht auf, die im Hinblick auf die Staatssicherheit Besorgnis erwecken konnte.“* [288]

Der Darstellung der „Geschichte der preußischen Fabrikgesetzgebung bis zu ihrer Aufnahme durch die Reichsgewerbeordnung“ kann man entnehmen, dass die Einrichtung von Industrieschulen per staatliche Verordnung dem Schutze der kindlichen Gesundheit gegen den kapitalistischen Raubbau an eben dieser dienen soll [289], der Staat also sein Interesse an der Gesundheit seiner Bevölkerung bereits am Anfang des 19. Jahrhunderts durch die Einrichtung von Schulzeiten gegen die eigene Ökonomie durchsetzte.

In beiden Fällen der Anpassung an den gesellschaftlichen Bedarf übernahm der Staat den Bereich der Erziehung und Bildung. Sein Wille (bzw. die in ihm zusammengefassten Interessen) zur Erhaltung der Machtverhältnisse bestimmte auf der Grundlage ökonomischer Kräfte die Strukturen, die wir heute als „Institution Schule“ vorfinden. So heißt es denn auch bei Hilbert Meyer: „Die Schule ist dazu da, die heranwachsende Generation tüchtig und gefügig für die Belange der Gesellschaft und des Staates zu machen.“ [290]

Wir finden in den Quellen der Schulgeschichte eine allmählich immer tiefer eingreifende Funktion des Staates in die Erziehungsprozesse, wodurch er auf der Grundlage des Kantischen Ideals einer Synthese von Freiheit und Gemeinwesen[291] seine Bevölkerung zu dieser Synthetisierungsleistung bringen will. Zu diesem Zwecke werden Schulzeiten für bestimmte Lebensabschnitte durchgesetzt, denen eine eigentümliche Ambivalenz zwischen Schutzraum und Zwangsapparat zu eigen ist. Die Trennung zwischen unmündigen Kindern und emanzipierten Erwachsenen hängt nach den Ermittlungen von Philippe Ariès[292] eng mit der Entwicklung der Schule im

„Die Kinder der arbeitenden Leute sind meist eine Last für die Gemeinde und werden gewöhnlich in Müßiggang gehalten, so dass ihre Arbeitsleistung der Öffentlichkeit verloren geht, bis sie zwölf oder vierzehn Jahre alt sind. Das wirksamste Mittel dagegen ist, dass künftig dafür gesorgt wird, dass in jeder Gemeinde Arbeitsschulen errichtet werden, zu denen alle Kinder über drei und unter vierzehn Jahren gehen müssen, solange sie bei ihren Eltern wohnen und nicht anderwärts mit Genehmigung des Armenaufsehers ihren Lebensunterhalt verdienen (...). Auf diese Weise wird die Mutter eines großen Teils ihrer Mühe um die Kinder enthoben sein und daher mehr Zeit zur Arbeit erlangen; die Kinder werden in besserer Ordnung gehalten, besser versorgt und von Kindheit an zur Arbeit gewöhnt, was nicht unbedeutend ist, um sie besonnen und betriebsam (industrious) für ihr weiteres Leben zu machen; die Gemeinde erfährt damit zugleich

288 Zitiert nach: Aumüller, Ursula (1974): Industrieschule und ursprüngliche Akkumulation in Deutschland. Die Qualifizierung der Arbeitskraft im Übergang von der feudalen zur kapitalistischen Produktionsweise. Frankfurt a.M., S. 70 f.

289 Anton, Günther K. (1953): Geschichte der preußischen Fabrikgesetzgebung bis zu ihrer Aufnahme durch die Reichsgewerbeordnung. Berlin.

290 Meyer, Hilbert (1997a): S. 304.

291 „... ein jeder darf seine Glückseligkeit auf dem Wege suchen, welcher ihm selbst gut dünkt, wenn er nur der Freiheit anderer, einem ähnlichen Zwecke nachzustreben, (...) nicht Abbruch tut.“ (Immanuel Kant: Über den Gemeinspruch, in: Kant (1964): Kleinere Schriften zur Geschichtsphilosophie, Ethik und Politik. Herausgegeben von Karl Vorländer, Hamburg. S. 89.

292 Vgl. Ariès, Philippe (1975): Geschichte der Kindheit.

eine Erleichterung ihrer Lasten. Was die Kinder zu Hause von ihren Eltern erhalten, ist selten mehr als Brot und Wasser, und viele von ihnen auch das nur in geringer Menge. Da in den Schulen dafür gesorgt wird, dass jedes täglich seinen Bauch voll Brot bekommt, sind sie nicht in Gefahr zu hungern und werden im Gegenteil gesünder und stärker sein als die, welche ihr Brot anderwärts essen. (...) Durch diese Methode werden die Kinder zum Schulbesuch genötigt und sich selbst um Arbeit bemühen, weil sie sonst keine Lebensmittel erhalten werden. Damit wird der Wohlstand sowohl der Kinder als auch der Gemeinde täglich steigen. Eine Zusammenrechnung des Erwerbs der Kinder zwischen dem dritten und vierzehnten Lebensjahr ergibt, dass Verpflegung und Unterrichtung eines Kindes während dieser Zeit die Gemeinde nichts kosten. (...) Diese Schulen sollen gewöhnlich Spinn- und Strickschulen sein oder sich auf einen anderen Zweig der Wollmanufaktur beziehen, sofern nicht im Distrikt anderes Material für die Beschäftigung der Kinder geeigneter er-

ausgehenden Mittelalter zusammen. Der Prozess stellt sich als eine zunehmende Differenzierung in Altergruppen und ihrer schulischen Organisation dar.

Vielleicht ist es nicht unwichtig, dass nach Ariés im Absolutismus zunächst die zukünftigen herrschenden Schichten des Bürgertums sich der zunehmenden Differenzierung in Altersgruppen und ihrer vergleichenden Disziplinierung unterwarfen, während Teile der Elementarerziehung gerade der unteren Schichten noch im privaten, häuslichen Rahmen ihren Platz hatten.

> *„Innerhalb des Bürgertums (hat sich) die Trennung zwischen dem zweiten Abschnitt der Kindheit und dem Jünglingsalter im 19. Jahrhundert allmählich herausgebildet. In den Unterschichten, denen die höhere Schule versperrt bleibt, hat sie bis heute nicht stattgefunden.“* [293]

Nach Ariès „lässt sich eine bemerkenswerte Übereinstimmung zwischen dem modernen Begriff der Altersklassen und dem der sozialen Klasse feststellen: beide sind zu derselben Zeit – am Ende des 18. Jahrhunderts – und in demselben Milieu – dem Bürgertum – entstanden.“ [294]

5.3 Geteilte Zuständigkeiten: Schule und Familie

Vielleicht könnte man daher sagen, dass im Verlauf der Ausgliederung von Lernprozessen aus dem Zusammenhang der familiären Reproduktionsgemeinschaften alle *intentionalen* Anteile der Erziehung in die Obhut des Staates gewandert sind, während die rein *funktionalen* Lebens- und Lernprozesse zum Teil noch im privaten Rahmen der Familienverbände stattfinden. Aber auch dies ist derzeit wohl in Veränderung begriffen. Eine aktuelle Studie aus den Vereinigten Staaten zeigt, dass nicht einmal mehr ein Viertel aller US-Haushalte intakte Familienverbände sind.[295] Der Schule kommen also weitere Aufgaben zu, die vor nicht allzu langer Zeit noch in den Familienverbänden eingelöst wurden. In den USA „(...) nehmen die Schulen neben den Bildungs- und Erziehungsaufgaben immer mehr soziale Dienstleistungen in ihr Programm auf. Sie machen Beratungs-, Freizeit- und Gesundheitsangebote“ [296], wie sie sich zuneh-

293 A.a.O., S. 347.
294 A.a.O., S. 466.
295 New York Times, zitiert nach DER SPIEGEL, Nr. 24/11.6.01, S. 198.
296 Meyer, Hilbert (1997a): S. 310.

mend auch bei uns durchsetzen (Ganztagsbetreuung, gemeinsames Frühstück vor Unterrichtsbeginn). Wohlmöglich zeigt sich darin eine erneute Verlagerung der gesellschaftlichen Erziehungs-Nachfrage, deren Bedürfnisse sich jedoch im konjunkturellen Zwiespalt zwischen jeweils unfreiwilliger „Freizeit-" oder Überstundengesellschaft überaus different und zuweilen widersprüchlich darstellen.

scheint. Die Lehrer dieser Schulen sollen aus den Einnahmen der Kinder bezahlt werden (...). Der Profit wird der Gemeinde schnell die Unkosten für die Einrichtung der Schule ersetzen."

Insgesamt können wir seit der Einführung der allgemeinen Schulpflicht im 18. Jahrhundert und ihrer recht späten Durchsetzung im Weimarer Reichsgrundschulgesetz von 1920 eine zunehmende *Entprivatisierung* oder anders gesagt „Verstaatlichung" der Erziehungs- und Reproduktionsfunktionen in der Entwicklung der Industriegesellschaften feststellen.

Wohin führt diese Entwicklung? Gibt es ein übergeordnetes Ziel der zunehmend komplexer werdenden Erziehungsfunktionen der Schule? Bei dem Versuch, diese Fragen zu beantworten, stoßen wir immer wieder auf einen zentralen Leitgedanken der bürgerlichen Gesellschaft: dem des „Subjekts".

5.4 „Das Ziel der Schule liegt in der Freigabe der Erzogenen."[297]

Erst mit der ***Mündigkeit*** erreicht das bürgerliche Individuum seine Geschäfts- und Deliktfähigkeit. Bis zur Erreichung dieses Zustandes bewegt es sich im Rahmen einer schützenden aber auch disziplinierenden Institution. Schrittweise wird es über Kinderschutzgesetze, Jugendstrafrecht und andere gesetzliche Verordnungen zum Subjektsein geführt. An dieser Prägung des Subjekts hat die Entstehung der Schule geschichtlich einen erheblichen Anteil genommen. Die Schule wiederum erhielt ihre Gestalt auf der Grundlage eines grundsätzlichen Wandels der Produktions- und Reproduktionsformen.

Dieser Prozess ist offensichtlich noch nicht abgeschlossen. In der Gegenwartsgesellschaft bilden Schulen einen immer wichtigeren Ort der Subjektbildung und zwar umso widersprüchlicher und geforderter, je weniger in unserer Gesellschaft ein Subjektsein im bürgerlichen Sinne möglich ist.

So wundert es nicht, wenn sich die Bildungsprogramme häufig defensiv und kompensatorisch auf die Auflösungserscheinungen subjektiver Identität in der Gegenwartsgesellschaft beziehen und

297 A.a.O., S. 322.

daraus ihre Legitimation herstellen: eine Erscheinung, die allerdings die musisch-kulturellen Fächer schon längere Zeit betrifft.

Auszüge aus dem Lehrplan „Darstellendes Spiel" für die gymnasiale Oberstufe der „Freie und Hansestadt Hamburg" (1999):

„Unterricht im Darstellenden Spiel trägt zur persönlichen Entfaltung der Jugendlichen bei (...)."

„Die Arbeit in der Gruppe und an einem gemeinsamen Vorhaben trägt zur Selbständigkeit, zur Lern- und Leistungsmotivation der Schüler und Schülerinnen bei."

„Darstellendes Spiel kann zur Selbstfindung beitragen.".

Im Unterschied zu den sogenannten „Lernfächern" nehmen die musisch-kulturellen Fächer (Kunst, Musik, Darstellendes Spiel) eine Sonderstellung ein, wie wohl die meisten an ihrer eigenen Schulbiografie feststellen können. In den musischen Fächern findet eine gewisse Form der Entlastung statt, individuelle Neigungen können stärker berücksichtigt werden, die Leistungskontrolle ist entschärft: es werden in der Regel die besseren Zensuren gegeben, das Notenspektrum ist enger. Wir können also bereits auf der Grundlage einer subjektiven, vorwissenschaftlichen Wahrnehmung eine stärkere Rücksichtnahme auf individuelle, ja eventuell sogar persönlichkeitsbildende Lernvorgänge feststellen. So versucht der Kunstunterricht (dessen heutige Gestalt seine Grundlagen in der deutschen Kunsterziehungsbewegung seit den achtziger Jahren des 19. Jahrhunderts fand), der Annahme Rechnung zu tragen, „dass jeder Mensch natürliche Anlagen zum bildnerischen Gestalten hat"[298] und ist heute „abgesehen von einigen extremen Konzepten Visueller Kommunikation und Ästhetischer Erziehung (...) einhellig der Meinung, dass der Gestaltungstrieb eine so menschenwürdige Erscheinung und sozialpsychologisch so ernst zu nehmen ist, dass eine Pflege und Förderung unerlässlich sind."[299]

Bereits 1902 finden wir bei Alfred Lichtwark, dem „Vater der deutschen Kunsterziehung", eine Kritik gegen die herrschende, einseitig intellektuelle Bildung und damit gegen den Verfall der „Sinnes- und Augenkultur". Da sich „die Entwicklung der Sinnes- und Gefühls-

298 Heinig, Peter (1982): Repetitorium Fachdidaktik Kunst. Bad Heilbrunn/Oberbayern, S. 16.

299 A.a.O., S. 17.

kräfte (...) auf den ganzen Menschen, seine Umgebung, sein ganzes Leben“ erstrecke, forderte er eine umfassende ästhetische Bildung.[300]

Wir werden sehen, dass Lichtwarks Grundgedanke auch die Didaktik der Theaterpädagogik bzw. des Darstellenden Spiels durchzieht. Immer wieder stoßen wir dort auf die interessante Trinität von Bildungsökonomie, Kulturkritik und dem ganzheitlich gedachten Subjektbegriff vom Menschen.

6 Darstellung aktueller Theorieansätze zur theaterpädagogischen Praxis in der Bundesrepublik Deutschland

Ingo Scheller: ***Szenisches Spiel als Lernform*** */ Gerd Koch:* ***Szenische Sozialforschung*** */ Ulrike Hentschel:* ***Ästhetische Bildung*** */ Jürgen Weintz:* ***Psychosoziale Erfahrung***

Bei der Aufarbeitung der bisherigen fachtheoretischen Grundlegungen der Theaterpädagogik stießen wir auf eine Fülle verschiedenartiger Theoriebildungen, aus der wir zunächst die umfassendsten und aktuellsten Arbeiten vorstellen wollen. Sie stellen wichtige Ausschnitte dar aus der gesamten Bandbreite zwischen pädagogischen, ästhetisch-bildenden und gesellschaftlich-politischen Schwerpunktsetzungen in der Theaterpädagogik. Wir haben die hier vorgestellten Ansätze grob in zwei Gruppen geteilt: Während von einer Seite (Koch, Scheller) die Theaterarbeit auf ihren Wert hinsichtlich einer konkret zu verändernden Unterrichts- oder Sozialpraxis untersucht wird, wird auf der anderen (Hentschel, Weintz) eher die Selbstwirksamkeit der ästhetischen Prozesse im Theaterspiel hervorgehoben.

Ulrike Hentschel[301] arbeitet recht umfassend die Geschichte der ästhetischen Bildung auf. Auf der Grundlage ihrer Untersuchung wichtiger Schauspieltheorien plädiert sie für die Loslösung der Theaterpädagogik von jeglichen pädagogischen oder sozialen Zielsetzungen. Stattdessen will sie „Theaterspielen als ästhetische Bildung“ verstanden wissen, der soziale Erfahrung zwar per se immanent ist, ohne dass diese aber erzieherisch kontrolliert oder gesteuert werden könne.

300 Lichtwark, Alfred (1902): Drei Programme. Berlin. Hier zitiert nach: Bund Deutscher Kunsterzieher (1977): Kind und Kunst – Eine Ausstellung zur Geschichte des Zeichen- und Kunstunterrichts. Berlin (West), S. 50.
301 Hentschel, Ulrike (1996): Theaterspielen als ästhetische Bildung. Weinheim.

Jürgen Weintz[302] untersucht durch eine ebenfalls umfassende Aufarbeitung der aktuellen Diskurse die psychosozialen Wirkungen des theatralen Rollenspiels. Er setzt den Dreiklang von künstlerischem Tun, erkennendem Sehen und sozial-kommunikativer Verständigung in den Mittelpunkt ästhetischer Erfahrung. Diese Dynamik zielt nach Weintz auf ein Gleichgewicht der gefährdeten Subjektidentität ab, und darin liege die psycho-soziale Qualität des Rollenspiels.

Die Überlegungen Gerd Kochs[303] zu einer „szenischen Sozialforschung" als Funktion des Theaterspiels gehen – wie Schellers – von der Lehrstückkonzeption Bertolt Brechts aus. Das Theaterspiel hebt den Spieler in eine Distanz zur (eigenen) sozialen Realität und macht ihn als gleichzeitig Handelnden und Beobachtenden zum Forscher und Experten gegenüber seiner gesellschaftlichen Situation. Kochs Gedanken waren für uns bei der Reflexion der Theaterarbeit als soziales Experiment an Schulen von Bedeutung.

Ingo Schellers Theorie des szenischen Spiels[304] setzt an den Möglichkeiten des Theaterspiels für die Verbesserung des Regelunterrichts an. Im wesentlichen sind seine Überlegungen Ausgangspunkt zur Formulierung unserer ersten Prämisse, unter der wir die Forschungsarbeit zunächst begannen.

6.1 Unter der sozialen Lupe Ingo Scheller: Das szenische Spiel als Lernform

Das szenische Spiel zeigt auf den ersten Blick Ähnlichkeiten mit dem „Rollenspiel", das zur Einfühlung und zum besseren Verständnis der Kommunikationspartner mit dem „Role-Taking" ausgehend von den Untersuchungen der Rollentheorie des amerikanischen Behaviorismus eine Trainingsform darstellt, die mittlerweile in allen gesellschaftlichen Bereichen Eingang gefunden hat. Es geht aber im szenischen Spiel Schellers

> *„weniger um die Darstellung von Rollen, Rollenfiguren und Konfliktlösungen als darum, Haltungen zu entdecken, in Entstehung und Wirkung zu untersuchen und zu verändern, die*

302 Weintz, Jürgen (1998): Theaterpädagogik und Schauspielkunst. Butzbach-Griedel.

303 Koch, Gerd (1997): Theater-Spiel als szenische Sozialforschung. In: Belgrad, Jürgen (Hrsg.) (1997): Theaterspiel. Baltmannsweiler. Sowie: Koch, Gerd (2001): 10 fachdidaktische Lehren für ein (Unterrichts-)Fach Theater. Korrespondenzen, Heft 38, 17. Jg. (2001), S. 37 – 39.

304 Scheller, Ingo (1981): Erfahrungsbezogener Unterricht. Königstein. Und: Derselbe (1984): Das szenische Spiel als Lernform in der Hauptschule. Oldenburg.

wir in bestimmten sozialen Situationen einnehmen und wahrnehmen. "[305]

An dieser Stelle überwindet Ingo Scheller die eher interaktions-technologische Konzeption des Rollenspiels, in dem er Elemente der Lehrstückkonzeption Brechts an die zentrale Stelle seiner Lernform setzt. Dabei geht er davon aus, dass lebensgeschichtlich erworbene innere Haltungen (Interessen, Gefühle, Absichten) in äußeren Körperhaltungen gerinnen, die dann das Repertoire der Körpersprache eines Individuums ausmachen. Während im Lebensalltag die verfestigten Haltungen je nach Situation unbewusst bedient werden, können im Spiel die Haltungen auch bewusst eingenommen werden, um die damit verbundenen inneren Haltungen zu aktivieren. Im interaktiven Spielfeld der Bühne können nun die Haltungen in den verschiedenartigsten inner- und zwischenleiblichen Dialogen durchexperimentiert werden, wobei am Abschluss eines solchen Experimentierdurchlaufs ein deutlicheres Bewusstsein der Spieler über ihre gewohnten Haltungen, deren Wirkung und Geeignetheit zur Lösung realer sozialer Konflikte stehen kann.

Da der Rückgriff auf die erworbenen inneren und äußeren Haltungen der Spieler immer auch den sozialen Kontext ihrer Entstehung und Funktion thematisiert, entstehen im Unterschied zum Rollenspiel gesellschaftliche Sachgebundenheiten, die auf Probleme verweisen, die außerhalb der Spieler selbst liegen. Dadurch wird das Spiel different auf gemeinsame **Handlungsproblematiken** gelenkt, in denen sich die Haltungen bewähren müssen. Die Reflexion dieser szenischen Experimente kann dann in ein nicht gespieltes, wirklichkeitsbezogenes Problemlösungsverhalten der Spieler umschlagen, wie es etwa auch das **Forumtheater** Augusto Boals intendiert.

6.2 Sich einmischen
Gerd Koch: Theaterspiel als szenische Sozialforschung

Wohl stärker noch als Ingo Scheller greift Gerd Koch in seiner Konzeption der szenischen Sozialforschung auf die Lehrstücktheorie Brechts zurück.[306] Koch geht bei der Entwicklung seiner konzeptio-

305 Scheller, Ingo (1984): Das szenische Spiel als Lernform in der Hauptschule. Oldenburg, S. 15.

306 In der Tradition der Lehrstücktheorie bewegen sich viele Beiträge zur fachdidaktischen Diskussion, so die der Autoren Bernd Ruping und Florian Vaßen. Wir nehmen hier exemplarisch den deutlich sozialwissenschaftlichen Ansatz Kochs, da er sich am ehesten von den anderen Diskussionsbeiträgen abgrenzen lässt.

nellen Überlegungen von Grundwidersprüchen der Sozialforschung aus. An der traditionellen, empirischen Sozialforschung kritisiert er die instrumentelle Distanz zum lebendigen Forschungsgegenstand, die fehlende Berücksichtigung der Lebenserfahrungen der Menschen und ihrer kreativen, phantasievollen Potenzen. Sein Ziel als Sozialforscher sieht Koch in der Vermittlung der Kompetenz sozialwissenschaftlichen Sehens. Die Verallgemeinerung der Fähigkeit, soziale Strukturen zu durchdringen, enthebt die Sozialwissenschaften konsequent ihres „professionellen Drittstandpunktes" gegenüber ihren Untersuchungs-Objekten.[307] Unter diesem Gesichtspunkt erscheint Theaterarbeit als sozialwissenschaftliche Propädeutik, „indem sie anschauliche / anschauende / ästhetische, also *szenische Sozialforschung* treibt."[308] Kochs Intention, das Alleinwissen der Wissenschaften dem Alltagswissen der Menschen zugänglich zu machen, muss die Unsicherheit und situative Gebundenheit dieses Versuchs mitreflektieren, und er findet sie im szenischen Spiel gut aufgehoben. Forschung als eine „*Weise des Handelns*"[309] mit den Mitteln des Handelns zu betreiben, findet in der partizipierenden und interaktiven Theaterarbeit seine ideale Form, um die sozialen Gesetze unter denen die Menschen stehen, sichtbar werden zu lassen. In der Tat ist es für eine engagierte Sozialforschung naheliegend, sich eines Theaters zu bedienen,

> *„das nicht nur Empfindungen, Einblicke und Impulse ermöglicht, die das jeweilige historische Feld der menschlichen Beziehungen erlaubt, auf dem die Handlungen jeweils stattfinden, sondern das Gedanken und Gefühle verwendet und erzeugt, die bei der Veränderung des Feldes selbst eine Rolle spielen."*[310]

In seinem Aufsatz „10 fachdidaktische Lehren für ein (Unterrichts-) Fach Theater"[311] (2001) stellt Koch eine analoge Domestizierung von Theater und Lernen/Erziehung im Prozess der Zivilisation fest.

307 Die Problematik der vermeintlichen Objektivität des „Drittstandpunkts" haben neuere Konzepte der „qualitativen Sozialforschung" selbst bereits ins Visier genommen. Vgl.: http://www.qualitative-research.net/fqs/fqs.htm.

308 Koch, Gerd (1997): Theater-Spiel als szenische Sozialforschung. In: Belgrad, Jürgen (Hrsg.) (1997): Theaterspiel. Ästhetik des Schul- und Amateurtheaters. Baltmannsweiler, S. 81.

309 A.a.O., S. 84.

310 Brecht, Bertolt (1976): Schriften zum Theater. Frankfurt a.M., S. 147.

311 Koch, Gerd (2001): 10 fachdidaktische Lehren für ein (Unterrichts-)Fach Theater. In: Korrespondenzen. Zeitschrift für Theaterpädagogik. Heft 38, Jg. 17. März 2001, S. 37 – 39.

> *„Was einstens (wann?) auf Straßen und Plätzen und informell geschah, wird nun institutionalisiert, normiert, formalisiert, ‚entgiftet'. (...) Theater und Schule sind Verortungen von Macht, spezielle Orte der Ausübung einer speziellen Macht.“* [312]

Andererseits haben nicht-institutionelle Formen weder neben der Schule noch neben den Stadttheatern aufgehört, zu existieren und ergeben nach Koch ein *Theatralitätsgefüge* (Rudolf Münz) aus Lebenstheater, Theaterspielen, Nicht-Theater und Kunsttheater bzw. ein *pädagogisches Gefüge*, das alle Faktoren der Sozialisation in sich aufnimmt. Durch die Ausweitung des Verständnisses von Theatralität auf die nicht-institutionalisierten Elemente des Theatralitätsgefüges geraten vernachlässigte, unabgegoltene Spielformen wieder in das Blickfeld, die sich eben nicht dem Kanon des Kunsttheaters verschreiben. In der Übertragung auf pädagogische Gefüge, so Koch, bedeutet dies die Freisetzung von Möglichkeiten eines ungewöhnlichen Lernens in der Form eines forschenden Unterrichts auch in der Institution Schule.

6.3 Kunst des Könnens Ulrike Hentschel: Theaterspielen als ästhetische Bildung

Ulrike Hentschels Buch „Theaterspielen als ästhetische Bildung – Über einen Beitrag produktiven künstlerischen Gestaltens zur Selbstbildung“ (1996) gibt eine Übersicht über die Entwicklung ästhetischer Bildungstheorien von der Klassik bis zu postmodernen Ästhetikkonzepten, einen Abriss der Geschichte der Theaterpädagogik vom Laienspiel des Mittelalters bis zur Entwicklung in den letzten zwanzig Jahren. Sie stellt außerdem, ausgehend von den grundlegenden Bestimmungen der Ästhetik des Theaters, alle wesentlichen Künstlertheorien zur Theaterarbeit vor. Aus diesem umfassenden Rückblick gewinnt Hentschel – unter Berücksichtigung aktueller bildungsästhetischer Diskurse, insbesondere der Kunstpädagogik – die für sie wesentlichen Bildungselemente des Theaterspiels. Gerade durch die Rückbeziehung auf die explizit nichtpädagogischen Künstlertheorien können ihrer Meinung nach Funktionen des Spiels für Bildungsprozesse entstehen. Sie folgt darin der postmodernen Überlegung, dass Subjektivität nur partikular und konstruktivistisch relativiert sowie nur in nicht-instrumentalisierten ästhetischen Prozessen

312 A.a.O., S. 38.

– also abseits jedes Zweckdenkens – verwirklicht werden kann. Die vielleicht wichtigste Quelle ihrer ästhetischen Bildungsvorstellungen sind Schillers philosophisch-ästhetische Schriften, in denen ein wahres Menschsein eben erst im zweckfreien Spiel praktiziert und geübt werden kann.[313] Ulrike Hentschels Arbeit gibt einen Überblick über das Spektrum ästhetischer Bildungsansätze der Gegenwartsgesellschaft und macht insbesondere den ungebrochenen Einfluss der Subjektkategorie auf das pädagogische Denken deutlich. Wir finden in ihrem Buch alle Ideologien, die um diesen Begriff ranken – vom autonomen bis zum fraktalen, wirklichkeitskonstituierenden Individuum – mehr oder weniger kritisch reflektiert versammelt. Ulrike Hentschel überschreitet jedoch in ihrem Plädoyer für die künstlerische Schwerpunktsetzung der Theaterpädagogik nicht den traditionellen Subjektbegriff als Leitkategorie ihrer Bildungsvorstellungen, sondern folgt eher seinen postmodernen Relativierungen. Daher stellte ihr Werk einen wichtigen Ausgangspunkt für unsere Kritik der Subjektkategorie dar.

6.4 Gleichgewichts-Übungen
Weintz: Psychosoziale Erfahrung als Rollenarbeit

Das Buch „Theaterpädagogik und Schauspielkunst" von Jürgen Weintz (1998) folgt in vielen Punkten den Überlegungen Hentschels, legt aber einen Schwerpunkt auf die Notwendigkeit subjektiver Identitätsbildung durch ästhetische Erfahrung, die er interaktionstheoretisch ableitet. Stärker noch als bei Ulrike Hentschel stehen bei Weintz Subjektbildungsprozesse im Vordergrund, die er durch eine Vielzahl kultureller Veränderungen der Gegenwartsgesellschaft gefährdet sieht. **Identität** konstituiert sich demnach in unserer pluralen Gesellschaft auf der Grundlage umfassender Synthetisierungsleistungen der Individuen als fortdauernder Prozess zwischen *Identifikation* und *Konstruktion*. Die in der psychosozialen Erfahrung gründenden sozialen Lernleistungen entziehen sich jedoch einer unmittelbaren Kontrolle und sind durch intentionales pädagogisches Handeln kaum zu erzielen. Hier greift nach Weintz die ästhetische Erziehung ein, die allein in der Lage ist, den sensiblen und komplizierten Prozess der identitätsbildenden Außen- und Innensteuerung in der

313 Vgl. Schiller, Friedrich (1977): Über die ästhetische Erziehung des Menschen. Stuttgart.

Dreidimensionalität ästhetischer Erfahrung (Jauß 1991)[314] auszusteuern. Dieser Begriff kennzeichnet die Besonderheit ästhetischer Erfahrung als den dynamischen Zusammenfluss künstlerischen Tuns (Poiesis), des erkennenden Sehens (Aisthesis) und der sozial-kommunikativen Verständigung und Erschütterung (Katharsis). In dieser dreidimensionalen Erfahrungsform sieht Weintz die mühsame Zusammensetzung und Balance der gefährdeten Subjektidentität am ehesten gewährleistet und damit auch das Gelingen von Subjektivität im Sozialen.

Die Rollenarbeit des Theaterspiels könne in besonderer Weise zur Vermittlung ästhetischer Erfahrungen beitragen, indem sie die Einfühlung in verschiedene Identitätskonzepte ermöglicht, Identitätsfindungsmuster konfrontiert und erschüttert, experimentell erprobt etc. In Form einer Befragung (Fragebögen und protokollierte Teilnehmeräußerungen) hat Weintz die ästhetischen und psychosozialen Erfahrungen der Teilnehmer von vier Praxisprojekten im Zeitraum von 1993 bis 1995 zu ermitteln versucht. In den Projekten wurden die Rollen verschiedener Stücke angeeignet, bei den Spielern handelte es sich um pädagogisch oder privat ambitionierte Erwachsene. Weintz konnte bei der Auswertung positive gruppendynamische Entwicklungen, Genuss der gemeinsamen Arbeit und Stärkung des Selbstvertrauens der Spieler feststellen.

7 Das Subjekt in der Theaterpädagogik Die Funktion der musisch-kulturellen Fächer und insbesondere des Faches „Darstellendes Spiel" in schulischen Systemen

Anfänge der ästhetischen Erziehung am Ende des 19. Jahrhunderts / Erziehung durch Kunst / idiosynkratische Wirklichkeitskonstitution und ihre Vermittlung im theatralen Spiel / Erziehung auf dem Weg zur Ästhetik / Identität und symbolischer Interaktionismus / die psychosoziale Funktion des theatralen Spiels / Globalisierung und Patchwork-Identität

7.1 Soziale Lernziele in der Theaterpädagogik

Den vier vorgestellten Theorien ist gemeinsam, dass sie in der ästhetischen Bildung Möglichkeiten zur Überwindung sozialer Realität

314 Jauß, Hans Robert (1991): Ästhetische Erfahrung und literarische Hermeneutik. Frankfurt a.M.

sehen. Bei Koch und Scheller steht die gesellschaftliche Veränderung selbst im Mittelpunkt, während Hentschel und Weintz für eine deutliche Abgrenzung von sozialen Lernzielen argumentieren, da (psycho-)soziale Anteile der ästhetischen Bildung sich, wenn überhaupt, dann nur im Schutze des künstlerischen Prozess einstellen könnten. Die Konzentration auf die ästhetische Erfahrung als das wesentliche Merkmal theaterpädagogischer Prozesse und ihrer erweiterten Subjektwahrnehmung erscheint uns plausibel, da wir – ausgehend von unserer theaterpädagogischen Praxis – die spezifischen Qualitäten dieser Arbeit gerade in den Unterschieden zur „Nützlichkeit" methodischer Entscheidungen in Lernprozessen sehen.

Um den eigentümlichen Kern der theaterpädagogischen Arbeit herauszuarbeiten, erscheint uns die Auseinandersetzung mit den Untersuchungen von Ulrike Hentschel und Jürgen Weintz brauchbarer zu sein als die Kritik der theaterpädagogischen Ansätze, die auf den engagierten Theaterbegriff Brechts zurückgreifen. Die von der Lehrstückkonzeption Brechts ausgehenden Konzepte Schellers und Kochs zu den Anwendungen forschender, partizipierender und interaktiver Lernprozesse in der Theaterarbeit stellen wir zunächst zurück. Wir sehen in der pragmatisch-engagierten Hinwendung zu den Mitteln des Theaters die tendenzielle Gefahr, über wesentliche Erfahrungsgehalte theatraler Prozesse hinwegzuspringen, deren transzendierende Qualität sozusagen vorschnell von einer sozial interessierten und bemühten Planung und Praxis aufgesogen wird. Das zielgerichtete Engagement für eine Wiedergewinnung der „ungewöhnlichen Formen des Lernens" (Gerd Koch) gleicht diese möglicherweise wieder der institutionalisierten Form an, da die Differenz der theatralen Form in ihrer eigentümlichen Bedeutungshaftigkeit dabei übersehen wird: Die Semantik der Verzögerung und des augenblicklichen Stillstands (wie sie in der Anwendung des gestischen Prinzips und der Verfremdung nach Bert Brecht sowie in Schellers Standbildarbeit vorkommen), bleibt als ein Heraustreten aus der Evolution der Lernprozesse oder des sozialen Geschehens unaufgeschlüsselt.

Wir vermuten in den ästhetischen Prozessen einen pädagogischen Wert, der allerdings nicht nur von den pragmatisch orientierten, sondern auch von der ästhetisch orientierten Theoriebildung bisher übersehen wurde. Die von uns als zentrale Erlebnismodi ausgemachten Elemente der **Subjektentgrenzung** und **Entzeitlichung** im theaterpädagogischen Spiel haben unseres Erachtens im Rahmen von Erziehungs- und Bildungsprozessen wahrscheinlich entscheidenden Einfluss auf die Lernprozesse und den damit verbundenen Wirklichkeitszugriff der beteiligten Akteure. Dass das epische Theater Brechts ein Theater der „Unterbrechungen“ ist, hat schon Walter Benjamin festgestellt.[315] Diese „Dialektik im Stillstand“[316] hat nach unseren bisherigen Erfahrungen (vgl. oben, S. 95: „Zweite Dimension des Theatralen Lernens: der Stillstand) eine weitaus größere Bedeutung für die Spielerinnen und Spieler, als die konkret fassbaren Objektivationen des sozialforscherischen oder pädagogischen Engagements.

Die theatral-ästhetischen Ansätze deuten darüber hinaus Subjektbildungsambitionen an, die uns eine geeignetere Vorlage liefern, um zentrale Kategorien der pädagogischen Diskurse aufzuschlüsseln, zu denen sich die Theaterpädagogik funktional verhalten muss, wenn sie sich etablieren will. Die Arbeiten von Ulrike Hentschel und Jürgen Weintz bilden daher den Ausgangspunkt unserer Kritik des Bildungsverständnisses in der Theaterpädagogik. Im folgenden wollen wir die fehlende Kategorialanalyse des Subjektbegriffs als Ursache der unvollständigen Ermittlung der spezifischen Qualität der Theaterarbeit herausarbeiten.

7.2 Hentschel: Ästhetische Erfahrung als Subjektkonstruktion

Ulrike Hentschel geht davon aus, „dass dem Theaterspielen bestimmte Lernprozesse immanent sind, ohne dass eine außerästhetisch begründete Pädagogisierung oder Didaktisierung des Gegenstandes erfolgen müsse.“[317] Theaterspiel und vermutlich auch ‚Kunst‘ im weiteren Sinne sind also als solche pädagogisch wirksam.

> *„Theaterpädagogik wird dann in einem engeren Sinne verstanden als Disziplin der ästhetischen Bildung, die sich mit der Vermittlung von wahrnehmenden und gestaltenden Prozessen im künstlerischen Medium Theater befasst.“*[318]

Aus den Besonderheiten der theatralen Gestaltung leitet Ulrike Hentschel die für die Jugendlichen wichtigen Bildungsprozesse ab,

315 Vgl. Benjamin, Walter: Was ist das epische Theater. In: Derselbe (1978b): Versuche über Brecht. Frankfurt a.M., S. 17 – 29.

316 A.a.O., S. 28.

317 Hentschel, Ulrike (2001): Widerworte. Schulfach „Theater“ statt Unterrichtsprinzip „Theatralität“ – zu den „10 fachdidaktischen Lehren“ von Gerd Koch. In: Korrespondenzen – Zeitschrift für Theaterpädagogik, Heft 38, Jg. 17. (März 2001), S. 42.

318 Ebenda.

wobei sich die pädagogische Arbeit durch einen reflektierten Einsatz oder die Umsetzung von Künstlertheorien leiten lassen soll. Die pädagogische Leistung dieser Arbeit liegt nach Hentschel in der durch künstlerische Produktionsprozesse hervorgebrachte Einsicht „in die Konstitutionsleistungen des produzierenden Subjekts. (...) Die Phänomenologie der Schauspielkunst verdeutlicht den konstituierenden, das heißt wirklichkeitserzeugenden Charakter dieser Tätigkeit.“ [319]

In der pädagogischen Anwendung der Künstlertheorien (Stanislawski, Tschechow, Meyerhold, Wachtangov, Strasberg, Brecht) sieht Hentschel die besondere Leistung des Faches, denn diese

> *„thematisieren sowohl den Zeitcharakter der (künstlerischen) Erfahrung, ihr Eingebundensein zwischen Vergangenem und Zukünftigen, als auch das Verhältnis des Subjekts zu seinem Produkt und zu seinen im Produktionsprozess gewonnenen Erfahrungen. Sie grenzen damit gleichzeitig den (pädagogisch entscheidenden) Erfahrungsprozess von der Qualität sensualistischer Erlebnisse ab. Im Unterschied zu diesen sind Erfahrungen als Synthesen von Erlebnissen / Sinneseindrükken in der Zeit gekennzeichnet – und durch die Vermittlung des Erfahrenen zum eigenen Selbst.“* [320]

Ulrike Hentschels letzter Satz in ihrem Buch „Theaterspielen als ästhetische Bildung“ lautet:

> *„Womöglich kann das in Künstlertheorien aufgehobene Wissen um Selbstbildungsprozesse auch im Hinblick auf allgemeine bildungstheoretische Fragen unter den Bedingungen der Gegenwartsgesellschaft von Bedeutung sein.“* [321]

7.2.1 Selbstbestimmung und Begegnung

Welche besonderen Fähigkeiten werden durch ästhetische Prozesse herangebildet?

Nach Ulrike Hentschel geht es um die „Fähigkeit zur selbstbestimmten Konstitution (...) idiosynkratischer[322] Wirklichkeiten, die sich in der Begegnung mit anderen idiosynkratischen Entwürfen von Wirklichkeit zu bewähren haben“; es geht um die „Fähigkeit zur

319 A.a.O., S. 43.
320 Ebenda.
321 Hentschel, Ulrike (1996): Theaterspielen als ästhetische Bildung. Weinheim, S. 252.
322 Idiosynkrasie: Überempfindlichkeit und ggf. Abneigung / Abgrenzung gegenüber bestimmten Personen, Lebewesen, Gegenständen, Anschauungen, Reizen etc.

Konstitution ambiguoser (= mehrdeutiger) Wirklichkeiten“ [323]. So wird Theaterspielen verstanden als ästhetische Bildung, die sich mit der Vermittlung von wahrnehmenden und gestaltenden Prozessen im künstlerischen Medium Theater befasst“. [324] Deren Ziel sei ein Mensch, der „sein Vertrauen in das Mögliche als das Werden“ [325] setzt. Diese Bildungsbewegung strebt nicht zu „auf ein zu erreichendes, inhaltlich bestimmtes Ziel, das die Selbstverwirklichung des Subjekts und der Menschheit festschreibt, sondern ist identisch mit der subjektiven Suchbewegung zwischen den selbstbestimmten konstituierten Wirklichkeiten.“ [326]

Diese Toleranz gegenüber verschiedenen Wirklichkeitsentwürfen, die subjektive Dynamisierung der Subjektbildung und ihre Autonomie gegenüber gattungsgeschichtlichen Subjektvorstellungen gewinnt der Mensch durch einen zentralen Erfahrungsmodus theatraler Gestaltung: „das Dazwischentreten“ [327] zwischen die gleichzeitig nebeneinander stehenden „nicht zu vereinbarenden Zustände und Situationen“ [328]. Die Erfahrung des Dazwischentretens ist dadurch gekennzeichnet, „dass es an keiner Stelle zum Stillstand kommt.“ [329]

Diese besonderen Fähigkeiten gehen einher mit der Einsicht in die „Undarstellbarkeit des Wirklichen, (...) des Wissens um die unhintergehbare Kluft zwischen Sein und Schein.“ [330] Angesichts dieser Unhintergehbarkeit soll der sich bildende Mensch die „Einsicht in die Unabschließbarkeit und Erneuerungsbedürftigkeit einmal erreichter Konsistenzleistungen“ [331] gewinnen. Es handelt sich dabei um einen „unabschließbaren Prozess.“ [332]

Theaterpädagogik (und das Fach „Darstellendes Spiel“) steht nach Hentschel kritisch zur Allgemeinbildung an den Schulen. Sie sieht den Beitrag dieser Pädagogik in der Erschütterung und Aufweichung

323 Hentschel, Ulrike (1996): S. 245.
324 Ebenda.
325 Ebenda.
326 Ebenda.
327 Ebenda.
328 A.a.O., S. 244.
329 Ebenda. – Die an dieser Stelle von Ulrike Hentschel hervorgehobene Prozess- oder Ereignishaftigkeit des theatralen Geschehens stößt sich ein wenig an der von ihr auf Seite 135 unter Berufung auf Hans-Thies Lehmann (Theater und Mythos – Die Konstitution des Subjekts im Diskurs der antiken Tragödie, Stuttgart 1991) festgestellten „Besonderheit des subjektiven körperlichen Erlebens des theatralen Ereignisses.“, welche eben darin bestehe, „dass der Moment des Zögerns vor der Entscheidung sinnlich erfahrbar werde.“
330 A.a.O., S. 247.
331 A.a.O., S. 248.
332 A.a.O., S. 249.

„In Anpassung an die veränderte gesellschaftliche Situation, für die die Verinnerlichung bestimmter Werte und Haltungen eher obsolet und stattdessen allgemeine Flexibilisierung gefordert ist, erscheinen die Individuen in ‚postmodernen' Versionen der Selbstbestimmung nicht mehr als Objekte gesellschaftlicher Zurichtungen, sondern als ‚Subjekte' bzw. ‚Zentrum ihrer eigenen Lebensplanungen und Lebensführung' (Beck) – als eigenverantwortliche ‚UnternehmerInnen', die ihr Leben wie ein Geschäft marktgerecht zu gestalten und darzubieten haben, um für es entsprechende Marktnischen zu finden. Einbindung in Organisationen – insbesondere Gewerkschaften – gelten in dieser Perspektive als Beweis individueller Schwäche, die heutige „Vollkasko-Mentalität" als zentrale Entwicklungsbehinderung des ‚Humankapitals' und die Deregulierung des Marktes folgerichtig als eigentliche Revolution."

(Ute Osterkamp)

erstarrter Identitätsfindungsmuster und Wirklichkeitskonzepte. Die Methoden entnimmt sie den Künstlertheorien als Konzeptionen, die die permanente Verflüssigung der Selbst- und Wirklichkeitskonzepte spielerisch in Gang setzen können, indem sie die Ambiguität des Rollenspiels und die theatrale Auflösung der Schwelle zwischen Wirklichkeit und Imagination erfahrbar werden lassen.

Obwohl Hentschel sich mit dieser Argumentation ausdrücklich von der Subsumierung der ästhetischen Bildung unter das Bildungsprojekt der Moderne abgrenzen will, läuft ihre Betrachtung der Wesenheit ästhetischer Erfahrung als Begegnung abgegrenzter Wirklichkeitskonstitutionen wiederum auf das Ziel dieses modernen Bildungsprojekts hinaus: Die Einsicht in die idiosynkratischen Wirklichkeitskonstitutionen kann eine prinzipielle Toleranz gegenüber Tauschpartnern erzeugen, die partout nicht einsehen wollen, dass ich oder mein Produkt ihnen ein notwendiges Bedürfnis sind, (was ja dem kategorischen Imperativ Kants zu eigen war). Aktuell könnte hingegen der Gedanke der Verflüssigung der Selbstkonzepte sein, der wohl in der Auseinandersetzung mit den Gedanken der Postmoderne gewonnen wurde. Hier könnte ein bildungspolitischer Gedanke wirksam werden, der dem flexiblen Entwurf einer multiplen Arbeitskraft angesichts einer multiplen Organisation der Produktion im Zeitalter der Globalisierung gerecht werden würde.

Die behauptete Dynamisierung der Subjektbildungsprozesse steht jedoch in keinem Gegensatz zum traditionellen Bildungsgedanken der „bürgerlichen Gesellschaft", auch wenn sich die musisch-kulturellen Fächer durch ihre Rettungsversuche in einen vermeintlichen Gegensatz dazu stellen. Es scheint eher so zu sein, dass die ästhetischen Fächer ihre Legitimation aus den Beschädigungen des allgemeinen Subjektbildungszieles beziehen, den die allgemeine Pädagogik längst erkannt hat[333] und dadurch sicherlich überfordert ist. An diesen

333 So fordert Ex-Bundesminister Rüttgers in der FAZ vom 19.09.1997, Nr. 218, S. 6 zum Thema Schule: „Das lebenslange Lernen hat sie zu lehren (...)", und in der Auflistung der aktuellen Kompetenzerwartungen seitens Gerda von Staehr „Profilbildung und historisch-politisches Lernen" (in: Jung, Horst Wilhelm / von Staehr, Gerda (Hrsg.): Historisch politisches Lehren und Lernen. Geschichte – Standpunkte – Erfahrungen. Münster/Hamburg/London, 1999. S. 63 – 101) treten solche Kardinaltugenden wie Innovationsfähigkeit, Kreativität, Flexibilität, Leistungsfähigkeit, Handlungskompetenz, Risikobereitschaft, Zielstrebigkeit, Verantwortungsbereitschaft, Mobilität, Selbständigkeit, Urteilskraft, Durchsetzungsvermögen, sicheres Auftreten, Konfliktfähigkeit, Aushalten von Unsicherheiten, Belastbarkeit, Teamfähigkeit, Kommunikationsfähigkeit, Wahrnehmungsfähigkeit, Toleranz usw. auf.

Mainstream von Kompetenzanforderungen an den global verfügbaren Menschen schmiegen sich theaterpädagogische Überlegungen anscheinend an. Sie deuten pädagogische Lösungen an, ohne die widersprüchliche Erscheinung des Leitgedankens „Subjekt" weiter zu hinterfragen oder ihn selbst gar in Frage zu stellen.

Es handelt sich um einen Widerspruch, der dem Begriff „Subjekt" immanent ist, da er ein Ziel bezeichnet, das seine eigenen Bestimmungsfaktoren nicht einlösen können – ein Circulus vitiosus, ein Alptraum der überforderten Pädagogen, die mit der gleichzeitigen Forderung nach Menschlichkeit und Durchsetzungsfähigkeit konfrontiert werden. Mit anderen Worten: Wir bewegen uns in der Pädagogik zwischen einer objektiven Subjektmoral und ihrer subjektiven Instrumentalisierung – zwischen objektiver Ideologie und praktischen Verhältnissen.

Die weiteren Vertreter der ästhetischen Bildung und Erziehung (Jürgen Weintz, Dieter Lenzen[334], Klaus Mollenhauer[335]) und die vielen anderen, die sich um eine Begründung der musisch-kulturellen Fächer bemüht haben, überschreiten im Prinzip nicht die von Ulrike Hentschel dargestellten pädagogischen Intentionen und bleiben auf einer ähnlichen, dem bürgerlichen Bildungspostulat entnommenen, Subjektphilosophie stehen.

7.3 Weintz: Rettung der gefährdeten Subjektidentität

Jürgen Weintz allerdings leistet in seiner Arbeit „Theaterpädagogik und Schauspielkunst" eine gewisse Konkretisierung der Bildungsleistungen des Theaterunterrichts ausgehend von seiner Theorie der „psychosozialen Erfahrung durch Rollenspiel", die er durch eine Evaluation praktischer Rollenspielarbeit mit drei Theatergruppen 1994/95 gewann. Bei den Ensembles handelte es sich allerdings um erwachsene Spieler mit pädagogischer Vorbildung und/oder Theatererfahrungen.

Seine theaterpädagogischen Ziele und Kompetenzerwerbs-Beobachtungen sind nachdrücklich auf die Form der Rollenarbeit bezogen: Es geht Weintz also im Besonderen um das Verhältnis zwischen Spieler/Rollenträger und Figur/Theaterrolle. Ausgehend von der naheliegenden Rollentheorie der symbolisch-interaktionistischen Theo-

334 Lenzen, Dieter (Hrsg.) (1990): Kunst und Pädagogik. Erziehungswissenschaft auf dem Weg zur Ästhetik? Darmstadt.

335 Mollenhauer, Klaus (1986): Umwege. Über Bildung, Kunst und Interaktion. Weinheim/München.

rie[336] und unter Berücksichtigung konstruktivistischer und postmoderner Gedanken, entwickelt Weintz den Begriff der „psychosozialen Dimension" der Rollenarbeit, in der Subjektbildung und Identitätsfindung stattfinden könne. Dabei nimmt er eine ähnliche Dynamisierung des Identitätsbegriffes vor, wie wir sie schon bei Ulrike Hentschel bezüglich des Subjekts und seiner Selbstkonstitution gefunden haben.[337]

7.3.1 Stabilität und Flexibilität

Weintz stellt auch die Entwicklung der Subjektivitätsverständnisse dar. Dabei lassen die metaphysischen und nativistischen Modelle, die bis in die 50er Jahre dominant waren, keinen Raum für Subjektwerdung als Selbstrealisation des bürgerlichen Individuums. Die Sozialisationstheorien setzen andererseits soziale Determinanten als Einschränkung der Subjektwerdung voraus. Bei den behavioristischen, systemtheoretischen, strukturgenetischen und interaktionstheoretischen Ansätzen gibt es jeweils unterschiedliche Positionen hinsichtlich möglicher Freiräume des Individuums, je nach ihrer „Einschätzung des Verhältnisses von sozialen Prägungen, endogenen Reifungsprozessen und aktiven Einfluss- und Handlungsmöglichkeiten des Subjekts"[338].

Weintz hält die interaktionistische Theorie Eriksons und den „Symbolischen Interaktionismus" im Zusammenhang seiner Untersuchung für bedeutsam.

Aktuell ist nach Weintz die Verschränkung bzw. das für die Persönlichkeitsentwicklung wichtige Wechselspiel von Individuation und Sozialisation (Psychogenese und Soziogenese). Persönlichkeitsbildung beruht auf Selbstreflexivität als Fähigkeit, Real-Ich, Ich-Ideal und soziale Erwartung leibhaft und sinnlich in Erfahrung zu bringen und auszusteuern.

Identität wäre demnach das je eigene Selbstkonzept, das sich sowohl durch Kohärenz (Zusammenhang) und Stabilität als auch durch prinzipielle Wandelbarkeit auszeichnet. Sie gründet auf einem relativ konstanten und doch erweiterungsfähigen Reservoir an geistigen und affektiven Repräsentationen des eigenen Selbst.

Nach der symbolisch-interaktionistischen Theorie entsteht Identität als Selbstinterpretation des Subjekts, „die sich in sozialen Inter-

336 Weintz folgt hier weitgehend den Überlegungen Meads (1978): Geist, Identität und Gesellschaft aus der Sicht des Sozialbehaviourismus. Frankfurt a.M.

337 Weintz, Jürgen (1998): Theaterpädagogik und Schauspielkunst. S. 67 – 85.

338 A.a.O., S. 67.

aktionen, innerhalb derer die jeweiligen Deutungsspielräume immer neu ausgelotet werden müssen, entfaltet“ [339].

Symbole sind dabei Bedeutungsträger, die helfen, Positionen und Verhalten des Kommunikationspartners zu deuten sowie das eigene Verhalten entsprechend zu regulieren und zu variieren.

7.3.2 Interaktion

Im Rahmen von Interaktionen nimmt das Individuum nach Weintz Verhaltensweisen und Deutungen anderer in sein Selbstbild auf, so dass es sowohl auf sich selbst zurückschauen als auch die möglichen Reaktionen der Umgebung vorwegnehmen kann. Soziales Handeln ist demnach die Fähigkeit, sich in der Interaktion als Selbst zu definieren und gleichzeitig die Definitionen der Sozialpartner zu erkennen und ausgehend von einer gemeinsamen Definition der kommunikativen Situation zu handeln.

Dabei kann man sprachlich-diskursive Symbole und nichtdiskursive, präsentativ-sinnliche Symbole (z.B. körpersprachliche Zeichen) unterscheiden. Offensichtlich bieten die wortlos-präsentativen Symbole größere Spielräume, haben eine größere Nähe zu Gefühlen und zum Unbewussten, knüpfen stärker an die Basisschicht der Sozialisation (personale Identität) an und sind geeigneter für die Kommunikation in ästhetisch-theatralen Prozessen.

Für den symbolischen Interaktionismus ist die (soziale) Rolle also nicht ein Gefüge fester Normen-Verhaltensvorgaben, sondern ein Interpretationsrahmen, dessen tatsächlicher Gehalt von den Beteiligten jeweils in der Interaktion ausgehandelt wird.

Da erfolgreiche Kooperation nach dem symbolischen Interaktionismus nur durch eine gemeinsame Definition der Situation möglich ist und den Rollen Interpretationsspielräume überlassen sind, werden Fähigkeiten wie **Empathie**, Rollendistanz, **Ambiguitätstoleranz** (Paralogik, plurale Deutungsmodelle), Normenproduktivität und kommunikative Kompetenzen wichtig.

In der konstruktivistischen Deutung des Interaktionismus ist der Spielraum der Subjekte bei der Konstruktion von Rollen noch weiter gefasst. Ihr gelten Subjekte als selbstständige, autonome, organisatorische Wesenheiten, welche die Wirklichkeit nicht entdecken, sondern stets *neu erfinden* müssen. Die Durchsetzungsfähigkeit der Wirklichkeitskonstruktionen ist dabei abhängig von der Möglichkeit aktiven Handelns.

339 A.a.O., S. 70.

Auf der Grundlage des symbolischen Interaktionismus sieht Weintz die modernen sozialen Kompetenzansprüche[340] (Rollendistanz, Empathie, Ambiguitätstoleranz, Frustrationstoleranz und Identitätsdarstellung[341]) an das Subjekt befördert durch die psychosoziale Erfahrung als Verschränkung außer- und innersubjektiver Verständigungsbereiche in der Rollenarbeit.

Die Evaluation seiner Praxis auf der Grundlage von Meinungsäußerungen der erwachsenen Ensemblemitglieder, die sich im Rahmen von Projekten mit der Rollenarbeit auseinander setzten, lässt nach Weintz auf folgende soziale Erfahrungsbereiche schließen:

- *„Erkenntnis, dass intensive Probenarbeit, die auf Arbeitsteilung und Zuverlässigkeit aller Mitwirkenden basiert, rasch zutage fördert, auf welche Mitglieder eine Gruppe menschlich bauen kann (...),*
- *Einsicht, dass intensive, stark such-/produktorientierte Rollenarbeit das Gruppenklima zwar belasten, aber auch den menschlichen Zusammenhalt vertiefen kann und dass umgekehrt persönliche Konflikte bewältigt werden müssen, damit die Arbeit an der gemeinsamen Sache nicht gefährdet ist,*
- *Einsicht, dass Rollenarbeit ungewohnte Anteile und Facetten, Licht- und Schattenseiten und damit die Komplexität eines Charakters (...) zutage fördert und diese Komplexität auch dem Gegenüber in der alltäglichen Interaktion zugestanden werden müsste,*
- *Erfahrung, dass die freie, souveräne Deutung einer Rolle (Rollendistanz) und die Einfühlung in ein fremdes und doch dem eigenen Selbst ähnliches Gegenüber (Empathie) auch für die Auseinandersetzung im Alltag stärkt, indem Sensibilität, Flexibilität und Selbstbewusstsein des Spielers gefordert werden.“* [342]

Man wird sich schwerlich gegen die Feststellung wehren können, dass wohl die meisten dieser Lernziele auch in einem Fußballverein erreicht werden könnten. Die darüber hinausgehende „Tiefenwirkung theatralischer Praxis“ kann dagegen wohl „nur der Tendenz nach überprüft werden“ [343].

340 Vgl. von Staehr, Gerda in: Jung, Wilhelm / von Staehr, Gerda (Hrsg.): Historisch politisches Lehren und Lernen. Geschichte – Standpunkte – Erfahrungen. Münster/Hamburg/London, S. 63 – 101.

341 Vgl. Weintz, Jürgen (1998): S. 79.

342 A.a.O., S. 426 f.

343 A.a.O., S. 433.

Insgesamt können wir festhalten, dass die pädagogische Funktion theatraler Praxis auch bei Weintz das Konzept des individuellen Subjekts zwar sozialbehavioristisch mit Gesellschaft in Beziehung bringt, dem Begriff aber keine neue Wendung verleiht. Gerade bei der oft eingeforderten „Empathie" als ganz spezifisches Lernziel der Rollenarbeit fällt das **sachentbundene** Menschenbild auf, das dem Begriff des Subjekts so eigentümlich anhaftet.[344] So gesehen sind nach dem sozialbehavioristischen Modell die Subjekte auch gar keine Partner, die ein außerhalb ihrer Beziehung liegendes gemeinsames Interesse verfolgen, sondern gehen eher **instrumentelle Verhandlungsbeziehungen** ein, in denen der jeweils eine die versteckten Absichten des anderen zur Verbesserung seiner Position aufdecken möchte, was der andere aus dem gleichen Interesse verweigert. „Die Verselbständigung der „Einfühlung" und des „Verstehens" sind deshalb für Instrumentalverhältnisse charakteristische interpersonale Gefühle"[345], so Holzkamp, auf dessen subjektwissenschaftliche Analyse aus dem Verständnis der kritischen Psychologie wir im folgenden Aufsatz (VIII) noch eingehen werden.

In seinem Konzept eines sozialen Lernens, das vom lernenden Subjekt ausgeht, sieht Weintz ein neues Konzept zur Versöhnung mit der postmodernen Kritik des Subjektbegriffs, der eben nicht mehr funktioniert, seit Lebensläufe nicht mehr gradlinig evolutiv verlaufen und Selbstkonzepte brüchig und variabel geworden sind. Der Begriffswandel des Subjekts kommt immer wieder auf seinen Ausgangspunkt zurück: das Streben nach Balance zwischen Individuum und Gesellschaft. Indem er so regelmäßig im Jargon der Pädagogik Verwendung findet, verrät er einiges über die Gesellschaft, in der er stets aufs Neue wiederhergestellt wird. Dynamisch wurde er schon von **Kant** und **Hegel** gedacht, und zwar im Sinne von „unfertig in der empirischen Existenz". Dass sich die Umdrehungszahlen gesellschaftlichen Wandels seit dem potenziert haben, verlangt eine gewisse Anpassungsleistung der Menschen, die diese Turboentwicklung als Subjekte tragen sollen. Die Evolution wird schneller, aber nicht

344 Der Empathiebegriff ist da allerdings ganz unschuldig. Solange er nur im Sinne des behavioristischen„Role-Taking" verwandt wird, zeigt er diese Züge der Sachentbundenheit – anders verhält es sich bei seiner anthropogenetischen Verwendung im Sinne allgemeiner antizipatorischer Mitleidensfähigkeit als Grundvoraussetzung von Solidargemeinschaften. Vgl.: MacIntyre, Alasdair (2001): Die Anerkennung der Abhängigkeit. Hamburg.

345 Holzkamp, Klaus (1979): Zur kritisch-psychologischen Theorie der Subjektivität II – Das Verhältnis individueller Subjekte zu gesellschaftlichen Subjekten und die frühkindliche Genese der Subjektivität. In: Forum Kritische Psychologie 5 (1979). Hamburg, S. 19.

grundsätzlich anders. Zusammen mit dem Subjektbegriff wird das darin Bedeutete paralysiert, dynamisiert und dem ökonomisch-kulturellen Overdrive angepasst. Der Begriffswandel entspricht den veränderten ökonomischen Ansprüchen der in beliebiger Funktion einsetzbaren Charaktere unserer spätbürgerlichen Gesellschaft, in der Menschen sich einer sich ständig verändernden Produktionsweise lebenslang neu angleichen oder auch mehrere Jobs gleichzeitig ausüben müssen. Damit nähert sich die Begrifflichkeit des Subjekts der von ihr bezeichneten Realität und streift allmählich ihr idealistisches, aufklärerisches Gewand ab.

Allen neueren ästhetischen Bildungskonzepten ist die Auseinandersetzung mit der postmodernen Kritik des Subjektbegriffs gemeinsam, die jedoch bei genauerer Betrachtung überflüssig erscheint.[346] Die Kritik der Postmoderne scheitert an der fehlenden Reflexion der Historizität dieser Kategorie – sie will den Subjektbegriff im Grunde in seiner Widersprüchlichkeit retten, indem sie ihn destruiert. Anders verhält es sich mit den subjektwissenschaftlichen Theorien, die das Subjekt unter Betrachtung jener Einschränkungen seiner Entfaltungsmöglichkeiten re-interpretieren, die es in der bürgerlichen Gesellschaft erfährt. Die von Klaus Holzkamp und anderen begründete Kritische Psychologie[347] versucht auf der Grundlage einer anthropologischen Analyse des „Menschseins" dessen wesentliche Konstituenten aus dem Begriff der Arbeit abzuleiten, um von da aus die im bürgerlichen Ideal angedeuteten Subjekte auf ihren Begriff zu bringen.

8 Der Subjektbegriff der Kritischen Psychologie

Voraussetzungen / Re-Interpretation des Subjektbegriffs / Instrumental- und Subjektbeziehungen / Kompensation / Kolonisierung

Im Laufe unserer Untersuchungen der Begrifflichkeiten ästhetischer Bildung, sozialen Lernens und des Subjekts in der theaterpädagogischen Praxis stießen wir auf die Kritische Psychologie, die von Klaus Holzkamp begründet wurde. Die kritische Psychologie ist insofern als eigene Schule und Gegenentwurf zur traditionellen Psychologie zu sehen, als sie sich zum Ziel macht, Störungen („*Leiden*") im Zusammenhang der Machtverhältnisse zu begreifen und damit

346 Vgl.: Bürger, Peter (2000).

347 Darunter sei im Folgenden die von Klaus Holzkamp gegründete Subjektwissenschaft bezeichnet.

die von der etablierten Psychologie als selbstverständlich angenommenen begrifflichen Voraussetzungen in Frage zu stellen. Konträr zur etablierten Psychologie betrachtet die kritische Psychologie ‚Störungen' und ‚unangepasstes Verhalten' als widerständig gegen die herrschenden Verhältnisse und charakterisiert sie damit als politisch. Die kritische Psychologie richtet ihren Blick auf die gesellschaftliche Bedingtheit der individuellen Lebensweise. Sie will somit eine Begriffsarbeit leisten, die es erlaubt, die Einschränkungen auch unseres heutigen Gesellschaftssystems zu benennen, um sie schließlich überwinden zu können. Die Kritik richtet sich ebenfalls gegen die Erklärungsmuster der etablierten Psychologie, in denen sich die Einseitigkeit herrschender Denkweisen wiederfindet. Leiden werden hier eher individualistisch betrachtet und mit dem Ziel der Korrektur und Anpassung des Individuums *behandelt*, während die gesellschaftlichen Verhältnisse, die das Leiden hervorbringen oder begünstigen, als gegeben angenommen werden.

Hinsichtlich unserer Fragestellung, wie Theaterarbeit schulische Lernprozesse bereichern kann, kamen uns Holzkamps Überlegungen zu seiner „Subjektwissenschaftlichen Lerntheorie"[348] entgegen. Holzkamp untersucht hier Lernwiderstände im Kontext schulischer Verplanung von Lernvorgängen. Bevor wir aber den subjektwissenschaftlichen Hintergrund dieser Lerntheorie erläutern, möchten wir zunächst kurz auf die Grundlagen der kritischen Psychologie eingehen. Damit sollte auch die praktische Bedeutung dieser begrifflichen Alternative zur Beobachtung, Planung und Anleitung theatraler und anderer Lernprozesse in der Schule deutlich werden.

8.1 Voraussetzungen der Kritischen Psychologie

Wolfgang Fritz Haug warnte 1984 auf dem „Dritten Internationalen Kongress für Kritische Psychologie" das Auditorium vor einer unreflektierten Verwendung des Subjektbegriffs. Die Kritische Psychologie habe kein fertiges Subjekt und keine allgemeine Struktur vorzuweisen, zu denen sie die Individuen nur hinzuführen hätte.[349] Nichtsdestoweniger nennt sich die Kritische Psychologie trotzig „*Subjektwissenschaft*." Die Überdeterminiertheit des Subjekts – sichtbar geworden durch die Veredelung zahlreicher Begriffe durch die Vorsilbe

348 Holzkamp, Klaus (1995b): Lernen – Subjektwissenschaftliche Grundlegung. Frankfurt a.M./New York.

349 Haug, Wolfgang Fritz (1984): Die Frage nach der Konstitution des Subjekts. In: Derselbe (1987): Pluraler Marxismus, Bd. 2. Berlin, S. 96.

„Selbst" (Selbst-Wahrnehmung, Selbst-Aufmerksamkeit, Selbst-Verstärkung) war Holzkamp nicht unvertraut; ebenso nicht die daraus folgende psychologische Wirkung, Handlungen und Situationen von innen nach außen zu erklären. Darin liegt die allgemeinste Erscheinung des ideologischen Subjekteffekts, der eben darin besteht, dass das Individuum sein „Schicksal" für sich nach innen nimmt und die Verhältnisse nicht nur lebt, sondern auch verantwortet.[350]

Die kritische Psychologie macht sich demgegenüber die Fremdbestimmung menschlicher Existenz unter den jeweils herrschenden Machtverhältnissen zum Thema und zum zentralen Problem der Subjekte („im Plural"!).

> *„Die Artikulation des Leidens an der Fremdbestimmung durch seine Ver- und Entstellungen hindurch ist (...) eine unmittelbar politische Tat: Sie enthält die zwingende Aufforderung, die Verhältnisse zu überwinden, die dieses Leiden verursachen. Zugleich müssen alle, die sich (...) mit den bestehenden Bedingungen abgefunden haben, dieses Leiden leugnen und/ oder zu Lasten anderer zu kompensieren suchen."* [351]

Indem unangepasste Verhaltensweisen und psychosoziale Abweichungen als widerständig und daher politisch begriffen werden, stellt die kritische Psychologie zwei grundsätzliche Voraussetzungen in Frage, auf denen das traditionelle Subjektverständnis aufbaut.

Zum einen befreit sie die „gestörten" Verhaltensweisen vom Vorwurf der Irrationalität, nämlich sich in einer sozialen Situation unangemessen und somit zum eigenen Nachteil zu verhalten. Als Widerstand aufgefasst, erscheint die Abweichung nicht mehr gegenstandslos. Der Umgang mit ihr wird von der Kritischen (im Unterschied zur etablierten) Psychologie nicht als notwendige Korrektur des Einzelnen im Interesse allgemeiner Vernunft verstanden.

Zum anderen treten die Verfechter der kritischen Psychologie dem

> *„gängige(n) Dualismus von Individuum und Gesellschaft (entgegen), demzufolge die gesellschaftlichen Verhältnisse als unhinterfragbare Rahmenbedingungen individueller Existenz erscheinen, innerhalb derer sich die einzelnen zu bewähren haben. Dieser Dualismus ist untrennbar mit der Annahme der*

350 „Diese imaginäre Überzuständigkeit des Innern schlägt notwendig um in Unzuständigkeit fürs Innerste. Hier springen die Anbieter auf den Psy-Märkten ein." (Haug 1987, S. 100).

351 Osterkamp, Ute in: Holzkamp, Klaus (1997): Schriften 1. Normierung Ausgrenzung Widerstand, S. 9.

> *natürlichen Ungesellschaftlichkeit/Asozialität der (Masse der) Menschen verbunden, die ihre Zivilisierung durch die bereits Zivilisierten erfordert.*“[352]

Dementsprechend widmet sich ein wichtiger Teil von Holzkamps Arbeit der Analyse funktionaler und historischer Zusammenhänge mit dem Ziel, die begrifflichen Bedingungen herzustellen, um „Natürlichkeit und Gesellschaftlichkeit menschlicher Existenz“[353] als – allerdings nicht unzerreißbare – Einheit denken zu können. Auf diesem Wege arbeitet er die Interessenverhaftetheit und systemstabilisierende Funktion der Polarisierung zwischen individuellen und gesellschaftlichen Interessen heraus.

Nach Holzkamp müssen auch alle emanzipatorischen Bemühungen den Verhältnissen von Unterdrückung und Fremdbestimmung verhaftet bleiben, solange sie vermeiden, die gesellschaftlich-funktionale Bedingtheit in Frage zu stellen, unter denen abweichende Verhaltensweisen diagnostiziert und ‚behandelt‘ bzw. entsprechende positive Erziehungs- und Bildungsmaßstäbe benannt werden.

Es mag erstaunlich klingen, im Zusammenhang mit unseren demokratisch und freiheitlich organisierten Gesellschaftsstrukturen von Unterdrückung zu sprechen, und tatsächlich ist Holzkamps Konzept von verschiedensten Seiten angegriffen worden. Seine Gedanken werden allerdings gerade umso brisanter, wo postmoderner Pluralismus auf der Grundlage einer heterogenen Aufsplitterung der Gesellschaft in individuelle, nebeneinanderstehende Subjektkonstruktionen größtmögliche persönliche Freiheit und Selbst-Verwirklichung verheißt. Die Behauptung einer möglichen Subjektidentität, die evolutiv ein zu sich selbst befreites Selbst entwickelt, wird heute unglaubwürdig angesichts der Notwendigkeit, Subjektivität nur ansatzweise und zwar als biographischen Flickenteppich anlegen zu müssen.

Holzkamps Blick auf die Funktionalität und Widersprüchlichkeit des gängigen Subjektbegriffes und die Art der sozialen Beziehungen, die dieser in unserer Gemeinschaft befördert, stellt die Notwendigkeit eines grundsätzlichen Umdenkens bezüglich unserer angestrebten Bildungsprozesse heraus.

352 A.a.O., S. 8.
353 Ebenda.

8.2 „Lassen wir uns für einen Augenblick erschüttern!" [354] Die kritische Re-Interpretation des Subjektbegriffs [355]

„Weil die ganze offizielle Vergleicherei notwendig über die individuelle Anstrengung abgewickelt wird, bilden sich die Menschen ein, sie selbst seien der Grund für Erfolg und Misserfolg und in ihrer eigenen Leistung hätten sie das Mittel in der Hand, das Resultat der Konkurrenz in ihrem Sinne zu dirigieren. (...) So kommt die unselige Verwechselung von objektiven gesellschaftlichen Zwängen mit (fehlender) subjektiver Anstrengung in die Welt. Die Gesellschaft – so kann man es in jedem Sozialkundebuch nachlesen – ist eigentlich eine erquickliche Kombination von freier Eigeninitiative und bereitgestellten Bedingungen zu ihrer Entfaltung. In ihr kann jeder sein Glück machen, wenn er sich nur darum bemüht."

(Freerk Huisken)

Nach Haugs Subjektanalyse im Sinne der Kritischen Psychologie können die Anforderungen des bürgerlichen Subjektbegriffs kaum in der Lebenswirklichkeit der Individuen verwirklicht werden.

> *„In der Philosophie ist das Subjekt die Instanz der Freiheit. Die ideologischen Märkte zielen darauf ab, dass die Individuen die Verhältnisse der Herrschaft von innen heraus, frei und verantwortlich leben."* [356]

Nach Haug ist die traditionelle und aktuelle Subjekttheorie mehr eine objektive Gedankenform als Ausdruck einer gesellschaftlichen Praxis.

„Indem die Individuen die Praxisformen der Tauschverhältnisse tätig ausfüllen, frei in diesen Formen ihren Vorteil suchen und miteinander konkurrieren, machen sie sich zu kleinen Subjekten dieser Verhältnisse" [357], da sie den sozialen Charakter ihrer Arbeit ausblenden.

In der Kritischen Psychologie wird der Subjektbegriff aus der Anthropogenese (Wissenschaft von der Entwicklung und Abstammung des Menschen) entwickelt. Das besondere Verhältnis des Menschen zu seiner inneren und äußeren Natur stellt Holzkamp als ein durch Arbeit vermitteltes dar, was von vornherein dazu führt, dass das Subjekt nur als gesellschaftliches gedacht werden kann. In der Produktionsweise der modernen Gesellschaft (Kapitalismus) wird diese Seite des Subjekts unterschlagen. Es bleibt ein ‚kleines Subjekt', das, seiner Kollektivität beraubt, sich nur in Form von **Instrumentalbeziehungen**, die das Gegenteil von **Subjektbeziehungen** sind, realisieren können.

354 Haug, Wolfgang Fritz (1982): Pluraler Marxismus Bd. 2. Berlin, S. 93.
355 Wir beziehen uns bei der Darstellung der subjektwissenschaftlichen Theorie Holzkamps auf folgende Werke:
- Klaus Holzkamp (1985c): Grundlegung der Psychologie. Frankfurt a.M./ New York.
- Klaus Holzkamp (1995b): Lernen – Subjektwissenschaftliche Grundlegung. Frankfurt a.M./New York.
- Klaus Holzkamp (1997): Schriften I, Hamburg/Berlin.

356 Haug, Wolfgang Fritz (1982): Arbeitsteilung und Ideologie. Vortrag für die 3. Westberliner Volksuniversität. In: Haug (1987): Pluraler Marxismus. Berlin. S. 70
357 Haug, Wolfgang Fritz (1984): Die Frage nach der Konstitution des Subjekts. In: Haug (1987): Pluraler Marxismus. Berlin, S. 84.

In individuellen Versuchen der Subjektwerdung geraten die Scheinsubjekte in Konkurrenzbeziehungen, in denen sie sich selbst im anderen negieren. Anders als in **Solidarbeziehungen**, die auf ein gemeinsames Ziel ausgerichtet sind, werden hier die Sozialverhältnisse instrumentalisiert für die Zwecke des eigenen Erfolges. Dies steht in einem Gegensatz zur Idee des Subjekts, da das Subjekt sich ja gerade in der Arbeit transzendieren soll. Wenn Selbstverwirklichung nur auf Kosten anderer geht, kann sie keine sein, da sich das Subjekt ja in der Konkurrenz ständig selbst instrumentalisieren muss.

So wären dann die Menschen ihrem *Wesen nach*, nämlich entsprechend der ihnen wesentlichen Produktionsform, Subjekte, die aber unter den bestehenden Zwängen zur Instrumentalisierung ihrer Lebensverhältnisse noch nicht zu sich selbst gekommen sind.

8.3 Zweierlei „Gesellschaftlichkeit" – Spielarten der Tauschbeziehung

Für die ontogenetische Entwicklung der Individuen und ihr Zurechtkommen in pädagogischen Prozessen hat die unterschlagene Gesellschaftlichkeit der Subjekte ganz fatale Folgen. Da die individuelle Subjektivität der Ausgangspunkt der Pädagogik unserer Gesellschaft ist, treten die interpersonalen Beziehungen als Instrumentalverhältnisse auf, so dass also die Sozialisation in ihr begriffliches Gegenteil verwandelt wird. Bei Holzkamp erscheinen die Menschen als „Sozialwesen" a priori, was damit zusammenhängt, dass sich in der Phylogenese der Entwicklung des einzelnen menschlichen Subjektes seine Gesellschaftlichkeit als Selektionsvorteil durchgesetzt und verselbständigt hat. Dass sie also im Unterschied zu den Tieren ihre eigenen Existenzbedingungen durch eingreifende Veränderung in die Natur in kollektiver Arbeit selbst herstellen. Sie schaffen demnach selbst die objektiven Verhältnisse, unter denen sie es dann aushalten müssen.

> *„Die subjektive Bestimmung und die objektive Bestimmtheit sind beide notwendige, miteinander zusammenhängende Grundzüge jeder menschlichen, das heißt gesellschaftlichen Lebenstätigkeit."* [358]

358 Holzkamp, Klaus (1979): Zur kritisch-psychologischen Theorie der Subjektivität II. Das Verhältnis individueller Subjekte zu gesellschaftlichen Subjekten und die frühkindliche Genese der Subjektivität. In: Forum Kritische Psychologie 5 (1979), Hamburg, S. 8.

Holzkamp bestimmt die individuelle Subjektivität als je besondere, personale Realisierung gesellschaftlicher Subjektivität. Damit meint Holzkamp aber nicht die äußerliche Gegenüberstellung von Individuum und Gesellschaft, in die es gleichsam zufällig hineingeraten ist, sondern

> *„dass und mit welchen inhaltlichen Bestimmungen der Mensch schon seiner Natur nach, also bereits vor und unabhängig von dem real vollzogenen Prozess der individuellen Vergesellschaftung, ein potentiell gesellschaftliches Wesen ist, also im Unterschied zu allen anderen Lebewesen, über individuelle Entwicklungsmöglichkeiten verfügt, die ihn zur Teilhabe am gesellschaftlichen Prozess befähigen."* [359]

Auf dieser Grundlage ist der Mensch prinzipiell sowohl in der Lage als auch gefordert, seine Subjektivität interpersonal zu realisieren. Subjektbeziehungen sind demnach nur ***sachgebunden*** möglich, sie sind ausgerichtet auf ein *außerhalb der Beziehung liegendes Ziel.* Selbstzweckhafte Beziehungen oder auch selbstzweckhafte, intrinsisch motivierte Lebens- und Lernprozesse, die es ja vor allem in der Liebe und in der Kunst zur vollen Blüte bringen (und über die sich bereits Brecht lustig gemacht hat)[360], sind nach Holzkamp eher *verdeckte Instrumentalbeziehungen.*

In der Befangenheit in den bürgerlichen Privatformen, die nur Einzel- oder Partialinteressen zulassen, können die Subjektbeziehungen kaum realisiert, sondern nur instrumentalisiert werden. Holzkamp sieht in den Regulierungsformen der Instrumentalverhältnisse immer einen äußeren oder inneren Zwang wirken, da keine Interessenidentität möglich ist. Dieser Zwang äußert sich entweder in der Form des Kompromisses, in dem bei Aufrechterhaltung der Beziehung beide Seiten, die sich instrumentalisieren wollen, Teile ihrer Ziele modifizieren. Innerhalb von Subjektbeziehungen kann es dagegen keine Kompromisse geben, da in Subjektbeziehungen das jeweils eigene Interesse beim anderen aufgehoben ist.

> *„Inhaltliche Abstriche im Hinblick auf die Ziele, also ‚Kompromisse' sind immer ein Symptom dafür, dass eine Subjekt-*

359 A.a.O., S. 9.

360 Der Nutzen der Kunst „gilt als sehr groß, jedoch hütet man sich eher, ihn zu nennen, denn eines seiner vornehmsten Prädikate soll eine gewisse Nutzlosigkeit sein, der Nutzen davon wiederum soll darin bestehen, dass es in ihm etwas gibt, das sich der gemeinen Nutzung entzieht und ohne Interesse geliebt wird. Etwas lieben zu können ohne Interesse gilt als Blüte des menschlichen Geistes." Brecht, Bertolt (1978): Dreigroschenbuch. Band 1, Frankfurt a.M., S. 169.

> *beziehung in Richtung auf ein Instrumentalverhältnis regrediert.“* [361]

In Instrumentalverhältnissen gibt es keine zwingend gemeinsamen Ziele; sie werden stattdessen durch „Kompensation“ aufrechterhalten.

8.3.1 Kompensationen

Kompensationen sind nach Holzkamp nichtökonomische Tauschverhältnisse, bei denen zur Minderung des Risikos, dass einer der Partner die Beziehung verlässt, ein Gleichgewicht der von den Partnern jeweils gewährten individuellen Vorteile angestrebt wird: Da ich dir gegeben habe, musst du mir in gleicher Quantität zurückgeben, bzw. da du mir gegeben hast, will ich, damit du nicht aus der Beziehung ausscherst, in gleicher Quantität (Gefühle, Gefälligkeiten, Vergünstigungen usw.) zurückgeben.

> *„Das ‚Sich-unter-Druck-gesetzt-Fühlen‘ durch den anderen ist eine Art Grundbefindlichkeit der im Instrumentalverhältnis stehenden Partner.“* [362]

„Kommunikation mit Anderem kristallisiert sich im Einzelnen, das in seinem Dasein durch sie vermittelt ist.“
(Theodor W. Adorno)

Innerhalb von Subjektbeziehungen sind Kompensationsleistungen grundsätzlich ausgeschlossen, und zwar wegen der wechselseitigen Verbundenheit der Partner, die auf einem allgemeinen, gemeinsamen, außerhalb der Beziehung liegenden Ziel beruht. Es geht nicht um Gewinn von Anerkennung, sondern um Weltaufschluss und Weltverfügung durch die Herstellung der eigenen Lebensgrundlagen und eingreifende Veränderung der Natur in Form gegenständlicher kollektiver Arbeit.

> *„Die emotionalen Grundbefindlichkeiten der Instrumentalverhältnisse sind nicht wie bei Subjektbeziehungen Angstlosigkeit, Offenheit und Eindeutigkeit, sondern Unsicherheit, Angst, Verdecktheit und Vieldeutigkeit. Charakteristische weitere emotionale Qualitäten, die aus diesem Zusammenhang entstehen, sind (aus der Kompensationsbeziehung erwachsene) Dankbarkeit (die es in der Subjektbeziehung nicht gibt: wozu soll ich jemandem für etwas dankbar sein, durch das er – mit den meinen identisch – auch seinen Interessen gedient hat?), Schuldgefühle, Enttäuschung, Eifersucht, Empfindlichkeit, Eingeschnapptsein, Verletztsein, etc. (...). Wesentlich ist*

361 Holzkamp, Klaus (1979), S. 17.
362 A.a.O., S. 18.

> *dabei, dass Gefühle (...) innerhalb von Instrumentalverhältnissen nicht nur ‚gehabt', sondern auch ‚demonstriert', als Belohnung oder Strafe benutzt werden. In Instrumentalverhältnissen gegründete interpersonale Beziehungen machen deswegen unter Umständen einen weit ‚emotionaleren', ‚gefühlsbetonteren' Eindruck, als vergleichbare Subjektbeziehungen, da in diesen die Emotionalität ein Ausdruck des Engagements und der Verbundenheit unter dem allgemeinen Ziel ist, aber nicht verselbständigt hervorgebracht und ‚gehandelt' wird. Da man sich in Instrumentalbeziehungen einerseits grundsätzlich über die Absichten des Anderen im Klaren sein muss, um seine Rückschlüsse für die Kalkulation von Vorteil und Risiko ziehen zu können, der andere aber zur Verbesserung seiner ‚Verhandlungsposition' diese Absichten und Ziele prinzipiell verdecken und nur kalkuliert kundgeben wird, ist das ‚Innenleben' des jeweils anderen hier von zentralem Interesse: Ich möchte in den anderen ‚hineinschauen' können, um seine geheimsten Absichten und Ziele zu erfahren, und muss, da mir dies nicht möglich ist und der andere mir einen solchen Einblick ja gerade verwehrt, mich möglichst differenziert in den anderen ‚einzufühlen' versuchen. Die Verselbständigung der ‚Einfühlung' und des ‚Verstehens' sind deshalb für Instrumentalverhältnisse charakteristische interpersonale Gefühle.*"[363]

In den traditionellen Sozialwissenschaften und insbesondere dem Sozialbehaviourismus ist nach Holzkamp der Blick auf die Instrumentalbeziehungen fixiert.

> *„So lassen sich etwa die sozialpsychologischen Konzepte über Gruppenprozesse und Gruppendynamik, über Mechanismen der sozialen Kognition wie ‚kognitive Dissonanz' und ‚kognitive Ausgewogenheit', über ‚soziales Lernen' etc. alle in irgendeiner Weise auf die sozialen Regulierungsformen des ‚Kompromisses' oder der ‚Kompensation' zurückführen, emotionale Zuwendungen können dabei nicht anders gefasst werden denn als Gratifikationsmittel. ‚Soziales' wird generell begriffen als Angleichung oder Polarisierung individueller Ziele und Interessen. Das gleiche gilt für soziologische Theorien wie die Kommunikationstheorie, die strukturfunktionalistische Konzeption der Normübernahme und -verinnerlichung,*

363 A.a.O., S. 18 f.

die symbolisch-interaktionistischen Vorstellungen über soziale Einigungs- und Einfühlungsprozesse, ebenso für die Intersubjektivitäts-Konzeptionen der Psychoanalyse in all ihren Varianten etc.“ [364]

„Die Kompetenz in der umfassenden Inkompetenz – das ist die allgemeinste ideologische Individualitätsform.“

(Wolfgang Fritz Haug)

Hier kommen wir auf die schon oben angemerkte Überdeterminiertheit des Subjektbegriffs in der Gegenwartsgesellschaft zurück. In den Gesellschaftstheorien wiederholt sich die Verselbständigung der objektiven Ideologie, wie wir sie schon bei der Selbstinterpretation der bürgerlichen Individuen festgestellt haben. Das abstrakte Subjekt gewinnt die Form einer gelebten und institutionalisierten Praxis. Eingewoben in die Instrumentalbeziehungen der Konkurrenz- und Tauschgesellschaft kann es sich selbst nicht mehr als soziales Subjekt wahrnehmen, definiert die in den Verhältnissen erworbenen Interessen als spezifisch eigene und deutet das persönliche Gelingen oder Misslingen als Resultat einer individuellen Kompetenz, die es sich selbst zuschreibt.

Welche Bedeutung die Subjektdefinition Holzkamps für jene Erziehungs- und Lernprozesse hat, in die Theaterpädagogik hineinspielt, ist das Thema des ersten Kapitels dieses Buches.

8.3.2 Kolonisierung der Kindheit

Schon bei Kant (Befreiung aus der selbstverschuldeten Unmündigkeit), schon gar in der Rechtssprechung (Mündigkeit gleich Deliktfähigkeit) und so dann in der Pädagogik (Erziehung *zu* etwas, Subjektbildung) finden wir die Vorstellung einer aus der Erwachsenensicht entworfenen Teleologie der ontogenetischen Entwicklung der Individuen. Lernpsychologie ist zumeist Entwicklungspsychologie und basiert auf den Grundannahmen der sozialbehavioristischen Theorien von den Anpassungsprozessen, die ein Mensch bis zur Sozialtauglichkeit durchlaufen muss. Die Psychoanalyse liefert mit ihren Vorstellungen von Triebschicksal (aus Es muss Ich werden) die entsprechenden Deutungsmuster, wenn dieser Anpassungsprozess nicht geklappt hat und die Subjekte in unmündige Verhaltensweisen bis zur Delikt- oder Geschäftsunfähigkeit regredieren. Der Entwicklungspsychologie scheint also ein Kindheitsbild zu Grunde zu liegen, das dem Blick der Zivilisation auf die Vorzeit entspricht. Die schon bei Ariès und Foucault festgestellte wissenschaftliche Beachtung, die der kindlichen Entwicklung in der Neuzeit geschenkt wird,

364 A.a.O., S. 20.

ist also eine kritisch-distanzierte.[365] Holzkamp sieht in den Entwicklungskonstruktionen der Psychologie und Pädagogik eine *Enteignung* oder *Kolonisierung* der spezifisch kindlichen Erfahrungsformen, die ja immer nur als zu überwindende oder als Schritte zu dem allein gültigen Erfahrungsmodus der mündigen Subjekte Geltung beanspruchen dürfen.[366] Dieser ontogenetischen Marginalisierung der Kindheit entspricht die Marginalisierung der Vorgeschichte, die aus der Sicht der aufgeklärten Moderne immer nur als zu überwindende Vorstufe der Zivilisation mitsamt ihren Subjektkonstitutionen betrachtet wird. Zusammen mit den vorzivilisatorischen Erfahrungsmodi werden aber auch die gesellschaftlichen Anteile, die – verkleidet im Mythos – in diesen Erfahrungsformen aufbewahrt waren, verdrängt.

8.4 Die erlittenen Verluste ahnen

Wir sehen in der Wiederaneignung der verlorengegangenen Erfahrungsanteile sowohl der onto- als auch der phylogenetischen Vorgeschichte der Zivilisation die eigentliche und wesentliche Aufgabe einer Theaterpädagogik, die sich eben nicht einer Verbesserung und Kompensation des an seinen eigenen Determinanten scheiternden Subjektbegriffs widmet, sondern im Rückblick den Individuen die Ahnung ihrer sozialen Potenz vermittelt. Obwohl in den Konzepten von Ulrike Hentschel und Jürgen Weintz – vor allem in der Berücksichtigung der postmodernen Diskurse – ein „Denken in Diskontinuität“ [367] als pädagogische Wirkung angedeutet wird, verbleiben diese Entwürfe doch der sozialbehavioristischen Deutung von Entwicklung und Erziehung verhaftet. So bleibt auch der Subjektbegriff bei ihnen als ungedeutete Schlüsselkategorie der Erziehung oder Bildung erhalten.[368]

365 „Durch den Prozess der Zivilisation im Kontext neuer, durch die bürgerliche Produktions- und Lebensweise bestimmter Vergesellschaftungsformen kommt es zu einer sich verstärkenden Desintegration von Kindern und Erwachsenen.“ Klaus Holzkamp in: Richter, Dieter (1987): Das fremde Kind. Zur Entstehung der Kindheitsbilder des bürgerlichen Zeitalters. Frankfurt a.M., S. 25.)

366 Vgl. Holzkamp, Klaus (1995a): Die Kolonisierung der Kindheit. In: Holzkamp (1997): Schriften I, Hamburg, S. 72 – 95.

367 Vgl. Foucault, Michel (1986): Archäologie des Wissens. Frankfurt a.M., S. 13.

368 Klaus Ottomeyer hat in seiner Kritik der Moreno-Schüler als Erben des Psychodramas auf die Gefahren der sozialbehaviouristischen Rezeption theatraler Arbeitsformen hingewiesen: „ (...) Produzentenautonomie geht in einem dramatisch-dialogischen Begegnungspathos auf, Emanzipation erscheint nur noch als rastlose Rollenkreation, nicht unähnlich dem Rollen- und Emanzipationsmodell

> *„Mit dem Denken in Diskontinuität (...) (kann ich) erinnerte Episoden aus meiner Kindheit unverbunden und ‚ungedeutet' nebeneinander stehen lassen und mag versuchen, dann allmählich Worte dafür zu finden, die – jenseits der mir angebotenen professionellen Bescheidwisserei darüber – ihre besondere Qualität als meine Kindheitserfahrung zur Geltung bringen. Dabei bin ich des Zwanges enthoben, ‚Brüche' und Unvereinbarkeiten zwischen der eigenen Sicht auf meine Kindheit und Erzählungen anderer, Photographien, die mich als mir ‚fremdes' Kind zeigen, alten Briefen von mir, in denen ich mich nicht wiedererkenne (das soll ich geschrieben haben?) beiseite zu schieben oder in mein vorgängiges (vielleicht professionell angeleitetes) Selbstbild einzugemeinden.“* [369]

Die Frage nach der biographischen Objektivität bleibt in diesem Verfahren eingebunden in das bewegliche Problem der fortlaufenden Lebensaktivität und damit in die soziale Aktivität und Interessiertheit der Person. Tritt die erinnerte Ahnung einer prä-zivilisatorischen Kollektivität in Kontakt mit der sozial enteigneten Subjektwirklichkeit, kommt es zu einer schmerzhaften Vergegenwärtigung einer „viel zu kurzen Kindheit“ [370] bzw. zum melancholischen Bewusstsein, dass „das Verlorene – im Unterschied zur Trauer – nicht genau erinnert werden kann.“ [371]

8.5 Verplanung von schulischen Lernprozessen

Für die gegenwärtigen Lernprozesse in der Schule hat nach Holzkamp die Festlegung der Institution auf den verkürzten Subjektbegriff erhebliche Folgen, in denen die Schattenseiten der pädagogi-

des späteren Symbolischen Interaktionismus, der mit seinen Tugenden oder Bildungszielen der „Rollenflexibilität“, „Metakommunikation“, „interpersonale Identitätsbalance“ usw. die zahnlose Bildungsreform der 70iger Jahre begleitet hat. (...) Es verschwimmt ein narzisstisch-kreatives, „bloß expressives“, pseudoemanzipatorisches Rollenspiel, wie wir es etwa vom erfolgreichen Jungmanager kennen, mit einer wirklich verändernden Rollengestaltung.“ (Ottomeyer, Klaus (1989): Lebensdrama und Entfremdung. Vortrag am Psychologischen Institut der Freien Universität Berlin. In: Forum Kritische Psychologie 29/1992, Hamburg, S. 118.

369 Holzkamp, Klaus (1995a): A.a.O., S. 93.

370 Vgl. Benjamin, Walter: Franz Kafka – Zur zehnten Wiederkehr seines Todestages. In: Benjamin (1969): Über Literatur. Frankfurt a.M., S.161.

371 Ottomeyer, Klaus (1989): Lebensdrama und Entfremdung. Vortrag am Psychologischen Institut der Freien Universität Berlin. In: Forum Kritische Psychologie 29/1992, Hamburg, S. 120.

schen Arbeit deutlich zu Tage treten. Die mit der Entwicklung des mündigen Instrumentalsubjektes einhergehende Sachungebundenheit des Lernens erzeugt Motivationsprobleme bzw. -unklarheiten.

Klaus Holzkamp unterscheidet restriktive und expansive Lerntätigkeiten. Voraussetzung für expansives Lernen als Mittel des Weltaufschlusses ist eine **sachgebundene Handlungsproblematik**, die der Mensch nur als kollektives Subjekt lösen kann, da er sich andernfalls ja in instrumentellen Verhältnissen der Selbstnegation als gesellschaftliches Wesen wiederfinden würde – sich sozusagen der Möglichkeiten einer Veränderung der von ihm als problematisch empfundenen Wirklichkeit selbst enteignet, um seinen Vorteil in der Restriktion der Handlungsmöglichkeiten anderer Individuen zu suchen. Das führt in der Schule zu einer merkwürdigen Verdrehung der Lernlogik. An die Stelle von Handlungsproblematiken treten verselbstständigte Lernproblematiken, die sich nur als Pseudoproblematik instrumentalisiert auf Schüler übertragen lassen. Aus Lernproblematiken werden Handlungsproblematiken des „Zurechtkommens im System Schule". Die Vertauschung der Problematiken erscheint insofern quasi willkürlich, als durch die unvermittelte Entscheidung der Institution bzw. ihrer pädagogischen Repräsentanten die Vernachlässigung sachungebundener und damit unbegründeter Lernproblematiken mit einer Einschränkung von Handlungsmöglichkeiten sanktioniert wird. Die Abstraktion der Lernleistung von kollektiven Handlungsproblematiken wird damit zur Generaltugend der Erziehung. Nicht der Sinn von Leistungsverbesserungen, sondern ihr evolutives Prinzip wird zum Selbstzweck erhoben.

Diese Art linearer Geschichtlichkeit, die in den Disziplinarverfahren des 18. Jahrhunderts entwickelt wurde und von der analytischen Pädagogik in Form von Übungssequenzen am fixen Endpunkt einer imaginären Vollkommenheit ausgerichtet wird, löst als dynamischer Mythos die dynastischen Mythen der Erinnerungsgeschichte ab.[372] Die Warenform der bürgerlichen Gesellschaft und die ihr eigentümliche Gleichgültigkeit gegenüber dem eigenen Gebrauchswert wird am Menschen selbst vollzogen. Die Befreiung von den Schicksalsmächten der Vorzeit schlägt um in die Ohnmacht der scheinbar selbstgebildeten Individuen und dem Verlust ihrer gesellschaftlichen Natur.

372 Vgl. Foucault, Michel (1977): Überwachen und Strafen. Frankfurt a.M.

8.6 Theaterspielen als Schwellenerfahrung

Es ist den theaterpädagogischen Prozessen wesentlich, dass sie die Spieler in den Phasen des ***entsubjektivierenden*** Stillstands, an der Schnittstelle der dynamischen und dynastischen Mythen verharren lässt, um ein offenes Spiel zu ermöglichen. Anders gesagt, das spielende Individuum muss aus der evolutiven Dynamik des Subjektbildungsprozesses heraustreten können, ohne von den mythischen Kräften der Vergangenheit eingeholt zu werden. Dazu bedarf es der Gegenwart des Ensembles, der Mitspieler, die ihm im frei geräumten Spielfeld genügend Impulse und Resonanz geben, sich in seine verlorene Gesellschaftlichkeit nicht einfach zurückzuversetzen, sondern sie im Spiel neu zu erfinden. Hier wäre die Stelle, an der die soziologische Phantasie einsetzen könnte.

Man kann diesen Prozess bei den Spielern selbst gut beobachten. Der angeleitete und vorbereitete Stillstand, die subjektive Entleerung äußert sich in der Erfassung und Besetzung des Spielraumes. Der Spieler tritt aus dem evolutiv definierten Kontext der Situation heraus, verlässt die engen Grenzen seiner selbstbestimmten Subjektidentität und wird gegenwärtig – nicht für bestimmte Zeichen oder Reize, sondern nach allen Seiten und gleichgültig gegenüber den Wertigkeiten der Alltagsbedeutungen, die sein Umfeld aufweist. Dies äußert sich in einer Art angespannter Ruhe und Gelassenheit. Zuschauer erleben diesen Vorgang als raumfüllende Präsenz des Spielers. Die folgenden Bewegungen sind langsam und zögerlich, auf der Suche nach den Endpunkten des physikalischen Ablaufes, die dann in Form eines deutlichen Einhaltens markiert werden. Peter Brook nannte diese Verfassung die Einheit von Fühlen, Handeln und Denken.[373] Würde der Spieler nicht aus der Alltagsevolution heraustreten, würden seine Bewegungen banal oder künstlich und aufgesetzt auf uns wirken.

Auch der Spielkontakt zum Ensemble zeigt ähnliche atmosphärische Spannungen. Die Spieler sind in einem hohen Maße verletzlich und absichtslos dem weiteren Geschehen ausgeliefert, das sich experimentell zwischen ihnen entwickelt. Was entsteht, ist die gemeinsame (Er-)Findung eines ästhetischen Scheins, in dem die Akteure ihre Geschichte gleichsam neu – abseits der großen Geschichten – erzählen dürfen. Wenn man so will, könnte man von einer Art Entmythologisierung oder Aufklärung der Individuen im Spielraum der ästhetischen Fiktion sprechen. Wir sehen hier eine Entsprechung zu dem

373 Brook, Peter (1994): Das offene Geheimnis. Frankfurt a.M., S. 29.

von Walter Benjamin zitierten „Naturtheater auf der Rennbahn von Oklahoma“ in Kafkas Roman „Amerika“[374], in dem der Held Roßmann seine Neugeburt erlebt, da von ihm nicht anderes verlangt wird, „ (...) als sich selbst zu spielen.“[375] Wir finden in Walter Benjamins Ausdeutung des Werkes von Franz Kafka zahlreiche Hinweise auf die erlösende Funktion des Theaters, in der die entmythisierende Entdeckung der eigenen Natur thematisiert wird. Sie ist eng verkettet mit der „Dialektik im Stillstand“, die Benjamin als wesentliches Merkmal des epischen Theaters Bert Brechts ins Auge fiel. Einen weiteren Bezugspunkt gibt Benjamin durch die Verknüpfung des Rennbahnmotivs Kafkas zum antiken Spiel der Tragödie. Ähnlich wie bei der Befreiung der theaterpädagogischen Akteure von ihren Alltagsmythen der Subjektevolution, „bestand der Sinn des antiken ‚Spiels‘ wesentlich in der Ablösung alter, d.h. mythischer Rechtsansprüche aufs Opfer, bei dessen Vollzug der Beklagte diesen Ansprüchen in einem agonalen Akt gewissermaßen entläuft.“[376]

Wir glauben, dass sich die Geburt des Subjekts in der antiken Tragödie – als ohnmächtiger Akt der Befreiung von den Mythen – in der Theaterarbeit stets aufs Neue und unter anderen Vorzeichen wiederholt. Die Aufgabe der Theaterpädagogik besteht dann darin, die kathartische Funktion der Tragödie im Spiel zu ermöglichen und als Ausgangspunkt für die Rückgewinnung der im bürgerlichen Subjektmythos geleugneten gesellschaftlichen Natur zu nutzen – und sei es auch nur in der letzten Entstellung des ästhetischen Scheins, durch welche die tatsächliche Entstellung offenbar wird.

374 Kafka, Franz (1983): Amerika. Frankfurt a.M.

375 Benjamin, Walter: Über Franz Kafka. In: Derselbe (1979): Über Literatur. Frankfurt a.M., S. 168.

376 Müller, Bernd (1996): „Denn es ist noch nichts geschehen.“ Köln/Weimar/Wien/Böhlau. S. 67.

Quellenverzeichnis

Adorno, Theodor W. (1970): Ästhetische Theorie. Frankfurt/Main.

Adorno, Theodor W. (1975): Negative Dialektik. Frankfurt am Main.

Adorno, Theodor W. (1978): Rede über Lyrik und Gesellschaft. In: Derselbe (1978): Noten zur Literatur I. Frankfurt/Main.

Adorno, Theodor W. (1979): Minima Moralia – Reflexionen aus dem beschädigten Leben. Frankfurt/Main.

Altrichter, Herbert / Posch, Peter (1998): Lehrer erforschen ihren Unterricht. Eine Einführung in die Methoden der Aktionsforschung. Bad Heilbrunn.

Anders, Günther (1992): Die Antiquiertheit des Menschen Bd. 1 und 2. München.

Ariès, Philippe (1978): Geschichte der Kindheit. München.

Anton, Günther K. (1953): Geschichte der preußischen Fabrikgesetzgebung bis zu ihrer Aufnahme durch die Reichsgewerbeordnung. Berlin.

Aumüller, Ursula (1974): Industrieschule und ursprüngliche Akkumulation in Deutschland. Die Qualifizierung der Arbeitskraft im Übergang von der feudalen zur kapitalistischen Produktionsweise. Frankfurt/Main.

Badners, Vanessa / Felix, Maren / Nowak, Jutta (2003): Ausgeschaltet?! – Der Versuch einer theaterpädagogischen Unterrichtsreihe. In: Korrespondenzen – Zeitschrift für Theaterpädagogik. 19. Jg. / Heft 42.

Barthes, Roland (1990): Der entgegenkommende und der stumpfe Sinn. Frankfurt/Main.

Beck, Ulrich (1986): Risikogesellschaft. Auf dem Wege in eine andere Moderne. Frankfurt/Main.

Belgrad, Jürgen (Hrsg.) (1997): TheaterSpiel. Baltmannsweiler.

Benjamin, Walter: In der Sonne. In: Derselbe (1991): Gesammelte Schriften Bd. IV/1. Frankfurt/Main.

Benjamin, Walter (1966): Das Kunstwerk im Zeitalter seiner technischen Reproduzierbarkeit. Frankfurt/Main.

Benjamin, Walter (1973): Über Kinder, Jugend und Erziehung. Frankfurt/Main.

Benjamin, Walter (1976): Programm eines proletarischen Kindertheaters. In: Lacis, Asja (1976): Revolutionär im Beruf. München.

Benjamin, Walter (1978a): Zur Kritik der Gewalt und andere Aufsätze. Frankfurt/Main.

Benjamin, Walter (1978b): Versuche über Brecht. Frankfurt/Main.

Benjamin, Walter: Geschichtsphilosophische Thesen. In: Derselbe (1978a): Zur Kritik der Gewalt und andere Aufsätze. Frankfurt/Main.

Benjamin, Walter: Theologisch-politisches Fragment. In: Derselbe (1978a): Zur Kritik der Gewalt und andere Aufsätze. Frankfurt/Main.

Benjamin, Walter: Was ist das epische Theater? – Studien zu Brecht. In: Derselbe (1978b): Versuche über Brecht. Frankfurt/Main.

Benjamin, Walter (1979): Über Literatur. Frankfurt/Main.

Benjamin, Walter: Über Franz Kafka. In: Derselbe (1979): Über Literatur. Frankfurt/Main.

Bloch, Ernst (1978): Prinzip Hoffnung – erster Band. Frankfurt/Main. (= Bloch, Ernst (1977): Subjekt-Objekt. Erläuterungen zu Hegel. Frankfurt/ Main.)

Blumenberg, Hans (1996): Arbeit am Mythos. Frankfurt/Main.

Boal, Augusto (1989): Theater der Unterdrückten. Übungen und Spiele für Schauspieler und Nicht-Schauspieler. Frankfurt/Main.

Boal, Augusto (1999): Identifikation, Wiedererkennen, Resonanz. In: Derselbe (1999): Der Regenbogen der Wünsche. Seelze (Velber).

Brandes, E. / Nickel, H.-W. / Lehmann, J. (Hrsg.) (1970): Zur soziologischen Grundlegung einer Interaktions- und Theaterpädagogik. Berlin.

Brecht, Bertolt (1967): Gesammelte Werke, Bd. 18. Frankfurt/Main.

Brecht, Bertolt. (1976): Schriften zum Theater. Frankfurt/Main.

Brecht, Bertolt (2/1977): Drei Lehrstücke. Berlin.

Brecht, Bertolt. (2/1978): Dreigroschenbuch. Erster Band. Frankfurt/Main.

Brockmeier, Jens (1983): Marx' Affe: Zur anthropologischen Deutung der menschlichen Arbeit und ihrer Kritik aus anthropogenetischer Sicht. In: Forum Kritische Psychologie Bd. 11. Hamburg.

Brockmeier, Jens (1999): „Expansives Lernen" als Lebensmetapher. In memoriam Klaus Holzkamp. In: Forum Kritische Psychologie Bd. 40. Hamburg.

Brook, Peter (1994): Das offene Geheimnis. Frankfurt/Main.

Brook, Peter (1997): Der leere Raum. Berlin.

Bürger, Peter (2000): Ursprung des postmodernen Denkens. Weilerswist.

Bund Deutscher Kunsterzieher (1977): Kind und Kunst – Eine Ausstellung zur Geschichte des Zeichen- und Kunstunterrichts. Berlin (West).

Cramer (1998): Chaos und Ordnung. Die komplexe Struktur des Lebendigen. In: Gebauer, Gunter / Wulf, Christoph (1998): Mimesis. Kultur – Kunst – Gesellschaft. Reinbek/ Hamburg.

Debary, Francois: Die Pädagogen. Die Kinder. Die Künstler. Das Theater. In: Ruping, Bernd (Hrsg.) (1992): Theaterkunst und Kinderspiel. Europäische Modelle des Theaters mit Kindern. Lingen.

Derrida, Jacques (1976): Die Schrift und die Differenz. Frankfurt/Main.

Dewey, John (1998): Kunst als Erfahrung. Frankfurt/Main.

Dilthey, Wilhelm (1964) (Hrsg.: Ballauf u.a.): Grundlinien eines Systems der Pädagogik. Grundlagen und Grundfragen der Erziehung. Heidelberg.

Dux, Günter (1992): Die Spur der Macht im Verhältnis der Geschlechter. Über den Ursprung der Ungleichheit zwischen Mann und Frau. Frankfurt/Main.

Ehmer, Hermann K. (Hrsg.) (1971): Visuelle Kommunikation. Beiträge zur Kritik der Bewußtseinsindustrie. Köln.

Ehrenspeck, Yvonne (1996): Aisthesis und Ästhetik. Überlegungen zu einer problematischen Entdifferenzierung. In: Mollenhauer, Klaus / Wulf, Christoph (Hrsg.) (1996): Aisthesis / Ästhetik. Zwischen Wahrnehmung und Bewußtsein. Weinheim. (= Pädagogische Anthropologie Band 1, Deutscher Studien Verlag.)

Eisenberg, Götz (2000): Gewalt, die aus der Kälte kommt. In: Frankfurter Rundschau von 08.09.2000.

Enzensberger, Hans Magnus (1996): Einladung zum Bürgerkrieg. Frankfurt/Main.

Erikson, Erik H. (1988): Der vollständige Lebenszyklus. Frankfurt/Main.

Finke, Raimund / Haun, Hein (2000): Die Lebenskunst und ich. In: Korrespondenzen – Zeitschrift für Theaterpädagogik, 16. Jg., Heft 37.

Fischer, Ernst (1967): Von der Notwendigkeit der Kunst. Hamburg.

Fischer-Lichte, Erika (4/1998): Semiotik des Theaters – eine Einführung. Band 1: Das System der theatralischen Zeichen. Tübingen.

Fischer-Lichte, Erika (2002): Ästhetische Erfahrung – Das Semiotische und das Performative. Tübingen/Basel.

Floßdorf, Bernhard (1987): Bruchstücke einer Soziologie des Subjekts. Frankfurt/Main.

Foucault, Michel (1976): Überwachen und Strafen. Frankfurt/Main.

Foucault, Michel (1986): Archäologie des Wissens. Frankfurt/Main.

Fuhrmann, Manfred (Hrsg.) (1990): Terror und Spiel: Probleme der Mythenrezeption. München.

Freie und Hansestadt Hamburg, Behörde für Schule, Jugend und Berufsbildung, Amt für Schule (1990): Lehrplanrevision Sekundarstufe II. Lehrplan Darstellendes Spiel für die gymnasiale Oberstufe.

Gater, Ulrich (1990): Hölderlin und der Mythos. In: Fuhrmann, Manfred (Hrsg.) (1990): Terror und Spiel: Probleme der Mythenrezeption. München.

Gebauer, Gunter / Wulf, Christoph (1998): Mimesis. Kultur – Kunst – Gesellschaft. Reinbek bei Hamburg.

Goffman, Erving (1983): Wir alle spielen Theater. Die Selbstdarstellung im Alltag. München.

Günther, Karl-Heinz (Hrsg.) u.a. (1973): Geschichte der Erziehung. Berlin.

Günther, Michaela (2001): Gegenwartsidentität als ästhetische Erfahrung – am Beispiel eines Lehrertheater-Projektes. In: Korrespondenzen – Zeitschrift für Theaterpädagogik. 17. Jg. / Heft 38.

Habel, Reinhardt (1990): Schiller und die Tradition des Herakles-Mythos. In: Fuhrmann, Manfred (Hrsg.) (1990): Terror und Spiel: Probleme der Mythenrezeption. München.

Hanke, Ulrike (2001): Auf der Spur des Subjekts im theatralen Prozess. In: Korrespondenzen – Zeitschrift für Theaterpädagogik, 17. Jg. / Heft 39.

Hartmann, Klaus L. (Hrsg.) u.a. (1974): Schule und Staat im 18. und 19. Jahrhundert. Frankfurt/Main.

Hartwig, Helmut (Hrsg.) (1978): Sehen lernen. Kritik und Weiterarbeit am Konzept der visuellen Kommunikation. Köln.

Haug, Wolfgang F. (1982): Arbeitsteilung und Ideologie. In: Derselbe (1987): Pluraler Marxismus, Bd. 2. Berlin.

Haug, Wolfgang F. (1983): Die Einräumung des Ästhetischen im Gefüge von Arbeitsteilung, Klassenherrschaft und Staat. In: Derselbe (1987): Pluraler Marxismus, Bd. 2. Berlin.

Haug, Wolfgang F. (1984): Die Frage nach der Konstitution des Subjekts. In: Derselbe (1987): Pluraler Marxismus, Bd. 2. Berlin.

Haug, Wolfgang F. (1987): Pluraler Marxismus. Bd. 2. Berlin.

Hebel, Johann Peter: Kannitverstan. In: Ders. (o.J.): Aus dem Schatzkästlein des Rheinischen Hausfreunds. Stuttgart.

Hegel, Georg Wilhelm Friedrich (2000): Phänomenologie des Geistes. Köln.

Hegel, Georg Wilhelm Friedrich (1971): Vorlesungen über Ästhetik, 1. – 3. Teil. Stuttgart.

Heidegger, Martin (2001): Sein und Zeit. Tübingen.

Heidelberger, Michael (2001): Die Erweiterung der Wirklichkeit im Experiment. Veröffentlicht unter: http://www.information-philosophie.de/philosophie/experimente.html (28.12.2001).

Heinig, Peter (1982): Repetitorium Fachdidaktik Kunst. Bad Heilbrunn/Oberbayern.

Held, Karl (1982): Die Psychologie des bürgerlichen Individuums. München.

Hentschel, Ulrike (1996): Theaterspielen als ästhetische Bildung. Über einen Beitrag produktiven künstlerischen Gestaltens zur Selbstbildung. Weinheim.

Hentschel, Ulrike (2000): Widerworte. Schulfach „Theater“ statt Unterrichtsprinzip „Theatralität“ – Zu den „10 fachdidaktischen Lehren“ von Gerd Koch. In: Korrespondenzen – Zeitschrift für Theaterpädagogik. 17. Jg. / Heft 38.

Hentschel, Ulrike / Ritter, Hans Martin (Hrsg.) (2003): Entwicklungen und Perspektiven der Theaterpädagogik. Festschrift für Hans-Wolfgang Nikkel. Milow.

Herrmann, Hans-Christian (1996): Sang der Maschinen. Brechts Medienästhetik. München.

Hess, Walter (1984): Dokumente zum Verständnis der modernen Malerei. Reinbek bei Hamburg.

Hoffmann, Christel (1989): Spielen und Theaterspielen. Berlin (DDR).

Holzkamp, Klaus (1975): Sinnliche Erkenntnis. Historischer Ursprung und gesellschaftliche Funktion der Wahrnehmung. Frankfurt/Main (= Psychologisches Institut der Freien Universität Berlin: Texte zur kritischen Psychologie Bd. 1.)

Holzkamp, Klaus (1979): Zur kritisch-psychologischen Theorie der Subjektivität II. Das Verhältnis individueller Subjekte zu gesellschaftlichen Subjekten und die frühkindliche Genese der Subjektivität. In: Forum Kritische Psychologie Bd. 5. Hamburg.

Holzkamp, Klaus (1984): Gesellschaftliche Widersprüche und individuelle Handlungsfähigkeit – am Beispiel der Sozialarbeit. In: Holzkamp, Klaus (1997): Schriften I. Normierung / Ausgrenzung / Widerstand. Hamburg.

Holzkamp, Klaus (1985a): Kritik der Vereinnahmung oder Vereinnahmung der Kritik? Anmerkungen zum „kritischen" Selbstverständnis des Intellektuellen. In: Forum Kritische Psychologie Bd. 43. Hamburg.

Holzkamp, Klaus (1985b): Persönlichkeit. Zur Funktionskritik eines Begriffes. In: Holzkamp, Klaus (1997): Schriften I. Normierung / Ausgrenzung / Widerstand. Hamburg.

Holzkamp, Klaus (1985c): Grundlegung der Psychologie. Frankfurt/Main, New York.

Holzkamp, Klaus (1987): Lernen und Lernwiderstand. Skizzen zu einer subjektwissenschaftlichen Lerntheorie. In: Holzkamp, Klaus (1997): Schriften I. Normierung / Ausgrenzung / Widerstand. Hamburg.

Holzkamp, Klaus (1988): Praxis – Funktionskritik eines Begriffs. In: Holzkamp, Klaus (1997): Schriften I. Normierung / Ausgrenzung / Widerstand. Hamburg.

Holzkamp, Klaus (1991a): „Hochbegabung": Wissenschaftlich verantwortbares Konzept oder Alltagsvorstellung? In: Forum Kritische Psychologie Bd. 29. Hamburg.

Holzkamp, Klaus (1991b): Lehren als Lernbehinderung. In: Holzkamp, Klaus (1997): Schriften I. Normierung / Ausgrenzung / Widerstand. Hamburg.

Holzkamp, Klaus (1992): Die Fiktion administrativer Planbarkeit schulischer Lernprozesse. In: Holzkamp, Klaus (1997): Schriften I. Normierung / Ausgrenzung / Widerstand. Hamburg.

Holzkamp, Klaus (1995a): Kolonisierung der Kindheit. Psychologische und psychoanalytische Entwicklungserklärungen. In: Holzkamp, Klaus (1997): Schriften I. Normierung / Ausgrenzung / Widerstand. Hamburg.

Holzkamp, Klaus (1995b): Lernen. Subjektwissenschaftliche Grundlegung. Frankfurt/Main, New York.

Holzkamp, Klaus (1997): Schriften I. Normierung / Ausgrenzung / Widerstand. Hamburg.

Horkheimer, Max / Adorno, Theodor W. (1971): Dialektik der Aufklärung. Frankfurt/Main.

Horkheimer, Max (1976): Der Tod des Individuums in einer total verwalteten Welt. In: Philosophisches Kolleg, Philosophisches Kolleg 2. Düsseldorf.

Huisken, Freerk (1996): Jugendgewalt. Der Kult des Selbstbewusstseins und seine unerwünschten Früchtchen. Hamburg.

Jakobson, Roman (1979): Poetik. Frankfurt/Main.

Jandl, Ernst (1997): Poetische Werke. Bd. 2: Laut und Luise. Verstreute Gedichte 2. München.

Janssens, Lidwine (1998): Drama is de kunst. Handboek voor dramadozenten. Amsterdam.

Janssens, Lidwine (1999): De kunst van het spelen. Handboek voor dramaonderwijs op de basisschool. Amsterdam.

Jaspers, Karl / Bultmann, Rudolf (1954): Die Frage der Entmythologisierung. München.

Jauß, Hans Robert (1991): Ästhetische Erfahrung und literarische Hermeneutik. Frankfurt/Main.

Jenisch, Jakob (1996): Ich selbst als ein anderer. Der Darsteller und das Darstellen. Grundbegriffe für Praxis und Pädagogik. Berlin.

Johnstone, Keith (1993): Improvisation und Theater. Berlin.

Jung, Horst Wilhelm / von Staehr, Gerda (Hrsg.) (1999): Historisch politisches Lehren und Lernen. Geschichte – Standpunkte – Erfahrungen. Münster/Hamburg/London.

Kafka, Franz (1983): Amerika. Frankfurt a.M.

Kant (1964): Kleinere Schriften zur Geschichtsphilosophie, Ethik und Politik. Herausgegeben von Karl Vorländer. Hamburg.

Kant, Immanuel (1997): Kritik der Urteilskraft. Frankfurt/Main.

Kempf, Wilhelm (1992): Zum Verhältnis von qualitativen und quantitativen Methoden in der psychologischen Forschung. In: Forum Kritische Psychologie Bd. 29. Hamburg.

Klafki, Wolfgang (1958): Didaktische Analyse als Kern der Unterrichtsvorbereitung. In: Die Deutsche Schule. Jg. 1958, Heft 10.

Klafki, Wolfgang (Hrsg.) u.a. (1977): Erziehungswissenschaft, Bd. 1 – 3. Frankfurt/Main.

Koch Gerd / Steinweg, Reiner / Vaßen, Florian (Hrsg.) (1984): Assoziales Theater. Erfahrungen durch Lehrstücke: Spielversuche und Anstiftungen zur Praxis. Köln.

Koch, Gerd (1988): Lernen mit Bert Brecht. Frankfurt/Main.

Koch, Gerd (1997): Theater-Spiel als szenische Sozialforschung. In: Belgrad, Jürgen (Hrsg.) (1997): TheaterSpiel. Baltmannsweiler.

Koch, Gerd (2001): 10 fachdidaktische Lehren für ein (Unterrichts-)Fach Theater. In: Korrespondenzen – Zeitschrift für Theaterpädagogik. 17. Jg., Heft 38.

Koch, Gerd / Streisand, Marianne (2003): Wörterbuch der Theaterpädagogik. Berlin / Milow.

Kristeva, Julia (1988): Die Revolution der poetischen Sprache. Frankfurt/ Main.

Lacan, Jacques (1980): Die Familie. Schriften III. Olten.

Lacis, Asja (1976): Revolutionär im Beruf. München.

Lehmann, Hans-Thies (1991): Theater und Mythos. Die Konstitution des Subjekts im Diskurs der antiken Tragödie. Stuttgart.

Lehmann, Hans-Thies (1999): Die Gegenwart des Theaters. In: Transformationen. Theater der neunziger Jahre. Theater der Zeit, Berlin 1999.

Lektorski, W.A. (1968): Das Subjekt-Objekt-Problem in der klassischen und modernen Philosophie. Berlin (DDR).

Lenz, Hans-Hubertus (1998): INFO-Paket. Darstellendes Spiel in der Sekundarstufe II. Hannover.

Lenzen, Dieter (Hrsg.) (1990): Kunst und Pädagogik. Erziehungswissenschaft auf dem Weg zur Ästhetik? Darmstadt.

Lenzen, Dieter (1990): Von der Erziehungswissenschaft zur Erziehungsästhetik. In: Derselbe (Hrsg.) (1990): Kunst und Pädagogik. Erziehungswissenschaft auf dem Weg zur Ästhetik? Darmstadt.

Lévinas, Emmanuel (1999): Die Spur des Anderen. Untersuchungen zur Phänomenologie und Sozialphilosophie. Freiburg / München.

Lohauß, Peter (1995): Moderne Identität und Gesellschaft. Theorien und Konzepte. Opladen.

Luhmann, Niklas (1973): Zweckbegriff und Systemrationalität. Frankfurt/ Main.

Luserke, Martin (1974): Agitur Ergo sum? Versuch einer morphologischen Deutung des Urzusammenhangs von Theater und Bewußtsein. Hrsg. von Herbert Giffei. Hamburg.

Lyotard, Jean-Francois (2001): Das Inhumane. Plaudereien über die Zeit. Wien.

MacIntyre, Alasdair (2001): Die Anerkennung der Abhängigkeit. Hamburg.

Markard, Morus & Ausbildungsprojekt Subjektwissenschaftliche Berufspraxis (2000): Kritische Psychologie und studentische Praxisforschung. Wider Mainstream und Psychoboom. Konzepte und Erfahrungen des Ausbildungsprojekts Subjektwissenschaftliche Berufspraxis an der FU Berlin.

Marx, Karl (1970): Ökonomisch-Philosophische Manuskripte. Leipzig.

Marx, Karl (1974): Grundrisse der Kritik der politischen Ökonomie. Berlin.

Marx, Karl (1975): Das Kapital, Bd. 1. In: Marx, Karl / Engels, Friedrich (1975): Marx-Engels-Werke, Bd. 23. Berlin.

Marx, Karl / Engels, Friedrich (1975): Marx-Engels-Werke, Bd. 23. Berlin.

Mead, Herbert (1968): Geist, Identität und Gesellschaft. Frankfurt/Main.

Merleau-Ponty, Maurice (1965): Phänomenologie der Wahrnehmung. Berlin.

Mersch, Dieter (2002): Was sich zeigt – Materialität, Präsenz, Ereignis. München.

Messing, Jürgen (1999): Allgemeine Theorie des menschlichen Bewußtseins. Berlin.

Meyer, Hilbert (1997a): Schulpädagogik, Bd.1: Für Anfänger. Berlin.

Meyer, Hilbert (1997b): Schulpädagogik, Bd. 2: Für Fortgeschrittene. Berlin.

Mollenhauer, Klaus (1986): Umwege. Über Bildung, Kunst und Interaktion. Weinheim/München.

Mollenhauer, Klaus (1990): Die vergessene Dimension des Ästhetischen in der Erziehungs- und Bildungstheorie. In: Lenzen, Dieter (Hrsg.) (1990): Kunst und Pädagogik. Erziehungswissenschaft auf dem Weg zur Ästhetik? Darmstadt.

Moreno, Jakob Levi (1961): Das Rollenkonzept – eine Brücke zwischen Psychiatrie und Soziologie. In: Petzold, H. / Matthias, U. (Hrsg.) (1982): Rollenentwicklung und Identität. Paderborn.

Müller, Bernd (1996): „Denn es ist noch nichts geschehen". Walter Benjamins Kafka-Deutung. Köln/Weimar/Wien.

Mukařovský, Jan (2/1974): Kapitel aus der Ästhetik. Frankfurt/Main.

Negt, Oskar (2002): Kindheit und Schule in einer Welt der Umbrüche. Göttingen.

Osterkamp, Ute (1988): Die Entwicklung der Kritischen Psychologie zur Subjektwissenschaft. In: Holzkamp, Klaus (1997): Schriften I. Normierung / Ausgrenzung / Widerstand. Hamburg.

Osterkamp, Ute (1999): Zum Problem der Gesellschaftlichkeit und Rationalität der Gefühle / Emotionen. In: Forum Kritische Psychologie Bd. 40. Hamburg.

Osterkamp, Ute (2001): Lebensführung als Problematik der Subjektwissenschaft. In: Forum Kritische Psychologie Bd. 43. Hamburg.

Ottomeyer, Klaus (1989): Lebensdrama und Entfremdung. In: Forum Kritische Psychologie Heft 29. Hamburg.

Petzold, H. / Matthias, U. (Hrsg.) (1982): Rollenentwicklung und Identität. Paderborn.

Piaget, Jean (1974): Psychologie der Intelligenz. Das Wesen der Intelligenz und die sensomotorischen Funktionen. Die Entwicklung des Denkens. Olten/Freiburg im Breisgau.

Raabe, Gundula (2001): Schulisches Lernen und individuelle Subjektivität. In: Forum Kritische Psychologie, Bd. 43. Hamburg.

Renz, Alban: Untersuchung des Begriffs „Rollenschutz“ im Kontext theaterpädagogischer Ziele. Diplomarbeit zur Prüfung an der FH Osnabrück, Standort Lingen (Ems), Fachbereich Theaterpädagogik. Eingereicht im August 2003.

Richter, Dieter (1987): Das fremde Kind. Zur Entstehung der Kindheitsbilder des bürgerlichen Zeitalters. Frankfurt/Main.

Rieckmann, Hans-Joachim (1998): Schüler als Lehrer, Schülerinnen als Lehrerinnen. Über Widersprüche in der schulischen Suchtprävention und den Versuch ihrer Überwindung durch peer education. In: Forum Kritische Psychologie Bd. 39. Hamburg.

Ritter, Hans Martin (1986): Das gestische Prinzip bei Bertolt Brecht. Köln.

Rückriem, G. / Stary, J. / Franck, N. (1977): Die Technik des wissenschaftlichen Arbeitens. Praktische Anleitung zum Erlernen wissenschaftlicher Techniken am Beispiel der Pädagogik – unter besonderer Berücksichtigung gesellschaftlicher und psychischer Aspekte des Lernens. Paderborn.

Rumpf, Horst: „Worauf zu achten wäre – Aufmerksamkeitsrichtungen für die Friedenserziehung“. In: Steinweg, Reiner (Hrsg.) (1979): Friedensanalysen. Für Theorie und Praxis, Bd. 10, Frankfurt/Main.

Ruping, Bernd (1984): Material und Methode. Zur Theorie und Praxis des Brechtschen Lehrstücks. Münster.

Ruping, Bernd (Hrsg.) (2/1993): Gebraucht das Theater. Die Vorschläge Augusto Boals: Erfahrungen, Varianten, Kritik. Münster/Hamburg.

Ruping, Bernd (Hrsg.) (1992): Theaterkunst und Kinderspiel. Europäische Modelle des Theaters mit Kindern. Lingen.

Ruping, Bernd (2001a): Stadt Land Fluss. Verortungen der Theaterpädagogik. In: Korrespondenzen – Zeitschrift für Theaterpädagogik. 17. Jg./ Heft 38.

Ruping, Bernd (2001b): Die Brauchbarkeit des Ästhetischen. In: Korrespondenzen – Zeitschrift für Theaterpädagogik. 17. Jg./Heft 38.

Ruping, Bernd / Wiese, Hajo (2003): Wider Vernunft und bess’res Wissen. Theaterpädagogik als Poesie der verlorenen Erfahrung. In: Hentschel, Ulrike / Ritter, Hans Martin (Hrsg.) (2003): Entwicklungen und Perspektiven der Theaterpädagogik. Festschrift für Hans-Wolfgang Nickel. Milow.

Safranski, Rüdiger (2001): Ein Meister aus Deutschland – Heidegger und seine Zeit. Frankfurt/Main.

Salas, Jo (1998): Playback-Theater. Berlin.

Scarry, Elaine (1992): Der Körper im Schmerz. Die Chiffren der Verletzlichkeit und die Erfindung der Kultur. Frankfurt/Main.

Scheller, Ingo (1981): Erfahrungsbezogener Unterricht. Königstein.

Scheller, Ingo (1984): Das szenische Spiel als Lernform in der Hauptschule. Oldenburg.

Schelsky, Helmut (1987): Der Mensch in der wissenschaftlichen Zivilisation. Vortrag 1961. In: Derselbe (1987): Die letzte Epoche der Philosophie. Stuttgart.

Scheuerl, Hans (1994): Das Spiel. Bd. 1: Untersuchungen über sein Wesen, seine pädagogischen Möglichkeiten und Grenzen. Weinheim/Basel.

Schiffer, Eckhard (1997): Der kleine Prinz in Las Vegas. Spielerische Intelligenz gegen Krankheit und Resignation. Weinheim/Berlin.

Schiffer, Eckhard (1999a): Warum Huckleberry Finn nicht süchtig wurde. Anstiftung gegen Sucht und Selbstzerstörung bei Kindern und Jugendlichen. Weinheim/Basel.

Schiffer, Eckhard (1999b): Warum Hieronymus B. keine Hexe verbrannte. Gewaltbereitschaft bei Kindern und Jugendlichen erkennen – Gewalt vorbeugen. Weinheim/Basel.

Schiller, Friedrich (1977): Über die ästhetische Erziehung des Menschen. Stuttgart.

Schmid, Wilhelm (1998): Philosophie der Lebenskunst – Eine Grundlegung. Frankfurt/Main.

Schmitz, Hermann / Gausebeck, H. / Risch, G. (Hrsg.) (1992): Leib und Gefühl. Materialien zu einer philosophischen Therapeutik. Paderborn.

Schwarz (1998): Rettende Kritik und antizipierte Utopie. Zitiert nach: Gebauer / Wulf (1998): Mimesis. Kultur – Kunst – Gesellschaft. Reinbek bei Hamburg.

Singer, Wolf (2000): Wahrnehmen, Erinnern, Vergessen. Über Nutzen und Vorteil der Hirnforschung für die Geschichtswissenschaft: Eröffnungsvortrag des 43. Deutschen Historikertages am 26.09.2000 in Aachen.

Sandkühler, Hans Jörg (Hrsg.) (1999): Enzyklopädie Philosophie. Bd. 1 und 2. Hamburg.

Steinweg, Reiner (1972): Das Lehrstück. Brechts Theorie einer politisch-ästhetischen Erziehung. Stuttgart.

Steinweg, Reiner (Hrsg.) (1979): Friedensanalysen. Für Theorie und Praxis. Bd. 10. Frankfurt/Main.

Taylor, Charles (1998): Hegel. Frankfurt/Main.

Vogel, Martin R. (1970): Einführung in die Soziologie der Erziehung (Vorlesungsskript). In: Beck, Johannes u.a. (Hrsg.) (1970): Erziehung in der Klassengesellschaft. München.

Weintz, Jürgen (1998): Theaterpädagogik und Schauspielkunst. Ästhetische und psychosoziale Erfahrung durch Rollenarbeit. Butzbach-Griedel.

Welsch, Wolfgang (1996): Grenzgänge der Ästhetik. Stuttgart.

Welsch, Wolfgang (1990): Ästhetisches Denken. Stuttgart.

Wellendorf, Franz (1979): Schulische Sozialisation und Identität. Weinheim/Basel.

Wenzel, Karola (2001): Vom Einfangen des ästhetischen Werts. Zur Typologie der ästhetischen Funktion. In: Korrespondenzen – Zeitschrift für Theaterpädagogik. 17. Jg./Heft 38.

Wiese, Hans-Joachim (2003): Starallüren. In: Koch, Gerd / Streisand, Marianne (Hrsg.) (2003): Wörterbuch der Theaterpädagogik. Berlin/Milow.

Winnicott, Donald W. (1997): Vom Spiel zur Kreativität. Stuttgart.

Wulf, Christoph (1990): Ästhetische Wege zur Welt. Über das Verhältnis von Mimesis und Erziehung. In: Lenzen, Dieter (Hrsg.) (1990): Kunst und Pädagogik. Erziehungswissenschaft auf dem Weg zur Ästhetik? Darmstadt.

Zaporah, Ruth (1995): Action Theater. The Improvisation of Presence. Berkeley.

Zimbardo, Philip / Gerrig, Richard (1999): Psychologie. Berlin/Heidelberg.

Zur Lippe, Rudolf (1987): Sinnenbewußtsein. Grundlegung einer anthropologischen Ästhetik. Reinbek bei Hamburg.

Quellenverzeichnis der Randtexte

„Dem unbestechlichen Kind..." (S. 31)
Adorno, Theodor W.: Kaufmannsladen. In: Derselbe (1979): Minima Moralia – Reflexionen aus dem beschädigten Leben. Frankfurt a.M., S. 305 f.

„Unseren Kampf um Verantwortlichkeit." (S. 32)
Benjamin, Walter: Erfahrungen. In: Ders. (1973): Über Kindheit, Jugend und Erziehung. Frankfurt a. M., S. 15

Erdkunde-Unterricht (S. 33)
Projekt-Tagebuch Hajo Wiese

„Weil die ganze offizielle Vergleicherei..." (S. 34)
Huisken, Freerk (1996): Jugendgewalt. Der Kult des Selbstbewusstseins und seine unerwünschten Früchtchen. Hamburg, S. 34.

„Kannitverstan" (S. 35)
Hebel, Johann Peter: Kannitverstan. In: Ders. (o.J.): Aus dem Schatzkästlein des Rheinischen Hausfreunds. Stuttgart, S. 16-19.
Interpretation: Autoren

„Jedes Kunstwerk ist ein Vexierbild..." (S. 40)
Adorno, Theodor W. (1977): Ästhetische Theorie. Frankfurt a.M., S. 184 f.

„Verborgnen Sinn enthält das Schöne..." (S. 40)
Hölderlin: Hyperion (metrische Fassung) Vers 91 – 93. Zitiert nach: Gater, Ulrich (1990): Hölderlin und der Mythos. In: Fuhrmann, Manfred (Hrsg.) (1990): Terror und Spiel: Probleme der Mythenrezeption. München, S. 317.

„Im Anfang war nicht das Wort..." (S. 41)
Herrmann, Hans-Christian: Brecht zitierend. In: (1996): Sang der Maschinen. Brechts Medienästhetik. München, S. 20

Definition: Soziotop / Soziotopie (S. 50)
Ruping, Bernd / Wiese, Hajo: Wider Vernunft und bess'res Wissen. Theaterpädagogik als Poesie der verlorenen Erfahrung. In: Hentschel, Ulrike / Ritter, Hans Martin (Hrsg.) (2003): Entwicklungen und Perspektiven der Theaterpädagogik. Festschrift für Hans-Wolfgang Nickel. Milow.

Der Teddybär (S. 53)
Projekt-Tagebuch Bernd Ruping

Musik (S. 54)
Projekt-Tagebuch Bernd Ruping

„Im Theater ist nicht das Problem ... (S. 56)
Augusto Boal: Der Regenbogen der Wünsche. (2005) Berlin, Milow, Strasburg. S. 135

„Wenn der Unterdrückte ..." (S. 67)
Augusto Boal 2005: Der Regenbogen der Wünsche. A.a.O. S. 55.

„Unzulänglich in sich selbst ..." (S. 68)
Bertolt Brecht: Der Dreigroschenprozess. In: Ders. (1976): Schriften zur Literatur und Kunst, 1. Gesammelte Werke 18. Frankfurt a.M., S. 205/206.

„Darstellung ist hier nicht Wiedergabe ..." (S. 72)
Walter Benjamin: Versuche über Brecht (5/1978). Frankfurt a.M. S. 35 ff.

„Ich kann jeden leeren Raum ..." (S. 73):
Peter Brook (1994): Der leere Raum. S. 9.

„Wir sprechen ferner von einem Gestus ..." (S. 80)
Brecht, Bertolt 1970: Über den beruf des Schauspielers. Frankfurt a.M., S. 92.

„Wir bitten euch aber ..." (S. 80):
Brecht, Bertolt: Die Ausnahme und die Regel. In: Brecht, Bertolt (1977): Drei Lehrstücke. Berlin, S. 202.

„Zum Denken gehört ..." (S. 96)
Benjamin, Walter: Geschichtsphilosophische Thesen. In: Derselbe (1978a): Zur Kritik der Gewalt und andere Aufsätze, S. 92.

„Das Daß und Jetzt ..." (S. 97)
Bloch, Ernst (1978): Prinzip Hoffnung – Band 1. Frankfurt a.M., S. 334.

„So, wie dem Augenblick ..." (S. 98)
Projekt-Tagebuch Hajo Wiese

„Die fortgeschrittene Industriekultur ..." (S. 99)
Gerd Selle (1990): Experiment ästhetische Bildung. Reinbek b. Hamburg. S. 29

Die Unterbrechung (S. 101)
Walter Benjamin (1978b): Versuche über Brecht. Frankfurt a.M., S. 25.

„Nehmen Sie eine Anzahl ..." (S. 105)
Konietzny, Horst: Aufgaben zum Seminar „Dramaturgie des Zufalls" in der Bundesakademie für kulturelle Bildung (Wolfenbüttel) im Mai 2003.

„Eine Dada-Anweisung ..." (S. 105)
Kluge, Alexander (2003): Im Interview. In: Die Zeit. Jg. 44 – 23.10.2003.

„Es gibt Erfahrungsbeben ..." (S. 108)
Kluge, Alexander (2003): Im Interview. In: Die Zeit. Jg. 44 – 23.10.2003.

„In gewisser Weise ..." (S. 112)
Marx, Karl (1975): Das Kapital. Bd. 1. In: Marx-Engels-Werke (1975), Bd. 23. Berlin, S. 67.

„rininininininininDER ..." (S.117)
Jandl, Ernst: Auf dem Land. In: Derselbe (1997): Poetische Werke. Bd. 2: Laut und Luise. Verstreute Gedichte 2. München, S. 143 ff.

„Liebe ist die Fähigkeit ..." (S. 121)
Minima Moralia (2001): Reflexionen aus dem beschädigten Leben. Frankfurt a.M. (= Reprint der Erstausgabe von 1951).

„Ich glaube, daß die Menschen ..." (S. 123)
Horkheimer, Max (1976): Der Tod des Individuums in einer total verwalteten Welt. In: Philosophisches Kolleg, Philosophisches Kolleg 2. Düsseldorf, S. 62 ff.

„Ohne Widerspruch ..." (S. 125)
Roman Jakobson (1979): Poetik. Frankfurt.a.M., S. 79.

„Pappi, wenn sie uns in der Schule Französisch beibringen ..." (S. 127)
Gregory Bateson (1985): Ökologie des Geistes. Anthropologische, psychologische, biologische und epistemologische Perspektiven. Frankfurt a. M. S. 43/44.

„This practice ..." (S. 131)
Zaporah, Ruth (1995): Action Theater. The Improvisation of Presence. Berkeley, S. XXI.

„Kritik und Krise ..." (S. 133)
Negt, Oskar (2002): Kindheit und Schule in einer Welt der Umbrüche. Göttingen, S. 29.

"Personal agendas ..." (S. 138)
Zaporah, Ruth (1995): Action Theater. The Improvisation of Presence. Berkeley, S. 7.

„Das Bedürfnis nach Gerechtigkeit ..." (S. 143)
Thierse, Wolfgang im Deutschen Bundestag, 28.09.2000.

„Ichlose Vielfalt! ..." (S. 145)
Kluge, Alexander (2003): Im Interview. In: Die Zeit. Jg. 44 – 23.10.2003.

„Die Macht des Theaters ..." (S. 146)
Debary, Francois: Die Pädagogen. Die Kinder. Die Künstler. Das Theater. In: Ruping, Bernd (Hrsg.) (1992): Theaterkunst und Kinderspiel. Europäische Modelle des Theaters mit Kindern. Lingen, S. 72.

„Der Lehrer teilt uns mit ..." (S. 157)
Badners, Vanessa / Felix, Maren / Nowak, Jutta (2003): Ausgeschaltet?! – Der Versuch einer theaterpädagogischen Unterrichtsreihe. In: Korrespondenzen – Zeitschrift für Theaterpädagogik. 19. Jg./Heft 42, S. 16.

„Aber die Widerstände ..." (S. 160)
Negt, Oskar (2002): Kindheit und Schule in einer Welt der Umbrüche. Göttingen, S. 47 f.

„Die unangenehme Wahrheit ..." (S. 166)
Eisenberg, Götz (2000): Gewalt, die aus der Kälte kommt. In: Frankfurter Rundschau vom 08.09.2000.

Methi spricht (S. 174)
Brecht, Bertolt zitiert nach: Osterkamp, Ute (2001): Lebensführung als Problematik der Subjektwissenschaft. In: Forum Kritische Psychologie 43. Hamburg, S. 33.

„Im Kunstunterricht ..." (S. 176)
Autoren-Tagebuch, Interview-Material

„Wer nicht sehen kann ..." (S. 176)
Autoren-Tagebuch, Interview-Material

„Wir probten ..." (S. 177)
Autoren-Tagebuch, Interview-Material

„Manchmal habe ich es satt ..." (S.178)
Autoren-Tagebuch, Interview-Material

Differenzen-Lernen (S. 180)
Rumpf, Horst: „Worauf zu achten wäre - Aufmerksamkeitsrichtungen für die Friedenserziehung". In: Reiner Steinweg (Hrsg.) (1979): Friedensanalysen. Für Theorie und Praxis, Bd. 10. Frankfurt am Main, S. 161 ff.

„Keith Johnstone ..." (S. 197)
Autoren, Notizen zur Projekt-Auswertung

„Die Theaterpädagogik muss ..." (S. 198)
Autoren, Interview-Material

„Moralische Einwirkung ..." (S. 198)
Benjamin, Walter (1976): Programm eines proletarischen Kindertheaters. In: Lacis, Asja (1976): Revolutionär im Beruf. München. S. 30 ff.

„In der Auseinandersetzung ..." (S. 199)
Lingener Tagespost am 29. April 2002.

„Kennzeichnend für diese Tage ..." (S. 199)
Praxisbericht einer Studentin

„Niemand scheute sich ..." (S. 200)
Praxisbericht einer Studentin

„Die Solidarität ..." (S. 200)
Autoren, Interview-Material

Mit Differenzen umgehen ..." (S. 205)
Koch, Gerd (2002): Wieder-/Antrittsrede als Professor für Theorie und Praxis der Sozialen Kulturarbeit mit dem Schwerpunkt Theaterarbeit an der Alice-Salomon-Fachhochschule Berlin.

„Es kommt also darauf an ..." (S. 207)
Negt, Oskar (2002): Kindheit und Schule in einer Welt der Umbrüche. Göttingen, S. 51 f.

„An die Stelle der politischen Normen ..." (S. 228)
Schelsky, Helmut (1987): Der Mensch in der wissenschaftlichen Zivilisation. Vortrag 1961. In: Derselbe (1987): Die letzte Epoche der Philosophie. Stuttgart, S. ???

„Hat der Mensch die Begierde ..." (S. 231)
Bürger, Peter (2000): Ursprung des postmodernen Denkens. Weilerswist, S. 13.

„Der Richter ..." (S. 233)
Brecht, Bertolt: Die Ausnahme und die Regel. In: Derselbe (1977): Drei Lehrstücke. Berlin. S. 201.

„Die Kinder der arbeitenden Leute ..." (S. 243)
John Locke: On working school. In: Dokumente zur Geschichte der Erziehung. Jg. 1973. Berlin (DDR).

„In Anpassung an die veränderte ..." (S. 258)
Osterkamp, Ute (2001): Lebensführung als Problematik der Subjektwissenschaft. In: Forum Kritische Psychologie Bd. 43, Hamburg, S. 5 f.

„Weil die ganze offizielle Vergleicherei ..." (S. 268)
Huisken, Freerk (1996): Jugendgewalt. Der Kult des Selbstbewusstseins und seine unerwünschten Früchtchen. Hamburg, S. 34.

„Kommunikation mit Anderem ..." (S. 271)
Adorno, Theodor W. (1975): Negative Dialektik. Frankfurt am Main, S. 164.

„Die Kompetenz ..." (S. 273)
Haug, Wolfgang F. (1987), Pluraler Marxismus. Bd. 2. Berlin, S. 99.

Stichwortregister

Personenregister

Zu den Autoren

Hans-Joachim Wiese (*23.08.1952), Lehrer für Kunst, Deutsch und Darstellendes Spiel an der Gesamtschule Emsland, wissenschaftlicher Mitarbeiter und Dozent am Institut für Theaterpädagogik der Fachhochschule Osnabrück, Mit-Autor des „Wörterbuchs der Theaterpädagogik“ (hrsg. v. Gerd Koch und Marianne Streisand, Milow 2003).

Dissertation zum Thema: „Dass sich etwas zeigt: Gegenwärtigkeit, Oberfläche und Exterritorialität“. Publiziert als Bd. II der Lingener Beiträge: „Bausteine für eine Theorie der theatralen Erfahrung.“ Berlin, Milow, Strasburg 2005.

Michaela Günther (*04.02.1973), Diplom-Theaterpädagogin, Diplom-Sozialpädagogin. Arbeit als Schauspielerin und Theaterpädagogin bei *gotcha! – der theaterbetrieb* (Lingen, Münster) sowie in Berlin (u.a. Theater in der Ganztagsschule, tanz&theater, Lehrer-Fortbildung), Unterrichtsbeauftragte am Institut für Theaterpädagogik der Fachhochschule Osnabrück. Verschiedene Aufsätze, u.a. zu „Gegenwartsidentität“, Mit-Autorin des „Wörterbuchs der Theaterpädagogik“ (hrsg. v. Gerd Koch & Marianne Streisand, Milow 2003).

Bernd Ruping (*03.10.1954), Professor für Darstellende Kommunikation und Theaterpädagogik am Institut für Theaterpädagogik der Fachhochschule Osnabrück.

Autor und Herausgeber verschiedener Fach-Publikationen, u.a. zum Lehrstück Brechts, zum Theater der Unterdrückten Boals, zum Theater mit Kindern und zum Theater mit Behinderten; Mit-Herausgeber der „KORRESPONDENZEN – Zeitschrift für Theaterpädagogik“ (Milow).